新编经济法教程

XINBIAN JINGJIFA JIAOCHENG

第四版

主　编：孟凡麟　闫宝龙

副主编：杜媛媛　孙菊芳

撰稿人：（以撰写章节先后为序）

闫宝龙　周广春　孟凡麟

孙菊芳　王　华　张　闽

王　磊　杜媛媛　刘中建

闫红霞

中国政法大学出版社

2015・北京

图书在版编目（CIP）数据

新编经济法教程/孟凡麟，闫宝龙主编. —4版. —北京：中国政法大学出版社，2015.8
ISBN 978-7-5620-6196-0

Ⅰ.①新… Ⅱ.①孟…②闫… Ⅲ.①经济法－中国－教材 Ⅳ.①D922.29

中国版本图书馆CIP数据核字(2015)第173613号

出版者　中国政法大学出版社
地　址　北京市海淀区西土城路25号
邮寄地址　北京100088信箱8034分箱　邮编100088
网　址　http://www.cuplpress.com（网络实名：中国政法大学出版社）
电　话　010-58908435(第一编辑部)　58908334(邮购部)
承　印　保定市中画美凯印刷有限公司
开　本　720mm×960mm　1/16
印　张　26
字　数　540千字
版　次　2015年8月第4版
印　次　2015年8月第1次印刷
印　数　1～4000册
定　价　49.00元

第四版说明

本书自2008年8月第一版出版以来，受到了广大读者的欢迎。至今已有三十多所高等院校采用本教材。自第三次修订以来，又有部分法律作了修改，主要是对公司法、消费者权益保护法、商标法、专利法、税法等做了部分修改，同时最高法院又出台了一些司法解释，为此，我们对部分内容作了修改，对部分案例和复习题重新编写。以上修改，敬请读者批评指正。

编　者

2015年6月

前言

市场经济就是法治经济，市场经济的发展需要法律的规范和保障。因此市场经济的发展需要大批既懂经济管理又懂法律的复合型人才。目前，经济法课程已成为高校财经类、工商管理类专业普遍开设的基础课程之一。本书正是为这类专业的需求而编写的教材。

本书的编写重点考虑了以下几个方面的要求：①实用性。为此，我们重点选取了一些财经类、工商管理类专业经常用到的法律予以介绍，而不拘泥于传统经济法学的体系要求，着重于专业的实用性和可操作性。②时效性。本书力求将最新的法律、法规、司法解释加以系统化、条理化，并加以适当的理论阐释，既准确全面又通俗易懂。在内容安排上充分考虑了非法学专业学生学习法律的困难和特点。③配套性。为配合本教材的使用，我们编写了内容提要，并在每一章的最后都设计了复习题，这些复习题有些是经过精心设计的，有些是从近年的注册会计师考试、司法考试和其他各种资格考试的试题中精心挑选的。另外，我们还为教师编写了教学课件、教学大纲、讲义、教案、教学参考资料等，通过我们专设的教学网站（www. falvzaixian. com），根据每学期的教学进度在线提供，同时经常更新。④各类资格考试的要求。高校财经类、工商管理类专业的学生在上学期间以及在毕业后都要面临各种资格考试、职称考试，所有这些考试都要涉及经济法的内容。因此在本书的内容设计上，我们充分考虑了上述各种考试的要求，如注册会计师的考试要求、经济类职称考试的要求等。

本书主编是孟凡麟、闫宝龙，副主编是杜媛媛、孙菊芳。编写的具体分工如下：第一章由闫宝龙编写，第二章由周广春编写，第三、五章由孟凡麟编写，第四章由孙菊芳编写，第六、十二章由王华编写，第七章由张闽编写，第八章由王磊编写，第九章由杜媛媛编写，第十章由刘中建编写，第十一章由闫红霞编写。统稿由孟凡麟、闫宝龙负责。本书的编写人员大多有长达十多年的经济法教学和科研经验，而且是教学骨干，主编、副主编还先后担任校经济法等精品课程的负责人。这保证了本书的编写质量。

目前我国的经济法律体系尚处于进一步完善之中，而本教材只是择取其中重要的法律制度，侧重于实务，理论上难免有疏漏，更由于我们水平有限，书中难免有不妥当之处。我们殷切希望广大读者和同行专家提出宝贵意见，以便将来进一步修改完善。

编 者

2015 年 6 月

目 录

第一章　经济法基础理论

学习提要与学习目标

本章主要论述了经济法的产生与发展，经济法的概念与调整对象，经济法的特征和基本原则，经济法律关系的概念和构成要素，经济法律事实，经济法律责任，与经济法有关的民法基础理论（如民事法律行为、代理、物权、债权、诉讼时效等）。学习的重点是正确理解经济法的概念与调整对象，正确认识经济法的特征和基本原则，全面掌握经济法律关系的构成要素，准确了解民事法律行为。在学习中应将基本原理与实践紧密结合起来分析研究问题，加深对本章知识的理解。

第一节　经济法的概念

一、经济法的词源

最先提出“经济法”一词的是法国空想共产主义者摩莱里（Morelly），他于1755年在其著作《自然法典》一书中拟制了一个“合乎自然意图的法制蓝本”，并编制了“分配法或经济法”这个单行的12条的“法律草案”。虽然摩莱里所指的经济法的调整范围只限于分配领域，但其中含有国家对社会生活进行干预的意思，已经带有现在我们所称的经济法的本质特征。1843年，法国空想社会主义者德萨米（Dezamy）在他的《公有法典》一书中继承和发展了摩莱里的经济法律思想，将“分配法和经济法”作为专章加以论述。1865年，法国小资产阶级思想家蒲鲁东（Proudhon）已经认识到在现实生活中出现了一种政治法和民法调整不了的社会关系，而调整这种社会关系的法律就是经济法，因此在他的《论工人阶级的政治能力》一书中提出了“经济法是政治法和民法的补充和必然产物”。比较而言，蒲鲁东对经济法的认识，更接近现代经济法的主张。德国1906年创刊的《世界经济年鉴》中，使用了“经济的法”（Wirtschaftsrecht）一词，现代经济法的概念和学科即由此所出。当时每年由里特尔（Ritter）撰稿，借此说明有关世界经济的法规概况。不久，德国学者赫德曼（Hedemann）和其他一些学者发表了关于经济法的论文，用经济法来表达有关经济统制和保护、监督卡特尔的法律法规，从而对以往的经典理念作出了具有历史意义的修正。

立法上最早使用“经济法”一词作为法规名称的是德国。1919年魏玛共和国公布的《煤炭经济法》、《钾盐经济法》是世界上最先以经济法命名的法律。

20世纪二三十年代之后，“经济法”一词在许多国家的法学论著、颁布的法律和日常生活中得到了广泛的使用。

二、经济法的历史

虽然法从一开始就包含调整经济关系的法律规范，但规范地讲，古代时期调整经济关系的法律规范并不是现代意义上的经济法。现代意义上的经济法是商品经济发展到一定历史时期的产物。

（一）经济法在西方国家的产生和发展

随着商品经济的发展，特别是商品经济朝着它的高级阶段即市场经济阶段的发展，市场这只“看不见的手”产生的激烈竞争使得生产资料和劳动力不断地从一个部门流向另一个部门，并逐渐出现生产集中，进而使某些商品生产者控制价格、控制生产。这种集中和控制的经济现象越来越严重，出现了个体生产与社会生产失衡、社会生产与社会需求失衡、社会生产与国民经济发展失衡的现象。在这种情况下，资本主义政府逐渐认识到单靠市场的作用显然是不够的，客观上要求国家利用掌握的权力干预经济生活，协调各部门、各地区之间的关系，维持各个生产部门之间的比例关系，使国民经济协调发展。只有这样，才能达到社会资源的优化配置和国民经济的协调运行，现代意义上经济法正是在这种背景下产生的。

美国于1887年制定了有关铁路管理的《州际商务法》，1890年通过了《谢尔曼法》（即《保护贸易和商业不受非法限制和垄断侵害法案》），这是现代经济法最早的法律形式，被认为是现代经济法诞生的标志。第一次世界大战期间，各参战国为了战争的需要，制定了经济统制法规，反映了战争时期国家对经济生活的深度介入和高度干预，适应了国家特殊时期的需要。其中以德国对经济法在世界范围内的传播和发展影响最大。第一次世界大战以后，西方国家进入到战后经济恢复时期，各国相继颁布了国民经济促进法。这些经济立法摆脱了资产阶级“私有财产神圣不可侵犯”和“契约自由”的原则，确立了国家有权对社会经济生活进行干预的原则，经济立法从内容到形式都有了大的变化。1929～1933年爆发的世界性经济危机，涉及面广，破坏性大，给资本主义国家造成了空前的灾难。为了降低经济危机对国民经济造成的破坏程度，促进经济复苏，各国制定了危机对策法。第二次世界大战后，为适应社会经济发展的需要，西方各国加强了经济立法，对国民经济的干预更广泛、更全面。特别是20世纪60年代以来，西方国家通过大量地制定经济法，在大力振兴和扶持企业稳定发展，保护竞争和限制垄断，实行国民经济的局部“计划化”，提高生产力，促进、保障国民经济协调运行等方面发挥了重要的作用。

（二）经济法在苏联、东欧社会主义国家的产生和发展

俄国十月革命后，建立了世界上第一个社会主义国家。1917年12月批准《关于银行国有化的法令》，国家接管旧国家银行，尔后又把私人银行收归国有，并宣布银

行由国家垄断。1918 年和 1920 年先后颁布了关于大工业国有化的法令和对小型工业实行国有化的命令。1921 年开始实行新经济政策。1923 年颁布《国家工业托拉斯条例》，1927 年修订《国家工业托拉斯条例》，以计划原则取代利润目标，使之成为 1965 年《社会主义国有生产企业条例》制定以前调整国企的组织和活动的基本法规。20 世纪 50 年代末，苏联开始酝酿进行经济改革，1965 年推行“计划工作和经济刺激新机制”，为此先后通过了《社会主义国营生产企业条例》以及计划、经济合同、银行信贷等一系列立法。1969 年苏联科学院社会科学部委托部分学者起草了一部《经济法典》，1985 年苏联科学院又对草拟的《苏联经济法典（草案）》进行讨论，并于 1987 年将修改后的草案予以公布，但一直未能提交立法机关审议。

东欧国家在第二次世界大战之后先后走上社会主义道路，这些国家都或多或少地直接借鉴苏联的经验，实行计划经济体制。捷克斯洛伐克于 1958 年颁布《社会主义组织间经济关系法》，1964 年制定了世界上第一部也是迄今为止世界上唯一一部经济法典——《捷克斯洛伐克社会主义共和国经济法典》。罗马尼亚在 1950 年代也制定了《经济合同法》，后来制定了《国民经济发展计划法》。

（三）中国经济法的产生和发展

新中国成立以来，我国经济立法走过了发展、削弱、取消、再发展和繁荣的历程。在社会主义改造基本完成的 7 年里，我国颁布了许多经济法律法规，对国民经济的恢复、生产的发展，起到了重大的促进和保证作用。但从 1957 年开始，由于“左”的思想影响，经济工作严重违背经济规律，我国经济立法工作遭到严重挫折，行之有效的经济法规被取消，而代之以简单的行政手段。特别是在十年动乱期间，法制遭到严重破坏。党的十一届三中全会后，随着我国进入以经济建设为中心的新的历史发展时期，经济法制也进入了前所未有的大发展时期。国家制定了大量的经济法律和法规，形成了我国经济法制的基本框架，经济关系和经济活动的许多方面基本上有法可依。特别是社会主义市场经济体制的确立，我国加入 WTO，为建立我国社会主义市场经济法制体系提供了一个良好的社会发展条件，国家立法机关一方面及时修正了与市场经济、国际规范和国际习惯不相符合的法律法规，更多地体现 WTO 规则所要求的公平竞争、市场准入、非歧视性待遇和信息公开等原则；另一方面又在抓紧制定市场主体、市场体系、市场运作规则以及宏观调控等方面的法律法规。目前，我国的经济立法已经形成比较完备的体系，其基本框架业已确立，经济工作各方面已基本做到有法可依。经济法制的日益完善，将对国民经济的发展起到重要的保驾护航作用。

三、经济法的概念和调整对象

关于经济法的概念，虽然争论的意见仍然比较大，但比较多的看法认为：经济法是调整国家在干预、协调社会经济活动过程中所发生的经济关系的法律规范的总称。

经济法是调整经济关系的一个部门，但经济关系的内容是十分广泛的，经济法不可能把所有的经济关系都纳入其调整范围，只调整众多的经济关系中的一部分，即只调整在国家干预、协调社会经济过程中发生的经济关系，具体包括经济调控关系、市场监管关系和社会保障关系。

（一）经济调控关系

经济调控关系是指国家从全局和社会公共利益出发，对关系国计民生的重大经济因素实行宏观调控过程中发生的经济关系。所谓宏观调控，就是指国家为了实现经济总量的基本平衡，促进经济结构的优化，推动国民经济的发展，对国民经济总体活动进行的调节和控制。任何市场都存在自发调节所不能解决的长远的、全局的、涉及社会公共利益的问题，只能由国家调整。我国是个社会主义大国，人多地广，发展也不平衡，国家要实行社会主义市场经济，宏观调控更为必要。

经济法对宏观经济调控关系的调整，是通过明确国家调控的任务、目标、范围、程度、方式，颁布和执行计划、税收、财政、金融等方面的经济法规，从宏观上调整国民经济当中的经济关系，保持供需总平衡，确立和协调生产与消费等重大比例关系，培育和发展市场经济体系，引导国民经济持续、快速和协调发展。在市场经济条件下，市场不是万能的，它不能自发解决全部经济问题。诸如经济总量的平衡、大的经济结构的调整、公共基础设施的建设、公共产品的提供、资源的合理分配、生态平衡和环境保护等这些涉及全局性的经济关系，市场机制对它的调节是微不足道的，这就需要国家以全社会组织者、领导者的身份，运用国家权力加以干预，采取政策倾斜、立法规制、经济杠杆等适当措施实现有效的调控。

（二）市场监管关系

市场监管关系是国家对市场经济活动进行监督管理过程中发生的经济关系。国家对市场经济活动进行的监督管理，包括对市场主体的规制和对市场行为的监管。

社会主义市场经济需要建立活跃的市场主体体系。对市场主体的规制，就是国家根据社会整体利益需要，通过全面规定市场主体资格条件、法律地位、内部机构、责任形式、权利义务、劳动用工制度及奖惩措施等，对市场主体体系进行统筹、规划、调节，对各个主体则区别情况规制、指导、组织、服务、监督。通过对市场主体的规制，既保证合格的主体能够正常地进入市场，又可以将不适格的主体阻挡在市场门槛之外，防止其浑水摸鱼。当然这种规制不是要将市场主体变成政府机构的附属物，而是从法律上保证各类市场主体积极主动地参与市场活动，不断改善经营管理，提高经济效益，并能够在激烈的市场竞争中求得生存和发展。

要实行社会主义市场经济，必须建立统一、开放的市场体系。在市场经济条件下，竞争会更加激烈，当竞争发展到一定阶段必然导致垄断和不正当竞争，进而严重影响市场功能的实现，妨碍资源配置的优化，扰乱市场经济秩序。为了保证市场经济良性、有序发展，国家必须通过法律手段对市场行为进行规制，监管其中的各种经济关系，以便维护市场公平、自由竞争的经济秩序，有效地反对垄断，制止不正当竞争，促进市场经济体系的健康发展，切实保护消费者的合法权益。

（三）社会保障关系

社会保障关系是指国家在实施社会保障过程中发生的经济关系。实行社会主义市场经济发展，必须建立健全并不断完善社会保障制度。通过制定和实施社会保障制度，规范和明确应由以企业为主的各类经济组织所承担的责任和义务，保障劳动者的利益，充分开发和合理利用劳动资源，维护社会稳定。经济法对社会保障关系的调整，主要是通过明确劳动者的权利义务，规定并实施劳动就业、社会保险、社会救济、社会互助等制度，保护和合理利用劳动力资源、维护社会安定和劳动者的合法权益，促进经济不断发展。

四、经济法的基本原则

经济法的基本原则是对经济立法、经济守法、经济执法和经济司法活动都具有指导意义和运用价值的指导思想和基本准则。它可以规定在法律法规之中，也可以寓意于其中。

（一）权力干预适度原则

寻求国家权力对经济干预的适度，是经济法的一项基本原则。这项原则包含两层含义：一是国家权力应当对社会经济生活进行干预，不能没有；二是干预应当适度，不能过多，也不能过少。干预无非有三种情况：一是过多干预，通常在一个国家的经济状况比较恶劣的时候容易出现；二是过少干预，通常在一个国家的经济状况比较良好的时候容易出现；三是适度干预。而权力的干预适度，是比较难以把握的。国家应当在多大程度上，用什么手段对市场经济进行干预，的确不是件容易的事情。许多国家都是从干预过多或过少的历史中走过来的，有很多的教训。我国的总体情况是走过了过多干预的历程，而且仍然存在着过多干预的痕迹，因此重点应当放在克服过多干预方面。

干预的适度应包括干预范围的适度和干预手段的适度。①在制定有关调控和管理经济的法律规范时，国家要科学地界定干预的范围和干预的手段。②在具体实施调控和监督管理时，国家机关要注意把握权力干预的程度，避免权力的滥用和不当行使，给经济活动带来负面的影响。

（二）社会本位原则

不同的法律部门，其本位也不相同。概括来讲，法律的本位有三种：一是“国家本位”，强调保护国家利益，将此作为解决各种利益冲突的出发点。行政法便是这一本位思想的典型代表。二是“个体本位”，强调保护个体的利益，强调个体利益的最大化。民法便是“个体本位”的典型代表。三是“社会本位”，强调社会公共利益至上，任何利益都必须服从社会公共利益。经济法的本位应当是社会本位，即社会公共利益至上。

关于社会公共利益，学术界有着不同的看法和认识。有的学者认为，“社会公共利益是指广大公民的利益”[1]。有的学者认为，“社会公共利益就是那些广泛地被分享的利益”。[2] 有的学者认为，“社会公共利益是指各法律主体所共同享有的公共利益”。[3] 我们认为，社会公共利益就是与社会公众有关的共同利益。社会公共利益的范围十分广泛，包括环境和自然资源的保护、可持续发展、国家经济安全、社会经济秩序、公害防治、产品安全、公平竞争和善良风俗的维护等内容。

社会本位是相对于国家本位和个体本位而言的，经济法应以社会本位即维护社会公共利益为出发点。社会公共利益与个体利益和国家利益，既有密切联系，又有严格区别，不能相互替代。就社会公共利益与个体利益的关系而言，个体利益不同于社会公共利益，但社会公共利益包含着个体利益，个体利益不能完全抛开社会公共利益。就社会公共利益与国家利益的关系而言，国家利益从根本上讲与社会公共利益是一致的，但又不能完全等同。如增加货币发行、加重税赋，可能暂时对国家有利，但对社会公共利益则可能有损害。经济法把社会本位作为自己的调整原则，表明经济法在对社会经济进行干预时，要从全局着眼，注重社会公共利益的要求。国家机关在行使经济职权和经济主体在从事经济行为时就不能不考虑社会公共利益。

（三）可持续发展的原则

可持续发展是既满足当代人的需要，又不对后代人满足其需要的能力构成危害的发展。这一理论的提出，反映了当代人对人类社会经济活动、生存环境和发展的反思，表达了当代人的一种发展观，也反映了当代人的超前意识和忧患意识，以及当代人的社会责任感。

传统的发展观强调经济增长和追求国民经济的快速、协调和稳定的发展，其特点是“高投入、高消耗、高污染、低效益”。这一发展模式靠拼资源消耗来带动和促进经济的增长，不仅使经济增长缺乏后劲，而且还带来了严重的负面影响，如资源短缺、生态破坏、环境污染严重等问题，制约了经济的发展，成为发展的极大障碍。而可持续发展观将人口、经济、社会、资源和环境视为一个统一的、密不可分的整体，提出在制定可持续发展的战略、政策和行动措施中，不仅要考虑发展中如何解决环境保护和资源可持续利用的问题，同时还要重视环境对经济可持续发展和社会可持续发展的相互关系。

在市场经济中，经济主体更关心目前如何更多、更好、更快地占有和使用自然资源，尤其是稀缺的自然资源，如何能够降低成本，获取更大的经济效益。环境保护产生社会效益，但也相应地增加了企业的生产和经营成本，不能给企业带来直接的、眼前的经济利益，同时还削弱了市场主体的市场竞争力。所以，企业等主体是不会主动、积极地治理污染，进行环境保护的，只会将治污成本向社会进行转嫁，

〔1〕 李昌麒主编：《经济法学》，中国政法大学出版社 1999 年版，第 82 页。

〔2〕 王保树：“论经济法的法益目标”，载《清华大学学报（哲学社会科学版）》2001 年第 5 期。

〔3〕 黄河、王兴运主编：《经济法学》，法律出版社 2008 年版，第 31 页。

因此，保护环境、保护自然资源的可持续发展的使命便只能由国家和政府来完成。我们要制定以环境保护法和自然资源法为主的可持续发展的法律规范，规定政府相关的权力和职责，加强执法工作，同时强制和引导市场主体重视环境保护，合理利用自然资源。

（四）经济公平原则

经济公平最基本的含义是指在同等的法律条件下，任何市场主体在以一定的物质利益为目标的活动中，都能够实现在价值规律基础上的利益平衡。在市场体制下，经济公平是市场主体进行市场交易的基本条件和基本追求。经济公平，一方面要求市场主体地位平等，市场交易机会均等，市场主体可以放弃这种机会，但经济法必须提供均等的机会并保障这均等机会的顺利实现。另一方面，经济法不得为某一或某些市场主体创造特别优越的条件，也不得给某一或某些主体提供独占市场的交易机会。影响经济公平的因素主要有行政干预、权力经济、差别政策、税负不公、分配不公、价格机制不完善、不正当竞争和垄断等[1]。经济法要通过国家权力的干预和调整，使经济公平尽可能地得以实现。

五、经济法的表现形式

在我国，法的表现形式主要是制定法，经济法也是如此。

（一）制定法

制定法指的是我国各级立法机关制定的各种成文法，这是我国法律最重要的渊源，也是经济法最重要的表现形式。作为经济法渊源的制定法主要有以下几种形式：

1. 宪法。宪法是国家的根本大法，由全国人民代表大会制定和修改，具有最高法律效力。宪法中有关经济制度的规定，经济法不得违反。

2. 法律。法律由全国人民代表大会及其常务委员会制定和修改，包括基本法律和其他法律，主要规定和调整国家、社会生活某一方面的问题。其中由全国人民代表大会制定的法律是基本法律，由全国人民代表大会常务委员会制定的法律是其他法律。经济法律是经济法的主体和核心部分。

3. 行政法规。行政法规由国务院根据宪法和法律制定，其地位和效力仅次于宪法和法律。经济法大量以该种形式存在。

4. 地方性法规。地方性法规由省、自治区、直辖市和较大的市的人民代表大会及其常务委员会在不与宪法、法律和行政法规相抵触的情况下根据地区实际和需要制定。经济法中的地方性法规也是相当多的，它与经济法中的行政法规一起构成了平常所称的经济法规。

5. 部门规章。部门规章由国务院的组成部门及其直属机构在其职责范围内制定。由于需要对分管经济领域进行具体指导和监督管理，因此经济法中的部门规章也是大量存在的。

---

[1] 李昌麒主编：《经济法学》，中国政法大学出版社1999年版，第85页。

6. 地方政府规章。地方政府规章由省、自治区、直辖市和较大的市的人民政府根据法律、行政法规和地方性法规制定。由于需要对所辖行政区域内的经济进行具体指导和监督管理，因此经济法中的地方政府规章数量也是很多的。

7. 国际条约或协定。我国作为国际法主体同外国或地区缔结的国际条约或协定生效后，该国际条约或协定就在我国具有了法律效力，我国政府就负有在国内履行有关内容的义务。因而国际条约或协定便成为经济法的重要形式之一。如我国加入世界贸易组织与相关国家签订的协议、我国与有关发达国家签订的双边投资保护协定等。

（二）法律解释

法律解释是指有权解释机关对现行法律法规所做的解释和说明。这也是经济法的重要形式之一。法律解释通常分为立法解释、司法解释和行政解释。立法解释是立法机关对自己所立的法进行的解释。司法解释是最高司法机关进行的解释。有关经济方面的司法解释主要由最高人民法院作出。行政解释是国务院及其组成部门对有关法律和法规所作的解释。

六、经济法体系

经济法体系是指通过国家经济立法活动形成的，调整不同社会经济关系的法律规范体系。我们认为，经济法体系是由宏观调控、市场管理及社会保障等方面的法律规范所组成的。

（一）宏观调控方面的经济法律规范

在市场经济条件下，国家的宏观调控是间接的，而法律正是国家实行间接宏观调控的重要手段之一。宏观调控方面的经济法一般包括财政法、环境与资源法、审计法、价格法、预算法、产业政策法、国有资产管理法、银行业监督管理法、计划法及税法等。

（二）市场管理方面的经济法律规范

在市场经济条件下，国家对整个社会经济的管理是不可或缺的。这种管理主要针对市场主体和市场行为。发展社会主义市场经济首先必须以法律的形式规制市场主体的资格、法律地位、内部机构、权利义务以及基本活动准则并据此进行管理。有关市场主体的经济法主要有各类企业法、公司法、银行法、破产法等。此外，市场中介组织在市场经济中扮演着重要角色，是市场经济运作流程中不可缺少的环节，也是市场主体的重要组成部分，因此，有关市场中介组织的立法亟需加强。

市场行为规制法就是规范市场主体的行为规则，主要规制交易行为从而规范市场秩序，包括物权法、债权法、合同法、票据法、证券法、保险法、海商法、期货交易法、招标投标法、反不正当竞争法、反垄断法、反倾销法、产品责任法、消费者权益保护法等。

（三）社会保障方面的经济法律规范

市场经济的正常运行和高速发展，除了需要市场主体依据特定的市场秩序进行有效运作及政府进行适度的调控以外，还需要一个安定、公平的社会环境，而社会保障法律制度正是实现社会安定的重要手段。社会保障法律制度的基本目的，是对劳动者提供参与社会利益分配的合理保护，以保障其劳动权的实现；同时，对于社会成员在丧失劳动力、失去劳动机会、遭受天灾人祸或者失去生活来源的情况下，通过社会再分配过程由社会提供必要的救助，以保障其生存和基本生活权利的实现。社会保障法律体系主要包括劳动法、工资法、社会保险法、社会救济法及社会福利法等领域。

第二节　经济法律关系

一、经济法律关系的概念和特点

法律关系是由法律规范所确认的人与人之间的具有权利和义务内容的社会关系。法律关系的种类很多。由经济法律规范所确认的国家在干预、协调社会经济活动过程中所产生的权利义务关系就是经济法律关系。

任何经济法律关系都是由主体、客体和内容三要素构成的。经济法律关系的三个要素是紧密联系、不可分割的有机组成部分，抽去任何一个就不能构成经济法律关系，变更其中任何一个，也不再是原来的经济法律关系。

经济法律关系具有以下几个特点：

1. 经济法律关系的参加者是法律主体。任何社会关系都是主体与主体之间的关系，任何法律关系都是法律主体与法律主体之间的关系。经济法律关系的参加者必须是法律主体，凡是非依法律确认和保护的主体，非依法律规定的条件和程序设立的主体均不能参加经济法律活动，其间也不能形成经济法律关系。一般而言，经济法律关系的参加者数量众多，范围广泛。经济法律关系对众多的法律主体开放，呈现出开放性，这是经济法律关系区别于其他类型法律关系的一个显著特点。

2. 经济法律关系由经济法律规范所确认，并受经济法律规范的保护。一切法律关系都是由法律规范所确认的，经济法律关系也不例外。没有经济法律规范的客观存在，就不会有经济法律关系的产生。从这种意义上来讲，经济法律规范是第一位和决定性的因素，经济法律关系是第二位和被决定的因素。换句话说，经济法律规范是经济法律关系产生的必要条件。具体来说就是，经济法律规范所调整的特定的经济关系经过经济法律规范的调整，则上升为经济法律规范所保护的权利义务关系，即经济法律关系。当然，这种上升必须有经济法律事实的介入和帮助。可以说，经济法律关系的产生是国家运用经济法律规范手段干预经济活动的必然反映，是国家干预经济关系的活动为经济法律规范所确认的产物。

3. 经济法律关系产生于特定的经济活动之中，是特定的经济活动在法律上的反映。在非法律活动和非经济法律活动中不可能产生经济法律关系。经济法律关系产生的特定经济活动包括宏观调控活动、市场监管活动以及社会保障活动。经济法律关系就是经济法主体依据经济法律规范的规定，参加上述经济活动，又依经济法律规范的规定形成的权利义务关系。

二、经济法律关系主体

（一）概念和特点

经济法律关系主体，是指依照经济法律规范的规定，参加经济法律关系，在经济活动中享有一定经济权利（权力）、承担一定经济义务（职责）的主体。主体是经济法律关系产生的先决条件，是客体的占有者、使用者和行为的实践者。主体是经济权利和经济义务的承担者，失去了主体就不存在权利这种可能性及义务这种必要性转化成现实的权利义务的条件，因此也就谈不上经济法律关系的内容。

同其他法律关系主体相比，经济法律关系主体具有广泛性的显著特征。广泛性是指经济法律关系的参加主体众多，几乎所有的法律主体均可以参加经济法律关系，进行经济法律活动。从主体形态上来讲，包括法人、自然人、承包户和个体户、不具备法人资格的内部职能机构和部门、分支机构等众多法律主体。经济法律关系主体的这一特征决定了经济法律关系的广泛性和复杂性。

（二）类型

1. 国家机关。国家机关是行使国家职能的各种机关的通称。在经济法律关系的主体范畴中，国家机关主要是指经济管理机关。具有经济管理职能的国家机关，具体来讲可分为两类：一类是按不同的经济部门来划分的部门性经济管理机关，如交通运输部、农业部、住房和城乡建设部等；另一类是职能性经济管理机关，如财政部、国家工商行政管理总局、税务总局、环境保护部和海关总署等，它们体现了国家计划、组织、指挥、管理和调节的职能。

另外，其他国家机关，在一定条件下依法也可以成为经济法律关系的主体。

2. 社会组织。社会组织是指经法定程序设立，实行独立核算或预算，拥有独立的财产权或经营管理权的企业、事业单位和社会团体等。其中的经济组织，特别是企业，尤其是公司企业是最广泛、最普遍的经济法主体。

（1）实行独立核算的社会组织。一般是指拥有财产，从事生产流通等经济活动，以创造物质财富为目的的组织和其他经济实体。就企业来讲，目前的种类主要有：①生产性企业。这类企业一般是直接从事物质生产活动的企业，即从事狭义生产活动的企业。生产性企业不论何种所有制形式，也不论规模大小，都必须依法成立，取得法人资格。②商业性企业。这类企业是从事商品交换活动的专业性经济实体。除个体零售商店外，依法成立者均具有法人资格。③金融企业。这类企业按其经济活动的性质应属于进行再分配的经济实体，依法经许可成立，取得法人资格。④公共服务企业。这类企业是以劳务性活动为社会生活消费服务的经济实体，依法成立，取得法人资格。⑤知识产业。这类企业是以精神性生产力的成果参与各种经济活动的经济实体，由于科学技术已经成为直接生产力，因而科学技术研究机构也日益直接地参加到经济活动中来。科学技术的直接生产和使用，使知识产业在经济法律关系主体体系中占有越来越重要的地位。

（2）实行独立预算的社会组织。一般是指其财产来源主要依靠国家财政拨款的事业单位或社会团体。它们不专门从事生产经营管理活动，不直接创造物质财富。它们在履行职责过程中，与经济组织发生经济关系时，成为经济法律关系的主体。

3. 经济组织内部的职能机构或下属单位。经济组织内部一般都有职能部门和下属的分支机构或基层单位，表现为一定的隶属层次，如公司内部的职能科室，工厂中的车间、班组。一个企业的经济效益在一定程度上取决于内部经济关系调整的好坏，取决于内部各种机构的所属成员的能力是否得到了充分发挥。因此，对内部机构实行法律保护，确认其地位和权限是非常重要的。当经济组织内部机构的关系用经济法律规范来调整时，主体就成为经济法律关系的主体。

4. 个体户与承包户。城乡居民从事个体经营活动，一般要在经济法律规范允许的范围内进行，他们依法申请取得营业执照后，成为从事工商经营的个体户。城乡居民与其他经济组织签订承包合同，进行承包经营的为承包户。目前，承包户主要是指农村土地承包户。

5. 自然人。自然人在特定情况和条件下，也可以成为经济法律关系的主体。例如，在自然人与国家机关形成的税收权利义务关系中，自然人就可以成为经济法律关系的主体。

三、经济法律关系的内容

经济法律关系的内容指的是经济法律关系的主体享有的经济权利和承担的经济义务。内容是经济法律关系的实质和核心，它是联结各主体、联结主体与客体之间的桥梁，有了主体、客体，不通过权利义务相互联结，也不可能构成经济法律关系。

经济法律关系中的经济权利和经济义务是不可分割的。经济法律关系的主体不得只享有权利而不履行义务，反之也不可。

（一）经济权利

经济权利是指经济法律关系主体在法定范围内，根据需要，进行经济活动时所享有的维护、获取某种经济利益的一种手段。

经济权利包括以下三层含义：一是在经济法规定的范围内，享有经济权利的主体，有权根据自己的意志进行宏观调控活动、经济管理活动；在经济法规定的范围内，享有经济权利的主体也有权抑制一定的行为，拒绝、抵制他人（包括上级组织）的非法干涉或摊派，巩固、维护自身的经济利益。二是在经济法规定的范围内，享有经济权利的主体有资格要求他人作出一定的行为，以保证实现或不影响实现权利主体的意志及经济利益。三是在经济法规定的范围内，享有经济权利的主体，由于他人的行为而使其权益不能实现时，有权请求有关国家机关予以保护。

经济法主体在进行经济活动过程中，依法享有以下权利：

1. 经济职权。经济职权是国家机关或其授权单位为维护社会公共利益，在干预经济活动过程中所享有的经济权力。经济职权是国家机关或其授权单位干预经济活动的前提条件，无经济职权就不能进行经济干预活动，已经进行的经济干预活动即为非法的干预活动，其法律后果也不受法律的保护。

（1）经济职权的特点。包括：①从主体上来看，经济职权的享有和行使主体只能是国家机关或其授权单位，其他任何单位和个人都不能成为经济职权的主体。②从性质上来看，经济职权具有命令与服从的性质。③经济职权具有特定的管辖范围和特定的管辖对象。只有在特定的管辖范围内针对特定的管辖对象，经济职权的行使才是正当合法的，否则有可能构成越权和侵权。

（2）经济职权的内容。①经济立法权。这是指国家机关依据宪法、法律的规定，制定、修改和废止经济法律、法规和规章的权力。我国经济立法权主要由全国人民代表大会及其常务委员会、国务院及其职能部门、省级和较大的市的人民代表大会及其常务委员会、省级和较大的市的人民政府、民族自治地方的人民代表大会享有。②经济决策权。这是指国家机关或其授权单位为克服市场失灵而对干预经济有关的问题进行决定的权力。经济决策权可以进一步划分为宏观经济调控决策权、计划决策权、货币发行决策权、基准利率决定权、汇率调节决策权、税率决定权等具体权力，这些权力由相应的国家机关按照其各自的职能分工分别享有和行使。③经济禁止权。这是指国家行政机关或其授权单位依法不允许相对人为某种行为的权力。它是国家机关或其授权单位的单方行为，无须取得相对人的同意，一旦行使，就产生相对人必须服从的法律效果。在我国的许多经济法律法规中，都有责令停止违法行为的规定，此即这些法律法规的执行机关经济禁止权的体现。④经济许可权。这是指国家机关或其授权单位基于特殊事由而允许特定人从事特定行为的权力。为维护社会公共利益，国家可以在某一特定领域或时期禁止一般市场主体从事特定的生产或交易行为，与此同时，给予特定主体从事这些生产或交易的特权，我国对某些涉及人身安全的特殊产品实行许可证管理制度，特定的国家机关对具备条件的企业颁发生产经营许可证，准予其从事该产品的生产经营活动，这种行为就属于行使经济许可权的行为。⑤经济取消权。这是指国家机关或其授权单位依法对某种法律资格予以取消或者消灭的权力。经济取消权行使的结果，实际上是对特定人既得权利的取消。工商行政管理机关依法吊销企业营业执照，就是行使经济取消权的具体体现。⑥经济处罚权。这是指国家机关或其授权单位依法对违反经济法律法规的行为进行处理的权力。如国家机关依法对违法经营者进行罚款、没收非法所得，行使的就是经济处罚权。⑦经济监督权。这是指国家机关或其授权单位对社会经济各个领域进行监督和督促的权力。在我国，有权进行经济监督的机关十分广泛，包括计划、财政、税收、物价、质量、审计、工商行政管理等部门，除这些国家机关外，经授权的行业自律组织等单位也有权对特定行业的经济活动进行监督。

2. 财产所有权。财产所有权是指经济法主体对物质财富的占有、使用、收益和处分的权利。它是以物为对象的一种权利。对有些经济法主体来说，享有一定的财产所有权是进行经济活动的前提。如果主体不拥有所有权，又不享有由财产所有权派生出来的其他财产权利，就无法参与财产流转活动。

财产所有权的主要内容包括：

(1) 占有权。它是指经济法主体对财产在事实上进行具体控制的权利，比如，集体所有制性质的经济组织，对本企业的财产有实际控制的权利。

(2) 使用权。它是指经济法主体对财产根据其性能、用途加以具体利用的权利。行使这种权利的目的在于发挥财产的经济效用，促进经济的发展，有利于社会主义经济的繁荣，也有利于使用者自身经济效益的提高。

(3) 收益权。它是指经济法主体取得、占有、使用财产过程中所产生的经济收益或利益的权利。这种经济效益的取得是经济法主体占有、使用财产的目的。

(4) 处分权。它是指经济法主体决定财产在事实上和法律上命运的权利，比如，对财、物的消费或转让。处分权是财产所有权中最重要的，也是核心的权利。必须注意的是，主体行使处分权时必须遵守党的政策和国家的法律规定，不得随意处分财产。

3. 国有资产管理权。国有资产概括来讲是指所有权属于国家的财产。具体地讲，是指国家依法取得和认定的，或者国家以各种形式对企业投资和投资收益，或者向行政事业单位拨款等形成的财产。

国有资产是国家所有权的客体，国家是国有资产所有权的唯一主体。国有资产管理权的主要内容包括以下几个方面：

(1) 国有资产界定权。产权界定是指国家依法划分财产所有权和经营权、使用权等产权归属，明确各类产权主体行使权利的财产范围及管理权限的一种法律行为。

(2) 国有资产登记权。国有资产产权登记是国有资产管理部门代表国家对国有资产进行登记，依法确认国家对国有资产的所有权以及企事业单位占有、使用国有资产的法律行为。它包括企业国有资产产权登记和行政事业单位产权登记两类。对国有资产进行产权登记，对贯彻所有权与经营权相分离的原则，保障国家对国有资产的所有权，落实占有、使用国有资产的企业单位的经营权和经营责任，提高国有资产的运营效益，巩固和发展全民所有制经济有着十分重要的意义。

(3) 国有资产评估权。国有资产评估，是指评估机构根据特定的目的，遵循公正、客观、实事求是的原则，按照法定的程序，运用科学的方法，对国有资产的现价进行评定和估算的法律活动。国有资产评估对于防止国有资产流失、维护市场竞争主体的合法权益，促进市场经济的发展具有重要的意义。

(4) 国有资产交易权。产权交易是指交易双方当事人，依照法律规定和合同约定，通过购买、出售、兼并、拍卖等方式，将一方当事人所享有的企业产权转让给另一方当事人，而使被交易企业丧失法人资格或改变法人实体的法律行为。

(5) 国有资产投资、收益和处分权。它是指国有资产管理机构或国家授权投资的机构、部门作为国有资产所有者的代表，对经济组织进行参股、控股的权利，取得收益和处分该部分国有资产的行为。

4. 企业经营管理权。企业经营管理权是指企业内部组织和协调劳动者与生产资料相结合，以及处理企业外部关系的权利。企业经营管理权的主要内容包括经营方式选择权、生产计划权、物资采购权、产品销售权、劳动管理权、物资管理权。此外，企业还享有人事管理权、科技成果转让权、实行横向联合权、专利权、商标权等。

5. 请求权。请求权是当自身的经济权益受到侵害或发生经济纠纷时，经济法主体要求侵权人停止侵权行为或要求有关机关运用行政、经济或司法手段维护其合法权益的权利。请求权主要包括要求赔偿权、申请听证权、请求调解权、申请仲裁权、经济诉讼权等。

（二）经济义务

经济义务是指经济法律关系主体在经济活动中依法必须为一定行为和不为一定行为的责任，是经济法律关系的重要内容之一。义务主体不履行法定的经济义务的，要受到法律的制裁。不同主体在不同法律关系中的义务是不同的，经济法律关系的主体众多，参加的具体法律关系也纷繁复杂，因而，经济义务也是多种多样。但是，概括而言，在我国，经济法主体应履行的义务主要有以下几方面：

1. 遵守经济法律法规。经济法律法规是国家为确保其经济干预政策得以实施和维持正常的经济秩序而制定的行为规则，是经济法主体的行动准绳，每一经济法主体都应自觉遵守这些行为规则。遵守法律法规是经济法主体承担的首要经济义务，一定意义上可以认为，经济法主体在所有经济法律关系中所承担的所有义务，都可以归结为遵守法律法规的义务。

2. 正当行使经济权利。经济权利从根本上讲是经济法主体依法享有的为一定行为或不为一定行为的自由，但任何自由都必须以不损害他人的自由或权利为前提，因此，经济权利的行使自由也应当有适当的限制。正当行使经济权利，就是要为经济主体行使经济权利设定必要的限度，它要求经济法主体在行使其经济权利时，必须充分尊重国家利益、社会利益和他人的合法权益，不得滥用其所享有的经济权利，也不得随意放弃其所享有的经济权利从而对国家、社会和他人利益造成损害。

3. 服从合法干预和管理。国家干预和管理是经济体制下国家所拥有的一项重要经济职权，也是维持市场经济健康、有序运行的基本保障。对于国家机关为克服市场失灵和维护社会利益所进行的合法干预和管理，经济法主体应积极配合，按照干预和管理主体的要求为或不为一定的行为。

4. 依法缴纳税费。税收是国家财政收入的主要来源，是支撑国家机构正常运转、执行国家经济干预职能和提供公共产品的物质保障。税收法定主义原则决定了国家必须依法征税，而经济活动主体享受国家提供的公共产品则决定了他们必须依法纳税。此外，除缴纳税款以外，经济法主体还必须按照法律法规的规定，交纳有关部门征收的合理费用。

四、客体

（一）概念和特征

经济法律关系的客体是指经济法主体所享有的经济权利和所应承担的经济义务共同指向的对象或事物。经济法律关系的客体是经济法律关系中不可缺少的基本要素。如果缺少客体，则经济法律关系主体的权利和义务就无所指、无所依靠，就会虚空，经济法律关系也就无任何法律意义。

经济法律关系客体具有如下的特征：

1. 客观性。经济法律关系的客体都是客观存在的。它的存在和发生作用不以人们的意识为转移，既不会因为人们否认它而消失，也不会因为人们任意夸大或者缩小而改变原来的状态或者状况，不管人们喜欢不喜欢，承认不承认，它都客观地存在着。

2. 广泛性。经济法律关系客体的广泛性是客观性的自然延伸和具体表现。广泛性决定了经济法律关系的客体为数众多，遍布社会经济活动的各行各业和方方面面。随着社会的发展和生产力的进步，客体会越来越多。客体数量的不断增多，质量的不断提高，繁荣了经济，丰富了生活，使社会不断地走向文明。

（二）理论分类

1. 物。法律意义上的物与物理意义上的物不同，指的是可以由经济法主体支配，并且具有一定的价值和使用价值的财富或者实物。包括天然存在和人类劳动的产品，以及固定充当一般等价物的货币和有价证券等。物分为：①生产资料和生活资料；②限制流通物和不受限制流通物；③固定资产和流动资金；④货币和有价证券。

2. 行为。行为是经济法律关系的重要客体之一。它是指经济法主体为达到一定的经济目的所进行的活动，包括：①完成一定工作的行为；②提供一定劳务的行为；③职权行为。

3. 非物质财富。非物质财富是指人们运用脑力劳动所取得的智力成果。非物质财富主要包括：①专利权；②商标权；③专有技术。

五、经济法律事实

经济法律事实是指能够引起经济法律关系形成、变更或终止的事实。它属于法律事实的一种，具有法律事实的一般特征。

经济法律事实可以分为事件和行为两大类。

（一）事件

事件又称法律事件，是指法律规定的，不以人的意志为转移的能够引起法律关系形成、变更、消灭的事实。以是否包含人的行为或活动为标准，事件可以区分为社会事件和自然事件两大类。社会事件是指一切具有法律意义、不以法律关系主体的意志为转移的人的行为或活动；自然事件是指一切具有法律意义、不以法律关系主体的意志为转移也不包含人的行为或活动的自然现象。

但是作为经济法律事实的自然现象多限于足以引起经济法律关系主体之间的经

济法律关系发生变化和消灭的自然灾害。如严重的自然灾害，可以引起计划法律关系、税收法律关系发生变化。作为经济法律事实的社会现象主要是指战争和社会革命等，它们都可以引起国家某项干预行为的变化。

法律事件，可以具体划分为不可抗力和意外事件两类。不可抗力一般是指不能预见、不能避免并不能克服的客观情况。意外事件一般认为是指非由于行为人的故意或过失而偶然发生的事件，又称意外事故。不可抗力与意外事件有密切的联系。意外事件是一个范围极广的概念，包括了不可抗力。不可抗力是意外事件的一种，属于意外事件中既不能预见又不能避免和克服的特殊情况，二者是属种关系。

（二）行为

经济法律行为是指经济法主体依照经济法律、法规的规定，按照其意志进行经济活动并能产生相应的法律后果的行为。由于经济法律行为是人们有意识的自觉活动，因此经济法律行为是经济法中最重要和最普遍的经济法律事实。

1. 经济法律行为的特征。

（1）经济法律行为是经济法主体有意识的活动。这一特征包含两层含义：①经济法律行为是经济法律关系主体所实施的行为，不是任何组织或个人的行为都能成为经济法律事实。②经济法律行为是由一定的组织或个人在其主观意志支配下自觉实施的，能够引起经济法律关系产生、变更和消灭的有意识的活动。

（2）经济法律行为是由经济法律规范规定和调整的行为。这是经济法律行为同其他法律行为的重要区别。其他法律行为则是由其他某方面法律规范规定的行为。

（3）经济法律行为是发生经济法上效果的法律事实。这里所谓经济法上的效果，指经济法上权利义务的变动，也就是发生、变更、终止经济权利和经济义务。

2. 经济法律行为的种类。经济法律行为主要分为以下种类：

（1）经济管理行为。经济管理行为是指国家以整体利益为目的而进行的宏观调控和市场管理过程中所产生的发生法律效力的行为。经济管理行为可以根据国家干预市场经济的任务和作用不同，分为宏观调控行为与市场管理行为。

（2）市场经营行为。市场经营行为是指企业、事业单位和社会团体、个人等社会经济基本活动主体所从事的一切与市场经营相关的行为。

市场经营行为按照行为主体的不同可以分为以下两类：

第一，个人（自然人）为了满足自己的需求，使自己的物质和文化生活水平不断提高和发展，而进行的经济行为，如提供劳动力要素取得收入的行为、支出货币取得生活资料和服务的行为、利用剩余收入进行储蓄或投资取得利息或投资收益的行为。

第二，经营者（以企业为主）为了追求利润的最大化而进行的经济行为，如生产销售行为、投资行为、经营管理行为等。

第三节　经济法律责任

一、法律责任概述

（一）法律责任的含义

法律责任制度是任何一个法律部门都不可或缺的法律制度。所谓法律责任，即指法律主体因违反法律规定的义务而必须承担的带有否定性的法律后果。

（二）法律责任的特征

法律责任具有以下几个特征：

1. 法律的规定性。法律责任存在于法律的规定之中。法律责任的法律规定性在于，无法律规定就无法律责任，法律责任必须是法律规定的责任。这里所说的法律是广义的，包括宪法、法律、行政法规和部门规章、军事法规和军事规章、地方性法规和政府规章、民族自治地方的自治条例和单行条例、特别行政区基本法和特别行政区法律、经济特区的单行法规和规章、国际条约和国际惯例。

2. 国家的强制性。法律责任存在于法律的规定之中，当然就要求由国家强制力保障实施，这是由法律的国家性和强制性所决定的。

3. 义务的违反性。法律责任究其实质来讲是一种因违反法律上的义务而形成的责任关系。这种责任关系派生于法律规定的义务，因为违反法律上的义务才导致责任关系的产生。这包含两方面的含义：①法律责任是以法律义务的存在为前提的，无法律义务就无法律责任。②法律责任是以行为人对法律义务的违反为必要条件的，无对法律义务的违反就不可能形成现实性的法律责任。

4. 因果关系性。因果关系即行为与损害之间的因果关系，它是存在于自然界和人类社会中的各种因果关系的特殊形式。当一损害结果发生后，必须仔细分析和研究行为与损害结果之间有无一定的因果关系，只有在存在因果关系的前提下，才能要求行为人承担法律责任。

二、经济法律责任的含义和特征

（一）经济法律责任的含义

经济法律责任是指经济法律关系的主体因违反经济法义务而必须承担的，带有应当性的不利后果。它是一项重要而基本的经济法律制度。

（二）经济法律责任的特征

与其他部门法律责任，尤其是与民事法律责任和行政法律责任相比，经济法律责任具有以下几个明显特征：

1. 从责任目的上来看，经济法律责任侧重于保护社会公共利益的不受侵犯，或者说保护社会公共利益的不受侵犯是经济法律责任的第一目的；而民事法律责任侧重于保护个体权利主体的权益不受侵犯；行政法律责任侧重于保护国家的利益不受侵犯。

2. 从归责原则上来看，经济法律责任侧重于公平归责，而民事法律责任和行政法律责任则侧重于过错归责和无过错归责。所谓公平归责，是指在加害人和受害人都没有过错，但损害事实已经发生的情况下，以公共考虑作为价值判断标准，根据实际情况和可能，由双方当事人公平地分担损失的归责原则。公平归责在经济法中广为使用，尤其是在社会保障、可持续发展和宏观调控中更是如此。现代经济法律责任之所以以公平归责为主要的归责原则，是因为经济公平是经济法的基本原则之一，它要求经济法主体在主体地位、权利享有和义务承担、交易机会、利益成果享有和责任承担等各个方面都应该是公平的。

3. 从责任形式来看，限制或剥夺经营性资格和经济补偿是经济法律责任的主要形式。

(1) 限制或剥夺经营资格。法律责任的形式必须与法律活动的特征和结果相适应。经济活动与民事活动相比，其显著特点在于它的资格性；与行政活动相比，其显著特征在于它的营利性。与此相适应，限制或剥夺经营性资格便成了经济法律责任的主要形式。

(2) 经济补偿。在经济活动中，主体的合法行为也往往会给其他主体造成损害，如：在土地征用活动中土地征用者给集体所有制成员造成的损害；在自然资源使用中，使用者给资源所在地的机关、团体、企事业单位和个人造成的损害；在企业改制过程中，因企业关、停、转、迁、股份制改造给职工造成的损害；因经济政策变化或产业政策调整而给相关地区、单位和个人造成的损害；等等。在这些损害中，行为人并无过错，无法适用过错责任或无过错责任中的赔偿责任，因而由行为人对受害人进行经济补偿便成了一种切实可行的解决纠纷、弥补损失、进行司法救济的较好方法。经济补偿在我国经济法律中有着十分广泛的应用。

三、经济法律责任的构成要件

经济法律关系主体承担经济法律责任，必须具备法律规定的责任构成条件。经济法律责任的构成要件包括：

(一) 责任主体

责任主体是指依法应当承担法律责任的当事人。

(二) 行为人的心理状态

行为人的心理状态是指行为人对自身行为的认知和过错程度。在法理学上，对自身行为不能认知（如无行为能力人对自身行为的认知就属这种情况），则不承担责任；对自身行为能够认知，应当认知而不认知或认知不当、认知不完整即表明主观上有过错，这时就要承担法律责任。行为人的心理状态一般可以从两个方面去把握：一个是故意，一个是过失。在民事法律中一般较少区别故意和过失，但在刑事法律中却正好相反，故意犯罪和过失犯罪在定罪量刑上有很大的不同。

(三) 行为的违法性

违法行为与法律责任存在着两种情况下的关系：一是违法行为是法律责任产生

的前提，没有违法行为就没有法律责任，这是两者关系的一般情形或多数情形；另一种情况是，法律责任的承担不以违法的构成为条件，而是以法律规定为构成要件。这是两者关系的特殊情况。

（四）损害事实

损害事实即法律主体受到的损失和伤害的事实，包括人身的、财产的、精神的（或者三方面兼有的）损失和伤害。

（五）因果关系

即行为与损害之间的因果关系，它是存在于自然界和人类社会的各种因果关系的特殊形式。也就是说，若一现象的出现是由另一现象的存在所引起的，则两现象之间就具有因果关系。法律归责原则上要求证明损害行为与损害结果之间的因果关系。

四、经济法律责任的分类

经济法律责任是一个特定的法律责任范畴，并不专指经济责任，而是泛指经济法律关系主体违反经济法所承担的一切法律责任，包括经济责任、行政责任和刑事责任。

（一）经济责任

经济责任是指国家行政机关、审判机关或国家授权的有关单位对违反经济法的单位或个人依法采取的经济制裁措施。主要形式包括：

1. 支付违约金。违约金是对违约者的经济惩罚。只要合同中规定有违约金，而且一方当事人违反合同规定，不论其是否给对方造成损失，都要支付违约金。

2. 支付赔偿金。赔偿金是对受损者的经济补偿。

3. 罚款。罚款是对违反经济法的单位或个人依法强制其缴纳一定款项的处罚。

4. 强制收购。强制收购是对违反国家物价政策以及其他经济法规的单位和个人的产品，由有关国家机关按照该产品的国家牌价予以收购的强制措施。

5. 没收财产。没收财产是对违反经济法的单位或个人非法所得的财产，依法收归国库所有的强制措施。

（二）行政责任

行政责任是指国家授权的有关单位对违反经济法的单位或个人依法采取的行政制裁措施。主要包括行政处罚和行政处分。

1. 行政处罚。对违反经济法的单位或个体经营者可以采取警告、通报批评、责令停业整顿、吊销营业执照等行政处罚方式。

2. 行政处分。对违反经济法的个人可以采取警告、记过、记大过、降职、撤职、留用察看、开除等行政处分方式。

（三）刑事责任

刑事责任是指国家审判机关对严重违反经济法并触犯刑法的单位或个人依法采取的刑事制裁措施。主要包括主刑和附加刑。

1. 主刑。主刑是指只能独立适用不能同时适用的刑罚。我国的主刑有管制、拘役、有期徒刑、无期徒刑、死刑。

2. 附加刑。附加刑是既可以作为主刑的附加刑适用，也可以独立适用的刑罚。我国的附加刑有罚金、剥夺政治权利、没收财产。

在我国，追究经济责任、行政责任和刑事责任，既可以单独适用，也可以同时适用。当经济法律关系主体违反经济法追究其责任时，如果同时符合上述两种或两种以上法律责任的规定，则一并追究，而不能只追究某一种责任，放弃其他责任的追究。经济法律关系主体如果违反经济法，要视其情节轻重，分别对待。对严重违反经济法，触犯刑法的，必须给予刑事制裁；对一般违反经济法的单位和个人，则给予行政制裁或经济制裁。

第四节 与经济法有关的民法基础理论

一、民事法律行为

（一）概念和特征

民事法律行为属于民事行为的一种。所谓“民事行为”，是指民事主体在民事活动领域内基于其意志所实施的，能够产生一定民事法律后果的行为。民事行为包括民事法律行为和事实行为〔1〕。

民事行为中，只有具备法律规定的有效条件，才具有法律确认的法律效力，产生行为人预期的法律后果，才属于民事法律行为。而不具备法定有效条件的民事行为则不具有法律效力，不产生行为人所追求的法律后果，或者通过当事人依法行使变更权或撤销权导致其效力的变更或者消灭。所以，民事行为与民事法律行为在形式逻辑上是包容概念的关系，即民事行为包括民事法律行为，无效民事行为，可撤销、可变更的民事行为以及效力待定的民事行为。

所谓民事法律行为，是指民事主体为了设立、变更或者终止民事法律关系而实施的行为。依民法通说，民事法律行为主要包括合同行为、遗嘱行为、婚姻行为、收养行为以及其他行为。

民事法律行为作为民事法律事实中行为的一种，具有如下三项特征而区别于其他各类民事法律事实：

1. 民事法律行为是一种产生、变更、消灭民事权利义务关系的行为。这样，在

〔1〕 所谓事实行为，是指行为人不具有设立、变更或消灭民事法律关系的意图，但依照法律规定能引起民事法律后果的行为。依照《民法通则》的规定，事实行为分别包括债权法上的侵权行为、无因管理行为、部分不当得利行为、正当防卫行为、紧急避险行为及自助行为等，物权法上的遗失物的拾得行为、埋藏物的发现行为、先占行为、添附行为等，知识产权法上的创作行为、发明创造行为等。

法理学上，民事法律行为作为法律行为的一种，就与行政法律行为、民事诉讼法律行为、刑事诉讼法律行为等相并列。在此，理解民事法律行为的外延就不再着眼于其合法性，而在于其引起的民事法律后果。

2. 民事法律行为以行为人的意思表示作为构成要素。意思表示是指行为人追求民事法律后果的内心意思用一定的方式表示于外部的活动。比如，旅客在饭店将其要下榻某一房间的想法用口头方式告诉前台接待人员的行为就是意思表示。缺少民法所确认的意思表示的行为就不是民事法律行为。而邀请朋友看电影也是人的有意识的行为，但它所表达的意思并非追求民事法律后果，不属于意思表示，故不构成民事法律行为。

3. 民事法律行为能够实现行为人所预期的民事法律后果。民事法律行为是一种目的性行为，即以设立、变更或终止民事法律关系为目的。这一目的是行为人在实施民事法律行为之时所追求的预期后果。基于法律确认和保护民事法律行为的效力，行为人所追求的预期后果必然可以实现。可见，民事法律行为的目的与实际产生的后果是相互一致的。这一特点使得民事法律行为区别于民事违法行为。民事违法行为（如侵权行为）也产生法律后果（侵权责任），但是，这种法律后果并不是行为人实施民事违法行为时所追求的后果，而是根据法律规定直接产生的，并非以当事人的意思表示为根据。

（二）分类

1. 单方民事法律行为、双方民事法律行为和共同法律行为。这一分类的标准是民事法律行为所需的意思表示构成。单方民事法律行为是基于一方当事人的意思表示即可成立的民事法律行为。比如，立遗嘱、委托授权、放弃继承、追认无权代理等行为，都属于单方民事法律行为。只要有行为人的一方意思表示就依法成立，不需要征得他人的同意。双方民事法律行为是基于双方当事人的意思表示一致而成立的民事法律行为。其特点是必须存在各方当事人的各自意思表示，而且要一致，仅有一方当事人的孤立的意思表示，或者双方各自虽然都有意思表示，但是，彼此不能达成一致的，均不成立双方民事法律行为。各种签约行为都属于双方民事法律行为。共同法律行为是指依两个或两个以上当事人彼此意思表示一致才能成立的法律行为，如合伙合同、联营合同、订立公司章程的行为等。共同法律行为与双方法律行为的区别在于，前者的当事人所追求的利益与目标是共同的，而后者的当事人的利益与目标恰恰是相对的。

法律行为的这种分类的意义在于正确认定法律行为的成立及其效力。除了法律另有规定以外，单方法律行为，只要一方当事人的意志即可成立；而双方法律行为或共同法律行为，则需双方或多方当事人之间意思表示达成一致才能成立。

2. 单务民事法律行为和双务民事法律行为。这一分类的标准是当事人之间民事权利和民事义务的构成。单务民事法律行为是指民事法律行为的一方当事人负有义务，而另一方当事人仅享有权利。比如，赠与行为中的赠与人负有交付赠与物的义务，而受赠人则享有请求赠与人给付赠与物的权利。双务民事法律行为则是指民事法律行为的双方当事人均承担义务，也都享有权利，而且，彼此的权利和义务相互关联、互为条件，一方的义务就是另一方的权利。比如买卖合同中出卖人和买受人的权利和义务就是相互对应的。

3. 有偿民事法律行为和无偿民事法律行为。这一分类的标准是民事法律行为的一方当事人承担义务是否要求对方给付对价。有偿民事法律行为是一方当事人承担某项民事义务而要求对方当事人给付对价（报酬）的法律行为，比如买卖合同就是典型的有偿民事法律行为。无偿民事法律行为则指一方当事人承担某项民事义务而不要求对方当事人给予对价的法律行为。它以赠与为代表。

在社会生活实施中，大多数民事法律行为都属于有偿民事法律行为，而存在于特定民事领域中的少数民事法律行为是无偿民事法律行为。相应地，民事立法对于有偿民事法律行为和无偿民事法律行为的调整规则就不尽相同。尤其是当事人在民事法律行为中依法所应承担的法律责任是不同的，在一般意义上，有偿民事法律行为当事人的法律责任重于无偿民事法律行为的当事人。比如，对于标的物的质量和权利所承担的瑕疵担保责任是买卖合同的出卖人必须承担的，而赠与合同中的赠与人则一般不承担赠与物的瑕疵担保责任，除非赠与人故意不告知瑕疵的，才承担民事赔偿责任。

4. 诺成性民事法律行为和实践性民事法律行为。这一分类的标准是民事法律行为的成立是否以交付实物为条件。诺成性民事法律行为是指仅双方当事人意思表示一致即告成立的民事法律行为。大多数民事法律行为都是诺成性的，如买卖、承揽、租赁等。实践性民事法律行为又称要物民事法律行为，是指不仅要求双方当事人意思表示一致，而且要交付实物才能成立的法律行为，比如赠与、借贷等行为。其中，交付实物的行为是此类民事法律行为成立的条件。

由此可见，诺成性民事法律行为与实践性民事法律行为各自成立的条件是不同的。前者自双方当事人意思表示一致时成立，而后者则必须是双方当事人意思表示一致，并且依法或依约定交付实物时才成立。应当注意，交付实物的行为在这两类民事法律行为中具有不同的法律意义。其在诺成性民事法律行为中只是自民事法律行为成立之后的履行行为，而其在实践性民事法律行为中则是民事法律行为成立所需的条件。

5. 要式民事法律行为和不要式民事法律行为。这一分类标准是民事法律行为的成立是否必须采用特定形式。要式民事法律行为是指必须采用某种特定的形式才能成立的民事法律行为。正如《民法通则》第56条规定："……法律规定用特定形式的，应当依照法律规定。"比如，根据我国《担保法》的规定，保证合同、质押合同均应采用书面形式，而抵押合同则不仅要用书面形式，而且要向法定登记机关办理抵押登记。不要式民事法律行为是指法律没有规定特定形式而允许当事人选择约定形式的民事法律行为。随着我国社会主义市场经济的发展，不要式民事法律行为的适用范围日益普遍，而要式民事法律行为则只适用于特定的情况下，从而只要法律没有对行为的形式直接规定必须采用特定形式的，就都属于不要式民事法律行为。当事人可以协商确定采用书面形式（包括合同书、信件、数据电文等有形表现其行为内容的形式）、口头形式或者其他形式。

6. 有因民事法律行为与无因民事法律行为。这是根据民事法律行为与原因的关系而作的分类。有因民事法律行为是指与原因不可分离的行为。所说的原因就是民事法律行为的目的，对于有因民事法律行为，原因不存在，行为就不能生效。无因民事法律行为是指行为与原因可以分离，不以原因为要素的行为。例如票据行为就是无因民事法律行为。无因民事法律行为并非没有原因，而是指原因无效并不影响行为的效力。例如债权转让或债务承担合同行为即为无因民事法律行为，还有，委托代理关系中委托人的授权行为也是无因民事法律行为。如甲欠乙的债务100万元，乙将其对甲的债权转让给丙，乙、丙之间订立债权转让合同是有原因的，比如赠与、偿还债务等。但债权转让行为与上述原因彼此分离，原因的瑕疵并不影响债权转让合同本身的效力。

区分有因民事法律行为与无因民事法律行为的意义在于：前者如原因不存在，则行为无效；后者当原因不存在或原因有瑕疵时，行为本身有效，仅发生不当得利问题。另外，这种分类只限于财产法上的行为，身份行为不存在此种区分。

7. 主法律行为与从法律行为。这是根据法律行为相互间的附属关系而作的分类。主法律行为是指不需要其他法律行为的存在即可独立存在的法律行为。从法律行为是指以其他法律行为的存在为其存在前提的法律行为。如对于主债务合同与保证合同而言，前者即是主法律行为，保证合同则为从法律行为。

从法律行为对于主法律行为的附属性体现在以下几方面：①发生上的附属性。主法律行为成立，从法律行为才成立。②效力上的附属性。主法律行为有效，从法律行为才有效；主法律行为无效，从法律行为当然随之无效。③转让上的附属性。从法律行为的权利必须依附于主法律行为而转让。④消灭上的附属性。主法律行为消灭，从法律行为也随之消灭。

（三）有效要件

法律行为的生效要件可区分为实质要件与形式要件。关于法律行为生效的实质要件，学界有三要件说与四要件说。我们倾向三要件说。

1. 行为人具有相应的民事行为能力。只有具有相应的民事行为能力的人才能进行民事法律行为。对于自然人而言，无行为能力人（不满10周岁的未成年人和不能辨认自己行为的精神病人）进行的行为不具有法律效力，限制行为能力人（10周岁以上的未成年人和不能完全辨认自己行为的精神病人）只能进行与其能力相当的法律行为，完全行为能力人（18周岁以上的精神健全的成年人和16周岁以上不满18周岁以自己的劳动收入为主要生活来源者）也只有在其权利能力范围内，才具有相应的行为能力。对于法人来说，只有具有与其权利能力范围相适应的行为能力，其进行的法律行为方为有效。法人的权利能力范围一般以核准登记的生产经营业务范围或成立宗旨为准。

关于无行为能力人和限制行为能力人所从事行为的法律效力，依我国现行立法及司法实践的做法，可作如下区分：

（1）无行为能力人与限制行为能力人接受奖励、赠与、报酬，他人不得以行为人无民事行为能力、限制民事行为能力为由，主张以上行为无效。

（2）依司法实践，无行为能力人于日常生活中从事的处分零花钱等细小民事行为，应为有效，如购买铅笔1支，购买冰棍1支等。

（3）除上述两种情形外，无行为能力人所从事的行为均为无效。

（4）限制行为能力人从事与其行为能力相适应的民事行为应为有效，如一位16岁的中学生花150元购买教辅书1套。

（5）限制行为能力人超出其行为能力范围订立的合同为效力待定的行为。但如果有特别立法，应依照其特别规定处理。例如《合伙企业法》第9条规定，合伙人应当为具有完全行为能力的人。据此，限制行为能力人所订立的合伙协议是无效的。

（6）限制行为能力人实施的单方民事行为，因无相对人参加，不存在相对人的利益保护问题，故应为无效。如一位16岁的中学生作出的遗嘱即为无效。

法人的民事行为能力一般是由法人核准登记的经营范围决定的。不过，法人超越经营范围订立的合同，无论是从法人能力制度原理，还是从维护相对人的利益和交易安全出发，人民法院不因此认定合同无效，但违反国家限制、特许经营以及法律、行政法规规定禁止经营的除外。

2. 意思表示真实。民事法律行为是以意思表示为核心的行为，没有意思表示就没有法律行为。所谓意思表示是指行为人把发生一定私法上效果的内心意思以一定的方式表达于外部的行为。这一定义包括三方面的内容：①意思表示的“意思”是指设立、变更、终止一定民事法律关系的内心意图；②意思表示是一个意思由内到外的表示的过程；③意思表示依据是否符合生效要件产生不同的法律效力，符合法定生效要件的意思表示可以发生当事人预期的法律效果，否则发生的法律效果可能并不是当事人所意欲追求的。法律行为以意思表示为核心，只要当事人的意思不违反法律的强行性规定，就可以发生当事人期望实现的目的，法律行为就是要赋予当事人尽可能广泛的行为自由，充分体现私法自治（意思自治）。

意思表示真实就是说行为人表现于外部的表示与其内在的真实意志相一致。其要求有两点：①内部意思与外部表示一致；②出于行为人的自愿。只有行为人意思表示真实，才能保证其所实施的民事行为产生的民事法律后果符合行为人预期的目的，符合其切身利益，有利于建立正常的社会经济秩序。如果行为人外在的意思表示与其内心真实意思不一致，则为“意思缺乏”或“意思表示不真实”，不能反映行为人的真实意志，就不能产生法律上的效力。

3. 内容合法。根据《民法通则》的规定，行为内容合法表现为不违反法律和社会公共利益、社会公德。其中，“内容合法”的含义包括：①行为人实施的民事行为不得违背社会公德，不得损害社会公共利益。②民事法律行为的内容合法是指不得违反法律、行政法规的规定。这意味着如果违反了地方性法规、行政规章或地方政府规章的，不会导致行为无效，尽管可能遭致行政处罚。③民事法律行为的内容合法是指不得与法律、行政法规的强制性规范相抵触。这意味着行为的内容与法律、行政法规的任意性规范不一致时，不属于违法的范畴，因为任意性规范后于当事人的意思表示而适用。④民事法律行为的内容合法是指不得违反法律、行政法规的强制性规范中的效力规范。这意味着违反法律、行政法规中强制性的取缔规范[1]的，不会导致行为无效。

4. 形式要件。民事法律行为须具备形式要件，主要是就特殊要式行为而言的。在绝大多数情况下，民事法律行为只要具备实质要件就发生法律效力，但在某些特殊情况下，民事法律行为还须具备特殊形式要件才能发生效力，如中外合资经营企业合同、中外合作经营企业合同须经有关机关批准后才能生效；向外国人转让中国专利的合同须经有关机关批准并登记才能生效；婚姻行为也要经过登记才能生效。

值得注意的是，这里所讲的形式要件是指法定的法律行为生效要件，也就是通常所说的特殊形式要件，有别于法律行为的成立形式要件，也即通常所说的一般形式要件。法律行为的一般形式要件是其成立要件而非生效要件。如《合同法》第270条要求建设工程合同应以书面形式订立，当事人违反者，一般应认定其不成立而非不生效。当然，对于像建设工程合同这一类法律对其成立有特殊书面形式要求的合同，如果当事人虽然没有采用书面形式，但一方已经履行主要义务，对方接受的，该合同照样可以成立。

（四）附条件和附期限的民事法律行为

1. 附条件的民事法律行为。这是指双方当事人在民事法律行为中设立一定的事由作为条件，以该条件的成就与否（是否发生）作为决定该民事法律行为效力产生或解除根据的民事法律行为。我国《民法通则》第62条规定：“民事法律行为可以附条件，附条件的民事法律行为在符合所附条件时生效。”

附条件民事法律行为是法律为了适应社会成员在生产或生活中的各种特殊需要而设立的一种特殊的民事法律行为。

---

[1] 所谓取缔规范，是指取缔违反之行为，对违反者加以行政处罚乃至刑事制裁，以禁遏其行为，但并不否认其在私法上的效力。所谓效力规范，是指不仅要取缔违反之行为，对违反者加以法律制裁，而且对其行为在私法上的效力也予以否认。所以，只有违反了效力规范的法律行为才是无效的，对于违反了取缔规范的法律行为，可以由行政机关对当事人进行行政处罚，但不能认定在民法上无效。例如，《城市房地产管理法》第45、54条分别要求商品房预售合同和城市房屋租赁合同必须办理备案登记。法律设此规范的用意在于保护买受人、承租人的利益，以及有利于规范房地产市场的行政管理。所以此处要求办理备案登记的规范应该属于取缔规范而非效力规范，当事人没有办理该备案登记手续不应导致合同无效。

附条件民事法律行为本身与其他民事法律行为一样，适用《民法通则》有关民事法律行为的各项规定，惟有其所附条件具有相应的法律特点，应当符合特殊的法律要求，故应当注意所附条件的特性和种类。条件应当是尚未发生且当事人在约定时不知道其将来是否发生的事实，有延缓条件和解除条件、肯定条件和否定条件之分。

2. 附期限的民事法律行为。附期限的民事法律行为是指双方当事人在民事法律行为中约定一定的期限，以期限的到来决定其效力产生或者终止的民事法律行为。期限有始期和终期、确定期限和不确定期限之分。

（五）无效民事行为

1. 无效民事行为的概念和特点。无效民事行为是指因欠缺民事法律行为的有效条件而不产生法律效力的民事行为。民法理论又称其为“绝对无效的民事行为”。

无效民事行为具有以下特点：①无效民事行为的本质是其违法性；②无效民事行为是确定无效的；③无效民事行为自始不发生法律效力。

2. 无效民事行为的情形。

（1）无民事行为能力人实施的民事行为。

（2）限制民事行为能力人依法不能独立实施的民事行为。

（3）因欺诈而为的民事行为。因欺诈而为的民事行为是指因一方当事人故意告知对方虚假情况，或者故意隐瞒真实情况，诱使对方当事人作出错误意思表示而为的民事行为。

（4）因胁迫而为的民事行为。因胁迫而为的民事行为是指由于一方当事人以给公民及其亲友的生命健康、荣誉、财产等造成损害，或者以给法人的荣誉、名誉、财产等造成损害为要挟，迫使对方作出违背真实意志的意思表示所为的民事行为。

应当注意的是，《合同法》第52条和第54条第2款亦规定，一方以胁迫手段订立的合同，在损害国家利益时，必然是确定无效的合同，而在未损害国家利益的情况下，则可经被胁迫方请求，由人民法院或者仲裁机关予以变更或者撤销。

（5）乘人之危使对方违背真实意思的民事行为。

（6）恶意串通损害他人利益的民事行为。

（7）违反法律或者社会公共利益的民事行为。

（8）以合法形式掩盖非法目的的民事行为。

3. 无效民事行为的法律后果。无效民事行为自行为开始起无效，并且根据《民法通则》第61条和《合同法》第58条、第59条的规定，民事行为被确认无效后，还会产生下列法律后果：

（1）财产返还。由于民事行为无效，当事人从民事行为中取得的财产就失去了合法根据，所以，当事人应将其从该民事行为中取得的财产返还给对方，财产返还分为单方返还和双方返还，前者是有过错的一方将其从无效民事行为中所得财产返还给对方，而对方所得财产则不予以返还，依法另行处理。后者则是双方各自将其从无效民事行为中所得财产分别返还给对方。

（2）赔偿损失。无效民事行为给当事人造成损失的，还相应地产生损失赔偿的后果。该后果的承担是与当事人的过错相联系的。应依据当事人的过错确认其赔偿责任。尤其应当注意《合同法》第42条所规定的缔约过失责任。其是指一方或双方当事人在缔结合同过程中，基于其主观过错而违反法定的缔约义务，致使所欲订立的合同未能成立或者无效，并给对方当事人造成损失所应依法承担的法律责任。

（3）追缴财产。在法律规定情况下，执法机关要将当事人因无效民事行为所取得的财产（已经取得和约定取得的财产）予以追缴，收归国家、集体所有或返还给第三人。

（六）可变更、可撤销的民事行为

1. 可变更、可撤销的民事行为的概念和特点。可变更、可撤销的民事行为是指当事人依照法律规定针对欠缺有效条件而请求人民法院或者仲裁机关予以变更或者撤销的民事行为。其中，可撤销的民事行为在民法理论上又叫做“相对无效的民事行为”。其基于以下特点，区别于无效民事行为：

（1）可变更、可撤销的民事行为在当事人依法向人民法院或者仲裁机关提出请求之前是具有法律效力的，区别于依法自始无效的无效民事行为。

（2）可变更、可撤销的民事行为因当事人依法行使变更权、撤销权而由人民法院或者仲裁机关依法裁判予以变更或者撤销其法律效力。但是，当事人未提出变更或撤销请求，或者未依法行使变更权、撤销权的，则可变更、可撤销的民事行为的内容和效力均不发生改变。可见，在当事人依法行使变更权、撤销权之前，可变更、可撤销的民事行为的法律效力处于不确定的或然状态。从而也不同于确定无效的无效民事行为。

2. 可变更、可撤销的民事行为的情形。可变更、可撤销的民事行为同样是由于欠缺民事法律行为的有效条件，而使其法律效力不确定。具体表现为以下情形：

（1）因重大误解而为的民事行为。行为人因为行为的性质、对方当事人以及标的物的品种、质量、规格和数量等的错误认识，使行为的后果与自己的意思相悖，并造成较大损失的，可以认定为重大误解。

（2）显失公平的民事行为。一方当事人利用优势或对方的无经验，致使双方的权利义务明显违反公平、等价有偿原则的，可认定为显失公平。

（3）一方以欺诈、胁迫、乘人之危的手段，使对方在违背真实意思表示的情况下所为的、损害了自己利益的民事行为。

3. 可变更、可撤销的民事行为的法律后果。可变更、可撤销民事行为的效力不同于无效民事行为，它自成立之时产生法律效力，对当事人具有法律约束力。但是，在当事人依法行使变更权、撤销权的情况下，该民事行为基于人民法院或者仲裁机关的裁判相应地变更其内容而继续有效，或者被撤销而丧失法律效力。被撤销的民事行为与无效民事行为一样，从行为开始时起无效。但是，被撤销的合同，不影响其中独立存在的有关解决争议方法的条款的效力。

(七) 效力未定的民事行为

效力未定的民事行为，是指其是否有效尚不能确定，而有待于其他行为使之确定的民事行为。效力未定的民事行为是否有效，不能依意思表示的行为人自己的意思来决定，而是须由他人的行为来予以补正。效力未定的民事行为的种类有：①限制民事行为能力人实施的依法不能实施的行为；②无权代理行为；③债务转移行为；④无权处分行为；等等。

二、代理

(一) 代理的概念与特征

代理是指代理人在代理权限内，以被代理人的名义与第三人实施民事法律行为，行为的后果由被代理人承担的法律制度。

设立代理制度的目的是弥补民事主体个人能力、精力、时间的不足，使其“手足增长”，不必“事事躬亲”。其特征如下：①代理人代理的活动须为有民事法律意义的活动。②代理人以被代理人或自己的名义进行民事活动。代理人以被代理人的名义实施民事行为的，称为直接代理；代理人以自己的名义实施民事行为的，称为间接代理。③代理人在代理权限内独立为意思表示。代理人在代理民事活动时有权根据被代理人的授权和第三人提出的条件，综合考虑，决定如何向第三人作出意思表示，代理行为的主体是代理人。④代理行为的后果直接由被代理人承担。

(二) 代理的适用范围

代理适用于民事行为，以及与此相关的能够发生民事权利义务关系的有法律意义的行为。

下列几种行为不适用代理：①意思表示具有严格的人身性质的行为，如立遗嘱、婚姻登记、收养子女等。②履行具有严格人身性质的债务行为，如约定进行表演、诊断病人的病情等。③事实行为。事实行为不以发生民事法律后果为目的，无须向他人进行意思表示，不适用代理的规定。④违法行为。代理人知道被委托代理的事项违法仍然进行代理活动的，或者被代理人知道代理人的代理行为违法不表示反对的，由被代理人和代理人负连带责任。

(三) 代理的种类

根据代理权产生的根据不同，可将代理分为三种：

1. 委托代理，是指基于被代理人的委托授权而发生的代理，是最常见、最广泛适用的一种代理形式。委托合同是双方法律行为，是委托代理的基础；委托授权是单方法律行为，即被代理人将代理权授予代理人的意思表示，是委托代理权产生的直接根据。委托授权可以用书面形式，也可以用口头形式。法律规定用书面形式的，应当用书面形式，否则授权无效。

2. 法定代理，是指法律根据一定社会关系的存在而设立的代理。它是为无民事行为能力和限制民事行为能力的人设立的代理方式。未成年人和精神病人的法定代理人为其监护人。

3. 指定代理，是指按照人民法院或有关单位的指定所产生的代理。它是在公民既无法定代理人又无委托代理人，但其民事活动又确需代理的情况下，或在诉讼中，无民事行为能力和限制民事行为能力人事先没有确定监护人，有监护资格的人之间对于由谁担任监护人有争议的情况下，为保护其合法权益而设立的代理方式。所谓有关单位是指法院以外的、依法对被代理人的合法权益负有保护义务的组织，如未成年人住所地的居民委员会、村民委员会等。

另外，还可根据其他不同的标准将代理分为：直接代理和间接代理；单独代理和共同代理；一般代理和全权代理；本代理和复代理；等等。

（四）代理权的行使

正确行使代理权必须做到以下几点：

1. 委托代理人应当亲自履行代理职责，不得擅自转托他人代理。委托代理人为被代理人的利益须转托他人代理的，应事先取得被代理人同意，法律规定的特殊情况除外。

2. 行使代理权应当维护被代理人的合法利益，认真负责地履行代理职责，不得滥用代理权。滥用代理权是指代理人利用代理权实施有损于被代理人利益的行为。具体表现为：自己代理，即代理人以被代理人的名义与自己实施民事行为；双方代理，即代理人同时代理双方当事人实施同一项民事行为；与第三人恶意串通，损害被代理人的利益。

3. 必须在代理权范围内行使代理权。代理人自始没有代理权、超越代理权期限和范围所为的“代理”行为，属无权代理行为。无权代理行为只有经被代理人追认才有效，未经被代理人追认的，由行为人承担民事责任。被代理人知道他人以本人名义实施民事行为而不作否认表示的，视为同意。

（五）代理权的终止

1. 委托代理的终止。有下列情形之一的，委托代理终止：代理期间届满或代理事项完成；被代理人取消委托或代理人辞去委托；代理人死亡或丧失民事行为能力；作为被代理人或代理人的法人终止；被代理人死亡时，委托关系原则上也应当终止，但有下列情况之一的，委托代理人实施的代理行为有效：①代理人不知道被代理人死亡的；②被代理人的继承人均予以承认的；③被代理人与代理人约定到代理事项完成时代理权终止的；④在被代理人死亡前已进行、而在被代理人死亡后为了被代理人的继承人的利益继续完成的。

2. 法定代理和指定代理的终止。有下列情形之一的，该代理终止：被代理人取得或恢复民事行为能力；被代理人或代理人死亡；代理人丧失民事行为能力；指定代理被取消。

（六）代理中的民事责任

一般情况下，代理行为的法律后果直接由被代理人承担。代理中有三类特殊的民事责任：

1. 代理人与被代理人之间的连带责任。委托授权不明的，被代理人应向第三人承担责任，代理人负连带责任；代理人知道被委托代理的事项违法而不表示反对的，由被代理人和代理人负连带责任。

2. 代理人不履行代理职责，损害被代理人利益的，代理人承担赔偿责任。

3. 无权代理如果得到被代理人的追认，后果由被代理人承担，否则由行为人承担，但表见代理除外。表见代理是指行为人以被代理人的名义与第三人为民事行为，行为人虽无代理权，但有足以使第三人相信其有代理权的事实和理由，善意第三人与之实施行为，该行为后果应由被代理人承担。如行为人持有被代理人的介绍信或盖有被代理人的合同专用章或印章的空白合同书与第三人签订合同的情况。第三人知道行为人没有代理权、超越代理权期限或范围而仍与行为人实施民事行为，给他人造成损失的，由第三人和行为人承担连带责任。

三、物权

（一）物权的概念和特征

物权是民事主体依法对特定的物进行直接支配，享有利益并排除他人干涉的权利。所有权、经营权、使用权、抵押权、质权、留置权等都是物权。

物权具有以下特征：

1. 物权是权利人对于特定物的权利。物权的客体一般为物，行为和无体财产均不是物权的标的。

2. 物权是权利人直接支配物的权利。物权性质是支配权，而债权性质是请求权。

3. 物权是权利人直接享受物的利益的权利。利益可分为三种：一是物的归属，二是物的利用，三是担保。

4. 物权是排他性的权利。同一物上不许有内容不相容的物权并存，而债权不具有排他性，同一客体上可以有多个债权存在。

（二）物权的种类

1. 自物权和他物权。自物权，即所有权，是指权利人对自己的所有物享有的占有、使用、收益和处分的权利。物权法规定的所有权包括国家所有权、集体所有权、私人所有权、业主的建筑物区分所有权和共有。自物权是物权中最完整、最充分的物权。其中业主的建筑物区分所有权是指业主对建筑物内的住宅、经营性用房等专有部分享有所有权；建筑区划内的道路、绿地、其他公共场所和公用设施，除属于城镇公共绿地或者明示属于个人的之外，属于业主共有。共有是所有权的一种特殊形式，是指两个以上的权利主体共同对同一项财产享有所有权。共有分为按份共有和共同共有。在夫妻财产、合伙财产、共同继承遗产中均存在共有的情况。

他物权，是指非财产所有人根据法律规定或所有人的意思对他人所有的财产享有的有限支配的物权。所有权之外的物权均是他物权。

2. 用益物权和担保物权。用益物权，是指以物的使用和收益为目的而设立的物权。物权法规定的用益物权包括自然资源使用权、海域使用权、探矿权、采矿权、取水权、养殖权、捕捞权、土地承包经营权、建设用地使用权、宅基地使用权和地役权。

担保物权，是指为了担保债的履行而设定的物权，《物权法》规定了三种情况，即抵押物权、质押物权和留置物权。

3. 动产物权和不动产物权。动产物权，是指以能够移动的财产为客体的物权。动产物权以占有作为权利享有的公示方法，以占有之移转即交付作为其变更的公示方法。

不动产物权，是指以土地、房屋等不动产为客体的物权。不动产物权以登记和登记之变更作为权利享有与变更的公示方法（船舶、航空器和机动车等同）。

（三）物权的原则

物权的原则是有关物权的民事活动必须遵循的法律准则，具体地体现在物权法条文中，因此也是物权法的基本原则。

1. 物权法定原则。物权法定原则即物权的种类和内容由法律规定，禁止当事人自由创设。

2. 物权公示原则。物权公示原则是指为了使他人明确物权由谁享有、物权是否变动，不动产物权原则上经过登记公示才发生效力。

3. 物权平等保护原则。一切市场主体具有平等的法律地位和发展权利。国家、集体、私人的物权和其他权利人的物权受法律保护，任何单位和个人不得侵犯。

4. 物权合法原则。物权的取得和行使，应当遵守法律，尊重社会公德，不得损害公共利益和他人合法权益。

（四）物权的取得、变更、转让与消灭

1. 普通动产。普通动产物权的设立和转让，自交付时发生效力，但法律另有规定的除外。特殊动产如船舶、航空器和机动车等物权的设立、变更、转让和消灭，一律采登记对抗主义，即交付之后即生效，但经过登记才能对抗善意第三人。未经登记，不得对抗善意第三人。若动产物权设立和转让前，权利人已经依法占有该动产的，物权自法律行为生效时发生效力。

2. 不动产。不动产物权的设立、变更、转让和消灭，经依法登记，自记载于不动产登记簿时发生效力；未经登记，不发生效力，但法律另有规定的除外。依法属于国家所有的自然资源所有权可以不登记。当事人之间订立有关设立、变更、转让和消灭不动产物权的合同，除法律另有规定或者合同另有约定外，自合同成立时生效；未办理物权登记的，不影响合同效力。

3. 其他规定。因人民法院、仲裁委员会的法律文书或者人民政府的征收决定等，导致物权设立、变更、转让或者消灭的，自法律文书或者人民政府的征收决定等生效时发生效力；因继承或者受遗赠取得物权的，自继承或者受遗赠开始时发生效力；

因合法建造、拆除房屋等事实行为设立或者消灭物权的，自事实行为成就时发生效力；享有不动产物权的，处分该物权时，依照法律规定需要办理登记的，未经登记，不发生物权效力。

（五）物权的效力

物权的效力是物权人基于其对物的支配性和排他性而产生的特殊效力。物权的效力包括：

1. 物权的排他效力。所谓物权的排他效力，是指在同一标的物上不允许有两种以上不相容的物权同时存在。有时，同一标的物上可以有数个相容的物权并存，如国有企业的土地上，既有国家所有权，又有企业的使用权，还可以设定抵押权。

2. 物权的优先效力。物权的优先效力包括两方面：①同一标的物权与债权并存发生冲突时，物权优先于债权；②同一标的物上有数个物权并存时，先设立的物权优先于后设立的物权。

3. 物权的请求权。这是以物权为基础的一种独立的请求权，包括请求返还原物，排除妨害，消除危险，恢复原状等。法律赋予物权人以请求权的目的在于恢复物权人对物的圆满支配状态。

4. 物权的追及效力。是指当物权标的物被他人不法占有时，无论该物流向何处、在何人之手，物权人并不因失去物的占有而丧失物权，其有权要求不法占有人返还原物。

四、债权

（一）债的概念

债是按照合同约定或依照法律规定，在当事人之间产生的特定的权利和义务关系。

债的主体是指债的当事人，包括债权人与债务人。

债的客体是指债权债务共同指向的对象，即债务人应为的特定行为（给付行为）。

债的内容包括债权和债务。债权是指债权人享有的请求债务人为特定行为的权利；债务是指债务人为满足债权人请求而必须为特定行为的义务。

（二）债的发生根据

债的发生必须有一定的法律事实。发生债的法律事实是很多的，其中主要的有以下四种：

1. 合同。合同是债发生的最为普遍的根据，它是双方当事人发生、变更、消灭债的关系的协议。

2. 侵权行为。侵权行为是侵害他人权利的行为。当事人一方因过错侵害他方当事人人身、财产或知识产权，造成他方损失时，加害人与受害人之间就发生了债的关系。受害人有权要求加害人赔偿损失；而加害人负有赔偿受害人损失的义务。

3. 无因管理。无因管理是指没有法定的或者约定的义务，自愿为他人管理事务或财物，使他人受到利益或者避免利益受到损失的行为。在无因管理的情况下，无因管理人有权要求受益人偿付由此而支付的必要费用。

4. 不当得利。不当得利是指取得的利益没有法律上的根据，而使财产所有人遭受损失。不当得利的法律事实发生后，即在不当得利人与利益所有人之间发生了债的关系。利益所有人有请求不当得利人返还其不当得利的权利；不当得利人负有返还不应得的利益给利益所有人的义务。

五、诉讼时效

（一）诉讼时效的概念和特征

诉讼时效是指权利人在法定期间内不行使权利即丧失在诉讼中的胜诉权的法律制度。

诉讼时效的特征有：

1. 诉讼时效的期间是可变期间，可以中止、中断、延长。

2. 诉讼时效消灭的是一种请求权，而不消灭实体权利。超过诉讼时效期间，当事人自愿履行的，不受诉讼时效限制。对超过诉讼时效期间，当事人双方就原债务达成还款协议的，应当依法予以保护。诉讼时效期间届满，当事人一方向对方当事人作出同意履行义务的意思表示或者自愿履行义务后，又以诉讼时效期间届满为由进行抗辩的，人民法院不予支持。

3. 诉讼时效属于国家法律的强制性规定。诉讼时效及其具体内容由国家法律作出强制性规定，当事人均不得对其内容作任何修改。当事人违反法律规定，约定延长或者缩短诉讼时效期间、预先放弃诉讼时效利益的，人民法院不予认可。

当事人未提出诉讼时效抗辩，人民法院不应对诉讼时效问题进行释明及主动适用诉讼时效的规定进行裁判。当事人在一审期间未提出诉讼时效抗辩，在二审期间提出的，人民法院不予支持，但其基于新的证据能够证明对方当事人的请求权已过诉讼时效期间的情形除外。当事人未按照上述规定提出诉讼时效抗辩，以诉讼时效期间届满为由申请再审或者提出再审抗辩的，人民法院不予支持。

（二）诉讼时效期间

1. 诉讼时效期间的概念。诉讼时效期间是指权利人请求人民法院或仲裁机关保护其民事权利的法定期间。

2. 诉讼时效期间的种类。

（1）普通诉讼时效期间：2 年。

（2）特别诉讼时效期间。《民法通则》规定，下列诉讼时效期间为 1 年：身体受到伤害要求赔偿的；出售质量不合格的商品未声明的（《产品质量法》已改为 2 年）；延付或者拒付租金的；寄存财物被丢失或者损毁的。

国际货物买卖合同和技术进出口合同争议提起诉讼或者申请仲裁的期限为 4 年。

（3）不适用诉讼时效规定的债权请求权：支付存款本金及利息请求权；兑付国债、金融债券以及向不特定对象发行的企业债券本息请求权；基于投资关系产生的缴付出资请求权；其他依法不适用诉讼时效规定的债权请求权。当事人对上述债权请求权提出诉讼时效抗辩的，人民法院不予支持。

3. 诉讼时效期间的起算。诉讼时效期间从知道或者应当知道权利被侵害时起计算。

当事人约定同一债务分期履行的，诉讼时效期间从最后一期履行期限届满之日起计算。

未约定履行期限的合同，依照《合同法》第 61 条、第 62 条的规定，可以确定履行期限的，诉讼时效期间从履行期限届满之日起计算；不能确定履行期限的，诉讼时效期间从债权人要求债务人履行义务的宽限期届满之日起计算，但债务人在债权人第一次向其主张权利之时明确表示不履行义务的，诉讼时效期间从债务人明确表示不履行义务之日起计算。

享有撤销权的当事人一方请求撤销合同的，应适用《合同法》第 55 条关于 1 年除斥期间的规定。对方当事人对撤销合同请求权提出诉讼时效抗辩的，人民法院不予支持。合同被撤销，返还财产、赔偿损失请求权的诉讼时效期间从合同被撤销之日起计算。

返还不当得利请求权的诉讼时效期间，从当事人一方知道或者应当知道不当得利事实及对方当事人之日起计算。

管理人因无因管理行为产生的给付必要管理费用、赔偿损失请求权的诉讼时效期间，从无因管理行为结束并且管理人知道或者应当知道本人之日起计算。本人因不当无因管理行为产生的赔偿损失请求权的诉讼时效期间，从其知道或者应当知道管理人及损害事实之日起计算。

（三）诉讼时效的中止、中断与延长

1. 诉讼时效的中止。在诉讼时效期间的最后 6 个月内，因不可抗力或者其他障碍不能行使请求权的，诉讼时效中止。从中止时效的原因消除之日起，诉讼时效期间继续计算。

这里的“其他障碍”主要有：权利被侵害的无民事行为能力人、限制民事行为能力人没有法定代理人，或者法定代理人死亡、丧失代理权、丧失行为能力；继承开始后未确定继承人或者遗产管理人；权利人被义务人或者其他人控制无法主张权利；其他导致权利人不能主张权利的客观情形。

2. 诉讼时效的中断。诉讼时效因提起诉讼、当事人一方提出要求或者同意履行义务而中断。从中断时起，诉讼时效期间重新计算。诉讼时效中断的事由如下：

（1）提起诉讼或向仲裁机构申请仲裁等。当事人一方向人民法院提交起诉状或者口头起诉的，诉讼时效从提交起诉状或者口头起诉之日起中断。

具有下列事项之一的，应当认定与提起诉讼具有同等的导致诉讼时效中断的效力：申请仲裁；申请支付令；申请破产、申报破产债权；为主张权利而申请宣告义务人失踪或死亡；申请诉前财产保全、诉前临时禁令等诉前措施；申请强制执行；

申请追加当事人或者被通知参加诉讼；在诉讼中主张抵销；其他与提起诉讼具有同等诉讼时效中断效力的事项。

权利人向人民调解委员会以及其他依法有权解决相关民事纠纷的国家机关、事业单位、社会团体等社会组织提出保护相应民事权利的请求的，诉讼时效从提出请求之日起中断。

权利人向公安机关、人民检察院、人民法院报案或者控告，请求保护其民事权利的，表明权利人积极主张权利而不是怠于行使权利，应与起诉有同等效果，诉讼时效从其报案或者控告之日起中断。上述机关决定不立案、撤销案件、不起诉的，诉讼时效期间从权利人知道或者应当知道不立案、撤销案件或者不起诉之日起重新计算。刑事案件进入审理阶段的，诉讼时效期间从刑事裁判文书生效之日起重新计算。

（2）权利人提出要求。权利人提出要求的，可以自己提出，也可以通过代理人提出；可以直接向义务人提出，也可以向义务人的代理人或者财产代管人提出。具体包括下列情形：当事人一方直接向对方当事人送交主张权利文书，对方当事人在文书上签字、盖章或者虽未签字、盖章但能够以其他方式证明该文书到达对方当事人的（对方当事人为法人或者其他组织的，签收人可以是其法定代表人、主要负责人、负责收发信件的部门或者被授权主体；对方当事人为自然人的，签收人可以是自然人本人、同住的具有完全行为能力的亲属或者被授权主体）；当事人一方以发送信件或者数据电文方式主张权利，信件或者数据电文到达或者应当到达对方当事人的；当事人一方为金融机构，依照法律规定或者当事人约定从对方当事人账户中扣收欠款本息的；当事人一方下落不明，对方当事人在国家级或者下落不明的当事人一方住所地的省级有影响的媒体上刊登具有主张权利内容的公告的，但法律和司法解释另有特别规定的，适用其规定。

（3）义务人同意履行义务。义务人作出分期履行、部分履行、提供担保、请求延期履行、制订清偿债务计划等承诺或者行为的，应当认定为《民法通则》第140条规定的当事人一方“同意履行义务”。

（4）其他有关规定。债权人提起代位权诉讼的，应当认定对债权人的债权和债务人的债务均发生诉讼时效中断的效力。

对于连带债权人中的一人发生诉讼时效中断效力的事由，应当认定为对其他连带债权人也发生诉讼时效中断的效力。对于连带债务人中的一人发生诉讼时效中断效力的事由，应当认定为对其他连带债务人也发生诉讼时效中断的效力。

债权转让的，应当认定为诉讼时效从债权转让通知到达债务人之日起中断。债务承担情形下，构成原债务人对债务的承认的，应当认定诉讼时效从债务承担的意思表示到达债权人之日起中断。

3. 诉讼时效的延长。诉讼时效的延长是指人民法院对已经完成的诉讼时效，据特殊情况而予以延长。根据规定，从权利被侵害之日起超过20年的，人民法院不予保护。有特殊情况的，人民法院可以延长诉讼时效期间。

六、解决经济纠纷的方式

在经济管理和经济活动中不可避免地会产生争议，需要通过有效的手段及时处理这些争议，以保护当事人的合法权益，维护社会经济秩序。通常解决经济争议的方式有当事人互相协商、进行行政调解、提交仲裁机构裁决、提起诉讼。

在解决当事人发生的经济争议的过程中，最主要的方式有仲裁和诉讼。

（一）仲裁

仲裁是指当事人依照事先约定或事后达成的书面仲裁协议，共同选定仲裁机构并由其对争议依法作出具有约束力裁决的一种活动。

根据《仲裁法》的规定，我国的仲裁机构是在直辖市和省、自治区人民政府所在地的市以及其他设区的市设立的仲裁委员会。当事人可以向仲裁委员会申请仲裁，但必须具备以下条件：①有仲裁协议。该协议包括事先在合同中约定的仲裁条款，也包括事后达成的书面仲裁协议。仲裁协议一经成立，即具有法律效力。②有具体的仲裁请求和所依据的事实、理由。③属于仲裁委员会受理的范围。④受理仲裁的仲裁机构有管辖权。

仲裁委员会受理仲裁申请后，应当按照法定要求组成仲裁庭。仲裁庭作出裁决前，可以先行调解。当事人自愿调解的，仲裁庭应当调解。调解不成的，应当及时作出裁决。调解达成协议的，仲裁庭应当制作调解书或根据协议结果制作裁决书，调解书与裁决书具有同等法律效力。仲裁庭根据多数仲裁员的意见作出裁决并制作裁决书，裁决书自作出之日起发生法律效力。如果当事人一方不履行裁决的，另一方当事人可以向仲裁委员会所在地的中级人民法院申请执行。对仲裁裁决不服的，当事人可以向仲裁委员会所在地的中级人民法院申请撤销。

（二）诉讼

诉讼是指当事人不能通过协商解决争议，而在人民法院起诉、应诉，请求人民法院通过审判程序解决纠纷的活动。

当事人起诉除了须具备《民事诉讼法》规定的有关条件外，还须具备以下条件：①受理的法院有管辖权。②当事人没有事先或事后约定由仲裁机构裁决的协议。③当事人没有就同一事实、同一诉讼标的再行向法院提起诉讼。

我国人民法院审理经济纠纷案件实行两审终审制。经济纠纷的诉讼一般包括一审程序、二审程序、执行程序三个阶段，但并非每一案件都必须经过这三个阶段。如果一审判决、裁定作出后，当事人不上诉或在法定期限内未上诉以及一审经过调解结案，则不发生二审程序，一审判决、裁定即发生法律效力。当事人不服一审判决、裁定而上诉的，案件进入二审程序。二审为终审，二审判决、裁定自作出之日起即发生法律效力。当事人不履行发生效力的一审或二审判决、裁定，另一方当事人可以向法院申请强制执行。当事人对生效的判决、裁定仍不服的，可在 2 年内申请再审，但不影响生效判决、裁定的执行。

案例讨论

一、基本案情

据华商网2008年9月18日报道，河南省漯河市郾城区裴城镇的许多农民向记者投诉称，农户收割玉米必须先向镇政府缴费办证（“砍伐证”、“准运证”）。绝大多数农户未办“两证”，致使数万亩成熟玉米无法收割。据村民说，2008年9月初，镇政府每天派人派车赶赴该镇的所有村庄宣传，要求每亩玉米缴费500元，农户在办理“砍伐证”、“准运证”后才能收割，否则将“给予严重处罚直至追究刑事责任”。记者在该镇的多个行政村看到，每村的田间地头，都有一群身着迷彩服的人在巡逻。一男子告诉记者，他们中的大多数人，都是镇政府聘来的，发现有人“无证收割”，就要把他拉到镇政府处罚。

“我砍了自家地里的几把玉米秆喂牲口，没想到让镇政府聘的人看到了，他们二话不说就把我抬到车上了，就这样我被镇政府‘拘留’了，还罚了我300元钱。”在梁庄村15组，63岁的老汉高保善提起被镇政府处罚的事仍感到不解。

在宋岗村，村妇高秀婉抱着小孙子，站在自家责任田里向记者大声诉苦说：“俺家的这三亩多玉米全倒伏了，我想早点砍了种麦，但镇里干部就是不让。”

眼看玉米难收，一些村民急了，只好筹钱去办“砍伐证”。但没想到，等待村民的是一套复杂的办证程序，往往跑一趟很难办成。据了解，办证村民先要向村干部打报告，写清申请人姓名、收割目的等。然后，村干部签字盖章同意，再找到包村的镇领导签字批准，最后才能办证。

“现在全镇很多农民都拒绝办证，因为大家手上都没钱。”村民们说。宋岗村村民李增志说：“我供养两个孩子，为给他们交学费借了很多钱，现在一亩地收500元，我家共17亩玉米，到哪里去弄8500元办证费啊?”

在宋岗村东南处的一个养殖场内，裴城镇武装部长张永豪正在为农民办理“两证”。据了解，凡是按照镇里要求把秸秆拉到这家养殖场的农户，可以每亩300元的优惠价格办证。张永豪称，办理“两证”所收的费用只是一种押金，目的是震慑乱烧秸秆的行为，将来还要退还。[1]

结合上述案例分析经济法的适度干预原则。

二、案例分析

寻求国家权力对经济干预的适度，是经济法的一项基本原则。这项原则包含两层含义：一是国家权力应当对社会经济生活进行干预，不能没有；二是干预应当适度，不能过多，也不能过少。干预的适度应包括干预范围的适度和干预手段的适度。首先，在制定有关调控和管理经济的法律规范时，国家要科学地界定干预的范围和

〔1〕 资料来源：新华网 http：//news. xinhuanet. com/politics/2008－09/18/content_ 10070975. htm.

干预的手段。其次，在具体实施调控和监督管理时，国家机关要注意把握权力干预的程度，避免权力的滥用和不当行使给经济活动带来负面的影响。我国的总体情况是干预过多。因此注意的重点应当放在克服过多干预方面。上述案例中，一方面乡镇政府越权设立行政许可，违反了行政许可法；另一方面，违法拘留和罚款属于滥用职权。从经济法的角度看，这是典型的干预过度。

复习思考题

一、单项选择题

1. 最先提出“经济法”一词的是（　　）。

A. 法国空想共产主义者摩莱里　　B. 法国空想社会主义者德萨米

C. 法国小资产阶级思想家蒲鲁东　　D. 德国学者赫德曼

2. 世界上第一部也是迄今为止唯一一部经济法典诞生在（　　）。

A. 法国　　B. 德国

C. 捷克斯洛伐克　　D. 苏联

3. 下列行为中，可以代理的是（　　）。

A. 立遗嘱　　B. 婚姻登记

C. 签订合同　　D. 收养

4. 下列关于代理民事责任的选项中，错误的是（　　）。

A. 一般情况下代理行为的法律后果直接由被代理人承担

B. 委托授权不明的，被代理人应向第三人承担责任，代理人负连带责任

C. 无权代理如果得到被代理人的追认，后果由被代理人承担

D. 表见代理情况下行为后果应由表见代理人承担

5. 行政责任是指国家授权的有关单位对违反经济法的单位或个人依法采取的行政制裁措施。主要包括（　　）。

A. 行政处罚和行政处分　　B. 支付违约金

C. 主刑和附加刑　　D. 赔偿经济损失

6. 某个人独资企业与其员工签订劳动合同时附加如下条款：若该员工在本企业工作满一年，则加薪5%。则该行为属于（　　）的法律行为。

A. 附生效条件　　B. 附解除条件

C. 附生效期限　　D. 附解除期限

7. 甲公司于2008年8月10日同乙公司签订保管合同，8月18日甲公司将货物交于乙公司保管。8月24日，甲公司提货时得知货物被损坏。2008年10月9日甲公司所在地发生洪灾，经过1个月抗洪救灾，通信与交通才恢复。甲公司请求乙公司赔偿损失的诉讼时效应终于（　　）。

A. 2010年8月10日　　B. 2010年8月24日

C. 2010 年 10 月 9 日　　D. 2010 年 9 月 24 日

8. 经济权利是指经济法主体在经济法律关系中依法享有的权利，主要包括（　　）。

A. 主体权、产权、占有使用权、分配权

B. 职能权、调配权、处分权、受益权

C. 占有权、使用权、收益权、处分权

D. 经济职权、财产所有权、经营管理权、请求权

9. 国家机关作为经济法的主体，主要是指国家行政机关中的（　　）。

A. 国家审判机关、国家检察机关

B. 国家司法机关、经济管理机关

C. 国家司法机关、国家权力机关

D. 行业性经济管理机关、职能性经济管理机关

10. 下列各项中，不可以作为经济法律关系客体的是（　　）。

A. 汽车　B. 经济决策行为　C. 审查批准行为　D. 空气

二、多项选择题

1. 经济法的调整对象应当包括（　　）。

A. 宏观调控关系　B. 市场监管关系

C. 民事法律关系　D. 社会保障关系

2. 经济法具有（　　）的特征。

A. 权力性　B. 经济性

C. 综合性　D. 分散性

3. 下列选项中，可以成为经济法律关系主体的有（　　）。

A. 国家机关　B. 社会组织

C. 自然人　D. 经济组织内部的职能机构或下属单位

4. 下列选项中，属于经济法主体权利的有（　　）。

A. 经济职权　B. 财产所有权

C. 企业经营管理权　D. 请求权

5. 下列有关经济法律关系客体特征的选项中，正确的是（　　）。

A. 主观性　B. 客观性

C. 限制性　D. 广泛性

6. 下列选项中，属于意思表示不真实情况的是（　　）。

A. 虚伪表示，又称伪装表示　B. 隐藏行为

C. 欺诈　D. 真意保留，又称单独虚伪表示

7. 下列选项中，属于可变更、可撤销的民事行为情形的是（　　）。

A. 无权代理的民事行为

B. 因显失公平而为的民事行为

C. 采取欺诈、胁迫、乘人之危手段的民事行为

D. 因重大误解而为的民事行为

8. 下列选项中，属于物权法规定的所有权的有（　　）。

A. 国家所有权　　B. 私人所有权

C. 共有权　　D. 业主的建筑物区分所有权

9. 下列有关物权效力的选项中，正确的是（　　）。

A. 物权具有排他效力　　B. 物权具有请求权效力

C. 物权具有追及效力　　D. 物权具有优先效力

10. 下列有关仲裁的选项中，正确的是（　　）。

A. 我国的仲裁机构在直辖市和省、自治区人民政府所在地的市以及其他设区的市设立

B. 当事人向仲裁委员会申请仲裁必须有仲裁协议

C. 仲裁庭不得采用调解

D. 对仲裁裁决不服的，当事人可以向仲裁委员会所在地的基层人民法院申请撤销

三、判断题

1. 民事法律行为就是民事行为。（　　）

2. 区分有因民事法律行为与无因民事法律行为的意义在于：前者如原因不存在，则行为无效；后者当原因不存在或原因有瑕疵时，行为本身有效，仅发生不当得利问题。（　　）

3.《合伙企业法》规定，合伙人应当为具有完全行为能力的人。据此，限制行为能力人所订立的合伙协议是无效的。（　　）

4. 诉讼时效因提起诉讼、当事人一方提出要求或者同意履行义务而中止。从中止时起，诉讼时效期间重新计算。（　　）

5. 经济纠纷当事人对生效的判决、裁定不服的，可在两年内申请再审，但不影响生效判决、裁定的执行。（　　）

6. 仲裁协议对仲裁事项没有约定或约定不明确的，当事人可以补充协议；达不成补充协议的，仲裁协议无效。（　　）

7. 无民事行为能力人、限制民事行为能力人接受奖励、赠与，他人不得以行为人无民事行为能力、限制民事行为能力为由，主张上述行为无效。（　　）

8. 经济职权作为经济权利的一项内容，可以自由转让、放弃和抛弃。（　　）

9. 专利不能作为经济法律关系的客体。（　　）

10. 违法行为也可以引起相应经济法律关系的发生、变更和消灭。（　　）

四、简答题

1. 经济法的基本原则有哪些？

2. 债的发生根据是什么？

3. 公民的民事行为能力可作怎样的划分？

4. 从效力方面看，民事行为包括哪些行为？

5. 民事行为的有效条件是什么？

五、案例分析题

1.　　　　　　　　**上海实行私车额度拍卖制度**

自1986年起，上海开始实行私车额度拍卖制度，起拍价为10万元。1998年初，该市有关部门规定沪产桑塔纳轿车私牌额度的起拍价为2万元（1998年底上海通用投产后，该规定也适用于别克轿车），非沪产车（包括国产车和进口车）仍按10万元起价竞拍。买沪产车比买其他车在私牌额度价格上便宜8万元。该项措施引起了其他地区和厂商的不满。为避免湖北富康轿车制造商吃亏，湖北省有关部门制定了针对桑塔纳的贸易报复措施，规定湖北省单位或个人买桑塔纳车须交纳7万元的"解困基金"。2000年1月，上海宣布取消原有政策，改为国产生活用小客车上牌额度无底价竞购，沪鄂贸易战随之偃旗息鼓。同年，为拉动房地产销售，上海推出了"车房组合销售"措施，即购买内环线以外30万元以上的商品房一套，可以5000元的低价获得该市私车牌照额度一个。另规定，上海大众员工内部购买桑塔纳99新秀或桑塔纳2000时代超人，可获免费牌照（不得过户）。该政策后推广到上汽集团、宝钢等大企业，最后又以"公务车改革"的名义推向了全市，车型也推广到了桑塔纳全系列（不含旅行车）和别克（不含GL8），变成了买沪产车就送牌照（车价还比市场价便宜1万多元）的政策。这又激起了外地汽车厂商的不满。2001年3月20日，上海取消了"公务车改革"，不久又取消了"车房组合"。从此，拍卖成了获得上海私牌额度的唯一途径。

问：上海有关部门在1998年初采取的涉案措施，基于政府干预市场经济的理论，是否具有正当性？为什么？

2.　　　　　　**徐女士与代某签订的房屋转让协议案**

今年59岁的徐女士，原籍为浙江省江山市吴村乡人。1991年与潍坊市的代先生再婚。婚后徐女士与代先生双方于1993年在潍坊市奎文区买了一套房屋。2007年1月27日，代先生因煤气中毒死亡，在代先生火化的第二天，即2月2日的那天，代先生的儿子，即徐女士的继子代某（今年35岁）与徐女士签订了一份房屋转让协议书。协议书约定，徐女士现将潍坊市奎文区某村北12号楼401室的住房（价值44 000元）的50%的产权有偿转让给代某，共计2.2万元，由代某一次性支付给徐女士。代某在协议上签字并摁了手印，徐女士也在协议上摁了手印。事后，代某已将2.2万元房款支付给了徐女士。房屋转让后，徐女士于2007年6月15日向法院提起诉讼，请求法院依法撤销其与代某签订的房屋转让协议。

徐女士诉称，丈夫火化的第二天，正当她处于失去亲人的悲痛之中，代某利用其对外界情况的不了解，就让其在代某事先打印好的房产份额转让协议书上按了手印。事后，她得知该房产价格远远高于4.4万元，她对于该房屋价格产生了重大误解，该协议不公平，遂多次找代某协商解决此事，代某拒不同意。对此，代某辩称，该协议是双方平等协商之后签订的，并已摁手印认可。该房屋的买卖价格合理，徐女士对出卖房屋的后果应非常清楚，并且已经获取了2.2万元的对价。在审理中，徐女士申请对所争议的房产价格进行评估，潍坊市奎文区法院委托潍坊鸢都有限责任会计师事务所进行了评估，评估为该房产在2007年2月2日的市场价格为117 654.64元。

法院经审理认为，徐女士年龄已近60岁，与代某的父亲代先生系再婚，且系外地人，其在代先生死后将房产的一半卖给代某的真实意思是为了自己的晚年生活有保障。在徐女士与代某签订的协议中载明徐女士所卖房屋的价值为4.4万元，而该房屋经评估，当时的价值为117 654.64元，二者相差甚远。故应认定徐女士在签订协议时产生了重大误解，误认为该房屋价值为4.4万元。故徐女士要求撤销该协议，合法有据，法院予以支持。该协议被撤销后，徐女士返还代某的房款2.2万元。

一审判决后，代某不服提起上诉。代某称，徐女士不存在对该房屋买卖行为的性质，对方当事人，标的物的品种、质量、规格和数量等的错误认识，出售该房屋是其真实的意思表示，价格是充分考虑了各方面因素确定的，因而出售房屋的行为不构成重大误解。代某强调称，其与徐女士系继母子关系，共同生活多年，具有一定感情基础，对于父亲的其他遗产，他及其兄姐均未继承。而他没有工作，没有自己的住房，独自一人生活，徐女士及其兄姐考虑到其生活的需要，共同协商签订该协议，出发点与归宿是在保护徐女士利益的同时，避免代某流落街头、生活无着，在房屋因拆迁而出现的利益面前，徐女士谎称重大误解，已背离了签订该协议的初衷，其认为是不真实的。代某认为，一审判决认定事实不清，证据不足，徐女士出售房屋的行为不构成重大误解，请求法院依法改判或发回重审。在二审中，代某也找了几位证人证明当时的房价在5万元以下。

针对代某的上诉理由，徐女士及其代理人山东某律师事务所的刘律师称，代某有自己从棉纺厂购买的住房，并且经营水产品批发零售已十多年，且代某称其没有自己的房屋这个理由与本案也没有关系。并强调说，代某从没有与徐女士共同居住过，代某有自己的收入，已是中年人，有劳动能力。另外，刘律师强调说，如果对方对房产评估鉴定有异议的话，可以申请重新鉴定，而证人证言不可能推翻法院委托鉴定机构作出的鉴定结论。

双方各执一词。那么，该房产份额转让协议是否可以撤销？

第二章　个人独资企业法和合伙企业法

学习提要与学习目标

我国传统上根据计划经济的要求把企业分为全民所有制企业、集体所有制企业、私营企业等。相应的立法也分为全民所有制企业法、集体所有制企业法、私营企业法等。随着我国向市场经济的转变，市场主体发生了根本变化，这些传统立法的地位和作用日渐衰落。1993 年以后，我国从宪法上确立了市场经济的改革方向，我国的市场主体制度也随之发生了根本变革。根据市场经济的要求，立法者根据企业的资本构成和投资者的责任形式把市场主体分为公司、合伙企业、个人独资企业。在此基础上建立起来的市场主体立法体系也主要由公司法、合伙企业法、个人独资企业法构成，此即所谓的现代企业制度。另外，外商投资企业大多采用公司的形式，也可适用公司法的规定。当然，外商投资企业法有特别规定的，要优先适用特别法的规定。但考虑到外商投资企业法有较强的政策性和过渡性，原理性的规定较少，本教材不再介绍。本章主要介绍个人独资企业和合伙企业这两种非法人企业的有关问题，把法人企业——公司作为单独一章放到第三章介绍。本章内容主要包括相关概念、特征、设立条件、组织形式、内部管理、法律责任等。重点是个人独资企业的特征、设立条件、事务管理、权利义务；普通合伙企业的设立条件、合伙企业的财产及债务清偿；有限合伙企业的特殊规定等。

第一节　个人独资企业法

一、个人独资企业的概念和特征

个人独资企业，是指依照《个人独资企业法》在中国境内设立，由一个自然人投资，财产为投资人个人所有，投资人以其个人财产对企业债务承担无限责任的经营实体。

个人独资企业是企业三种基本形式中的一种。作为最古老、最简单的企业法律形态，个人独资企业具有以下法律特征：

1. 个人独资企业是由一个自然人投资的企业。该特征要求个人独资企业的投资主体必须是自然人，投资形式是独资，即一个人的投资，非自然人的投资和两个以上人的投资，都不符合个人独资企业的基本属性。

2. 个人独资企业的财产为投资人个人所有。《个人独资企业法》第 17 条规定：“个人独资企业投资人对本企业的财产依法享有所有权，其有关权利可以依法进行转让或继承。”这就确立了个人独资企业的基本财产关系，并决定了其经营成果也归属于投资人个人。

3. 个人独资企业是非法人组织，投资人以其个人财产对企业债务承担无限责任。这是由于个人独资企业为投资人个人所有，收益归其个人，企业风险也应由其个人承担。投资人投资于个人独资企业的财产和其他个人财产是不可分离的，这构成了清偿企业债务的基础。

4. 个人独资企业是一个相对独立的经营实体。它有自己的名称、固定的经营场所和必要的生产经营条件，因而它能以自己的名义对外进行独立的活动，是一个实际存在的、从事生产经营的、能够实际享有权利和承担责任的市场主体，但由于它没有独立的财产和独立的责任能力，因而没有独立于投资人之外的法律人格。

我国现行的《个人独资企业法》是1999 年 8 月 30 日第九届全国人大常委会第十一次会议通过的，自 2000 年 1 月 1 日起施行，是我国规范个人独资企业的基本法律依据，外商独资企业不适用该法。

二、个人独资企业的设立

（一）个人独资企业的设立条件

设立个人独资企业应当具备下列条件：

1. 投资人为一个自然人。该自然人只能是中国公民，不包括外国的自然人和法人、非法人组织。《个人独资企业法》第 47 条规定：“外商独资企业不适用本法。”另外，第 16 条还规定：“法律、行政法规禁止从事营利性活动的人，不得作为投资人申请设立个人独资企业。”至于投资人是否应当是完全民事行为能力人，该法没有规定。

2. 有合法的企业名称。这一项规定与个体工商户不同，按照《民法通则》第 26 条的规定，个体工商户可以起字号，也可以不起字号，而个人独资企业则不同，其必须有自己的名称。另外，个人独资企业的名称应当符合名称登记管理的有关规定，并与其责任形式及从事的营业相符合，名称中不得使用“有限”、“有限责任”或者“公司”字样。

3. 有投资人申报的出资。这一项规定与《合伙企业法》、《公司法》的有关规定不同，按照《合伙企业法》、《公司法》的有关规定，设立合伙企业或公司应当有投资人实际缴付的出资，而个人独资企业只要有申报的出资就够了，不需要提交验资证明或者出资权属证明文件，登记机关对投资人申报的出资权属、出资数额和是否实际缴付等情况不予审查。个人独资企业投资人的出资形式一般包括货币、实物、知识产权、土地使用权或者其他财产权利。对于出资数额，法律没有限制。个人独资企业投资人既可以以自己的财产出资，也可以以家庭共有财产出资。在申请企业设立登记时明确以其家庭共有财产作为个人出资的，应当依法以家庭共有财产对企业债务承担无限责任。

4. 有固定的生产经营场所和必要的生产经营条件。个人独资企业必须有固定的经营场所，这是个人独资企业区别于个体工商户的一个重要特征，个体工商户的经营场所可以是固定的，也可以是流动的。所谓必要的生产经营条件，一般包括与企业生产经营范围和规模相适应的必要的设备、设施，以及符合国家规定的安全、卫生的工作条件等。

5. 有必要的从业人员。至于人数多少没有规定。这与个体工商户可以请的帮手人数以及雇工 8 人以上的私营企业等规定不同。

（二）个人独资企业的设立程序

1. 提出申请。申请设立个人独资企业，应当由投资人或者其委托的代理人向个人独资企业所在地的登记机关提交设立申请书、投资人身份证明、生产经营场所使用证明等文件，委托代理申请设立登记时，应当出具投资人的委托书和代理人的合法证明。个人独资企业的登记事项应当包括企业名称、企业住所、投资人姓名和居所、出资额和出资方式、经营范围及方式。申请书应当载明上述事项。

个人独资企业不得从事法律、行政法规禁止经营的业务；从事法律、行政法规规定须报经有关部门审批的业务的，应当在申请设立登记时提交有关部门的批准文件。

2. 设立登记。工商登记机关应当在收到设立申请文件之日起 15 日内，对符合法律规定条件的，予以登记，发给营业执照；对不符合法律规定条件的，不予登记，并应当给予书面答复，说明理由。

个人独资企业营业执照的签发日期，为个人独资企业成立日期。在领取个人独资企业营业执照前，投资人不得以个人独资企业名义从事经营活动。

3. 变更登记。个人独资企业存续期间登记事项发生变更的，应当在作出变更决定之日起的 15 日内依法向登记机关申请办理变更登记。登记机关应当在收到规定的全部文件之日起 15 日内，作出核准登记或者不予登记的决定。予以核准的，换发营业执照或者发给变更登记通知书；不予核准的，发给企业登记驳回通知书。

个人独资企业变更住所跨登记机关辖区的，应当向迁入地登记机关申请变更登记。迁入地登记机关受理的，由原登记机关将企业档案移送迁入地登记机关。

个人独资企业因转让或者继承致使投资人变化的，个人独资企业可向原登记机关提交转让协议书或者法定继承文件，申请变更登记。个人独资企业改变出资方式致使个人财产与家庭共有财产变换的，个人独资企业可向原登记机关提交改变出资方式文件，申请变更登记。

4. 分支机构的登记。个人独资企业设立分支机构，应当由投资人或者其委托的代理人向分支机构所在地的登记机关申请登记，领取营业执照。分支机构经核准登记后，应将登记情况报该分支机构隶属的个人独资企业的登记机关备案。

分支机构的民事责任由设立该分支机构的个人独资企业承担。

三、个人独资企业的事务管理

个人独资企业事务管理的方式主要有两种：

1. 自己管理。我国《个人独资企业法》规定，个人独资企业投资人可以自行管理企业事务。

2. 委托管理。我国《个人独资企业法》规定，个人独资企业投资人也可以委托或者聘用其他具有民事行为能力的人负责企业的事务管理。投资人委托或者聘用他人管理个人独资企业事务，应当与受托人或者被聘用的人员签订书面合同，明确委托的具体内容和授予的权力范围。投资人对受托人或者被聘用的人员职权的限制，不得对抗善意第三人。

委托人或者被聘用的人员应当履行诚信、勤勉义务，按照与投资人签订的合同负责个人独资企业的事务管理，并不得有下列损害个人独资企业的行为：①利用职务上的便利索取或者收受贿赂；②利用职务或者工作上的便利侵占企业财产；③挪用企业的资金归个人使用或者借贷给他人；④擅自将企业资金以个人名义或者以他人名义开立账户储存；⑤擅自以企业财产提供担保；⑥未经投资人同意，从事与本企业相竞争的业务；⑦未经投资人同意，同本企业订立合同或者进行交易；⑧未经投资人同意，擅自将企业商标或者其他知识产权转让给他人使用；⑨泄露本企业的商业秘密；⑩法律、行政法规禁止的其他行为。

四、个人独资企业的权利和义务

个人独资企业的权利不同于其投资人的权利。依照《个人独资企业法》的规定，国家依法保护个人独资企业的财产和其他合法权益。个人独资企业享有以下权利：自主经营权、组织机构设置权、工资制度决定权、企业名称专用权、知识产权、贷款申请权、土地使用权、拒绝摊派权以及法律、行政法规规定的其他权利。

个人独资企业的义务主要有：①个人独资企业应当依法设置会计账簿，进行会计核算。这一点不同于个体工商户，个体工商户可以不设置会计账簿。②个人独资企业招用职工的，应当依法与职工签订劳动合同。③个人独资企业应当按照国家规定参加社会保险，为职工缴纳社会保险费。④依法履行纳税义务。个人独资企业不缴纳企业所得税，而由投资者个人按照个人所得税法的有关规定缴纳个人所得税。⑤个人独资企业从事经营活动必须遵守法律、行政法规，遵守诚实信用原则，不得损害社会公共利益。

五、个人独资企业的解散和清算

（一）个人独资企业的解散条件

个人独资企业的解散是指个人独资企业终止经营活动并消灭民事主体资格的行为。我国《个人独资企业法》规定，企业有下列情形之一的，应当解散：①投资人决定解散；②投资人死亡或者被宣告死亡，无继承人或者继承人决定放弃继承；

③被依法吊销营业执照；④法律、行政法规规定的其他情形。

（二）个人独资企业的清算程序

个人独资企业解散的，应当进行清算。具体程序如下：

1. 确定清算人。个人独资企业解散，由投资人自行清算或者由债权人申请人民法院指定清算人进行清算。

2. 通知（或公告）。投资人自行清算的，应当在清算前15日内书面通知债权人，无法通知的，应当予以公告。

3. 债权人申报债权。债权人应当在接到通知之日起3日内，未接到通知的应当在公告之日起60日内，向投资人申报其债权。

4. 清偿债务。个人独资企业解散的，财产应当按照下列顺序清偿：①所欠职工工资和社会保险费用；②所欠税款；③其他债务。个人独资企业财产不足以清偿债务的，投资人应当以其个人的其他财产予以清偿。

个人独资企业解散后，原投资人对个人独资企业存续期间的债务仍应承担偿还责任，但债权人在5年内未向债务人提出偿债请求的，该责任消灭。

5. 办理注销登记。个人独资企业清算结束后，投资人或者人民法院指定的清算人应当编制清算报告，并于15日内到登记机关办理注销登记。

第二节　合伙企业法律制度

一、合伙企业法律制度概述

（一）合伙企业的概念和特征

合伙企业是指依《合伙企业法》设立，由各合伙人订立合伙协议，并按合伙协议的规定，共同出资、合伙经营、共享收益、共担风险的营利性组织。其法律特征如下：

1. 合伙企业由各合伙人组成，是多个人的联合。合伙企业至少由两个以上的合伙人组成，不是单个人的行为，而是多个人的联合。这一点不同于个人独资企业。

2. 合伙企业属契约式企业。企业按其成立基础可分为契约式企业和股权式企业。合伙企业属于典型的契约式企业。合伙企业成立的基础在于合伙协议，合伙企业的内部管理、合伙人之间的权利义务的分配、收益的分配和风险的分担，主要是根据合伙协议来确定的。《合伙企业法》规定，合伙人按照合伙协议享有权利，履行义务。

3. 合伙企业属人合性企业。企业按其成立的信用基础可分为人合性企业和资合性企业。人合性企业的信用基础主要在于投资人的个人信用和投资人之间的良好合作关系。合伙企业属人合性企业，实践中合伙人之间往往有各种各样的关系，而非完全的陌生人。出于意思自治的民商法原则，法律允许合伙人通过合伙协议在一定限度内自由地处分其权利义务。

4. 合伙企业属非法人企业，普通合伙人对合伙企业承担无限连带责任。合伙企业也无注册资本的要求，普通合伙人在注册时也不需要验资，这使得合伙企业的财产并不完全独立于合伙人个人。因此合伙企业不具有独立法人资格，普通合伙人对合伙企业承担无限连带责任。

5. 合伙企业内部属于合伙关系，所有权与经营权不完全分离。合伙人必须共同出资，合伙经营，共享收益，共担风险。全体合伙人原则上都有权参与合伙事务的执行（有限合伙人除外），并对执行合伙事务享有同等权利，合伙人之间在合伙业务范围内形成相互代理关系。因此，所有权与经营权不完全分离。这与公司企业不同。

（二）合伙企业法的立法和适用范围

我国现行的《合伙企业法》是第八届全国人民代表大会常务委员会第二十四次会议于1997年2月23日通过的，2006年8月27日第十届全国全国人民代表大会常务委员会第二十三次会议修订，2007年6月1日起施行。

根据我国《合伙企业法》的规定，合伙企业分为普通合伙企业和有限合伙企业。非企业专业服务机构依据有关法律采取合伙制的，其合伙人承担责任的形式可以适用合伙企业法关于特殊的普通合伙企业合伙人承担责任的规定。非企业专业服务机构是指不采取企业形式设立，不以营利为目的，以自己专业知识为社会提供服务的组织，如律师事务所、会计师事务所等。

另外，外国企业或者个人在中国境内设立合伙企业的管理办法由国务院规定。外国企业是指依照外国法律在我国境外设立的企业；外国个人即外国的自然人，是指不具有我国国籍的人。《合伙企业法》没有禁止外国的企业或者个人在我国境内设立合伙企业，但具体实施办法由国务院另行规定。

（三）合伙企业法的基本原则

根据我国合伙企业法的规定，合伙企业法遵循以下基本原则：

1. 协商原则。《合伙企业法》规定，合伙协议依法由全体合伙人协商一致，以书面形式订立。协商原则贯穿合伙企业法的始终，作为一种人合性的企业，很多方面需要全体合伙人协商一致。

2. 自愿、平等、公平、诚实信用原则。《合伙企业法》规定，订立合伙协议、设立合伙企业，应当遵循自愿、平等、公平、诚实信用原则。

3. 依法纳税原则。《合伙企业法》规定，合伙企业的生产经营所得和其他所得，按照国家有关税收规定，由合伙人分别缴纳所得税。

4. 守法原则。《合伙企业法》规定，合伙企业及其合伙人必须遵守法律、行政法规，遵守社会公德、商业道德，承担社会责任。

5. 合法权益受法律保护的原则。《合伙企业法》规定，合伙企业及其合伙人的合法财产及其权益受法律保护。

二、普通合伙企业的法律规定

（一）普通合伙企业的概念

普通合伙企业，是指由普通合伙人组成，合伙人对合伙企业债务依照《合伙企业法》规定承担无限连带责任的一种合伙企业。

（二）普通合伙企业的设立

1. 设立条件。设立普通合伙企业应具备下列条件：

（1）有2个以上合伙人。对于合伙人的人数，只有最低限制，无最高人数限制。合伙人可以是法人，也可以是自然人。合伙人为自然人的，应当具有完全民事行为能力。国有独资公司、国有企业、上市公司以及公益性的事业单位、社会团体不得成为普通合伙人。

（2）有书面合伙协议。合伙协议依法由全体合伙人协商一致，以书面形式订立。合伙协议应当载明下列事项：合伙企业的名称和主要经营场所的地点；合伙目的和合伙经营范围；合伙人的姓名或者名称、住所；合伙人的出资方式、数额和缴付期限；利润分配、亏损分担方式；合伙事务的执行；入伙与退伙；争议解决办法；合伙企业的解散与清算；违约责任。合伙协议经全体合伙人签名、盖章后生效。修改或者补充合伙协议，应当经全体合伙人一致同意；但是，合伙协议另有约定的除外。合伙协议未约定或者约定不明确的事项，由合伙人协商决定；协商不成的，依照合伙企业法和其他有关法律、行政法规的规定处理。

（3）有合伙人认缴或者实际缴付的出资。合伙人应当按照合伙协议约定的出资方式、数额和缴付期限履行出资义务。合伙人可以用货币、实物、知识产权、土地使用权或者其他财产权利出资，也可以用劳务出资。合伙人以实物、知识产权、土地使用权或者其他财产权利出资，需要评估作价的，可以由全体合伙人协商确定，也可以由全体合伙人委托法定评估机构评估。合伙人以劳务出资的，其评估办法由全体合伙人协商确定，并在合伙协议中载明。以非货币财产出资，依照法律、行政法规的规定需要办理财产权转移手续的，应当依法办理。

（4）有合伙企业的名称和生产经营场所。合伙企业名称中的组织形式后应当标明"普通合伙"、"特殊普通合伙"字样，并符合国家有关企业名称登记管理的规定。经企业登记机关登记的合伙企业的主要经营场所只能有一个，并且应当在其企业登记机关登记管辖区域内。

（5）法律、行政法规规定的其他条件。

2. 设立程序。

（1）申请人向企业登记机关提交相关文件。设立合伙企业，应当由全体合伙人指定的代表或者共同委托的代理人向企业登记机关申请设立登记，提交下列文件：①全体合伙人签署的设立登记申请书；②全体合伙人的身份证明；③全体合伙人指定代表或者共同委托代理人的委托书；④合伙协议；⑤全体合伙人对各合伙人认缴或者实际缴付出资的确认书；⑥主要经营场所证明；⑦国务院工商行政管理部门规定提交的其他文件。法律、行政法规或者国务院规定设立合伙企业须经批准的，还应当提交有关批准文件。合伙企业的经营范围中有属于法律、行政法规或者国务院规定在登记前须经批准的项目的，应当向企业登记机关提交批准文件。法律、行政法规规定设立特殊的普通合伙企业，需要提交合伙人的职业资格证明的，应当向企业登记机关提交有关证明。

（2）企业登记机关核发营业执照。申请人提交的登记申请材料齐全、符合法定形式，企业登记机关能够当场登记的，应予当场登记，发给营业执照。除上述规定情形外，企业登记机关应当自受理申请之日起20日内作出是否登记的决定。予以登记的，发给营业执照；不予登记的，应当给予书面答复，并说明理由。合伙企业营业执照的签发之日，为合伙企业的成立日期。

合伙企业的法定登记事项应当包括：①名称；②主要经营场所；③执行事务合伙人；④经营范围；⑤合伙企业类型；⑥合伙人姓名或者名称及住所、承担责任方式、认缴或者实际缴付的出资数额、缴付期限、出资方式和评估方式。合伙协议约定合伙期限的，登记事项还应当包括合伙期限。执行事务合伙人是法人或者其他组织的，登记事项还应当包括法人或者其他组织委派的代表。

合伙企业登记事项发生变更的，执行合伙事务的合伙人应当自作出变更决定或者发生变更事由之日起15日内，向原企业登记机关申请变更登记。合伙企业设立分支机构，应当向分支机构所在地的企业登记机关申请设立登记。

（三）普通合伙企业财产

1. 合伙企业财产的构成。合伙企业的财产由合伙人的出资、以合伙企业名义取得的收益和依法取得的其他财产三部分构成。

2. 合伙企业财产的分割。合伙企业毕竟是相对独立的民事主体，其财产不同于合伙人个人的财产，具有独立性和完整性。合伙人出资以后，一般来说便丧失了对其作为出资部分的财产的所有权或者占有权，合伙企业的财产权的主体是合伙企业，而不是单独的每一个合伙人个人。出资后，合伙人对合伙企业财产权益的表现形式，仅是依照合伙协议所确定的财产份额收益。因此合伙企业法规定，合伙人在合伙企业清算前，不得请求分割合伙企业的财产；但是，《合伙企业法》另有规定的除外。

另外，《合伙企业法》规定，合伙人在合伙企业清算前私自转移或者处分合伙企业财产的，合伙企业不得以此对抗善意第三人。此种情况下，合伙企业只能向合伙人主张权利，要求退回私自转移或者处分的合伙企业财产并赔偿损失。

3. 合伙企业财产的转让。

（1）合伙人之间转让在合伙企业中的全部或者部分财产份额时，应当通知其他合伙人。

（2）《合伙企业法》对合伙人向合伙人以外的人转让其在合伙企业中的财产份额有严格限制，主要是：除合伙协议另有约定外，合伙人向合伙人以外的人转让其在合伙企业中的全部或者部分财产份额时，须经其他合伙人一致同意。合伙人向合伙人以外的人转让其在合伙企业中的财产份额的，在同等条件下，其他合伙人有优先购买权；但是，合伙协议另有约定的除外。合伙人以外的人依法受让合伙人在合伙企业中的财产份额的，经修改合伙协议即成为合伙企业的合伙人，依照合伙企业法和修改后的合伙协议享有权利，履行义务。

4. 合伙企业财产的出质。合伙人以其在合伙企业中的财产份额出质的，须经其他合伙人一致同意；未经其他合伙人一致同意，其行为无效，由此给善意第三人造成损失的，由行为人依法承担赔偿责任。

（四）普通合伙企业事务的执行

1. 合伙企业事务执行的形式。按照我国《合伙企业法》的规定，合伙人执行合伙企业事务，可以有四种形式：①全体合伙人共同执行合伙事务；②各合伙人分别执行合伙事务；③委托一个合伙人执行合伙事务；④委托数个合伙人执行合伙事务。采用后两种形式的，应当经全体合伙人决定，且其他合伙人不再执行合伙事务。作为合伙人的法人、其他组织执行合伙事务的，由其委派的代表执行。

合伙企业的下列事项，除合伙协议另有约定外，应当经全体合伙人一致同意：①改变合伙企业的名称；②改变合伙企业的经营范围、主要经营场所的地点；③处分合伙企业的不动产；④转让或者处分合伙企业的知识产权和其他财产权利；⑤以合伙企业名义为他人提供担保；⑥聘任合伙人以外的人担任合伙企业的经营管理人员。

2. 合伙人在执行合伙事务中的权利和义务。

（1）合伙人在执行合伙事务中的权利：①平等权。各合伙人对执行合伙事务享有同等的权利。②知情权。合伙人为了解合伙企业的经营状况和财务状况，有权查阅合伙企业会计账簿等财务资料。③监督权。不执行合伙事务的合伙人有权监督执行事务合伙人执行合伙事务的情况。合伙人分别执行合伙事务的，执行事务合伙人可以对其他合伙人执行的事务提出异议。提出异议时，应当暂停该项事务的执行。如果发生争议，依照《合伙企业法》第30条的规定作出决定。受委托执行合伙事务的合伙人不按照合伙协议或者全体合伙人的决定执行事务的，其他合伙人可以决定撤销该委托。④表决权。合伙人有权按照合伙协议的约定或法律的规定参与合伙事务的表决。

（2）合伙人在执行合伙事务中的义务：①合伙人不得自营或者同他人合作经营与本合伙企业相竞争的业务；②除合伙协议另有约定或者经全体合伙人一致同意外，合伙人不得同本合伙企业进行交易；③合伙人不得从事损害本合伙企业利益的活动；④由一个或者数个合伙人执行合伙事务的，执行事务合伙人应当定期向其他合伙人报告事务执行情况以及合伙企业的经营和财务状况。

3. 合伙事务执行的决议办法。主要有三种：①合伙人对合伙企业有关事项作出决议，按照合伙协议约定的表决办法办理。②合伙协议未约定或者约定不明确的，实行合伙人一人一票并经全体合伙人过半数通过的表决办法。③《合伙企业法》对合伙企业的表决办法另有规定的，从其规定。如《合伙企业法》规定，合伙人按照合伙协议的约定或者经全体合伙人决定，可以增加或者减少对合伙企业的出资。又如《合伙企业法》规定，改变合伙企业的名称、经营范围，处分合伙企业的不动产等事项，除合伙协议另有约定外，应当经全体合伙人一致同意。

4. 关于合伙企业的利润分配和亏损分担的规定。合伙企业的利润分配、亏损分担，按照合伙协议的约定办理；合伙协议未约定或者约定不明确的，由合伙人协商决定；协商不成的，由合伙人按照实缴出资比例分配、分担；无法确定出资比例的，由合伙人平均分配、分担。合伙协议不得约定将全部利润分配给部分合伙人或者由部分合伙人承担全部亏损。

5. 非合伙人参与经营管理。除合伙协议另有约定外，经全体合伙人一致同意，可以聘任合伙人以外的人担任合伙企业的经营管理人员。被聘任的合伙企业的经营管理人员应当在合伙企业授权范围内履行职务。被聘任的合伙企业的经营管理人员，超越合伙企业授权范围履行职务，或者在履行职务过程中因故意或者重大过失给合伙企业造成损失的，依法承担赔偿责任。

（五）普通合伙企业与第三人的关系

1. 合伙企业对外代表权的效力。根据《合伙企业法》的规定，执行合伙事务的合伙人对外代表合伙企业，其执行合伙事务所产生的收益归合伙企业，所产生的费用和亏损由合伙企业承担。由此，执行合伙事务的合伙人具有合伙企业的对外代表权。可以取得合伙企业对外代表权的合伙人，主要有三种情况：①由全体合伙人共同执行合伙企业事务的，全体合伙人都有权对外代表合伙企业；②由部分合伙人执行合伙企业事务的，只有受委托执行合伙企业事务的那一部分合伙人有权对外代表合伙企业；③基于特别授权在单项合伙事务上有执行权的合伙人，依照授权范围可以对外代表合伙企业。

合伙企业对合伙人执行合伙事务以及对外代表合伙企业权利的限制，不得对抗善意第三人。由于合伙企业对合伙人执行合伙事务以及对外代表合伙企业权利的限制仅仅是合伙人之间的约定，不是法律的强制性规定，因此它仅仅在合伙人内部有效，对外则无效。不了解这种内部约定的善意第三人与之实施民事法律行为，合伙人不得以这种内部约定为由进行抗辩而主张无效。

2. 合伙企业的债务清偿与合伙人的关系。合伙企业对其债务，应先以其全部财产进行清偿。合伙企业不能清偿到期债务的，合伙人承担无限连带责任。合伙人由于承担无限连带责任，清偿数额超过规定的其亏损分担比例的，有权向其他合伙人追偿。合伙人之间的分担比例对债权人没有约束力，债权人可以向任何一个或数个合伙人主张全部债权。

3. 合伙人的债务清偿与合伙企业的关系。

（1）合伙人发生与合伙企业无关的债务，相关债权人不得以其债权抵销其对合伙企业的债务。这是因为，合伙人与合伙企业毕竟是两个不同的民事主体，对合伙企业的负债，实质上是对全体合伙人的负债，而合伙人对该债权人的负债，仅限于该合伙人，不涉及其他合伙人的利益，两者不能混同。

（2）合伙人发生与合伙企业无关的债务，相关债权人不得代位行使合伙人在合伙企业中的权利。这是因为，合伙企业具有人合性，合伙人之间的相互了解和信任是合伙关系稳定的基础。如果允许个别合伙人的债权人代位行使该合伙人在合伙企业中的权利，如参与管理权、表决权等，则不利于合伙关系的稳定和合伙企业的正常运转。

（3）合伙人的自有财产不足清偿其与合伙企业无关的债务的，该合伙人可以以其从合伙企业中分取的收益用于清偿；债权人也可以依法请求人民法院强制执行该合伙人在合伙企业中的财产份额用于清偿。

人民法院强制执行合伙人的财产份额时，应当通知全体合伙人，其他合伙人有优先购买权；其他合伙人未购买，又不同意将该财产份额转让给他人的，依照《合伙企业法》的规定，应为该合伙人办理退伙结算，或者办理削减该合伙人相应财产份额的结算。

从上述规定可以看出，当合伙企业的债务与合伙人的债务并存时，我国《合伙企业法》采用了“双重优先”的处理原则，即合伙企业的债务优先使用合伙企业的财产偿还，不能清偿时，合伙人才承担无限连带责任；合伙人个人的债务，优先使用其个人财产偿还，不能清偿时，才会使用其在合伙企业中的财产份额偿还。

（六）入伙与退伙

1. 入伙。入伙，是指在合伙企业存续期间，合伙人以外的第三人加入合伙，从而取得合伙人资格的行为。

（1）入伙的方式。根据我国《合伙企业法》的规定，合伙人以外的第三人加入合伙有三种方式：一是购买原合伙人转让的全部或者部分合伙财产份额而成为新合伙人；二是通过出资依法加入合伙企业；三是合伙人死亡或被依法宣告死亡时，第三人以继承人的身份依法加入合伙企业。

（2）入伙的条件和程序。首先，新合伙人入伙，除合伙协议另有约定外，应当经全体合伙人一致同意，并依法订立书面入伙协议。订立入伙协议时，原合伙人应当向新合伙人如实告知原合伙企业的经营状况和财务状况。合伙人死亡或者被依法宣告死亡的，对该合伙人在合伙企业中的财产份额享有合法继承权的继承人，按照合伙协议的约定或者经全体合伙人一致同意，从继承开始之日起，取得该合伙企业的合伙人资格。其次，执行合伙事务的合伙人应当向原企业登记机关申请合伙人的变更登记。

（3）新合伙人的权利和责任。入伙的新合伙人与原合伙人享有同等权利，承担同等责任。但是，入伙协议另行约定的，从其约定。新合伙人对入伙前合伙企业的债务承担无限连带责任。

2. 退伙。退伙，是指合伙人在合伙企业存续期间退出合伙企业，从而丧失合伙人资格的法律事实。

（1）退伙的条件和程序。由于合伙人退伙的原因不同，其条件和程序也有不同。一般有两种原因：一是自愿退伙；二是法定退伙。

自愿退伙，是指合伙人基于自愿的意思表示而主动退出合伙，分为协议退伙和通知退伙两种。

关于协议退伙，《合伙企业法》规定，合伙协议约定合伙期限的，在合伙企业存续期间，有下列情形之一的，合伙人可以退伙：①合伙协议约定的退伙事由出现；②经全体合伙人一致同意；③发生合伙人难以继续参加合伙的事由；④其他合伙人严重违反合伙协议约定的义务。合伙人违反上述规定退伙的，应当赔偿由此给合伙企业造成的损失。

关于通知退伙，《合伙企业法》规定，合伙协议未约定合伙期限的，合伙人在不给合伙企业事务执行造成不利影响的情况下，可以退伙，但应当提前30日通知其他合伙人。合伙人违反上述规定退伙的，应当赔偿由此给合伙企业造成的损失。

法定退伙，是指合伙人因出现法定事由而被动地退出合伙，分为当然退伙和除名退伙两类。

关于当然退伙，《合伙企业法》规定，合伙人有下列情形之一的，当然退伙：①作为合伙人的自然人死亡或者被依法宣告死亡；②个人丧失偿债能力；③作为合伙人的法人或者其他组织依法被吊销营业执照，责令关闭、撤销，或者被宣告破产；④法律规定或者合伙协议约定合伙人必须具有相关资格而丧失该资格；⑤合伙人在合伙企业中的全部财产份额被人民法院强制执行。当然退伙以退伙事由实际发生之日为退伙生效日。

合伙人被依法认定为无民事行为能力人或者限制民事行为能力人的，经其他合伙人一致同意，可以依法转为有限合伙人，普通合伙企业依法转为有限合伙企业。其他合伙人未能一致同意的，该无民事行为能力或者限制民事行为能力的合伙人退伙。

关于除名退伙，合伙人有下列情形之一的，经其他合伙人一致同意，可以决议将其除名：①未履行出资义务；②因故意或者重大过失给合伙企业造成损失；③执行合伙事务时有不正当行为；④发生合伙协议约定的事由。对合伙人的除名决议应当书面通知被除名人。被除名人接到除名通知之日起除名生效，被除名人退伙。被除名人对除名决议有异议的，可以自接到除名通知之日起30日内，向人民法院起诉。

（2）退伙的法律效力。

第一，退伙结算。合伙人退伙，其他合伙人应当与该退伙人按照退伙时的合伙企业财产状况进行结算，退还退伙人的财产份额。退伙人对给合伙企业造成的损失负有赔偿责任的，相应扣减其应当赔偿的数额。退伙时有未了结的合伙企业事务的，待该事务了结后进行结算。

退伙人在合伙企业中财产份额的退还办法，由合伙协议约定或者由全体合伙人决定，可以退还货币，也可以退还实物。

第二，债务和亏损的分担。退伙人对基于其退伙前的原因发生的合伙企业债务，承担无限连带责任。合伙人退伙时，合伙企业财产少于合伙企业债务的，退伙人应当依照合伙协议的约定或法律的规定分担亏损。

第三，财产继承。合伙人死亡或者被依法宣告死亡，有下列情形之一的，合伙企业应当向合伙人的继承人退还被继承合伙人的财产份额：①继承人不愿意成为合伙人；②法律规定或者合伙协议约定合伙人必须具有相关资格，而该继承人未取得该资格；③合伙协议约定不能成为合伙人的其他情形。

合伙人的继承人为无民事行为能力人或者限制民事行为能力人的，经全体合伙人一致同意，可以依法成为有限合伙人，普通合伙企业依法转为有限合伙企业。全体合伙人未能一致同意的，合伙企业应当将被继承合伙人的财产份额退还该继承人。

（七）特殊的普通合伙企业

1. 特殊的普通合伙企业的含义。特殊的普通合伙企业，又称有限责任合伙，是指以专业知识和专门技能为客户提供有偿服务的专业服务机构。如律师事务所、会计师事务所、资产评估事务所等。

2. 特殊的普通合伙企业的特殊规定。

（1）可以设立为特殊的普通合伙企业的仅限于以专业知识和专门技能为客户提供有偿服务的专业服务机构，其他的不允许。

（2）特殊的普通合伙企业名称中应当标明“特殊普通合伙”字样。作这样的规定主要是为了使社会公众通过企业的名称就能够了解合伙企业的性质、责任形式，进而能够基本评价企业的实力、信用，保障交易安全。

（3）责任形式。在特殊的普通合伙企业中，一个合伙人或者数个合伙人在执业活动中因故意或者重大过失造成合伙企业债务的，应当承担无限责任或者无限连带责任，其他合伙人以其在合伙企业中的财产份额为限承担责任。合伙人在执业活动中非因故意或者重大过失造成的合伙企业债务以及合伙企业的其他债务，由全体合伙人承担无限连带责任。

合伙人在执业活动中因故意或者重大过失造成的合伙企业债务，以合伙企业财产对外承担责任后，该合伙人应当按照合伙协议的约定对给合伙企业造成的损失承担赔偿责任。

（4）执业风险防范。特殊的普通合伙企业应当建立执业风险基金，办理职业保险。执业风险基金用于偿付合伙人执业活动中造成的债务。执业风险基金应当单独立户管理，具体管理办法由国务院规定。

特殊的普通合伙企业除适用上述规定外，其他的适用普通合伙企业的规定。

三、有限合伙企业

（一）有限合伙企业的概念及法律适用

有限合伙企业，是指由有限合伙人和普通合伙人共同组成，普通合伙人对合伙企业债务承担无限连带责任，有限合伙人以其认缴的出资额为限对合伙企业债务承担责任的合伙组织。有限合伙企业引入有限责任制度，有利于调动各方的投资热情，实现投资者与创业者的最佳组合，为能人和富人提供了一个“共舞的平台”，所以它主要适用于风险投资。

《合伙企业法》规定，有限合伙企业及其合伙人适用有限合伙企业的法律规定；未作规定的，适用《合伙企业法》关于普通合伙企业及其合伙人的规定。

（二）有限合伙企业设立的特殊规定

1. 有限合伙企业的设立条件。

（1）有限合伙企业由2个以上50个以下合伙人设立，但法律另有规定的除外。有限合伙企业至少应当有1个普通合伙人。国有独资公司、国有企业、上市公司以及公益性的事业单位、社会团体不得成为有限合伙企业的普通合伙人。有限合伙企业由有限合伙人和普通合伙人组成，缺少任何一方都不能成立有限合伙企业。基于此，《合伙企业法》规定，有限合伙企业仅剩有限合伙人的，应当解散；有限合伙企业仅剩普通合伙人的，应当转为普通合伙企业。

（2）有书面合伙协议。有限合伙企业协议除符合普通合伙企业的合伙协议的规定外，还应当载明下列事项：①普通合伙人和有限合伙人的姓名或者名称、住所；②执行事务合伙人应具备的条件和选择程序；③执行事务合伙人权限与违约处理办法；④执行事务合伙人的除名条件和更换程序；⑤有限合伙人入伙、退伙的条件、程序以及相关责任；⑥有限合伙人和普通合伙人相互转变程序。

（3）有合伙人认缴和实际缴付的出资。有限合伙人可以用货币、实物、知识产权、土地使用权或者其他财产权利作价出资。有限合伙人不得以劳务出资。有限合伙人应当按照合伙协议的约定按期足额缴纳出资；未按期足额缴纳的，应当承担补缴义务，并对其他合伙人承担违约责任。

（4）有合伙企业名称和生产经营场所。有限合伙企业名称中应当标明“有限合伙”字样。此规定主要是便于社会公众和交易相对人对有限合伙企业的认知和了解，从而防范交易风险，维护交易安全。

（5）法律、行政法规规定的其他条件。

2. 有限合伙企业的设立程序。参见《合伙企业法》关于普通合伙企业设立的规定。

（三）有限合伙企业事务执行的特殊规定

有限合伙企业由普通合伙人执行合伙事务。执行事务合伙人可以要求在合伙协议中确定执行事务的报酬及报酬提取方式。

有限合伙人不执行合伙事务，不得对外代表有限合伙企业。有限合伙人的下列行为，不视为执行合伙事务：①参与决定普通合伙人入伙、退伙；②对企业的经营管理提出建议；③参与选择承办有限合伙企业审计业务的会计师事务所；④获取经审计的有限合伙企业财务会计报告；⑤对涉及自身利益的情况，查阅有限合伙企业财务会计账簿等财务资料；⑥在有限合伙企业中的利益受到侵害时，向有责任的合伙人主张权利或者提起诉讼；⑦执行事务合伙人怠于行使权利时，督促其行使权利或者为了本企业的利益以自己的名义提起诉讼；⑧依法为本企业提供担保。

（四）合伙人的竞业禁止义务的特殊规定

有限合伙人可以同本有限合伙企业进行交易；但是，合伙协议另有约定的除外。有限合伙人可以自营或者同他人合作经营与本有限合伙企业相竞争的业务；但是，合伙协议另有约定的除外。

（五）有限合伙企业利润分配和亏损分担的特殊规定

有限合伙企业不得将全部利润分配给部分合伙人，但合伙协议另有约定的除外。

（六）有限合伙企业与第三人关系的特殊规定

第三人有理由相信有限合伙人为普通合伙人并与其交易的，该有限合伙人对该笔交易承担与普通合伙人同样的责任。有限合伙人未经授权以有限合伙企业名义与他人进行交易，给有限合伙企业或者其他合伙人造成损失的，该有限合伙人应当承担赔偿责任。

有限合伙人的自有财产不足以清偿其与合伙企业无关的债务的，该合伙人可以以其从有限合伙企业中分取的收益用于清偿；债权人也可以依法请求人民法院强制执行该合伙人在有限合伙企业中的财产份额用于清偿。人民法院强制执行有限合伙人的财产份额时，应当通知全体合伙人。在同等条件下，其他合伙人有优先购买权。

（七）有限合伙企业财产出质与转让的特殊规定

有限合伙人可以将其在有限合伙企业中的财产份额出质，但合伙协议另有约定的除外。

有限合伙人可以按照合伙协议的约定向合伙人以外的人转让其在有限合伙企业中的财产份额，但应当提前30日通知其他合伙人。

（八）有限合伙企业入伙、退伙及资格承继的特殊规定

1. 入伙。新入伙的有限合伙人对入伙前有限合伙企业的债务，以其认缴的出资额为限承担责任。

2. 退伙。有限合伙人出现下列之一情形时当然退伙：①作为合伙人的自然人死亡或者被依法宣告死亡；②作为合伙人的法人或者其他组织依法被吊销营业执照，责令关闭、撤销，或者被宣告破产；③法律规定或者合伙协议约定合伙人必须具有相关资格而丧失该资格；④合伙人在合伙企业中的全部财产份额被人民法院强制执行。

3. 资格承继。作为有限合伙人的自然人在有限合伙企业存续期间丧失民事行为能力的，其他合伙人不得因此要求其退伙。作为有限合伙人的自然人死亡、被依法宣告死亡或者作为有限合伙人的法人及其他组织终止时，其继承人或者权利承受人可以依法取得该有限合伙人在有限合伙企业中的资格。有限合伙人退伙后，对基于其退伙前的原因发生的有限合伙企业债务，以其退伙时从有限合伙企业中取回的财产为限承担责任。

（九）合伙人身份转变的特殊规定

除合伙协议另有约定外，普通合伙人转变为有限合伙人，或者有限合伙人转变

为普通合伙人，应当经全体合伙人一致同意。有限合伙人转变为普通合伙人的，对其作为有限合伙人期间有限合伙企业发生的债务承担无限连带责任。普通合伙人转变为有限合伙人的，对其作为普通合伙人期间合伙企业发生的债务承担无限连带责任。

四、合伙企业解散和清算

（一）合伙企业解散条件

我国《合伙企业法》规定，合伙企业有下列情形之一的，应当解散：①合伙期限届满，合伙人决定不再经营；②合伙协议约定的解散事由出现；③全体合伙人决定解散；④合伙人已不具备法定人数满30天；⑤合伙协议约定的合伙目的已经实现或者无法实现；⑥依法被吊销营业执照，责令关闭或者被撤销；⑦法律、行政法规规定的其他原因。

（二）合伙企业清算程序

1. 确定清算人。合伙企业解散，应当由清算人进行清算。清算人的产生分为三种情况：①清算人由全体合伙人担任。②经全体合伙人过半数同意，可以自合伙企业解散事由出现后15日内指定一个或者数个合伙人，或者委托第三人，担任清算人。③自合伙企业解散事由出现之日起15日内未确定清算人的，合伙人或者其他利害关系人可以申请人民法院指定清算人。

清算人应当自被确定之日起10日内，将清算人成员名单向企业登记机关备案。

清算人的职责。清算人在清算期间执行下列事务：①清理合伙企业财产，分别编制资产负债表和财产清单。②处理与清算有关的合伙企业未了结事务。③清缴所欠税款。④清理债权、债务。⑤处理合伙企业清偿债务后的剩余财产。⑥代表合伙企业参加诉讼或者仲裁活动。

2. 清算的通知和公告及债权申报。清算人自被确定之日起10日内将合伙企业解散事项通知债权人，并于60日内在报纸上公告。债权人应当自接到通知书之日起30日内，未接到通知书的自公告之日起45日内，向清算人申报债权。债权人申报债权，应当说明债权的有关事项，并提供证明材料。清算人应当对债权进行登记。

清算期间，合伙企业存续，但不得开展与清算无关的经营活动。

3. 财产分配。合伙企业财产的清偿顺序：①支付清算费用；②支付职工工资、社会保险费用、法定补偿金；③缴纳所欠税款；④清偿债务；⑤剩余财产，依照合伙企业法的有关规定进行分配，即首先按照合伙协议的约定办理；合伙协议未约定或者约定不明确的，由合伙人协商决定；协商不成的，由合伙人按照实缴出资比例分配；无法确定出资比例的，由合伙人平均分配、分担。

4. 办理注销登记。清算结束，清算人应当编制清算报告，经全体合伙人签名、盖章后，在15日内向企业登记机关报送清算报告，申请办理合伙企业注销登记。

合伙企业办理注销登记，应当提交下列文件：①清算人签署的注销登记申请书；②人民法院的破产裁定，合伙企业依照合伙企业法作出的决定，行政机关责令关闭、合伙企业依法被吊销营业执照或者被撤销的文件；③全体合伙人签名、盖章的清算报告；④国务院工商行政管理部门规定提交的其他文件。

合伙企业办理注销登记时，应当交回营业执照。经企业登记机关注销登记，合伙企业终止。

5. 注销后的债务清偿。合伙企业注销后，原普通合伙人对合伙企业存续期间的债务仍应承担无限连带责任。合伙企业不能清偿到期债务的，债权人可以依法向人民法院提出破产清算申请，也可以要求普通合伙人清偿。合伙企业依法被宣告破产的，普通合伙人对合伙企业债务仍应承担无限连带责任。

案例讨论

一、基本案情

1999年1月，甲、乙、丙、丁四人决定投资设立一合伙企业，并签订了书面合伙协议。合伙协议的部分内容如下：①甲以货币出资10万元，乙以机器设备折价出资8万元，经其他三人同意，丙以劳务折价出资6万元，丁以货币出资4万元；②甲、乙、丙、丁按2∶2∶1∶1的比例分配利润和承担风险；③由甲执行合伙企业事务，对外代表合伙企业，其他三人均不再执行合伙企业事务，但签订购销合同及代销合同应经其他合伙人同意。合伙协议中未约定合伙企业的经营期限。

合伙企业在存续期间，发生下列事实：

1. 合伙人甲为了改善企业经营管理，于1999年4月独自决定聘任合伙人以外的A担任该合伙企业的经营管理人员；并以合伙企业名义为B公司提供担保。

2. 1999年5月，甲擅自以合伙企业的名义与善意第三人C公司签订了代销合同，乙合伙人获知后，认为该合同不符合合伙企业利益，经与丙、丁商议后，即向C公司表示对该合同不予承认，因为甲合伙人无单独与第三人签订代销合同的权力。

3. 2000年1月，合伙人丁提出退伙，其退伙并不给合伙企业造成任何不利影响。2000年3月，合伙人丁撤资退伙。于是，合伙企业又接纳戊新入伙，戊出资4万元。2000年5月，合伙企业的债权人C公司就合伙人丁退伙前发生的债务24万元要求合伙企业的现合伙人甲、乙、丙、戊及退伙人丁、经营管理人员A共同承担连带清偿责任。甲表示只按照合伙协议约定的比例清偿相应数额。丙则表示自己是以劳务出资的，只领取固定的工资收入，不负责偿还企业债务。丁以自己已经退伙为由，拒绝承担清偿责任。戊以自己新入伙为由，拒绝对其入伙前的债务承担清偿责任。A则表示自己只是合伙企业的经营管理人员，不对合伙企业债务承担责任。

4. 2001年4月，合伙人乙在与D公司的买卖合同中，无法清偿D公司的到期债务8万元。D公司于2001年6月向人民法院提起诉讼，人民法院判决D公司胜诉。D公司于2001年8月向人民法院申请强制执行合伙人乙在合伙企业中相应的财产份额。

二、案例分析

1. 甲聘任A担任合伙企业的经营管理人员及为B公司提供担保的行为不符合规定。根据《合伙企业法》的规定，合伙企业委托一名或数名合伙人执行合伙企业事务、以合伙企业名义为他人提供担保、聘任合伙人以外的人担任合伙企业的经营管理人员时，必须经全体合伙人一致同意。

2. 根据《合伙企业法》的规定，合伙企业对合伙人执行合伙企业事务以及对外代表合伙企业的权力的限制，不得对抗不知情的善意第三人。在本题中，尽管合伙人甲超越了合伙企业的内部限制，但C公司为善意第三人，因此甲以合伙企业名义与C公司签订的代销合同有效。

3. 甲、丙、丁、戊的主张均不能成立。

(1) 根据《合伙企业法》的规定，合伙人之间的分担比例对债权人没有约束力，债权人可以根据自己的清偿利益，请求全体合伙人中的一人或者数人承担全部清偿责任，也可以按照自己确定的比例向各合伙人分别追索。因此，甲的主张不能成立。

(2) 根据《合伙企业法》的规定，合伙人应当是依法承担无限责任者，合伙企业不允许有承担有限责任的合伙人。因此，以劳务出资成为合伙人的丙应承担合伙人的法律责任。因此，丙的主张不能成立。

(3) 根据《合伙企业法》的规定，退伙人对其退伙前已发生的合伙企业债务，与其他合伙人承担连带责任。如果丁向C公司偿还了24万元的债务，丁可以向合伙人甲、乙、丙、戊进行追偿，追偿的数额为24万元。

退伙人丁（对外）对其退伙前已发生的合伙企业债务承担连带责任，但在合伙企业（内部）对合伙企业债务不承担清偿责任。因此，丁的主张不成立。

(4) 戊的主张不成立。根据《合伙企业法》的规定，入伙的新合伙人对入伙前合伙企业的债务承担连带责任。

(5) A的主张成立。根据《合伙企业法》的规定，A不属于合伙人，因此无需对合伙企业债务承担连带责任。

4. D公司可以向法院申请强制执行合伙人乙在合伙企业中相应的财产份额。根据《合伙企业法》的规定，合伙人的自有财产不足以清偿其与合伙企业无关的债务的，该合伙人可以以其从合伙企业中分取的收益用于清偿；债权人也可以依法请求人民法院强制执行该合伙人在合伙企业中的财产份额用于清偿。

复习思考题

一、单项选择题

1. 个人独资企业投资人甲聘用乙管理企业事务，同时对乙的职权予以限制，凡是乙对外签订标的额超过1万元的合同，必须经甲同意。某日，乙未经甲同意与善意第三人丙签订了一份标的额为2万元的买卖合同。根据《个人独资企业法》的规定，下列关于该合同效力的表述中，正确的是（　　）。

A. 该合同为有效合同，但如果给甲造成损害，由乙承担民事赔偿责任

B. 该合同为无效合同，但如果给甲造成损害，由乙承担民事赔偿责任

C. 该合同为可撤销合同，甲可请求人民法院予以撤销

D. 该合同为效力待定合同，经甲追认后有效

2. 自然人甲拟设立个人独资企业。下列表述中，符合个人独资企业法律制度规定的是（　　）。

A. 该个人独资企业名称中可以使用“公司”字样，但是不得使用“有限”或者“有限责任”字样

B. 甲只能以其个人财产投资，不得以其家庭共有财产出资

C. 甲可以根据业务需要，申请设立个人独资企业的分支机构

D. 设立后的个人独资企业可以依法申请贷款，但不能取得土地使用权

3. 林某以个人财产出资设立一个人独资企业，聘请陈某管理该企业事务。林某病故后，因企业负债较多，林某的妻子作为惟一继承人明确表示不愿继承该企业，该企业只得解散。根据《个人独资企业法》的规定，关于该企业清算人的下列表述中，正确的是（　　）。

A. 由陈某进行清算

B. 由林某的妻子进行清算

C. 由债权人进行清算

D. 由债权人申请法院指定清算人进行清算

4. 合伙企业成立的法律标志是（　　）。

A. 签发营业执照

B. 出资完成

C. 订立合伙协议

D. 验资完成

5. 某合伙企业原有合伙人3人，后古某申请入伙，当时合伙企业负债20万元。入伙后，合伙企业继续亏损，古某遂申请退伙，获同意。古某退伙时，合伙企业已负债50万元，但企业尚有价值30万元的财产。后合伙企业解散，用企业财产清偿债务后，尚欠70万元不能偿还。对古某在该合伙企业中的责任，下列说法正确的是（　　）。

A. 古某应对70万元债务承担连带责任

B. 古某仅对其参与合伙期间新增的30万元债务承担连带责任

C. 古某应对其退伙前的50万元债务承担连带责任

D. 古某应对其退伙前的50万元债务承担连带责任，但应扣除其应分得的财产份额

6. 甲、乙、丙、丁共同投资设立合伙企业，约定利润分配比例为4：3：2：1。

现在甲、乙已退伙，丙、丁未就现有的合伙企业利润分配约定新的比例。依照法律规定，现该合伙企业的利润在丙、丁之间应按（　　）分配。

A. 全部利润的30%，按2∶1分配，其余平均分配

B. 全部利润按2∶1的比例分配

C. 全部利润平均分配

D. 全部利润按2人的实际出资比例分配

7. 下列有关有限合伙企业设立条件的表述，不正确的是（　　）。

A. 有限合伙企业至少应当有一个普通合伙人

B. 有限合伙企业中的合伙人一律不得以劳务出资

C. 有限合伙人可以用知识产权作价出资

D. 有限合伙企人必须有书面合伙协议

8. 注册会计师甲、乙、丙共同出资设立一特殊的普通合伙制的会计师事务所。甲、乙在某次审计业务中，因故意出具不实审计报告被人民法院判决由会计师事务所赔偿当事人80万元。根据合伙企业法的规定，下列有关该赔偿责任承担的表述中，正确的是（　　）。

A. 甲、乙、丙均承担无限连带责任

B. 以该会计师事务所的全部财产为限承担责任

C. 甲、乙、丙均以其在会计师事务所中的财产份额为限承担责任

D. 甲、乙应当承担无限连带责任，丙以其在会计师事务所中的财产份额为限承担责任

9. 甲、乙、丙、丁4人组成一个运输有限合伙企业，合伙协议规定甲、乙为普通合伙人，丙、丁为有限合伙人。某日，丁为合伙企业运送石材，路遇法院拍卖房屋，丁想替合伙企业竞买该房，于是以合伙企业的名义将石材质押给徐某，借得20万元，竞买了房子。徐某的债权若得不到实现，应当向（　　）主张权利。

A. 应当要求丁承担清偿责任

B. 应当要求甲、乙、丙、丁承担连带清偿责任

C. 应当要求甲、乙承担连带清偿责任

D. 应当要求甲、乙、丁承担连带清偿责任

10. 甲、乙、丙、丁成立一普通合伙企业，一年后甲转为有限合伙人。此前，合伙企业欠银行债务30万元，该债务直至合伙企业因严重资不抵债被宣告破产仍未偿还。对该30万元银行债务的偿还，下列（　　）是正确的。

A. 乙、丙、丁应按合伙份额对该笔债务承担清偿责任，甲无须承担责任

B. 各合伙人均应对该笔债务承担无限连带责任

C. 乙、丙、丁应对该笔债务承担无限连带责任，甲无须承担责任

D. 合伙企业已宣告破产，债务归于消灭，各合伙人无须偿还该笔债务

二、多项选择题

1. 下列有关个人独资企业设立条件的表述中，符合个人独资企业法律制度规定

的有（　　）。

A. 投资人为一个自然人，且为中国公民

B. 有合法的企业名称

C. 有企业章程

D. 有投资人申报的出资

2. 甲因出国留学将自己的个人独资企业委托乙管理，并授权乙在5万元以内的开支和50万元以内的交易可自行决定。假设第三人对此授权不知情，则乙在受托期间实施的下列行为中，属于法律禁止或无效的有（　　）。

A. 未经甲同意与某公司签订交易额为100万元的合同

B. 未经甲同意将自己的房屋以1万元出售给本企业

C. 未经甲同意向某电视台支付广告费8万元

D. 未经甲同意将企业的商标有偿转让

3. 张先生在谈论《个人独资企业法》的有关规定时讲到以下内容，其中正确的有（　　）。

A. 设立个人独资企业时，投资人可以个人财产出资，也可以家庭其他成员的财产作为个人出资

B. 个人独资企业可以设立分支机构

C. 个人独资企业解散时，可由投资人自行清算，也可由债权人申请人民法院指定清算人进行清算

D. 个人独资企业解散清偿债务时，所欠职工工资和社会保险费用应作为第一顺序清偿

4. 甲、乙、丙共同出资设立一个普通合伙企业，在合伙企业存续期间，甲拟以其在合伙企业中的财产份额出质借款。根据《合伙企业法》的规定，下列表述中正确的有（　　）。

A. 无须经乙、丙同意，甲可以出质

B. 经乙、丙同意，甲可以出质

C. 未经乙、丙同意，甲私自出质的，其行为无效

D. 未经乙、丙同意，甲私自出质给善意第三人造成损失的，由甲承担赔偿责任

5. 根据《合伙企业法》的规定，下列关于普通合伙企业合伙人权利和义务的表述中，符合法律规定的有（　　）。

A. 合伙人对执行合伙事务享有同等的权利

B. 合伙人可以查阅企业会计账簿

C. 合伙人可以自营与本企业相竞争的业务

D. 执行企业事务的合伙人可以自行决定是否向其他合伙人报告企业经营状况

6. 张、王、李、赵四人成立某合伙企业，合伙协议中未对经营期限作出规定。后赵认为合伙企业效益不好，想自己另外开立一家个人独资企业，因此希望退出合

伙。如果（　　），赵可以合法退伙。

A. 提前30天通知其他合伙人

B. 获得其他合伙人一致同意

C. 赵的退伙不给合伙企业的事务造成不利影响

D. 获得其他任意两名合伙人的同意

7. 甲、乙二人共同出资组成一普通合伙企业，企业成立半年后，丙想加入，甲、乙二人便口头表示同意，并与丙约定由丙负责销售业务，并且如果企业效益较好，可给丙一定利润提成。此后，丙便积极地以合伙企业的名义到处活动进行交易。但企业仍然效益一般，并负有对外债务若干。后来，该合伙企业因违法经营问题严重，被工商部门依法吊销营业执照，该合伙企业解散。合伙企业的债权人在得知这一消息后，纷纷要求甲、乙、丙三人偿还所欠债务。依《合伙企业法》的规定，下列有关丙的表述正确的是（　　）。

A. 丙不应对合伙企业的债务以个人财产承担连带责任

B. 丙应对合伙企业的债务以个人财产承担连带责任

C. 丙在合伙企业存续期间的行为有效

D. 丙在合伙企业存续期间的行为无效

8. 下列关于特殊普通合伙的表述正确的有（　　）。

A. 名称中应当标明“特殊普通合伙”字样

B. 一个合伙人在执业活动中因重大过失造成合伙企业债务的，其他合伙人无需承担无限连带责任

C. 合伙人在执业活动中非因故意或者重大过失造成的合伙企业债务以及合伙企业的其他债务，由全体合伙人承担无限连带责任

D. 特殊的普通合伙企业应当建立执业风险基金、办理职业保险

9. 贾某是一有限合伙企业的有限合伙人，下列（　　）是正确的。

A. 若贾某被法院判决认定为无民事行为能力人，其他合伙人可以因此要求其退伙

B. 若贾某死亡，其继承人可以取得贾某在有限合伙企业中的资格

C. 若贾某转为普通合伙人，其必须对其作为有限合伙人期间企业发生的债务承担无限连带责任

D. 如果合伙协议没有限制，贾某可以不经过其他合伙人同意而将其在合伙企业中的财产份额转让

10. 甲、乙、丙、丁欲设立一有限合伙企业，合伙协议中约定了如下内容，其中（　　）符合法律规定。

A. 甲仅以出资额为限对企业债务承担责任，同时被推举为合伙事务执行人

B. 丙以其劳务出资，为普通合伙人，其出资份额经各合伙人商定为5万元

C. 合伙企业的利润由甲、乙、丁三人分配，丙仅按营业额提取一定比例的劳务

报酬

D. 经全体合伙人同意，有限合伙人可以全部转为普通合伙人，普通合伙人也可以全部转为有限合伙人

三、判断题

1. 个人独资企业是独立的民事主体，以个人独资企业名义产生的债务由该企业承担。(　)

2. 个人独资企业设立分支机构，应当由投资人或者其委托的代理人向分支机构所在地的登记机关申请登记，领取营业执照。(　)

3. 违反《个人独资企业法》的规定，应当承担民事赔偿责任和缴纳罚金、罚款，其财产不足以同时支付的，或者被判处没收财产的，应当首先承担民事赔偿责任。(　)

4. 普通合伙人向合伙人以外的人转让其在合伙企业中的全部或者部分财产份额时，应当通知其他合伙人。(　)

5. 普通合伙人在合伙企业中按出资比例享有权利、承担义务和责任。(　)

6. 合伙人的自有财产不足以清偿其与合伙企业无关的债务的，该合伙人可以以其从合伙企业中分取的收益用于清偿。(　)

7. 有限合伙人可以劳务对有限合伙企业出资。(　)

8. 普通合伙企业聘任合伙人以外的人担任合伙企业的经营管理人员须经全体合伙人一致同意。(　)

9. 合伙协议可以约定将全部利润分配给部分合伙人或者由部分合伙人承担全部亏损。(　)

10. 合伙企业清算时，若其债务包括职工工资、银行贷款和欠缴税款，则在偿还职工工资后的余额应首先偿还银行贷款。(　)

四、简答题

1. 简述个人独资企业的法律特征。

2. 简述普通合伙企业和有限合伙企业的设立条件。

3. 简述普通合伙企业利润分配和亏损分担规则。

4. 简述特殊普通合伙企业的特殊性。

5. 简述个人独资企业和合伙企业清算时财产的分配顺序。

五、案例分析题

1. 2000 年 1 月 15 日，甲出资 5 万元设立 A 个人独资企业（本题下称“A 企业”）。甲聘请乙管理企业事务，同时规定，凡乙对外签订标的额超过 1 万元以上的合同，须经甲同意。2 月 10 日，乙未经甲同意，以 A 企业名义向善意第三人丙购入价值 2 万元的货物。2000 年 7 月 4 日，A 企业亏损，不能支付到期的丁的债务，甲决定解散该企业，并请求人民法院指定清算人。7 月 10 日，人民法院指定戊作为清算人对 A 企业进行清算，经查，A 企业和甲的资产及债权债务情况如下：①A 企业欠

缴税款2000元，欠乙工资5000元，欠社会保险费用5000元，欠丁10万元；②A企业的银行存款1万元，实物折价8万元；③甲在B合伙企业出资6万元，占50%的出资额，B合伙企业每年可向合伙人分配利润；④甲个人其他可执行的财产价值2万元。

请回答下列问题：

(1) 乙于2月10日以A企业名义向丙购买价值2万元货物的行为是否有效？并说明理由。

(2) 试述A企业的财产清偿顺序。

(3) 如何满足丁的债权请求？

2. 甲、乙、丙、丁共同投资设立了A有限合伙企业（以下简称A企业）。合伙协议约定：甲、乙为普通合伙人，分别出资10万元；丙、丁为有限合伙人，分别出资15万元；甲执行合伙企业事务，对外代表A企业。2006年A企业发生下列事实：

2月，甲以A企业的名义与B公司签订了一份12万元的买卖合同。乙获知后，认为该买卖合同损害了A企业的利益，且甲的行为违反了A企业内部规定的甲无权单独与第三人签订超过10万元合同的限制，遂要求各合伙人作出决议，撤销甲代表A企业签订合同的资格。

4月，乙、丙分别征得甲的同意后，以自己在A企业中的财产份额出质，为自己向银行借款提供质押担保。丁对上述事项均不知情，乙、丙之间也对质押担保事项互不知情。

8月，丁退伙，并从A企业取得退伙结算财产12万元。

9月，A企业吸收庚作为普通合伙人入伙，庚出资8万元。

10月，A企业的债权人C公司要求A企业偿还6月份所欠款项50万元。

11月，丙因所设个人独资企业发生严重亏损不能清偿D公司到期债务，D公司申请人民法院强制执行丙在A企业中的财产份额用于清偿其债务。人民法院强制执行丙在A企业中的全部财产份额后，甲、乙、庚决定A企业以现有企业组织形式继续经营。

经查：A企业内部约定，甲无权单独与第三人签订超过10万元的合同，B公司与A企业签订买卖合同时，不知A企业该内部约定。合伙协议未对合伙人以财产份额出质事项进行约定。

要求：根据上述材料，分别回答下列问题：

(1) 甲以A企业的名义与B公司签订的买卖合同是否有效？并说明理由。

(2) 合伙人对撤销甲代表A企业签订合同的资格事项作出决议，在合伙协议未约定表决办法的情况下，应当如何表决？

(3) 乙、丙的质押担保行为是否有效？并分别说明理由。

(4) 如果A企业的全部财产不足以清偿C公司的债务，对不足清偿的部分，哪些合伙人应当承担清偿责任？如何承担清偿责任？

(5) 人民法院强制执行丙在A企业中的全部财产份额后，甲、乙、庚决定A企业以现有企业组织形式继续经营是否合法？并说明理由。

第三章 公司法

学习提要与学习目标

本章主要论述了公司的特征、分类、公司法的概念和性质、公司和股东的权利和义务；关于有限责任公司的法律规定；关于股份有限公司的法律规定；公司董事、监事、高级管理人员的资格和义务，关于公司的财务会计的规定，关于利润分配的规定，公司的合并分离、解散和清算，以及关于外国公司分支机构的规定等。本章的重点主要是公司和股东的权利与义务、关于有限责任公司的法律规定、关于股份有限公司的法律规定、公司的利润分配。通过学习，使学生掌握现代企业制度和公司治理结构，学会运用公司法的规定解决公司实践中的问题。

第一节 公司法概述

一、公司的概念和特征

公司，是指由股东共同投资形成的、依法定条件和程序设立的、以营利为目的的企业法人。

公司的特征：

1. 社团性。公司是法人，法人根据其成立的基础分为社团法人和财团法人。社团法人以社员的组合为基础，如公司、合作社等；财团法人以财产的组合为基础，如基金会等。公司是由股东共同出资组成的，属于社团法人。公司的社团性有利于公司吸收社会闲散资本，实现资本集中，壮大公司规模，同时也有利于股东分散风险，提高抵御风险的能力。但随着一人公司的出现，公司的这一特征已非本质特征。

2. 营利性。法人按其成立的目的分为营利性法人和公益性法人。营利性法人以营利为目的，公益性法人以公益为目的。股东投资创办公司的主要目的是赚取利润。这也是股东投资的动力所在。公司法规则的设计必须保证公司营利目的的实现。公司本质上是股东赚取利润的工具。

3. 规范性。这一特征主要是指公司是依法设立的非常规范的企业组织形式。其规范性体现在：一方面，公司的设立有非常严格的法定条件和程序，不得违反；另一方面，公司内部组织机构的运行有法定的运行规则和要求，不能违反法律的规定和公司章程。这使得公司的管理处处有章可循。公司的这一特征使得公司成为现代企业制度的重要形式。

4. 法人性。公司是企业法人，符合《民法通则》规定的法人条件，最主要的是公司具有独立的财产，能够独立承担民事责任。这是其与独资企业、合伙企业最重要的差别。究其原因在于，股东出资后，公司对股东出资形成的财产享有法人财产权，股东个人的财产和公司的财产是分离的。公司的财产由公司集中管理和使用，实行所有权和经营权的适度分离，股东自然无需为他人的行为负责。

二、公司的分类

1. 有限责任公司、股份有限公司、无限公司、两合公司。这是以公司的资本结构和股东对公司债务承担责任的方式为标准所作的划分。

有限责任公司是股东以其认缴的出资额为限对公司承担责任，公司以其全部资产对公司债务承担责任的企业法人。

股份有限公司是指全部资本划分为等额股份，股东以其所持股份为限对公司承担责任，公司以其全部资产对公司债务承担责任的企业法人。

无限公司是指由两个以上的股东组成，股东对公司的债务负无限连带责任的公司。此种公司类似于我国合伙企业法上的普通合伙。

两合公司是指由负无限责任的股东和负有限责任的股东组成的公司。此种公司类似于我国合伙企业法上的有限合伙。

上述四种公司中，无限公司和两合公司越来越少，有限责任公司和股份有限公司是目前世界各国主要的企业组织形式。我国《公司法》规定的公司仅为有限责任公司和股份有限公司。

2. 资合公司、人合公司、人资兼合公司。这是以公司的信用基础为标准所作的划分。

人合公司是指设立和经营活动是以股东个人的信用、声誉、地位等为基础设立的公司。这种公司的经营活动以股东个人的信用为依托，而不完全在于公司资本的多寡，即所谓的“信用在人”。无限公司是典型的人合公司。

资合公司是指设立和经营活动是以股东的资本的集合为基础的公司。这种公司的经营活动以公司的资产为基础，即所谓的“信用在物”。股份有限公司是典型的资合公司。

人资兼合公司是指兼取股东个人信誉和公司资本作为经营活动的基础的公司。两合公司是典型的人资兼合公司。有限责任公司也属此类公司。

这种划分对理解公司法在有限责任公司和股份有限公司的不同规定有重要意义。

3. 控制公司、被控制公司。这是以公司之间的控制与依附关系为标准所作的划分。控制公司是指通过某种安排能够控制其他公司的公司。反之，受其他公司控制，处于依附地位的公司是被控制公司，或称附属公司。公司之间的控制与依附关系是由多种原因形成的，如表决权控制、人事关系、契约关系、亲属关系、债务关系、婚姻关系等。当这种控制与依附关系是通过持股的形式实现时，控制公司、被控制公司又称为母子公司。母公司是指通过对他公司的投资或持有他公司的股份而直接或间接地支配该公司或享有一定程度上的统一指挥权的公司，又称为控股公司。子公司是指由他公司投资或参股并受他公司控制或指挥的公司，又称为从属公司。母子公司虽然存在着控制与依附关系，但他们都具有法人资格，各自都是彼此独立的法人。我国《公司法》第 14 条规定，公司可以设立子公司，子公司具有法人资格，依法独立承担民事责任。

4. 总公司、分公司。这是以公司内部的组织隶属关系为标准所作的划分。总公司又称本公司，是指具有独立法人资格，并对其组织系统内部各分支机构行使管辖权的公司。分公司是指总公司在其住所以外设立的从事经营活动并受总公司管辖的分支机构。分公司没有独立的公司名称、章程和财产，因而不具有法人资格，但可领取营业执照，进行经营活动，其民事责任由总公司承担。我国《公司法》第 14 条规定，公司可以设立分公司。设立分公司，应当向公司登记机关申请登记，领取营业执照。分公司不具有法人资格，其民事责任由总公司承担。

三、公司法及其性质

1. 公司法的立法。我国现行公司法是 1993 年 12 月 29 日第八届全国人大常委会第五次会议通过的，自 1994 年 7 月 1 日起施行。此后，1999 年、2004 年、2005 年对公司法进行了三次修订。2013 年 12 月 28 日第十二届全国人大常委会第六次会议对公司法予以修订，并于 2014 年 3 月 1 日起实施。

2. 公司法的性质。

（1）组织法与行为法相结合。公司法主要规范公司的设立、变更和终止以及内部组织机构的建立和运行等，因而具有组织法的特征，但公司法同时也规定了与公司设立相关的公司股份的发行和转让等内容，也具有行为法的内容。

（2）任意性规范与强制性规范相结合。公司法属于私法，按照私法自治的原则，公司法规定了很多任意性规范，以体现公司及公司各利益相关者的意思自治。但公司法的立法目的在于规范公司的组织和行为，保护公司、股东和债权人的合法权益，维护社会经济秩序，促进社会主义市场经济的发展，因此，也规定了许多带有公法性质的强制性规范，以体现国家对经济的干预。

（3）实体法与程序法的结合。公司法规定了公司组成、活动所必须遵循的原则，规定了公司内部组织机构的权限，规定了公司和股东的权利和义务等，这些都属于实体法范畴。同时公司法还规定了公司的设立、变更、终止和清算的程序以及公司内部组织机构运作的程序，特别是规定了股东尤其是中小股东的权益保护机制，这些都属于程序法范畴。

四、公司的权利与义务

（一）公司的权利——法人财产权

公司法规定，公司是企业法人，有独立的法人财产，享有法人财产权。公司以其全部财产对公司的债务承担责任。有限责任公司的股东以其认缴的出资额为限对公司承担责任；股份有限公司的股东以其认购的股份为限对公司承担责任。

所谓法人财产权，是指公司拥有由股东投资形成的法人财产，并依法对财产行使占有、使用、收益、处分的权利。股东对公司出资后，通过工商注册登记，与股东的其他财产明确分开。股东让渡用于出资部分的财产权，从而获得股权。公司则获得由全体股东共同出资形成的法人财产权。二者的权利主体、客体和内容都有明显不同，不能混淆。因此不允许股东在公司成立后又抽逃投资或直接占用、支配公司的财产。公司法人财产权制度是公司法人制度存在的基础，是有限责任制度的基石，同时也是完善公司治理结构的需要。

为了保护公司的法人财产权，防止股东尤其是控股股东对该权利的侵犯，公司法规定：

1. 公司的合法权益受法律保护，不受侵犯。

2. 公司可以向其他企业投资；但是，除法律另有规定外，不得成为对所投资企业的债务承担连带责任的出资人。

3. 公司向其他企业投资或者为他人提供担保，依照公司章程的规定，由董事会或者股东会、股东大会决议；公司章程对投资或者担保的总额及单项投资或者担保的数额有限额规定的，不得超过规定的限额。公司为公司股东或者实际控制人提供担保的，必须经股东会或者股东大会决议。接受担保的股东或者受实际控制人支配的股东，不得参加上述事项的表决。该项表决由出席会议的其他股东所持表决权的过半数通过。

4. 公司的控股股东、实际控制人、董事、监事、高级管理人员不得利用其关联关系损害公司利益。违反该规定，给公司造成损失的，应当承担赔偿责任。此处的控股股东，是指其出资额占有限责任公司资本总额 50% 以上或者其持有的股份占股份有限公司股本总额 50% 以上的股东，以及出资额或者持有股份的比例虽然不足 50%，但依其出资额或者持有的股份所享有的表决权已足以对股东会、股东大会的决议产生重大影响的股东。此处的实际控制人，是指虽不是公司的股东，但通过投资关系、协议或者其他安排，能够实际支配公司行为的人。此处的关联关系，是指公司控股股东、实际控制人、董事、监事、高级管理人员与其直接或者间接控制的企业之间的关系，以及可能导致公司利益转移的其他关系。但是，国家控股的企业之间不能仅因为同受国家控股而具有关联关系。

5. 公司成立后，股东不得抽逃出资。

(二) 公司的义务

1. 公司从事经营活动，必须遵守法律、行政法规，遵守社会公德、商业道德，诚实守信，接受政府和社会公众的监督，承担社会责任。

2. 公司必须保护职工的合法权益，依法与职工签订劳动合同，参加社会保险，加强劳动保护，实现安全生产。公司应当采用多种形式，加强公司职工的职业教育和岗位培训，提高职工素质。

3. 公司职工依照《中华人民共和国工会法》组织工会，开展工会活动，维护职工合法权益。公司应当为本公司工会提供必要的活动条件。公司工会代表职工就职工的劳动报酬、工作时间、福利、保险和劳动安全卫生等事项依法与公司签订集体合同。公司依照宪法和有关法律的规定，通过职工代表大会或者其他形式，实行民主管理。公司研究决定改制以及经营方面的重大问题、制定重要的规章制度时，应当听取公司工会的意见，并通过职工代表大会或者其他形式听取职工的意见和建议。

4. 在公司中，根据中国共产党章程的规定，设立中国共产党的组织，开展党的活动。公司应当为党组织的活动提供必要条件。

五、股东的权利与义务

（一）股东的权利——股权

1. 股东权利的概念和内容。股东权利，即股东权、股权，是股东因出资而对公司享有的权利，内容一般包括财产权和管理参与权。我国《公司法》第4条规定："公司股东依法享有资产收益、参与重大决策和选择管理者等权利。"这说明股东权是一项法定权利，它是一项既不同于所有权，也不同于其他财产权的权利。该项权利的内容和行使方式是由法律规定的，股东应当依法行使。

根据股权行使的目的为标准进行划分，股权可以分为自益权和公益权。自益权是指股东以自己的利益为目的而可单独主张的权利，主要是财产权。主要包括：

（1）股利分配请求权。有限责任公司股东有权按照出资比例请求公司分配红利，股东另有约定的除外。

（2）股份转让权。股东有权依法转让其所持有的股份。

（3）新股认购优先权。有限责任公司新增资本时，股东有权优先按照出资比例认缴出资。但是，全体股东约定不按照出资比例优先认缴出资的除外。

（4）剩余财产分配请求权。公司解散清算时有剩余财产的，股东有权请求分配剩余财产。

共益权是指股东基于公司利益同时兼为自己利益而行使的权利，主要是管理参与权。主要包括：

（1）表决权。股东可以参与股东会或股东大会行使表决权。

（2）知情权。有限责任公司股东有权查阅、复制公司章程、股东会会议记录、董事会会议决议、监事会会议决议和财务会计报告。股东可以要求查阅公司会计账簿。股东要求查阅公司会计账簿的，应当向公司提出书面请求，说明目的。公司有合理根据认为股东查阅会计账簿有不正当目的，可能损害公司合法利益的，可以拒绝提供查阅，并应当自股东提出书面请求之日起15日内书面答复股东并说明理由。公司拒绝提供查阅的，股东可以请求人民法院要求公司提供查阅。

股份有限公司股东有权查阅公司章程、股东名册、公司债券存根、股东大会会议记录、董事会会议决议、监事会会议决议、财务会计报告，对公司的经营提出建议或者质询。

（3）股东会、董事会决议撤销权，股东会、董事会决议无效确认请求权。公司法规定，公司股东会或者股东大会、董事会的决议内容违反法律、行政法规的无效。股东会或者股东大会、董事会的会议召集程序、表决方式违反法律、行政法规或者公司章程，或者决议内容违反公司章程的，股东可以自决议作出之日起60日内，请求人民法院撤销。股东依照上述规定提起诉讼的，人民法院可以应公司的请求，要求股东提供相应担保。公司根据股东会或者股东大会、董事会决议已办理变更登记的，人民法院宣告该决议无效或者撤销该决议后，公司应当向公司登记机关申请撤销变更登记。

（4）股东会临时会议提议、召集、主持权。股东会应当按照章程规定按期召开定期会议，以保障股东参与重大决策的权利。但是，定期股东会议有时还不能满足股东参与重大决策的需要，因此公司法规定，有限责任公司中，代表1/10以上表决权的股东（以及1/3以上的董事、监事会或者不设监事会的公司的监事）有权提议召开股东会临时会议，董事会应当根据提议召开临时会议。董事会或者执行董事不能履行或者不履行召集股东会会议职责的，由监事会或者不设监事会的公司的监事召集和主持；如果监事会或者监事也不召集和主持的，代表1/10以上表决权的股东可以自行召集和主持。股份有限公司中，董事会不能履行或者不履行召集股东大会会议职责的，监事会应当及时召集和主持；监事会不召集和主持的，连续90日以上单独或者合计持有公司10%以上股份的股东可以自行召集和主持。

（5）提案权。公司法规定，股份有限公司中，单独或者合计持有公司3%以上股份的股东，可以在股东大会召开10日前提出临时提案并书面提交董事会；董事会应当在收到提案后2日内通知其他股东，并将该临时提案提交股东大会审议。临时提案的内容应当属于股东大会职权范围，并有明确议题和具体决议事项。

（6）质询权。公司法规定，股东会或者股东大会要求董事、监事、高级管理人员列席会议的，董事、监事、高级管理人员应当列席并接受股东的质询。

（7）异议股东股权收购请求权。公司法规定，有限责任公司中，有下列情形之一的，对股东会该项决议投反对票的股东可以请求公司按照合理的价格收购其股权：①公司连续5年不向股东分配利润，而公司该5年连续盈利，并且符合本法规定的分配利润条件的；②公司合并、分立、转让主要财产的；③公司章程规定的营业期限届满或者章程规定的其他解散事由出现，股东会会议通过决议修改章程使公司存续的。自股东会会议决议通过之日起60日内，股东与公司不能达成股权收购协议的，股东可以自股东会会议决议通过之日起90日内向人民法院提起诉讼。另外，股份有限公司的股东对股东大会作出的公司合并、分立决议持异议的，可以要求公司收购其股份。

（8）强制解散请求权。公司法规定，公司经营管理发生严重困难，继续存续会使股东利益受到重大损失，通过其他途径不能解决的，持有公司全部股东表决权

10%以上的股东，可以请求人民法院解散公司。根据《公司法司法解释二》的规定，单独或者合计持有公司全部股东表决权10%以上的股东，以下列事由之一提起解散公司诉讼，并符合公司法上述规定的，人民法院应予受理：①公司持续两年以上无法召开股东会或者股东大会，公司经营管理发生严重困难的；②股东表决时无法达到法定或者公司章程规定的比例，持续两年以上不能做出有效的股东会或者股东大会决议，公司经营管理发生严重困难的；③公司董事长期冲突，且无法通过股东会或者股东大会解决，公司经营管理发生严重困难的；④经营管理发生其他严重困难，公司继续存续会使股东利益受到重大损失的。

2. 股东权利的保护。为了加强对股东权利的保护，公司法规定了股东权利的诉讼保护机制。

（1）股东直接诉讼。股东直接诉讼是股东因自身权益遭受公司、董事及控制股东不法行为的侵害，为了维护自身利益，基于其公司出资人的身份而提起的诉讼。我国公司法规定，公司董事、高级管理人员违反法律、行政法规或者公司章程的规定，损害股东利益的，股东可以依法向人民法院提起诉讼。

（2）股东代表诉讼。公司权益受到侵害时，公司可以提起诉讼。而在某些特定情况下，公司却不会或者不可能提起诉讼，比如公司董事、监事、高级管理人员侵害公司权益时，由于他们直接控制着公司，不可能代表公司提起诉讼。公司权益受到侵害，最终损害的是股东权益，因此，法律允许股东在特定情形下，经过一定的程序，以自己的名义直接向人民法院提起诉讼。此即为股东代表诉讼制度。我国公司法规定，公司董事、高级管理人员执行公司职务时违反法律、行政法规或者公司章程的规定，给公司造成损失的，有限责任公司的股东、股份有限公司连续180日以上单独或者合计持有公司1%以上股份的股东，可以书面请求监事会或者不设监事会的有限责任公司的监事向人民法院提起诉讼。监事执行公司职务时违反法律、行政法规或者公司章程的规定，给公司造成损失的，前述股东可以书面请求董事会或者不设董事会的有限责任公司的执行董事向人民法院提起诉讼。

监事会、不设监事会的有限责任公司的监事，或者董事会、执行董事，收到前述规定的股东的书面请求后拒绝提起诉讼，或者自收到请求之日起30日内未提起诉讼，或者情况紧急、不立即提起诉讼将会使公司利益受到难以弥补的损害的，前述规定的股东有权为了公司的利益，以自己的名义直接向人民法院提起诉讼。

他人侵犯公司合法权益，给公司造成损失的，前述规定的股东可以依照规定向人民法院提起诉讼。

3. 股东权利的限制。公司制企业中，股东以其出资额或所持股份为限对公司承担责任，不对公司债权人负责。公司的责任原则上不能向股东进行追索。此即股东有限责任原则。股东有限责任原则对公司的发展起到了巨大的推动作用。但是股东有限责任也有缺陷，比如，不利于保护债权人、受害人的利益等。为了解决有限责任原则的这一缺陷，美国率先提出了公司法人人格否认法理，以期能对公司人格滥用行为进行规制。这一制度诞生于美国的判例，英美法系国家将其称为“刺破公司面纱”（Piercing the Corporate Veil），大陆法系国家多采用“公司法人人格否认”之说（Disregard of corporate personality）。我国沿袭大陆法系说法，即公司法人人格否认说。公司法人人格否认是指为阻止公司独立人格的滥用和保护公司债权人利益及社会公共利益，就具体法律关系中的特定事实，否认公司与其背后的股东各自独立的人格及股东的有限责任，责令公司的股东（包括自然人、法人股东）对公司债权人或公共利益直接负责，以实现公平、正义为目标而设置的一项法律制度。我国《公司法》第20条规定：“公司股东应当遵守法律、行政法规和公司章程，依法行使股东权利，不得滥用股东权利损害公司或者其他股东的利益，不得滥用公司法人独立地位和股东有限责任损害公司债权人的利益。公司股东滥用股东权利给公司或者其他股东造成损失的，应当依法承担赔偿责任。公司股东滥用公司法人独立地位和股东有限责任，逃避债务，严重损害公司债权人利益的，应当对公司债务承担连带责任。”

法人人格否认制度的适用条件：首先，公司股东应有法律、章程禁止的行为，如公司资产显著不足、关联法人间的过度控制、公司与股东人格混同、利用公司回避契约义务、利用公司规避法律义务等。其次，公司股东的行为造成了一定的损害结果。结果以“严重”为前提，“严重”程度的衡量标准，需要结合行为股东的主观恶性、对债权人造成的损害后果等因素综合考虑。再次，行为与结果有因果关系，即股东之行为与债权人受害结果之间有着必然的因果关系。最后，股东行为时的过错为故意。

（二）股东的义务

1. 足额缴纳出资。股东应当按期足额缴纳公司章程中规定的各自所认缴的出资额。股东不按照规定缴纳出资的，除应当向公司足额缴纳外，还应当向已按期足额缴纳出资的股东承担违约责任。

2. 补缴出资差额。有限责任公司成立后，发现作为设立公司出资的非货币财产的实际价额显著低于公司章程所定价额的，应当由交付该出资的股东补足其差额；公司设立时的其他股东承担连带责任。

3. 不得抽逃出资。公司成立后，股东不得抽逃出资。

4. 遵纪守法。公司股东应当遵守法律、行政法规和公司章程，依法行使股东权利。

第二节 有限责任公司

一、有限责任公司的概念和特征

有限责任公司，又称有限公司，是指由符合法定人数股东组成，股东以其出资额为限对公司承担责任，公司以其全部资产对公司债务承担责任的企业法人。

与其他类型的公司相比，有限责任公司具有以下特征：

1. 股东人数的限定性。公司法规定，有限责任公司股东人数为50人以下。

2. 股东责任的有限性。股东以其出资额为限对公司承担责任，公司以其全部资产对公司债务承担责任。

3. 股东出资的非股份性。有限责任公司的股本不必分成均等的股份。

4. 公司资本的封闭性。有限责任公司不能公开募集资金，不能发行股票；对股东的出资转让有严格的限制。

5. 公司组织的简便性。公司的组织机构设立较为简单，运行规则较为灵活，许多方面允许实行公司自治。

二、有限责任公司的设立

（一）设立条件

有限责任公司的设立采用准则主义，只要符合法律规定的条件，可直接向公司登记机关申请设立，而无须批准。按照公司法的规定，设立有限责任公司，应当具备下列条件：

1. 股东符合法定人数。公司法规定，有限责任公司由50个以下股东出资设立。该规定取消了原公司法规定的有限责任公司股东人数最低2人的限制，允许设立一人公司。

2. 有符合公司章程规定的全体股东认缴的出资额。有限责任公司的注册资本为在公司登记机关登记的全体股东认缴的出资额。法律、行政法规以及国务院决定对有限责任公司注册资本实缴、注册资本最低限额另有规定的，从其规定。

3. 股东共同制定公司章程。设立公司必须依法制定公司章程。公司章程是公司设立的基础性法律文件，内容主要是关于公司的组织和活动的基本准则。设立有限责任公司必须由股东共同制定公司章程。有限责任公司章程应当载明下列事项：公司名称和住所；公司经营范围；公司注册资本；股东的姓名或者名称；股东的出资方式、出资额和出资时间；公司的机构及其产生办法、职权、议事规则；公司法定代表人；股东会会议认为需要规定的其他事项。股东应当在公司章程上签名、盖章。公司章程对公司、股东、董事、监事、高级管理人员具有约束力。高级管理人员，是指公司的经理、副经理、财务负责人、上市公司董事会秘书以及公司章程规定的其他人员。

4. 有公司名称，建立符合有限责任公司要求的组织机构。公司名称应当符合国家有关规定。公司只能使用一个名称。经公司登记机关核准登记的公司名称受法律保护。

5. 有公司住所。公司的住所是公司主要办事机构所在地。经公司登记机关登记的公司的住所只能有一个。公司的住所应当在其公司登记机关辖区内。

（二）设立程序

1. 申请名称预先核准。设立公司应当申请名称预先核准。设立有限责任公司，应当由全体股东指定的代表或者共同委托的代理人向公司登记机关申请名称预先核准。预先核准的公司名称保留期为6个月。预先核准的公司名称在保留期内，不得用于从事经营活动，不得转让。

2. 股东共同制定并签署公司章程。

3. 股东缴纳出资并验资。股东可以用货币出资，也可以用实物、知识产权、土地使用权等可以用货币估价并可以依法转让的非货币财产作价出资；但是，法律、行政法规规定不得作为出资的财产除外。股东不得以劳务、信用、自然人姓名、商誉、特许经营权或者设定担保的财产等作价出资。

对作为出资的非货币财产应当评估作价，核实财产，不得高估或者低估作价。法律、行政法规对评估作价有规定的，从其规定。

全体股东的货币出资金额不得低于有限责任公司注册资本的30%。

股东应当按期足额缴纳公司章程中规定的各自所认缴的出资额。股东以货币出资的，应当将货币出资足额存入有限责任公司在银行开设的账户；以非货币财产出资的，应当依法办理其财产权的转移手续。

股东不按照上述规定缴纳出资的，除应当向公司足额缴纳外，还应当向已按期足额缴纳出资的股东承担违约责任。

股东缴纳出资后，必须经依法设立的验资机构验资并出具证明。

4. 申请设立登记。股东认足公司章程规定的出资后，由全体股东指定的代表或者共同委托的代理人向公司登记机关报送公司登记申请书、公司章程等文件，申请设立登记。法律、行政法规或者国务院决定规定设立有限责任公司必须报经批准的，还应当提交有关批准文件。

5. 登记和发放营业执照。依法设立的公司，由公司登记机关发给《企业法人营业执照》。公司营业执照签发日期为公司成立日期。公司凭公司登记机关核发的《企业法人营业执照》刻制印章，开立银行账户，申请纳税登记。

有限责任公司成立后，应当向股东签发出资证明书。有限责任公司应当置备股东名册，记载于股东名册的股东，可以依股东名册主张行使股东权利。公司应当将股东的姓名或者名称及其出资额向公司登记机关登记；登记事项发生变更的，应当办理变更登记。未经登记或者变更登记的，不得对抗第三人。

三、有限责任公司的组织机构和运行规则

公司制企业与合伙企业、独资企业最根本的区别是，法律对其内设机构及其运行规则进行干预，制定了很多强制性规则，这些强制性规则主要是借鉴了公法上的分权与制衡的原理，在公司中设立股东会、董事会、监事会，将公司制企业中决策、执行与监督分开，在公司制企业中也实行三权分立、相互制约。实践证明，这种运行机制最大限度地保证了公司资本运营的高效和安全。

（一）股东会

1. 股东会的性质和职权。有限责任公司股东会由全体股东组成。股东会是公司

的权力机构和意思决定机关，公司的重大事项均应由股东会决定。股东会依照公司法行使下列职权：

（1）决定公司的经营方针和投资计划；

（2）选举和更换非由职工代表担任的董事、监事，决定有关董事、监事的报酬事项；

（3）审议批准董事会的报告；

（4）审议批准监事会或者监事的报告；

（5）审议批准公司的年度财务预算方案、决算方案；

（6）审议批准公司的利润分配方案和弥补亏损方案；

（7）对公司增加或者减少注册资本作出决议；

（8）对发行公司债券作出决议；

（9）对公司合并、分立、解散、清算或者变更公司形式作出决议；

（10）修改公司章程；

（11）公司章程规定的其他职权。

对上述所列事项，股东以书面形式一致表示同意的，可以不召开股东会会议，直接作出决定，并由全体股东在决定文件上签名、盖章。

2. 有限责任公司股东会会议的形式。股东会不是公司的常设机构，只有在召开股东会议时才作为公司机关存在。股东会会议分为定期会议和临时会议。首次股东会会议由出资最多的股东召集和主持，依照公司法规定行使职权。定期会议应当依照公司章程的规定按时召开。代表1/10以上表决权的股东、1/3以上的董事、监事会或者不设监事会的公司的监事提议召开临时会议的，应当召开临时会议。

有限责任公司设立董事会的，股东会会议由董事会召集，董事长主持；董事长不能履行职务或者不履行职务的，由副董事长主持；副董事长不能履行职务或者不履行职务的，由半数以上董事共同推举一名董事主持。

有限责任公司不设董事会的，股东会会议由执行董事召集和主持。

董事会或者执行董事不能履行或者不履行召集股东会会议职责的，由监事会或者不设监事会的公司的监事召集和主持；监事会或者监事不召集和主持的，代表1/10以上表决权的股东可以自行召集和主持。

召开股东会会议，应当于会议召开15日前通知全体股东；但是，公司章程另有规定或者全体股东另有约定的除外。

股东会应当对所议事项的决定作成会议记录，出席会议的股东应当在会议记录上签名。

3. 有限责任公司股东会决议。股东会的议事方式和表决程序，除公司法有规定的外，由公司章程规定。

股东会会议作出修改公司章程、增加或者减少注册资本的决议，以及公司合并、分立、解散或者变更公司形式的决议，必须经代表2/3以上表决权的股东通过。

股东会会议由股东按照出资比例行使表决权；但是，公司章程另有规定的除外。

（二）董事会

1. 有限责任公司董事会的性质和组成。有限责任公司的董事会是公司的经营决策和业务执行机构，也是公司的常设机构，对内执行公司业务，对外代表公司。有限责任公司的董事会成员为3～13人；但是，《公司法》第51条另有规定的除外。

两个以上的国有企业或者两个以上的其他国有投资主体投资设立的有限责任公司，其董事会成员中应当有公司职工代表；其他有限责任公司董事会成员中可以有公司职工代表。董事会中的职工代表由公司职工通过职工代表大会、职工大会或者其他形式民主选举产生。

董事会设董事长1人，可以设副董事长。董事长、副董事长的产生办法由公司章程规定。

董事任期由公司章程规定，但每届任期不得超过3年。董事任期届满，连选可以连任。

董事任期届满未及时改选，或者董事在任期内辞职导致董事会成员低于法定人数的，在改选出的董事就任前，原董事仍应当依照法律、行政法规和公司章程的规定，履行董事职务。

股东人数较少或者规模较小的有限责任公司，可以设1名执行董事，不设董事会。执行董事可以兼任公司经理。执行董事的职权由公司章程规定。

2. 董事会的职权。董事会对股东会负责，行使下列职权：

（1）召集股东会会议，并向股东会报告工作；

（2）执行股东会的决议；

（3）决定公司的经营计划和投资方案；

（4）制订公司的年度财务预算方案、决算方案；

（5）制订公司的利润分配方案和弥补亏损方案；

（6）制订公司增加或者减少注册资本以及发行公司债券的方案；

（7）制订公司合并、分立、解散或者变更公司形式的方案；

（8）决定公司内部管理机构的设置；

（9）决定聘任或者解聘公司经理及其报酬事项，并根据经理的提名决定聘任或者解聘公司副经理、财务负责人及其报酬事项；

（10）制定公司的基本管理制度；

（11）公司章程规定的其他职权。

3. 董事会的召开。董事会会议由董事长召集和主持；董事长不能履行职务或者不履行职务的，由副董事长召集和主持；副董事长不能履行职务或者不履行职务的，由半数以上董事共同推举1名董事召集和主持。

董事会的议事方式和表决程序，除公司法有规定的外，由公司章程规定。

董事会决议的表决，实行一人一票。董事会应当对所议事项的决定作成会议记录，出席会议的董事应当在会议记录上签名。

4. 有限责任公司的经理。有限责任公司可以设经理，由董事会决定聘任或者解聘；作为辅助董事会执行的工作机构，负责主持日常经营管理工作，列席董事会会议。经理对董事会负责，行使下列职权：

（1）主持公司的生产经营管理工作，组织实施董事会决议；

（2）组织实施公司年度经营计划和投资方案；

（3）拟订公司内部管理机构设置方案；

（4）拟订公司的基本管理制度；

（5）制定公司的具体规章；

（6）提请聘任或者解聘公司副经理、财务负责人；

（7）决定聘任或者解聘除应由董事会决定聘任或者解聘以外的负责管理人员；

（8）董事会授予的其他职权。

公司章程对经理职权另有规定的，从其规定。

公司法定代表人依照公司章程的规定，由董事长、执行董事或者经理担任，并依法登记。公司法定代表人变更的，应当办理变更登记。

（三）监事会

1. 监事会的性质和组成。监事会是公司的内部监督机构，负责对公司执行机构的业务活动进行监督。

有限责任公司设监事会，其成员不得少于3人。股东人数较少或者规模较小的有限责任公司，可以设1～2名监事，不设监事会。监事会应当包括股东代表和适当比例的公司职工代表，其中职工代表的比例不得低于1/3，具体比例由公司章程规定。监事会中的职工代表由公司职工通过职工代表大会、职工大会或者其他形式民主选举产生。

监事会设主席1人，由全体监事过半数选举产生。监事会主席召集和主持监事会会议；监事会主席不能履行职务或者不履行职务的，由半数以上监事共同推举一名监事召集和主持监事会会议。

董事、高级管理人员不得兼任监事。

监事的任期每届为3年。监事任期届满，连选可以连任。

监事任期届满未及时改选，或者监事在任期内辞职导致监事会成员低于法定人数的，在改选出的监事就任前，原监事仍应当依照法律、行政法规和公司章程的规定，履行监事职务。

2. 监事会的职权。监事会、不设监事会的公司的监事行使下列职权：

（1）检查公司财务；

（2）对董事、高级管理人员执行公司职务的行为进行监督，对违反法律、行政法规、公司章程或者股东会决议的董事、高级管理人员提出罢免的建议；

（3）当董事、高级管理人员的行为损害公司的利益时，要求董事、高级管理人员予以纠正；

(4) 提议召开临时股东会会议，在董事会不履行本法规定的召集和主持股东会会议职责时召集和主持股东会会议；

(5) 向股东会会议提出提案；

(6) 依照《公司法》第152条的规定，对董事、高级管理人员提起诉讼；

(7) 公司章程规定的其他职权。

监事可以列席董事会会议，并对董事会决议事项提出质询或者建议。

监事会、不设监事会的公司的监事发现公司经营情况异常，可以进行调查；必要时，可以聘请会计师事务所等协助其工作，费用由公司承担。监事会、不设监事会的公司的监事行使职权所必需的费用，由公司承担。

3. 监事会的召开。监事会每年度至少召开一次会议，监事可以提议召开临时监事会会议。

监事会的议事方式和表决程序，除公司法有规定的外，由公司章程规定。

监事会决议应当经半数以上监事通过。监事会应当将所议事项的决定作成会议记录，出席会议的监事应当在会议记录上签名。

四、一人有限责任公司的特别规定

(一) 一人有限责任公司的概念

一人有限责任公司，是指只有一个自然人股东或者一个法人股东的有限责任公司。

(二) 一人有限责任公司的特别规定

1. 一个自然人只能投资设立一个一人有限责任公司，该一人有限责任公司不能投资设立新的一人有限责任公司。值得注意的是，公司法对法人投资设立一人有限责任公司后由该一人有限责任公司再投资一人有限责任公司的数量没有限制。

2. 一人有限责任公司的注册资本最低限额为人民币10万元。股东应当一次足额缴纳公司章程规定的出资额。这表明一人有限责任公司实行严格的法定资本制。

3. 一人有限责任公司应当在公司登记中注明自然人独资或者法人独资，并在公司营业执照中载明。一人有限责任公司的章程由股东制定。

4. 一人有限责任公司不设股东会。股东作出决定时，应当采用书面形式。

5. 一人有限责任公司应当在每一会计年度终了时编制财务会计报告，并经会计师事务所审计。

6. 一人有限责任公司的股东不能证明公司财产独立于股东自己财产的，应当对公司债务承担连带责任。

一人有限责任公司的设立和组织机构，除适用以上特别规定外，其余的适用公司法关于有限责任公司的规定。

五、国有独资公司的特别规定

(一) 国有独资公司的概念

国有独资公司，是指国家单独出资，由国务院或者地方人民政府授权本级人民政府国有资产监督管理机构履行出资人职责的有限责任公司。

（二）国有独资公司的特别规定

1. 章程的制定。国有独资公司的章程由国有资产监督管理机构制定，或者由董事会制订报国有资产监督管理机构批准。

2. 关于股东会的特别规定。国有独资公司不设股东会，由国有资产监督管理机构行使股东会职权。国有资产监督管理机构可以授权公司董事会行使股东会的部分职权，决定公司的重大事项，但公司的合并、分立、解散、增减注册资本和发行公司债券，必须由国有资产监督管理机构决定；其中，重要的国有独资公司合并、分立、解散、申请破产的，应当由国有资产监督管理机构审核后，报本级人民政府批准。

3. 关于董事会的特别规定。国有独资公司设立董事会，依照法律规定的有限责任公司董事会的职权和国有资产监督管理机构的授权行使职权。董事每届任期不得超过 3 年。董事会成员中应当有公司职工代表。董事会成员由国有资产监督管理机构委派；但是，董事会成员中的职工代表由公司职工代表大会选举产生。董事会设董事长一人，可以设副董事长。董事长、副董事长由国有资产监督管理机构从董事会成员中指定。

4. 关于经理的特别规定。国有独资公司设经理，由董事会聘任或者解聘。经国有资产监督管理机构同意，董事会成员可以兼任经理。

5. 关于竞业禁止的特别规定。国有独资公司的董事长、副董事长、董事、高级管理人员，未经国有资产监督管理机构同意，不得在其他有限责任公司、股份有限公司或者其他经济组织兼职。

6. 关于监事会的特别规定。国有独资公司的监事会成员不得少于 5 人，其中职工代表的比例不得低于 1/3，具体比例由公司章程规定。监事会成员由国有资产监督管理机构委派；但是，监事会中的职工代表由公司职工代表大会选举产生。监事会主席由国有资产监督管理机构从监事会成员中指定。

国有独资公司监事会的职权包括：检查公司财务；对董事、高级管理人员执行公司职务的行为进行监督，对违反法律、行政法规、公司章程或者股东会决议的董事、高级管理人员提出罢免的建议；当董事、高级管理人员的行为损害公司的利益时，要求董事、高级管理人员予以纠正；国务院规定的其他职权。

国有独资公司除适用以上特别规定外，其余的适用有限责任公司的规定。

六、有限责任公司的股权转让

（一）自愿转让

1. 股东之间转让股权。有限责任公司的股东之间可以相互转让其全部或者部分股权。

2. 股东向股东以外的人转让股权。股东向股东以外的人转让股权，应当经其他股东过半数同意。其他股东半数以上不同意转让的，不同意的股东应当购买该转让的股权；不购买的，视为同意转让。经股东同意转让的股权，在同等条件下，其他股东有优先购买权。两个以上股东主张行使优先购买权的，协商确定各自的购买比例；协商不成的，按照转让时各自的出资比例行使优先购买权。

以上是公司法关于股权转让的一般规定，如果公司章程对股权转让另有规定的，从其规定。

（二）强制转让

人民法院依照法律规定的强制执行程序转让股东的股权时，应当通知公司及全体股东，其他股东在同等条件下有优先购买权。其他股东自人民法院通知之日起满20日不行使优先购买权的，视为放弃优先购买权。

（三）请求转让

有下列情形之一的，对股东会该项决议投反对票的股东可以请求公司按照合理的价格收购其股权，退出公司：①公司连续5年不向股东分配利润，而公司该5年连续盈利，并且符合《公司法》规定的分配利润条件的；②公司合并、分立、转让主要财产的；③公司章程规定的营业期限届满或者章程规定的其他解散事由出现，股东会会议通过决议修改章程使公司存续的。

自股东会会议决议通过之日起60日内，股东与公司不能达成股权收购协议的，股东可以自股东会会议决议通过之日起90日内向人民法院提起诉讼。

（四）股权继承

自然人股东死亡后，其合法继承人可以继承股东资格；但是，公司章程另有规定的除外。

第三节　股份有限公司

一、股份有限公司的概念和特征

股份有限公司，是指全部资本划分为等额股份，股东以其所认购的股份为限对公司承担责任，公司以其全部资产对公司债务承担责任的企业法人。

与其他类型的企业相比，股份有限公司具有以下特征：

1. 股东人数的广泛性。公司法对股东的最低人数作了限制，对最高人数没有限制，只要购买公司的股份都可以成为公司的股东。

2. 公司资本的开放性。股份有限公司可以通过发行股票的方式面向不特定的公众公开募集资本。

3. 公司资本的证券化。股份有限公司的资本划分为等额的股份，并以股票这种有价证券的形式作为股权的证明。

4. 公司的资合性。股份有限公司是一种纯粹的资合公司，公司的信用建立在股东出资的基础上。股东出资越多，公司的信用越好。

5. 公司运营的公开性。由于公司股东人数众多，为便于股东了解公司的运营状况，公司的财务报表、重大事项等资料信息必须向社会公开，接受股东和社会的监督。

二、股份有限公司的设立

（一）股份有限公司的设立条件

股份有限公司的设立采用准则主义，只要符合法律规定的条件，就可直接向公司登记机关申请设立，而无须批准（法律、行政法规另有规定的除外）。公司法规定，设立股份有限公司应当符合下列条件：

1. 发起人符合法定人数。设立股份有限公司，应当有 2 人以上 200 人以下的发起人，其中须有半数以上的发起人在中国境内有住所。

2. 有符合公司章程规定的全体发起人认购的股本总额或者募集的实收股本总额。股份有限公司采取发起设立方式设立的，注册资本为在公司登记机关登记的全体发起人认购的股本总额。在发起人认购的股份缴足前，不得向他人募集股份。股份有限公司采取募集方式设立的，注册资本为在公司登记机关登记的实收股本总额。法律、行政法规以及国务院决定对股份有限公司注册资本实缴、注册资本最低限额另有规定的，从其规定。

3. 股份发行、筹办事项符合法律规定。

4. 发起人制订公司章程，采用募集方式设立的须经创立大会通过。股份有限公司章程应当载明下列事项：①公司名称和住所；②公司经营范围；③公司设立方式；④公司股份总数、每股金额和注册资本；⑤发起人的姓名或者名称、认购的股份数、出资方式和出资时间；⑥董事会的组成、职权和议事规则；⑦公司法定代表人；⑧监事会的组成、职权和议事规则；⑨公司利润分配办法；⑩公司的解散事由与清算办法；⑪公司的通知和公告办法；⑫股东大会会议认为需要规定的其他事项。

5. 有公司名称，建立符合股份有限公司要求的组织机构。

6. 有公司住所。

（二）股份有限公司的设立方式

股份有限公司的设立，可以采取发起设立或者募集设立的方式。发起设立，是指由发起人认购公司应发行的全部股份而设立公司。募集设立，是指由发起人认购公司应发行股份的一部分，其余股份向社会公开募集或者向特定对象募集而设立公司。由此，募集设立又分为公开募集设立和定向募集设立。

（三）股份有限公司的设立程序

1. 以发起设立方式设立股份有限公司的程序。

（1）发起人订立发起人协议。股份有限公司发起人承担公司筹办事务。发起人应当签订发起人协议，明确各自在公司设立过程中的权利和义务。

（2）全体发起人共同制定公司章程。

（3）认购股份、缴纳出资。以发起设立方式设立股份有限公司的，发起人应当书面认足公司章程规定其认购的股份，并按照公司章程规定缴纳出资。以非货币财产出资的，应当依法办理其财产权的转移手续。发起人不依照上述规定缴纳出资的，应当按照发起人协议承担违约责任。

（4）验资。股东按规定缴纳股款后，应由依法设定的验资机构验资并出具验资证明。

（5）选举董事会和监事会。发起人认足公司章程规定的出资后，应当选举董事会和监事会。

（6）申请设立登记。由董事会向公司登记机关报送公司章程以及法律、行政法规规定的其他文件，申请设立登记。公司登记机关审核后，认为符合公司设立条件的，应当准许设立并发给营业执照，公司即告成立。

2. 以募集设立方式设立股份有限公司的程序。

（1）发起人订立发起人协议。

（2）发起人制订公司章程，并经创立大会通过。

（3）发起人认购部分股份。发起人认购的股份不得少于公司股份总数的35%；但是法律、行政法规另有规定的，从其规定。

（4）向社会公开募集股份。发起人向社会公开募集股份，必须公告招股说明书，并制作认股书；应当由依法设立的证券公司承销，签订承销协议；应当同银行签订代收股款协议。

（5）召开创立大会。发起人应当在股款缴足之日起30日内主持召开公司创立大会，创立大会由发起人、认股人组成。发行的股份超过招股说明书规定的截止期限尚未募足的，或者发行股份的股款缴足后，发起人在30日内未召开创立大会的，认股人可以按照所缴股款并加算银行同期存款利息，要求发起人返还。

发起人应当在创立大会召开15日前将会议日期通知各认股人或者予以公告。创立大会应有代表股份总数过半数的发起人、认股人出席，方可举行。

创立大会行使下列职权：①审议发起人关于公司筹办情况的报告；②通过公司章程；③选举董事会成员；④选举监事会成员；⑤对公司的设立费用进行审核；⑥对发起人用于抵作股款的财产的作价进行审核；⑦发生不可抗力或者经营条件发生重大变化直接影响公司设立的，可以作出不设立公司的决议。创立大会对上述事项作出决议，必须经出席会议的认股人所持表决权过半数通过。

发起人、认股人缴纳股款或者交付抵作股款的出资后，除未按期募足股份、发起人未按期召开创立大会或者创立大会决议不设立公司的情形外，不得抽回其股本。

（6）申请设立登记。董事会应于创立大会结束后30日内，向公司登记机关报送有关文件，申请设立登记。以募集方式设立股份有限公司公开发行股票的，还应当向公司登记机关报送国务院证券监督管理机构的核准文件。

（四）股份有限公司发起人承担的责任

股份有限公司的发起人应当承担下列责任：①公司不能成立时，对设立行为所产生的债务和费用负连带责任；②公司不能成立时，对认股人已缴纳的股款，负返还股款并加算银行同期存款利息的连带责任；③在公司设立过程中，由于发起人的过失致使公司利益受到损害的，应当对公司承担赔偿责任；④股份有限公司成立后，发起人未按照公司章程的规定缴足出资的，应当补缴；其他发起人承担连带责任。股份有限公司成立后，发现作为设立公司出资的非货币财产的实际价额显著低于公司章程所定价额的，应当由交付该出资的发起人补足其差额；其他发起人承担连带责任。

（五）有限责任公司变更为股份有限公司

有限责任公司变更为股份有限公司，应当符合公司法规定的股份有限公司的条件。股份有限公司变更为有限责任公司，应当符合公司法规定的有限责任公司的条件。有限责任公司变更为股份有限公司时，折合的实收股本总额不得高于公司净资产额。有限责任公司变更为股份有限公司，为增加资本公开发行股份时，应当依法办理。

三、股份有限公司的组织机构和运行规则

（一）股东大会

1. 股东大会的性质和组成。股份有限公司的股东大会是公司的权力机构，依法行使职权。股东大会由全体股东组成。

2. 股东大会的职权。股份有限公司股东大会行使法律规定的各项职权，其职权的规定与有限责任公司股东会职权的规定相同。

3. 股东大会的形式。股东大会分为股东年会和临时股东大会两种。股东大会应当每年召开一次年会。有下列情形之一的，应当在2个月内召开临时股东大会：①董事人数不足《公司法》规定人数或者公司章程所定人数的2/3时；②公司未弥补的亏损达实收股本总额1/3时；③单独或者合计持有公司10%以上股份的股东请求时；④董事会认为必要时；⑤监事会提议召开时；⑥公司章程规定的其他情形。

4. 股东大会的召开。股东大会会议由董事会召集，董事长主持；董事长不能履行职务或者不履行职务的，由副董事长主持；副董事长不能履行职务或者不履行职务的，由半数以上董事共同推举一名董事主持。董事会不能履行或者不履行召集股东大会会议职责的，监事会应当及时召集和主持；监事会不召集和主持的，连续90日以上单独或者合计持有公司10%以上股份的股东可以自行召集和主持。

召开股东大会会议，应当将会议召开的时间、地点和审议的事项于会议召开20日前通知各股东；临时股东大会应当于会议召开15日前通知各股东；发行无记名股票的，应当于会议召开30日前公告会议召开的时间、地点和审议事项。无记名股票持有人出席股东大会会议的，应当于会议召开5日前至股东大会闭会时将股票交存于公司。

5. 股东大会的决议。股东出席股东大会会议，所持每一股份有一表决权。但公司持有的本公司股份没有表决权。股东大会作出决议，必须经出席会议的股东所持表决权过半数通过。但是，股东大会作出修改公司章程、增加或者减少注册资本的决议，以及公司合并、分立、解散或者变更公司形式的决议，必须经出席会议的股东所持表决权的2/3以上通过。

《公司法》和公司章程规定公司转让、受让重大资产或者对外提供担保等事项必须经股东大会作出决议的，董事会应当及时召集股东大会会议，由股东大会就上述事项进行表决。

股东可以委托代理人出席股东大会会议，代理人应当向公司提交股东授权委托书，并在授权范围内行使表决权。股东大会应当对所议事项的决定作成会议记录，主持人、出席会议的董事应当在会议记录上签名。

公司法规定，股东大会选举董事、监事，可以依照公司章程的规定或者股东大会的决议，实行累积投票制。所谓累积投票制，是指股东大会选举董事或者监事时，每一股份拥有与应选董事或者监事人数相同的表决权，股东拥有的表决权可以集中使用。累积投票制有利于保护中小股东的合法权益，中小股东可以通过行使累积投票权把自己提名的人选选进董事会或监事会。

（二）董事会、经理

1. 董事会的性质和组成。股份有限公司的董事会是股东大会的执行机构，对股东大会负责。股份有限公司设董事会，其成员为5～19人。董事会成员中可以有公司职工代表。股份有限公司的董事任期由公司章程规定，但每届任期不得超过3年。董事任期届满，连选可以连任。

2. 董事会的职权。股份有限公司董事会行使法律规定的各项职权，其职权的规定与有限责任公司董事会职权的规定相同。

3. 董事会的召开。董事会设董事长1人，可以设副董事长。董事长召集和主持董事会会议，检查董事会决议的实施情况。董事长不能履行职务或者不履行职务的，由副董事长履行职务；副董事长不能履行职务或者不履行职务的，由半数以上董事共同推举1名董事履行职务。

董事会每年度至少召开两次会议，每次会议应当于会议召开10日前通知全体董事和监事。代表1/10以上表决权的股东、1/3以上董事或者监事会，可以提议召开董事会临时会议。董事长应当自接到提议后10日内，召集和主持董事会会议。

4. 董事会的决议。董事会会议应有过半数的董事出席方可举行。董事会会议应由董事本人出席；董事因故不能出席，可以书面委托其他董事代为出席，委托书中应载明授权范围。董事会作出决议，必须经全体董事的过半数通过。董事会决议的表决实行一人一票。

董事应当对董事会的决议承担责任。董事会的决议违反法律、行政法规或者公司章程、股东大会决议，致使公司遭受严重损失的，参与决议的董事对公司负赔偿责任。但经证明在表决时曾表明异议并记载于会议记录的，该董事可以免除责任。

5. 经理。股份有限公司设经理，由董事会决定聘任或者解聘。经理行使法律规定的各项职权。公司董事会可以决定由董事会成员兼任经理。

（三）监事会

1. 监事会的组成。股份有限公司设监事会，其成员不得少于3人。监事会应当包括股东代表和适当比例的公司职工代表，其中职工代表的比例不得低于1/3，具体比例由公司章程规定。董事、高级管理人员不得兼任监事。监事的任期每届为3年。监事任期届满，连选可以连任。

2. 监事会的职权。股份有限公司监事会行使法律规定的各项职权，其职权的规定与有限责任公司监事会职权的规定相同。

3. 监事会的召开。监事会设主席1人，可以设副主席。监事会主席召集和主持监事会会议；监事会主席不能履行职务或者不履行职务的，由监事会副主席召集和主持监事会会议；监事会副主席不能履行职务或者不履行职务的，由半数以上监事共同推举1名监事召集和主持监事会会议。

监事会每6个月至少召开一次会议。监事可以提议召开临时监事会会议。监事会的议事方式和表决程序，除《公司法》有规定的外，由公司章程规定。监事会应当对所议事项的决定作成会议记录，出席会议的监事应当在会议记录上签名。

另外，董事、高级管理人员不得兼任监事；公司不得直接或者通过子公司向董事、监事、高级管理人员提供借款；公司应当定期向股东披露董事、监事、高级管理人员从公司获得报酬的情况。

四、上市公司的特别规定

（一）概念

上市公司，是指其股票在证券交易所上市交易的股份有限公司。

（二）特别规定

1. 股东大会的职权。上市公司在一年内购买、出售重大资产或者担保金额超过公司资产总额30%的，应当由股东大会作出决议，并经出席会议的股东所持表决权的2/3以上通过。

2. 上市公司设立独立董事。独立董事是指不在公司担任除董事外的其他职务，并与其受聘的上市公司及其主要股东不存在可能妨碍其进行独立客观判断的关系的董事。独立董事对上市公司及全体股东负有诚信与勤勉义务。独立董事应当按照相关法律法规、公司章程的要求，认真履行职责，维护公司整体利益，尤其要关注中小股东的合法权益不受损害。独立董事应当独立履行职责，不受上市公司主要股东、实际控制人或者其他与上市公司存在利害关系的单位或个人的影响。独立董事经股东大会选举决定，每届任期与该上市公司其他董事任期相同，任期届满，连选可以连任，但是连任时间不得超过6年。

为了充分发挥独立董事的作用，独立董事除应当具有公司法和其他相关法律、法规赋予董事的职权外，上市公司还应当赋予独立董事以下特别职权：①重大关联交易（指上市公司拟与关联人达成的总额高于300万元或高于上市公司最近经审计净资产值的5%的关联交易）应由独立董事认可后，提交董事会讨论；独立董事作出判断前，可以聘请中介机构出具独立财务顾问报告，作为其判断的依据。②向董事会提议聘用或解聘会计师事务所；③向董事会提请召开临时股东大会；④提议召开董事会；⑤独立聘请外部审计机构和咨询机构；⑥可以在股东大会召开前公开向股东征集投票权。独立董事行使上述职权应当取得全体独立董事的1/2以上同意。如上述提议未被采纳或上述职权不能正常行使，上市公司应将有关情况予以披露。上市公司董事会下设薪酬、审计、提名等委员会的，独立董事应当在委员会成员中占有1/2以上的比例。

3. 上市公司设立董事会秘书。董事会秘书是指掌管董事会文件并协助董事会成员处理日常事务的人员。董事会秘书是董事会设置的服务席位，既不能代表董事会，也不能代表董事长。上市公司董事会秘书是公司的高级管理人员，承担法律、行政法规以及公司章程对公司高级管理人员所要求的义务。董事会秘书负责公司股东大会和董事会会议的筹备、文件保管以及公司股东资料的管理，办理信息披露事务等事宜。

4. 关联关系董事的表决权排除制度。上市公司董事与董事会会议决议事项所涉及的企业有关联关系的，不得对该项决议行使表决权，也不得代理其他董事行使表决权。该董事会会议由过半数的无关联关系董事出席即可举行，董事会会议所作决议须经无关联关系董事过半数通过。出席董事会的无关联关系董事人数不足3人的，应将该事项提交上市公司股东大会审议。

5. 上市公司的信息披露。上市公司必须依照法律、行政法规的规定，公开其财务状况、经营情况及重大诉讼，在每会计年度内半年公布一次财务会计报告。

五、股份有限公司的股份发行和转让

（一）股份发行

1. 股份和股票的概念。股份有限公司的注册资本划分为金额相等的股份。公司的股份采取股票的形式。

股份是指由股份有限公司发行的股东所持有的通过股票形式来表现的可以转让的资本的一部分。

股票是指公司签发的证明股东所持股份的凭证。

2. 股份的发行原则。股份的发行应当遵循公平、公正和同股同权的原则。同次发行的同种类股票，每股的发行条件和价格应当相同；任何单位或者个人所认购的股份，每股应当支付相同价额。

3. 股票的发行价格。股票发行价格可以按票面金额，也可以超过票面金额，但不得低于票面金额。

4. 股票的形式和种类。股票采用纸面形式或者国务院证券监督管理机构规定的其他形式。股票应当载明下列主要事项：公司名称；公司成立日期；股票种类、票面金额及代表的股份数；股票的编号。股票由法定代表人签名，公司盖章。发起人的股票，应当标明“发起人股票”字样。

公司发行的股票，可以为记名股票，也可以为无记名股票。

公司向发起人、法人发行的股票，应当为记名股票，并应当记载该发起人、法人的名称或者姓名，不得另立户名或者以代表人姓名记名。发行无记名股票的，公司应当记载其股票数量、编号及发行日期。

股份有限公司成立后，即向股东正式交付股票。公司成立前不得向股东交付股票。

5. 公司发行新股。公司发行新股，股东大会应当对下列事项作出决议：①新股种类及数额；②新股发行价格；③新股发行的起止日期；④向原有股东发行新股的种类及数额。

公司经国务院证券监督管理机构核准公开发行新股时，必须公告新股招股说明书和财务会计报告，并制作认股书。公司发行新股，可以根据公司经营情况和财务状况，确定其作价方案。公司发行新股募足股款后，必须向公司登记机关办理变更登记，并公告。

（二）股份转让

股份有限公司股份的转让以自由转让为原则，以法律限制为例外。具体规定如下：

1. 转让方式。股东持有的股份可以依法转让。股东转让其股份，应当在依法设立的证券交易场所进行或者按照国务院规定的其他方式进行。记名股票由股东以背书方式或者法律、行政法规规定的其他方式转让。无记名股票的转让，由股东将该股票交付给受让人后即发生转让的效力。上市公司的股票，依照有关法律、行政法规及证券交易所交易规则上市交易。

2. 转让的限制。

（1）发起人持有的本公司股份，自公司成立之日起1年内不得转让。公司公开发行股份前已发行的股份，自公司股票在证券交易所上市交易之日起1年内不得转让。公司董事、监事、高级管理人员在任职期间每年转让的股份不得超过其所持有本公司股份总数的25％；所持本公司股份自公司股票上市交易之日起1年内不得转让。上述人员离职后半年内，不得转让其所持有的本公司股份。公司章程可以对公司董事、监事、高级管理人员转让其所持有的本公司股份作出其他限制性规定。

（2）公司不得收购本公司股份。但是，有下列情形之一的除外：减少公司注册资本；与持有本公司股份的其他公司合并；将股份奖励给本公司职工；股东因对股东大会作出的公司合并、分立决议持异议，要求公司收购其股份。

（3）公司不得接受本公司的股票作为质押权的标。

第四节　公司董事、监事、高级管理人员的资格和义务

一、公司董事、监事、高级管理人员的资格

任职资格包括积极资格和消极资格，公司法只对公司董事、监事、高级管理人员的消极资格作了规定，即有下列情形之一的，不得担任公司的董事、监事、高级管理人员：①无民事行为能力或者限制民事行为能力。②因贪污、贿赂、侵占财产、挪用财产或者破坏社会主义市场经济秩序被判处刑罚，执行期满未逾5年，或者因犯罪被剥夺政治权利，执行期满未逾5年。③担任破产清算的公司、企业的董事或者厂长、经理，对该公司、企业的破产负有个人责任的，自该公司、企业破产清算完结之日起未逾3年。④担任因违法被吊销营业执照、责令关闭的公司、企业的法定代表人，并负有个人责任的，自该公司、企业被吊销营业执照之日起未逾3年。⑤个人所负数额较大的债务到期未清偿。

公司违反上述规定选举、委派董事、监事或者聘任高级管理人员的，该选举、委派或者聘任无效。在任职期间出现上述情形的，公司应当解除其职务。

二、公司董事、监事、高级管理人员的义务

(一) 忠实、勤勉义务

公司董事、监事、高级管理人员应当遵守法律、行政法规和公司章程，对公司负有忠实义务和勤勉义务；不得利用职权收受贿赂或者其他非法收入，不得侵占公司的财产。

董事、高级管理人员不得有下列行为：①挪用公司资金；②将公司资金以其个人名义或者以其他个人名义开立账户存储；③违反公司章程的规定，未经股东会、股东大会或者董事会同意，将公司资金借贷给他人或者以公司财产为他人提供担保；④违反公司章程的规定或者未经股东会、股东大会同意，与本公司订立合同或者进行交易；⑤未经股东会或者股东大会同意，利用职务便利为自己或者他人谋取属于公司的商业机会，自营或者为他人经营与所任职公司同类的业务；⑥接受他人与公司交易的佣金归为己有；⑦擅自披露公司秘密；⑧违反对公司忠实义务的其他行为。

董事、高级管理人员违反上述规定所得的收入应当归公司所有。

(二) 对公司的赔偿义务

董事、监事、高级管理人员执行公司职务时违反法律、行政法规或者公司章程的规定，给公司造成损失的，应当承担赔偿责任。

(三) 接受质询和监督的义务

股东会或者股东大会要求董事、监事、高级管理人员列席会议的，董事、监事、高级管理人员应当列席并接受股东的质询。董事、高级管理人员应当如实向监事会或者不设监事会的有限责任公司的监事提供有关情况和资料，不得妨碍监事会或者监事行使职权。

第五节 公司财务、会计

一、公司财务、会计的基本要求

1. 公司应当依照法律、行政法规和国务院财政部门的规定建立本公司的财务、会计制度。

2. 公司应当在每一会计年度终了时编制财务会计报告，并依法经会计师事务所审计。财务会计报告应当依照法律、行政法规和国务院财政部门的规定制作。

3. 有限责任公司应当按照公司章程规定的期限将财务会计报告送交各股东。股份有限公司的财务会计报告应当在召开股东大会年会的20日前置备于本公司，供股东查阅；公开发行股票的股份有限公司必须公告其财务会计报告。

4. 公司除法定的会计账簿外，不得另立会计账簿。对公司资产，不得以任何个人名义开立账户存储。

5. 公司应当依法聘用、解聘会计师事务所。公司聘用、解聘承办公司审计业务的会计师事务所，依照公司章程的规定，由股东会、股东大会或者董事会决定。公司股东会、股东大会或者董事会就解聘会计师事务所进行表决时，应当允许会计师事务所陈述意见。公司应当向聘用的会计师事务所提供真实、完整的会计凭证、会计账簿、财务会计报告及其他会计资料，不得拒绝、隐匿、谎报。

二、公司的利润分配

（一）利润

公司利润，是指公司在一定会计期间（1年）的经营成果。

公司应当按照如下顺序进行利润分配：①弥补以前年度的亏损，但不得超过税法规定的弥补期限；②缴纳所得税；③弥补在税前利润弥补亏损之后仍存在的亏损；④提取法定公积金；⑤提取任意公积金；⑥向股东分配利润。

（二）公积金

1. 概念。公积金是公司在资本之外所保留的资金金额，又称为附加资本或准备金公积金，一般包括盈余公积金和资本公积金。盈余公积金分为法定公积金、任意公积金。三种公积金的来源和作用不同。法定公积金和任意公积金来源于公司的税后利润，主要用于弥补亏损，巩固公司的财务基础。资本公积金主要来源于股票发行时的溢价款和国务院财政部门规定列入资本公积金的其他收入，起着增强公司发展基础、防范公司经营风险的作用。公积金制度是各国公司法普遍采用的一项强制性制度。

2. 公积金的提取。公司分配当年税后利润时，应当提取利润的10%列入公司法定公积金。公司法定公积金累计额为公司注册资本的50%以上的，可以不再提取。公司的法定公积金不足以弥补以前年度亏损的，在依照规定提取法定公积金之前，应当先用当年利润弥补亏损。

公司从税后利润中提取法定公积金后，经股东会或者股东大会决议，还可以从税后利润中提取任意公积金。

股份有限公司以超过股票票面金额的发行价格发行股份所得的溢价款以及国务院财政部门规定列入资本公积金的其他收入，应当列为公司资本公积金。

3. 公积金的使用。公积金的用途主要有三个方面：①弥补亏损。公司的公积金用于弥补公司的亏损，但是资本公积金不得用于弥补公司的亏损。②扩大生产经营。公司可以根据生产经营的需用，用公积金来扩大生产经营的规模。③转增公司资本。经股东会决议，公积金可以转为股本，按股东原有股份比例发给新股或增加每股面值。法定公积金转为资本时，所留存的该项公积金不得少于转增前公司注册资本的25%。

（三）股利

公司弥补亏损和提取公积金后所余税后利润，有限责任公司按照股东实缴的出资比例分配，但全体股东约定不按照出资比例分配的除外；股份有限公司按照股东持有的股份比例分配，但股份有限公司章程规定不按持股比例分配的除外。

公司股东会、股东大会或者董事会违反规定，在公司弥补亏损和提取法定公积金之前向股东分配利润的，股东必须将违反规定分配的利润退还公司。公司持有的本公司股份不得分配利润。

第六节　公司合并、分立、增资、减资

一、公司合并

（一）公司合并的形式

公司合并可以采取吸收合并或者新设合并。一个公司吸收其他公司为吸收合并，被吸收的公司解散。两个以上公司合并设立一个新的公司为新设合并，合并各方解散。

（二）公司合并的程序

1. 由合并各方签订合并协议。

2. 编制资产负债表及财产清单。

3. 作出合并决议。有限责任公司的股东会在对公司合并作出决议时，必须经代表2/3以上表决权的股东通过，合并决议才能有效；股份有限公司的股东大会在对公司合并作出决议时，必须经出席会议的股东所持表决权的2/3以上通过，合并决议才能有效。国有独资公司的合并决议，由国有资产监督管理机构决定；其中，重要的国有独资公司的合并，应当由国有资产监督管理机构审核后，报本级人民政府批准。

4. 通知债权人。公司应当自作出合并决议之日起 10 日内通知债权人，并于 30 日内在报纸上公告。债权人自接到通知书之日起 30 日内，未接到通知书的自公告之日起 45 日内，可以要求公司清偿债务或者提供相应的担保。

5. 进行公司登记。公司合并，登记事项发生变更的，应当依法向公司登记机关办理变更登记；公司解散的，应当依法办理公司注销登记；设立新公司的，应当依法办理公司设立登记。

（三）公司合并各方的债权、债务

公司合并时，合并各方的债权、债务，应当由合并后存续的公司或者新设的公司承继。

二、公司分立

公司分立是指一个公司依法分为两个以上的公司。

公司分立的程序与公司合并的程序基本相同。

公司分立前的债务由分立后的公司承担连带责任。但是，公司在分立前与债权人就债务清偿达成的书面协议另有约定的除外。

三、公司注册资本的减少和增加

公司减少注册资本时，应当自作出减少注册资本决议之日起 10 日内通知债权人，并于30 日内在报纸上公告。债权人自接到通知书之日起30 日内，未接到通知书的自公告之日起45 日内，有权要求公司清偿债务或者提供相应的担保。

有限责任公司增加注册资本时，股东认缴新增资本的出资，依照《公司法》设立有限责任公司缴纳出资的有关规定执行。股份有限公司为增加注册资本发行新股时，股东认购新股，依照《公司法》设立股份有限公司缴纳股款的有关规定执行。

公司减少、增加注册资本，应当依法向公司登记机关办理变更登记。

第七节　公司解散和清算

一、公司解散的原因

公司因下列原因解散：①公司章程规定的营业期限届满或者公司章程规定的其他解散事由出现；②股东会或者股东大会决议解散；③因公司合并或者分立需要解散；④依法被吊销营业执照、责令关闭或者被撤销；⑤人民法院依法予以解散。

公司有上述第①项情形的，可以通过修改公司章程而存续。公司依照规定修改公司章程的，有限责任公司须经持有 2/3 以上表决权的股东通过，股份有限公司须经出席股东大会会议的股东所持表决权的 2/3 以上通过。

公司经营管理发生严重困难，继续存续会使股东利益受到重大损失，通过其他途径不能解决的，持有公司全部股东表决权 10% 以上的股东，可以请求人民法院解散公司。

二、公司解散时的清算

（一）成立清算组

公司因以上①、②、④、⑤的原因解散时，应当在解散事由出现之日起15日内成立清算组，开始清算。有限责任公司的清算组由股东组成，股份有限公司的清算组由董事或者股东大会确定的人员组成。逾期不成立清算组进行清算的，债权人可以申请人民法院指定有关人员组成清算组进行清算。人民法院应当受理该申请，并及时组织清算组进行清算。

（二）清算组的职权

清算组在清算期间行使下列职权：①清理公司财产，分别编制资产负债表和财产清单；②通知、公告债权人；③处理与清算有关的公司未了结的业务；④清缴所欠税款以及清算过程中产生的税款；⑤清理债权、债务；⑥处理公司清偿债务后的剩余财产；⑦代表公司参与民事诉讼活动。

清算组成员应当忠于职守，依法履行清算义务。清算组成员不得利用职权收受贿赂或者其他非法收入，不得侵占公司财产。清算组成员因故意或者重大过失给公司或者债权人造成损失的，应当承担赔偿责任。

（三）清算工作程序

1. 登记债权。清算组应当自成立之日起10日内通知债权人，并于60日内在报纸上公告。债权人应当自接到通知书之日起30日内，未接到通知书的自公告之日起45日内，向清算组申报其债权。债权人申报债权，应当说明债权的有关事项，并提供证明材料。清算组应当对债权进行登记。

2. 清理公司财产，制订清算方案。清算组在清理公司财产、编制资产负债表和财产清单后，应当制订清算方案，并报股东会、股东大会或者人民法院确认。

3. 清偿债务。公司财产在分别支付清算费用、职工的工资、社会保险费用和法定补偿金，缴纳所欠税款，清偿公司债务后的剩余财产，有限责任公司按照股东的出资比例分配，股份有限公司按照股东持有的股份比例分配。

清算期间，公司存续，但不得开展与清算无关的经营活动。公司财产在未依照上述规定清偿前，不得分配给股东。

清算组在清理公司财产、编制资产负债表和财产清单后，发现公司财产不足清偿债务的，应当依法向人民法院申请宣告破产。公司经人民法院裁定宣告破产后，清算组应当将清算事务移交给人民法院。

4. 公告公司终止。公司清算结束后，清算组应当制作清算报告，报股东会、股东大会或者人民法院确认，并报送公司登记机关，申请注销公司登记，公告公司终止。

公司被依法宣告破产的，依照有关企业破产的法律实施破产清算。

第八节 外国公司的分支机构

一、外国公司的分支机构的法律地位

外国公司是指依照外国法律在中国境外设立的公司，属于外国法人。外国公司在中国境内设立的分支机构不具有中国法人资格。外国公司对其分支机构在中国境内进行的经营活动承担民事责任。

二、外国公司的分支机构的设立

（一）外国公司的分支机构的设立条件

外国公司在中国境内设立分支机构，必须在中国境内指定负责该分支机构的代表人或者代理人，并向该分支机构拨付与其所从事的经营活动相适应的资金。对外国公司分支机构的经营资金需要规定最低限额的，由国务院另行规定。

（二）外国公司的分支机构的设立程序

外国公司在中国境内设立分支机构，必须向中国主管机关提出申请，并提交其公司章程、所属国的公司登记证书等有关文件，经批准后，向公司登记机关依法办理登记，领取营业执照。

外国公司分支机构的审批办法由国务院另行规定。

三、外国公司的分支机构的权利义务

1．权利。主要有：①依法开展生产经营活动；②合法权益受中国法律保护。

2．义务。主要有：①在中国境内从事业务活动，必须遵守中国的法律，不得损害中国的社会公共利益。②外国公司的分支机构应当在其名称中标明该外国公司的国籍及责任形式。外国公司的分支机构应当在本机构中置备该外国公司章程。③外国公司撤销其在中国境内的分支机构时，必须依法清偿债务，依照《公司法》有关公司清算程序的规定进行清算。未清偿债务之前，不得将其分支机构的财产移至中国境外。

案例讨论

一、基本案情[1]

原告徐工集团工程机械股份有限公司（以下简称徐工机械公司）诉称：成都川交工贸有限责任公司（以下简称川交工贸公司）拖欠其货款未付，而成都川交工程机械有限责任公司（以下简称川交机械公司）、四川瑞路建设工程有限公司（以下简称瑞路公司）与川交工贸公司人格混同，三个公司实际控制人王永礼以及川交工贸

〔1〕 参见最高人民法院指导案例第15号。

公司股东等人的个人资产与公司资产混同，均应承担连带清偿责任。请求判令：川交工贸公司支付所欠货款10 916 405.71元及利息；川交机械公司、瑞路公司及王永礼等个人对上述债务承担连带清偿责任。

法院经审理查明：川交机械公司成立于1999年，股东为四川省公路桥梁工程总公司二公司、王永礼、倪刚、杨洪刚等。2001年，股东变更为王永礼、李智、倪刚。2008年，股东再次变更为王永礼、倪刚。瑞路公司成立于2004年，股东为王永礼、李智、倪刚。2007年，股东变更为王永礼、倪刚。川交工贸公司成立于2005年，股东为吴帆、张家蓉、凌欣、过胜利、汤维明、武竞、郭印，何万庆2007年入股。2008年，股东变更为张家蓉（占90%股份）、吴帆（占10%股份），其中张家蓉系王永礼之妻。在公司人员方面，三个公司经理均为王永礼，财务负责人均为凌欣，出纳会计均为卢鑫，工商手续经办人均为张梦；三个公司的管理人员存在交叉任职的情形，如过胜利兼任川交工贸公司副总经理和川交机械公司销售部经理的职务，且免去过胜利川交工贸公司副总经理职务的决定系由川交机械公司作出；吴帆既是川交工贸公司的法定代表人，又是川交机械公司的综合部行政经理。在公司业务方面，三个公司在工商行政管理部门登记的经营范围均涉及工程机械且部分重合，其中川交工贸公司的经营范围被川交机械公司的经营范围完全覆盖；川交机械公司系徐工机械公司在四川地区（攀枝花除外）的唯一经销商，但三个公司均从事相关业务，且相互之间存在共用统一格式的《销售部业务手册》、《二级经销协议》、结算账户的情形；三个公司在对外宣传中区分不明，2008年12月4日重庆市公证处出具的《公证书》记载：通过因特网查询，川交工贸公司、瑞路公司在相关网站上共同招聘员工，所留电话号码、传真号码等联系方式相同；川交工贸公司、瑞路公司的招聘信息，包括大量关于川交机械公司的发展历程、主营业务、企业精神的宣传内容；部分川交工贸公司的招聘信息中，公司简介全部为对瑞路公司的介绍。在公司财务方面，三个公司共用结算账户，凌欣、卢鑫、汤维明、过胜利的银行卡中曾发生高达亿元的往来，资金的来源包括三个公司的款项，对外支付的依据仅为王永礼的签字；在川交工贸公司向其客户开具的收据中，有的加盖其财务专用章，有的则加盖瑞路公司财务专用章；在与徐工机械公司均签订合同、均有业务往来的情况下，三个公司于2005年8月共同向徐工机械公司出具《说明》，称因川交机械公司业务扩张而注册了另两个公司，要求所有债权债务、销售量均计算在川交工贸公司名下，并表示今后尽量以川交工贸公司名义进行业务往来；2006年12月，川交工贸公司、瑞路公司共同向徐工机械公司出具《申请》，以统一核算为由要求将2006年度的业绩、账务均计算至川交工贸公司名下。

另查明，2009年5月26日，卢鑫在徐州市公安局经侦支队对其进行询问时陈述：川交工贸公司目前已经垮了，但未注销。又查明徐工机械公司未得到清偿的货款实为10 511 710.71元。

江苏省徐州市中级人民法院于2011年4月10日作出（2009）徐民二初字第

0065号民事判决：①川交工贸公司于判决生效后10日内向徐工机械公司支付货款10 511 710.71元及逾期付款利息；②川交机械公司、瑞路公司对川交工贸公司的上述债务承担连带清偿责任；③驳回徐工机械公司对王永礼、吴帆、张家蓉、凌欣、过胜利、汤维明、郭印、何万庆、卢鑫的诉讼请求。宣判后，川交机械公司、瑞路公司提起上诉，江苏省高级人民法院于2011年10月19日作出（2011）苏商终字第0107号民事判决：驳回上诉，维持原判。

问题：川交机械公司、瑞路公司与川交工贸公司是否人格混同？应否对川交工贸公司的债务承担连带清偿责任？

二、案例分析

1. 川交工贸公司与川交机械公司、瑞路公司人格混同：一是三个公司人员混同。三个公司的经理、财务负责人、出纳会计、工商手续经办人均相同，其他管理人员亦存在交叉任职的情形，川交工贸公司的人事任免存在由川交机械公司决定的情形。二是三个公司业务混同。三个公司实际经营中均涉及工程机械相关业务，经销过程中存在共用销售手册、经销协议的情形；对外进行宣传时信息混同。三是三个公司财务混同。三个公司使用共同账户，以王永礼的签字作为具体用款依据，对其中的资金及支配无法证明已作区分；三个公司与徐工机械公司之间的债权债务、业绩、账务及返利均计算在川交工贸公司名下。因此，三个公司之间表征人格的因素（人员、业务、财务等）高度混同，导致各自财产无法区分，已丧失独立人格，构成人格混同。

2. 川交机械公司、瑞路公司应当对川交工贸公司的债务承担连带清偿责任。公司人格独立是其作为法人独立承担责任的前提。《公司法》第3条第1款规定：“公司是企业法人，有独立的法人财产，享有法人财产权。公司以其全部财产对公司的债务承担责任。”公司的独立财产是公司独立承担责任的物质保证，公司的独立人格也突出地表现在财产的独立上。当关联公司的财产无法区分，丧失独立人格时，就丧失了独立承担责任的基础。《公司法》第20条第3款规定：“公司股东滥用公司法人独立地位和股东有限责任，逃避债务，严重损害公司债权人利益的，应当对公司债务承担连带责任。”本案中，三个公司虽在工商登记部门登记为彼此独立的企业法人，但实际上相互之间界线模糊、人格混同，其中川交工贸公司承担所有关联公司的债务却无力清偿，又使其他关联公司逃避巨额债务，严重损害了债权人的利益。上述行为违背了法人制度设立的宗旨，违背了诚实信用原则，其行为本质和危害结果与《公司法》第20条第3款规定的情形相当，故参照该规定，川交机械公司、瑞路公司对川交工贸公司的债务应当承担连带清偿责任。

复习思考题

一、单项选择题

1. 根据公司法的规定，下列有关股份有限公司股份转让限制的表述中，错误的是（ ）。

A. 公司发起人持有的本公司股份自公司成立之日起1年内不得转让

B. 公司高级管理人员离职后1年内不得转让其所持有的本公司股份

C. 公司监事所持本公司股份自公司股票上市交易之日起1年内不得转让

D. 公司董事在任职期间每年转让的股份不得超过其所持有本公司股份总数的25%

2. 某有限责任公司的股东会拟对公司为股东甲提供担保事项进行表决。下列有关该事项表决通过的表述中，符合公司法规定的是（ ）。

A. 该项表决由公司全体股东所持表决权的过半数通过

B. 该项表决由出席会议的股东所持表决权的过半数通过

C. 该项表决由除甲以外的股东所持表决权的过半数通过

D. 该项表决由出席会议的除甲以外的股东所持表决权的过半数通过

3. 根据《公司法》的规定，下列有关公司组织机构的表述中，正确的是（ ）。

A. 股东人数较少或者规模较小的有限责任公司可以不设监事会，也可以不设监事

B. 一人有限责任公司不设股东会

C. 国有独资公司的董事长由董事会以全体董事的过半数选举产生

D. 股份有限公司的董事会成员应当有公司职工代表

4. 根据公司法律制度的规定，下列有关有限责任公司股东出资的表述中，正确的是（ ）。

A. 经全体股东同意，股东可以用劳务出资

B. 不按规定缴纳所认缴出资的股东，应对已足额出资的股东承担违约责任

C. 股东在认缴出资并经法定验资机构验资后，不得抽回出资

D. 股东向股东以外的人转让出资，须经全体股东2/3以上同意

5. 某有限责任公司的股东甲拟向公司股东以外的人W转让其出资。下列关于甲转让出资的表述中，符合公司法律制度规定的是（ ）。

A. 甲可以将其出资转让给W，无须经其他股东同意

B. 甲可以将其出资转让给W，但须通知其他股东

C. 甲可以将其出资转让给W，但须经全体股东的过半数同意

D. 甲可以将其出资转让给W，但须经全体股东的2/3以上同意

6. 根据公司法律制度的规定，上市公司的下列事项中，必须由股东大会以特别决议通过的是（ ）。

A. 董事会的工作报告　　B. 回购本公司的股票

C. 利润分配和亏损弥补方案　　D. 公司的年度报告

7. 法定公积金转为资本时，所留存的该项公积金不得少于转增前公司注册资本的（ ）。

A. 15%　B. 20%　C. 25%　D. 30%

8. 关于国有独资公司组织机构的设置问题，下列表述正确的是（　　）。

A. 不设股东会　B. 董事会成员由职工大会选举产生

C. 监事会成员不少于3人　D. 高级管理人员一律不得在其他公司兼职

9. 下列选项中，不属于我国《公司法》规定的有限责任公司股东会职权范围的是（　　）。

A. 审议批准公司的年度预算方案、决算方案

B. 审议批准公司的利润分配方案和弥补亏损方案

C. 决定公司的经营计划和投资方案

D. 对公司合并、分立、解散和清算等事项作出决议

10. 下列选项中，不符合我国《公司法》有关股份有限公司董事会会议议事规则的是（　　）。

A. 应有2/3的董事出席会议

B. 应由董事本人出席或委托其他董事出席会议

C. 经理及监事均应列席会议

D. 董事会作出决议，必须经全体董事的过半数通过

二、多项选择题

1. 某有限责任公司的董事李某拟将其所有的一套商住两用房屋以略低于市场价格的条件卖给公司作为办公用房。关于交易的下列表述中，正确的有（　　）。

A. 该交易在获得公司监事会批准后可以进行

B. 该交易在获得公司董事会批准后可以进行

C. 该交易在获得公司股东会批准后可以进行

D. 如果公司章程中规定允许多种交易，该交易可以进行

2. 根据有关规定，下列选项中，属于上市公司股东大会职权的有（　　）。

A. 对公司聘用、解聘会计师事务所作出决议

B. 对股东以其持有的该上市公司股权偿还其所欠该公司的债务作出决议

C. 决定公司的经营计划和投资方案

D. 决定修改公司章程

3. 根据《公司法》的规定，有限责任公司发生的下列事项中，属于公司股东可以依法请求人民法院予以撤销的有（　　）。

A. 股东会的决议内容违反法律的

B. 董事会的决议内容违反公司章程的

C. 董事会的会议召集程序违反法律的

D. 股东会的会议表决方式违反公司章程的

4. 根据《公司法》的规定，股份有限公司可以收购本公司股份奖励给本公司职工。下列有关该收购本公司股份事项的表述中，正确的有（　　）。

A. 该收购本公司股份事项，应当经股东大会决议

B. 因该事项所收购的股份，应当在2年内转让给职工

C. 用于该事项收购的资金，应当从公司的税后利润中支出

D. 因该事项收购的本公司股份，不得超过本公司已发行股份总额的10%

5. 根据《公司法》的规定，股份有限公司在发生下列事项时，可以收购本公司股份的有（　　）。

A. 减少公司注册资本

B. 与持有本公司股份的其他公司合并

C. 将股份奖励给本公司职工

D. 股东因对股东大会作出的公司合并、分立决议持异议，要求公司收购其股份

6. 根据公司法律制度的规定，有限责任公司股东会作出的下列决议中，必须经代表2/3以上表决权的股东通过的有（　　）。

A. 对股东转让出资作出决议　　B. 对发行公司债券作出决议

C. 对变更公司形式作出决议　　D. 对修改公司章程作出决议

7. 根据我国《公司法》规定，股份有限公司合并的法定程序是（　　）。

A. 公司股东会作出合并决议　　B. 经公司职工大会审议通过

C. 签订公司合并协议　　D. 编制表册、通告债权人

E. 向工商登记机关办理变更登记手续

8. 我国《公司法》对股份有限公司股东转让股份所作的限制有（　　）。

A. 未上市的股票未经股东大会的同意不得转让

B. 发起人持有的本公司股份，自公司成立之日起1年内不得转让

C. 公司董事在任职期间每年转让的股份不得超过其所持有本公司股份总数的25%

D. 公司董事在离职后半年内不得转让其所持有的本公司股份

E. 公司公开发行股份前已发行的股份，自公司股票在证券交易所上市交易之日起一年内不得转让

9. 某股份有限公司发行新股，其实施的下列行为中，不符合公司法律制度关于股票发行规定的有（　　）。

A. 以低于其他投资者的价格向公司原股东发行股票

B. 以超过股票票面金额的价格发行股票

C. 向公司发起人发行无记名股票

D. 向某法人股东发行记名股票，并将该法人法定代表人的姓名记载于股东名册

10. 湘东船运有限公司共8个股东，除股东甲外，其余股东都已足额出资。某次股东会上，7个股东一致表决同意因甲未实际缴付出资而不能参与当年公司利润分配。3个月后该公司船只燃油泄漏，造成沿海养殖户巨大损失，公司的全部资产不足以赔偿。甲向其他7个股东声明：自己未出资，也未参与分配，实际上不是股东，公

司的债权债务与己无关。下列哪些选项是正确的?( )

A. 甲虽然没有实际缴付出资，但不影响其股东地位

B. 其他股东决议不给甲分配当年公司利润是符合公司法的

C. 就公司财产不足清偿的债务部分，只应由甲承担相应的责任，其他7个股东不承担责任

D. 甲的声明对内具有效力，但不能对抗善意第三人

三、判断题

1. 有限责任公司都是由两个以上的股东出资组成的。( )

2. 公司可以向其他有限责任公司、股份有限公司投资，并以该出资额为限对所投资公司承担责任。( )

3. 公司可以设立子公司和分公司，子公司不具有法人资格，分公司具有法人资格。( )

4. 公司法定代表人依照公司章程的规定，由董事长、执行董事或者经理担任。( )

5. 募集设立的股份有限公司，发行股份的股款交足后，发起人应当在30日内主持召开公司创立大会。( )

6. 有限责任公司合并、分立、转让主要财产时，对股东会该项决议投反对票的股东可以请求公司按照合理的价格收购其股权。( )

7. 有限责任公司修改公司章程和改变公司组织形式的决议，必须经出席股东会议的股东所持表决权的2/3以上通过。( )

8. 个人负债数额较大，且到期未清偿的，不能担任公司经理。( )

9. 外国公司的分支机构在中国境内进行经营活动所产生的民事责任，由该分支机构承担。( )

10. 公司经营管理发生严重困难，继续存续会使股东利益受到重大损失，通过其他途径不能解决的，持有公司全部股东表决权20%以上的股东，可以请求人民法院解散公司。( )

四、简答题

1. 股东的权利有哪些?

2. 有限责任公司与股份有限公司在法律制度上有哪些区别?

3. 何谓法人人格否认理论?它的适用条件有哪些?

4. 董事、监事、经理的资格和义务有哪些?

5. 简述公司利润分配的顺序。

五、案例分析题

1. 甲、乙国有企业与另外9家私营公司拟共同投资设立东华有限责任公司(以下简称东华公司)，公司章程的部分内容为：公司股东会除召开定期会议外，还可以召开临时会议，临时会议须经代表1/2以上表决权的股东、1/2以上的董事或1/2以

上的监事提议召开。在申请公司设立登记时，工商行政管理机关指出了公司章程中关于召开临时股东会会议的不合法之处。经全体股东协商后，予以纠正。

2010年3月，东华公司依法登记成立，注册资本为1亿元，其中甲以工业产权出资，作价金额1200万元；乙出资1400万元，是出资最多的股东。公司成立后，由甲召集和主持了首次股东会会议，设立了董事会。其中，全部董事均由股东代表担任。

2010年5月，东华公司董事会发现，甲作为出资的工业产权的实际价额显著低于公司章程所定的价额，为了使公司股东出资总额仍达到1亿元，董事会提出了如下解决方案：由甲补足该差额，如果甲不能补足，其他股东不承担任何责任。

2010年10月，东华公司经过一段时间的运作后，经济效益较好，董事会制订了一个增加注册资本的方案，方案提出将公司现有的注册资本由1亿元增加到2亿元。增资方案提交股东会讨论表决时，有7家股东赞成增资，这7家股东出资总和为5830万元，占表决权总数的58.3%；有4家股东不赞成增资，这4家股东出资总和为4170万元，占表决权总数的41.7%。最终，股东会通过增资决议，并授权董事会执行。

2011年3月，东华公司因业务发展需要，依法成立了上海分公司。上海分公司在生产经营过程中，因违反了合同约定被诉至法院，对方以东华公司是上海分公司的总公司为由，要求东华公司承担违约责任。

根据上述内容，分别回答下列问题：

(1) 东华公司设立过程中订立的公司章程中关于召开临时股东会会议的规定有哪些不合法之处？并说明理由。

(2) 东华公司首次股东会会议由甲召集和主持是否合法？并说明理由。

(3) 东华公司全部董事均由股东代表担任的做法是否合法？并说明理由。

(4) 东华公司董事会作出的关于甲出资不实的解决方案是否合法？并说明理由。

(5) 东华公司股东会作出的增资决议是否合法？并说明理由。

(6) 东华公司是否应替上海分公司承担违约责任？并说明理由。

2. 某房地产股份公司注册资本为人民币2亿元。后来由于房地产市场不景气，公司年底出现了无法弥补的经营亏损，亏损总额为人民币7000万元。某股东据此请求召开临时股东大会。公司决定于次年4月10日召开临时股东大会，并于3月20日在报纸上向所有的股东发出了会议通知。通知确定的会议议程包括以下事项：

(1) 选举更换部分董事，选举更换董事长；

(2) 选举更换全部监事；

(3) 更换公司总经理；

(4) 就发行公司债券作出决议；

(5) 就公司与另一房地产公司合并作出决议。

在股东大会上，上述各事项均经出席大会的股东所持表决权的过半数通过。

根据上述材料，回答以下问题：

(1) 公司发生亏损后，在股东请求时，应否召开股东大会？为什么？

(2) 公司在临时股东大会的召集、召开过程中，有无与法律规定不相符的地方？如有，请指出，并说明理由。

第四章　企业破产法

学习提要与学习目标

企业破产法是市场经济条件下的基础性法律，它是为规范企业破产程序，公平清理债权债务，保护债权人和债务人的合法权益，维护社会主义市场经济秩序，而制定的法律。本章系统地介绍了破产法的立法目的和适用范围、破产概述、破产的申请和受理、管理人、债权申报、债权人会议、重整、和解和破产清算程序等内容。通过学习本章内容，要求掌握破产法的基本知识，熟悉破产程序，学会依法保护破产当事人的合法权益。

第一节　破产法概述

一、破产的概念和特点

（一）破产的概念

破产是指债务人丧失清偿能力时，依破产程序将其全部财产清算，公平偿还各种债务，并依法免除其无法偿还的债务。

破产程序是指对无力偿债的企业进行破产处理的司法程序。

破产程序包括三种：和解、重整和破产清算。三种破产程序均为独立破产程序，均可直接启动。

通过司法程序处理的无力偿债事件即破产案件。需要注意的是，不能把破产案件简单地归结为清算倒闭事件；破产清算是公平清理债务的一种方法，但不是唯一方法。我国企业破产法鼓励当事人积极寻求避免企业倒闭清算的方式来公平清理债务。

（二）破产的特点

1. 破产是一般债权公平受偿的方式；
2. 破产是在法院的审理和监督下开始的特定司法程序。

二、破产原因

（一）破产原因的概念

破产原因是破产案件适用破产程序所依据的特定法律事实，具体指导致破产程序发生的原因，即认定债务人丧失清偿能力，当事人得以提出破产申请，法院据以启动破产程序的法律事实。破产原因在英美法系国家立法中往往被称为破产行为，在我国也称破产界限。

（二）破产原因的法律规定

根据《中华人民共和国企业破产法》（以下简称《破产法》）第2条规定，企业法人的破产原因有两种标准：

1. 企业法人不能清偿到期债务，并且资产不足以清偿全部债务。“不能清偿到期债务”即无力偿债，国际上也称做“非流动性”，又称“现金流标准”，其含义是“债务人已全面停止偿付到期债务，而且没有充足的现金流量偿付正常营业过程中到期的现有业务”。无力偿债的认定，不以债权人已经提出清偿请求为必要条件。根据《最高人民法院关于适用〈中华人民共和国企业破产法〉若干问题的规定（一）》（以下简称《破产法解释》），下列情形同时存在的，人民法院应当认定债务人不能清偿到期债务：①债权债务关系依法成立；②债务履行期限已经届满；③债务人未完全清偿债务。

“资产不足以清偿全部债务”又称“资不抵债”，国际上也称做“资产负债表标准”，主要是指企业法人的资产负债表上，全部资产之和小于其对外的全部债务。资不抵债是指债务人的全部资产已不足以清偿其债务的客观状态。这一标准的依据是：资不抵债即表明财务遇到困难。根据《破产法解释》，债务人的资产负债表，或者审计报告、资产评估报告等显示其全部资产不足以偿付全部负债的，人民法院应当认定债务人资产不足以清偿全部债务，但有相反证据足以证明债务人资产能够偿付全部负债的除外。

2. 企业法人不能清偿到期债务，并且明显缺乏清偿能力。根据《破产法解释》，债务人账面资产虽大于负债，但存在下列情形之一的，人民法院应当认定其明显缺乏清偿能力：

（1）因资金严重不足或者财产不能变现等原因，无法清偿债务；

（2）法定代表人下落不明且无其他人员负责管理财产，无法清偿债务；

（3）经人民法院强制执行，无法清偿债务；

（4）长期亏损且经营扭亏困难，无法清偿债务；

（5）导致债务人丧失清偿能力的其他情形。

以“明显缺乏清偿能力”代替“资不抵债”，作为与“资产不足以清偿全部债务”的并列条件，是对后者的一个限定。根据这一规定，一时不能支付但仍有清偿能力的企业不适用破产程序。

该项标准代表了破产法起草的一个指导思想，即鼓励适用破产程序，特别是再建型的破产程序（重整、和解），以积极清理债务，避免社会中大量的债务积淀和资产闲置，并减少企业长期困境下的道德风险以及由此造成的经济损失。

三、破产法的立法目的和适用范围

《破产法》于2006年8月颁布，它既是一部破产实体法，又是一部破产程序法。

根据《破产法》第1条的规定，破产法的立法目的是：①规范企业破产程序；②公平清理债权债务；③保护债权人和债务人的合法权益；④维护社会主义市场经济秩序。

根据《破产法》第2条的规定，破产法的适用范围为企业法人。这其中不仅包括国有企业法人，同时也包括承担有限责任的其他所有制企业法人。根据《破产法》第135条的规定，其他法律规定企业法人以外的组织的清算，属于破产清算的，参照适用本法规定的程序。

此外，破产法附则中对于国有企业破产、金融机构破产和非法人组织破产还有特别规定。《破产法》第134条规定，商业银行、证券公司、保险公司等金融机构有本法第2条规定情形的，国务院金融监督管理机构可以向人民法院提出对该金融机构进行重整或者破产清算的申请。国务院金融监督管理机构依法对出现重大经营风险的金融机构采取接管、托管等措施的，可以向人民法院申请中止以该金融机构为被告或者被执行人的民事诉讼程序或者执行程序。

第二节　破产申请与受理

一、破产申请

（一）破产申请概述

1. 破产申请的概念。破产申请是指当事人向法院提出要求宣告债务人破产的诉讼行为。在我国，破产程序的开始不以申请为准，而是以受理为准。破产申请的提出，不是破产程序开始的起点，却是进入破产程序的前提。根据我国企业破产法的规定，债权人和债务人都可以提出破产申请。

2. 破产申请人。破产申请人是与破产案件有利害关系、依法具有破产申请资格的民事主体。需要说明的是，并非所有与破产案件有利害关系的人都具有破产申请资格。例如，公司的股东、董事，不得以股东或董事名义申请公司破产。

根据我国法律规定，只有债权人和债务人才是合格的破产申请人。因此，破产案件的申请分为两类：债权人申请和债务人申请。

3. 破产申请的形式。《破产法》第8条规定，提出破产申请，应当采用书面形式，即“提交破产申请书和有关证据”。“破产申请书”采用法院规定的统一格式。“有关证据”是指破产申请书所列事项的真实性证明，如用于证明申请人身份真实性的文件（如企业法人的营业执照、公民的身份证或护照等）、用于证明申请事实和理由的文件（如债权人用以证明债权有效存在和债务人到期不履行的合同、借据、催款通知书等）等。

（二）债权人申请

1. 债权人的申请资格。在破产法上，债权人申请不具有集体诉讼的性质；提出破产申请的债权人只能行使自己的请求权。因此，按照破产法的规定精神，提出破产申请的债权人的请求权必须具备以下条件：①须为具有给付内容的请求权；②须为法律上可强制执行的请求权；③须为已到期的请求权。

2. 债权人申请的形式条件。根据司法解释，债权人申请债务人破产，应当向人民法院提交的材料有：①债权发生的事实与证据。②债权性质、数额、有无担保，并附证据。③债务人不能清偿到期债务的证据。

3. 债权人申请的实质条件。《破产法》第7条第2款规定："债务人不能清偿到期债务，债权人可以向人民法院提出对债务人进行重整或者破产清算的申请。"在这里，法律对债权人申请的实质条件只规定了"债务人不能清偿到期债务"，这并不意味着在债权人申请的情况下，破产原因的事实构成只有一项。法律之所以这样规定，是因为债务人"资产不足以清偿全部债务或者明显缺乏清偿能力"的事实属于企业内部情况，债权人通常无法确知，因而不应要求债权人在提出破产申请时加以证明。有鉴于此，司法解释规定，债权人申请债务人破产的，应当提交债务人不能清偿到期债务的有关证据。债务人对债权人的申请未在法定期限内向人民法院提出异议，或者异议不成立的，人民法院应当依法裁定受理破产申请。《破产法》第11条第2款规定，债权人提出申请的，债务人应当自受理裁定送达之日起15日内向人民法院提交财产状况说明、债务清册、债权清册、有关财务会计报告以及职工工资的支付和社会保险费用的缴纳情况。如果债务人确实不具备《破产法》第2条规定的破产原因所要求的其他事实，人民法院受理破产申请后至破产宣告前经审查发现后，可以裁定驳回申请。

（三）债务人申请

《破产法》第7条第1款规定，债务人有破产法规定的破产原因的，可以向人民法院提出重整、和解或者破产清算申请。《破产法》第8条规定，债务人申请时，应当提交破产申请书和有关证据，还应当向人民法院提交财产状况说明、债务清册、债权清册、有关财务会计报告、职工安置预案以及职工工资的支付和社会保险费用的缴纳情况。

（四）清算责任人申请

企业法人已解散但未清算或者未清算完毕的，属于清算法人，即为清算目的而存在的法人。企业法人解散是指企业因发生章程或者法律规定的除破产以外的事由而停止业务活动，进入待清算状态或者实施清算的过程。此时其法人人格在法律上视为存续，但其营业资格已经丧失。此时，如果企业存在资不抵债的事实，则应当适用破产清算程序清理债务。《破产法》第7条第3款规定："企业法人已解散但未清算或者未清算完毕，资产不足以清偿债务的，依法负有清算责任的人应当向人民法院申请破产清算。"所谓"依法负有清算责任的人"，应依照相关的法律确定。例如，在公司清算的场合，根据《公司法》第184条的规定，包括有限责任公司的股东、股份有限公司的董事或者股东大会确定的人员以及特定情形下人民法院指定有关人员组织的清算组。在合伙企业的场合，根据《合伙企业法》第 86 条的规定，包括全体合伙人、经全体合伙人过半数同意指定的一个或者数个合伙人以及特定情形下人民法院指定的清算人。

《破产法》第 7 条第 3 款的规定是关于依法负有清算责任的人在破产法中的一项特别申请义务。其特点是：①清算义务人必须提出破产申请，不得故意拖延申请。②在提出破产申请时，破产清算程序是唯一选择，其不得选择重整或和解的程序。③清算义务人提出破产申请后，人民法院应当受理并于受理时宣告债务人破产。清算义务人违反此项义务不及时申请，导致债务人财产减少，给债权人造成损失的，应当承担赔偿责任。

（五）破产申请的撤回

根据《破产法》第 9 条的规定，人民法院受理破产申请前，申请人可以请求撤回申请。

我国破产法采取的是受理开始主义，即法院收到破产申请之时，程序尚未开始；只有当法院对破产申请作出受理裁定时，程序才告开始。除清算责任人外，申请人向人民法院提出破产申请是行使法律赋予的权利，其撤回申请也是行使权利。但是，申请人的撤回权是有时间限制的，即请求撤回申请只能在人民法院受理破产申请之前提出。在人民法院受理破产案件后，申请人请求撤回破产申请的，应予以驳回。

由于破产事件已经进入司法权的控制范围，当事人处分自己的权利要受制于司法机关的决定。因此，人民法院对于申请人提出的撤回申请的请求，有权审查其处分权利的正当性，并考虑其撤回行为是否存在恶意的权利滥用，是否有害于其他当事人的合法权益等，最终以裁定的形式决定是否准许其撤回申请。

根据司法解释，人民法院准许申请人撤回破产申请的，在撤回之前已经支出的费用由破产申请人承担。

（六）破产申请的法律后果

1. 对撤回破产申请的限制。申请人提出破产申请后，可以在法院受理前请求撤回。是否准许，由法院决定。经法院准许撤回破产申请的，不影响申请人以后再次提出破产申请。

人民法院受理破产案件后，破产程序即告开始。破产程序是集体受偿程序，涉及众多当事人的利益。故已经开始的破产程序，只有具备法定事由时才能够予以终止，而申请人请求撤回申请不是破产程序终止的法定事由。因此，在人民法院受理破产案件后，申请人请求撤回破产申请的，应予以驳回。

2. 诉讼时效中断。债权人提出破产申请，具有请求法院保护其民事权利的性质；债务人提出破产申请，具有承认一般债务的性质，因此，破产申请具有中断诉讼时效的效力。但是，在债权人申请的场合，诉讼时效中断的效力仅及于申请人的请求权。而在债务人申请的场合，诉讼时效中断的效力及于申请人在当时已有的所有债权人的请求权。

二、破产受理

（一）破产受理的概念

破产受理即破产案件的受理，又称立案，是指人民法院在收到破产案件申请后，认为申请符合法定条件而予以接受，并由此开始破产程序的司法行为。法院裁定受理破产申请，是破产程序开始的标志。

由于破产程序开始具有一系列的法律效果，有关破产案件受理的规则在破产法上具有重要的意义。当债权人或者债务人向人民法院提出债务人破产的申请时，破产程序并未开始。人民法院收到破产申请后，应当在法定时限内对破产申请进行审查，包括形式审查和实质审查。法院经审查认为破产申请符合法定条件的，应当裁定受理破产申请；法院认为破产申请不符合法定条件或者申请理由不成立的，则应裁定驳回破产申请。

（二）破产案件受理的条件

1. 形式审查。判定破产申请是否具备法律规定的破产申请形式条件的工作程序，称为形式审查。形式审查的内容包括以下几项：

（1）申请人是否具备破产申请资格（即是否为债权人或债务人）；

（2）申请材料是否符合法律规定；

（3）法院对案件有无管辖权；

（4）债务人是否属于破产法适用范围内的民事主体。

人民法院收到破产申请后，应当在7日内决定是否立案；破产申请人提交的材料需要更正、补充的，人民法院可以责令申请人限期更正、补充。按期更正、补充材料的，人民法院自收到更正补充材料之日起7日内决定是否立案；未按期更正、补充的，视为撤回申请。

2. 实质审查。判定破产申请是否具备法律规定的破产申请实质条件的工作程序，称为实质审查，又称理由审查。实质审查的内容就是破产原因的存在与否。所以，在破产案件受理阶段的实质审查是一种表面事实的审查，即依据申请人提交的材料进行的审查。

3. 破产申请的驳回。人民法院经审查发现有下列情况的，破产申请不予受理：

（1）债务人有隐匿、转移财产等行为，为了逃避债务而申请破产的；

（2）债权人借破产申请毁损债务人商业信誉，意图损害公平竞争的。

人民法院受理债务人的破产申请后，发现不符合法律规定的受理条件的，或者有上述不予受理的情形的，或者发现债务人巨额财产下落不明且不能合理解释财产去向的，应当裁定驳回破产申请。

破产申请人对驳回破产申请的裁定不服的，可以在裁定送达之日起10日内向上一级人民法院提起上诉。

4. 受理通知。人民法院决定受理企业破产案件的，应当制作案件受理通知书，并送达申请人和债务人。通知书作出时间为破产案件受理时间。

5. 受理前的撤回申请。在人民法院决定受理企业破产案件前，破产申请人可以请求撤回破产申请。人民法院准许申请人撤回破产申请的，在撤回破产申请之前已经支出的费用由破产申请人承担。

（三）受理的法律后果

1. 对债务人的约束。

（1）债务人负有财产保全义务、说明义务和提交义务。

（2）债务人负有不对个别债权人清偿的义务。

2. 对债权人的约束。

（1）破产案件受理后，债权人只能通过破产程序行使权利。

（2）有财产担保的债权人，在破产案件受理后至破产宣告前，未经人民法院准许，不得行使优先权。

（3）债务人的开户银行，不得扣划债务人的存款和汇入款抵还贷款。

3. 对其他人的约束。

（1）债务人开户银行负有协助义务。

（2）债务人企业职工负有保护企业财产的义务。

4. 对其他民事程序的影响。人民法院受理企业破产案件后，以债务人为原告的其他民事纠纷案件尚在一审程序的，其他民事纠纷的受诉人民法院应当将案件移送受理破产案件的人民法院；案件已进行到二审程序的，受诉人民法院应当继续审理。

人民法院受理企业破产案件后，对债务人财产的其他民事执行程序应当中止。以债务人为被告的其他债务纠纷案件，根据下列不同情况分别处理：

（1）已经审结但未执行完毕的，应当中止执行，由债权人凭生效的法律文书向受理破产案件的人民法院申报债权。

（2）尚未审结且无其他被告和无独立请求权的第三人的，应当中止诉讼，由债权人向受理破产案件的人民法院申报债权，在企业被宣告破产后，终结诉讼。

（3）尚未审结并有其他被告或者无独立请求权的第三人的，应当中止诉讼，由债权人向受理破产案件的人民法院申报债权。待破产程序终结后，恢复审理。

（4）债务人系从债务人的债务纠纷案件，继续审理。

第三节 管理人

一、管理人的概念

管理人又称破产管理人，是指破产程序开始后，在法院的指挥和监督之下全面接管破产财产并负责对其进行保管、清理、估价、处理和分配的专门机构。

管理人，在我国现行立法中又被称为“破产清算组”。根据《破产法》第13、24条规定，人民法院裁定受理破产申请的，应当同时指定管理人。管理人可以由有关部门、机构的人员组成的清算组或者依法设立的律师事务所、会计师事务所、破产清算事务所等社会中介机构担任。人民法院根据债务人的实际情况，可以在征询有关社会中介机构的意见后，指定该机构具备相关专业知识并取得执业资格的人员担任管理人。管理人的名称或者姓名及其处理事务的地址要予以通知和公告。

二、管理人的资格

对破产管理人资格作出明确的法律规定，是保证破产管理人具有良好的业务素质和品行状况，保障破产清算程序有效进行的必要措施。根据我国破产法规定，管理人的资格分积极资格和消极资格。

（一）管理人的积极资格

1. 由机构担任管理人。规模大的企业进入破产程序后，无论开展重整、和解、破产清算中的何种程序，都会面临债权债务关系复杂、企业职工安置困难等一系列复杂的问题。在这种情况下，个人担任管理人往往难以胜任。对此，《破产法》第24条规定，管理人可以由有关部门、机构的人员组成的管理人或者依法设立的律师事务所、会计师事务所、破产清算事务所等中介机构担任。

（1）中介机构担任管理人。人民法院受理破产申请案件时，一般应在管理人名册中的社会中介机构范围内指定管理人。这里的中介机构主要指律师事务所、会计师事务所和破产清算事务所。被指定为管理人的社会中介机构应当具备相关司法解释所规定的条件。其成员应当具有法律和财务知识，以及企业管理、金融、贸易等相关的专业知识。

（2）清算组担任管理人。破产法所称的清算组，是指在破产程序开始前已经依照其他法律成立的清算组。例如根据《公司法》的规定，成立清算组以后，发现债务人资产不足以清偿全部债务，向人民法院申请宣告破产的，人民法院受理破产申请后，可以指定该清算组为管理人。

2. 由个人担任管理人。对于一些规模较小、债权债务关系比较清楚的破产案件，人民法院可以根据债务人的实际情况，在征询有关社会中介机构的意见后，指定该机构中具备相关专业知识并取得执业资格的人员担任管理人。为了降低管理人的职业风险，破产法规定，个人担任管理人的，应当参加执业责任保险。

（二）管理人的消极资格

根据《破产法》第24条规定，机构或者个人有下列情形之一的，不得担任管理人：

1. 因故意犯罪受过刑事处罚的；
2. 曾被吊销相关专业执业证书的；
3. 与本案有利害关系的；
4. 人民法院认为不宜担任管理人的其他情形。

三、管理人的职责

（一）管理人的一般职责

《破产法》第25条规定了管理人的一般职责，包括：接管债务人的财产、印章和账簿、文书等资料；调查债务人财产状况，制作财产状况报告；决定债务人的内部管理事务；决定债务人的日常开支和其他必要开支；在第一次债权人会议召开之前，决定继续或者停止债务人的营业；管理和处分债务人的财产；代表债务人参加诉讼、仲裁或者其他法律程序；提议召开债权人会议；人民法院认为管理人应当履行的其他职责。

（二）管理人的特别职责

破产法在“管理人”一章以外，还在其他章节中规定了管理人的一些特别职责。其中主要有：①决定解除或继续履行破产宣告时尚未履行的合同；②对债务人在破产程序前的不正当财产处分行使撤销权和追回权；③接受债权申报、调查职工债权和编制债权表；④重整期间主持债务人营业或者对债务人自行营业进行监督；⑤制备重整计划草案；⑥申请人民法院批准重整计划草案；⑦监督重整计划执行；⑧在破产宣告后，拟订破产变价方案；⑨拟订和执行破产分配方案；⑩破产程序终结时，办理破产人的注销登记。

四、管理人的义务

（一）忠实义务和勤勉义务

忠实义务，又称诚信义务、忠诚义务，指管理人在执行职务时，应当最大限度地维护债务人的财产和全体债权人的利益，不欺瞒，不谋私利。

勤勉义务，又称善管义务，指管理人在履行职务的过程中，应当以善良管理人的注意，认真、谨慎、合理、高效地处理事务，不疏忽，不懈怠。

（二）报告义务

1. 一般报告义务。这是法律规定的一般性义务，即未划定范围和指定特殊事项的义务。《破产法》第23条规定了管理人向人民法院报告工作的义务和列席债权人会议并报告情况和回答询问的义务。

2. 特殊报告义务。这是法律规定的特殊事项报告的义务。《破产法》第69条规定了10种重大的财产处分行为应当及时报告债权人委员会：①涉及土地、房屋等不动产权益的转让；②探矿权、采矿权、知识产权等财产权的转让；③全部库存或者营业的转让；④借款；⑤设定财产担保；⑥债权和有价证券的转让；⑦履行债务人和对方当事人均未履行完毕的合同；⑧放弃权利；⑨担保物的取回；⑩对债权人利益有重大影响的其他财产处分行为。

第一次债权人会议尚未召开，或者债权人会议未设立债权人委员会的，应当报告人民法院。

（三）不辞任义务

为了保证破产管理的稳定性和连续性，《破产法》第29条规定，管理人没有正当理由不得辞去职务。管理人辞去职务应当经人民法院许可。

第四节 债务人财产

一、债务人财产的概念

债务人财产，是指在破产程序中被纳入破产管理的为债务人所拥有的财产。

破产法中的“债务人财产”与“破产财产”不同。破产财产指在破产过程中扣押的，由管理人依照破产程序分配给债权人的全部财产。在破产宣告以前，债务人的财产管理都服从于债务清理和企业拯救这两个目的。只有在破产宣告以后，债务人财产才成为以清算分配为目的的破产财产。

二、债务人财产的范围

《破产法》第30条规定：“破产申请受理时属于债务人的全部财产，以及破产申请受理后至破产程序终结前债务人取得的财产，为债务人财产。”

（一）破产申请受理时属于债务人的财产

这是一个广义的概念，主要包括以下情形：

1. 有形财产、无形财产、货币和有价证券、投资权益和债权。其中，无形财产包括土地使用权、知识产权、专有技术、特许经营权等。

2. 未成为担保物的财产和已成为担保物的财产。这与《中华人民共和国企业破产法（试行）》中“已作为担保物的财产不属于破产财产”的规定是不同的。

3. 位于中华人民共和国境内的财产和位于中华人民共和国境外的财产。

（二）破产申请受理后至破产程序终结前债务人取得的财产

主要包括以下情形：

1. 程序开始后债务人财产的增值，包括孳息、经营收益和其他所得。例如，租金、利息、销售利润、股票红利、不动产升值、新投资、退税等。

2. 程序开始后收回的财产，如追收的债款、追回的被侵占财产、接受返还的财产、因错误执行而获得执行回转的财产等。

3. 债务人的出资人在尚未完全履行出资义务的情况下补交的出资。

三、撤销权和追回权

（一）撤销权和追回权的意义

在债务人无力偿债或者即将陷于无力偿债的情况下，利益相关者对于债务人的财产存在着公平清偿和企业维持的合理预期，由此产生法律对债务人财产加以保全和防止个别人抢先受偿的秩序要求。破产法针对程序开始前的交易活动设立的撤销权和追回权，就是适应这种秩序要求而建立的。债务人在处于破产状态或者预期将处于破产状态的情况下从事的使破产财产不当减少或者不公平清偿的交易，会恶化债务人的资产和信用，损害多数债权人和其他利益相关者的利益，是我国破产法严加规制的对象。

（二）撤销权和追回权的追诉对象

《破产法》第31～33条规定了三类破产前交易，分别赋予其可撤销或者无效的法律效果。同时，第34条赋予管理人追回权，以收回因这些交易而让与的财产。

此外，《破产法》第128条还规定，债务人的法定代表人和其他直接责任人员实施这些交易的，应依法承担赔偿责任。此外，司法解释也对追究企业负责人和其他责任人员实施此类行为的法律责任作出了规定。

1. 欺诈破产行为。欺诈破产行为是基于破产预期以交易或者其他方式处分财产，使债务人财产受到损害的行为。破产法将欺诈破产行为分为两类，一是可撤销的行为；二是无效行为。

（1）可撤销的欺诈破产行为。《破产法》第31条规定，人民法院受理破产申请前1年内，涉及债务人财产的下列行为，管理人有权请求人民法院予以撤销：①无偿转让财产的；②以明显不合理的价格进行交易的；③对没有财产担保的债务提供财产担保的；④对未到期的债务提前清偿的；⑤放弃债权的。这类行为的特点是，在正常情况下，它们是法律许可的财产处分行为。而在企业困境的情况下，实施这些行为具有恶意减少破产财产从而损害债权人利益的性质。因此，破产法将它们列为可撤销的行为，由管理人在破产程序期间进行追索。

（2）无效的欺诈破产行为。《破产法》第33条规定，涉及债务人财产的下列行为无效：①为逃避债务而隐匿、转移财产的；②虚构债务或者承认不真实的债务的。

2. 个别清偿行为。《破产法》第32条规定，人民法院受理破产申请前6个月内，债务人有《破产法》第2条第1款规定的情形，仍对个别债权人进行清偿的，管理人有权请求人民法院予以撤销。但是，个别清偿使债务人财产受益的除外。所谓“使债务人财产受益”，是指在此期间给债务人财产带来相应的利益。例如，为维持企业经营而支付的电费、通信费，为购买维持生产所需的原材料而支付的货款，为对外追索债务而支付的律师费等，都属于第32条的例外情形。

（三）对企业管理层的特别追回权

《破产法》第36条规定：“债务人的董事、监事和高级管理人员利用职权从企业获取的非正常收入和侵占的企业财产，管理人应当追回。”这是针对我国企业，特别是国有企业中大量存在的管理层在企业困境情况下的不正当自利行为而进行的规定，以维护企业利益和改善法人治理。

四、取回权

（一）取回权的概念

取回权是指从管理人接管的财产中取回不属于债务人财产的请求权。取回权有以下法律特征：

1. 取回权是对特定物的返还请求权。这种返还请求权应具备三项条件：①以被请求人占有请求人财产的事实为前提。②以特定物为请求标的。③以该物的原物返还为请求内容。缺乏这三项条件之一的，不构成取回权。至于被请求人占有财产的依据如何，在所不论。

2. 取回权是以物权为基础的请求权。也就是说，取回权的发生依据不是债的关系而是物权关系。取回权人是以物的所有人的身份提出权利请求的。若无物的所有权（或者由所有权派生的其他物权，如国有企业的经营管理权）作为权利基础，则不得主张取回权。

3. 取回权是在破产程序中行使的特别请求权。其特殊性表现为不参加债权申报和债权人会议，而由权利人个别行使权利。

4. 取回权标的物在被取回以前，视同债务人财产，由管理人管理和支配。该财产若受到不法侵犯，管理人得请求法律保护。

（二）取回权的种类

1. 一般取回权与特殊取回权。适用破产法概括性规定的取回权为一般取回权。适用破产法特别规定的取回权为特殊取回权。《破产法》第 38 条规定："人民法院受理破产申请后，债务人占有的不属于债务人的财产，该财产的权利人可以通过管理人取回……"这是一般取回权的规定。实践中，作为取回权标的物的"不属于债务人的财产"主要包括以下两项：

（1）合法占有的他人财产。即有合法根据而占有的属于他人的财产，包括共有财产、委托管理的财产、租赁财产、借用财产、加工承揽财产、寄存财产、寄售财产以及基于其他法律关系交破产人占有但未转移所有权的他人财产。

（2）不法占有的他人财产。即无合法根据而占有的属于他人的财产。例如，非法侵占的财产，受领他人基于错误所为之给付而取得的财产，破产人据为已有的他人遗失财产。

《破产法》第 39 条规定了出卖人的特殊取回权："人民法院受理破产申请时，出卖人已将买卖标的物向作为买受人的债务人发运，债务人尚未收到且未付清全部价款的，出卖人可以取回在运途中的标的物。但是，管理人可以支付全部价款，请求出卖人交付标的物。"

2. 原物取回权与赔偿取回权。原物取回权是根据原物返还的民法原理而取得的权利。赔偿取回权是根据损害赔偿的民法原理取得的权利，它是指在依法律关系移交破产人占有的财产已不能原物返还的情况下以金钱赔偿方式满足的取回权。赔偿取回权是在无法通过原物取回权实现权利的情况下采用的一种替代补救。所以，在原物存在的情况下，所有权人只能请求返还。

关于赔偿取回权的满足，分为两类情况：一是已经处分的；二是毁损灭失的。原物在破产申请受理前被处分或者因债务人的责任毁损灭失的，权利人以直接损失额申报债权；原物在破产申请受理后被处分或者因管理人的责任毁损灭失的，权利人按共益债务获得赔偿。

（三）取回权的行使

破产宣告后，破产程序终结前，取回权人得随时向管理人请求取回财产。管理人收到取回权人的请求后，经证明属实的，应予以返还。

取回权标的物应当原物返还（原物取回权）。取回权标的物因已经处分或者毁损灭失而不能原物返还的，应当折价返还（赔偿取回权）。

管理人在处理以取回权为由提出的给付请求时，如果认为请求人缺乏权利根据的，可以拒绝给付。由此发生争议的，请求人可以向受理破产案件的人民法院提起诉讼。

五、破产抵销权

（一）破产抵销权的概念和意义

破产抵销权，是指破产债权人在破产宣告前对破产人负有债务的，不论债的种类和到期时间，得于清算分配前以破产债权抵销其所负债务的权利。

一般认为，抵销具有担保债权回收的作用。在通常情况下，抵销免除双方的债务，双方是同等受益的，也就是说，以抵销的方法实现清偿的结果，与双方分别向对方履行给付的结果是一致的。但是在破产情况下，破产债权与破产财产由抵销所受的利益是不均等的，因为，债权人通过破产清算获得的清偿是不足额的，而从它的有清偿能力的债务人获得的清偿则是足额的。所以，破产抵销所实现的清偿结果与各自分别清偿的结果并不一致：前者有利于主张抵销的债权人而不利于债务人财产，因而不利于全体破产债权人的一般清偿利益。这种情况导致少数国家的破产立法不允许破产抵销。《破产法》第40条规定："债权人在破产申请受理前对债务人负有债务的，可以向管理人主张抵销……"这表明我国破产法是承认破产抵销权的。

（二）破产抵销权的行使

破产抵销权的行使，不仅关系到破产抵销权人的利益，而且关系到破产财产及全体破产债权人的利益，因此，应当遵守以下规则：

1. 破产抵销权的行使，应以管理人为对象，以意思表示为之。破产抵销权的行使应以抵销的单方意思表示为之。这种意思表示应向特定的对象作出，这一特定对象就是破产管理人。债权人向管理人提出破产抵销的主张，经管理人承认，始发生抵销的效果。

2. 破产抵销权的行使，应以债权申报为必要。破产抵销是债权人行使权利的一种特殊方式。债权申报是债权人参加破产程序的必要条件。因此，债权人只有在申报债权以后，才取得受破产法保护的地位。只有取得了破产法上的受保护地位，才有权对债务人财产提出种种权利请求。因此，未依法申报的债权，其真实性、准确性未经过债权人会议审查确认的，不能主张抵销。

（三）不适用破产抵销的情形

由于破产抵销权具有优先权的性质，能够使债权人得到优于清算分配的清偿结果，如果不加以限制，则可能被滥用，从而损害破产清算的秩序和多数债权人的正当权益。有鉴于此，《破产法》第40条具体规定了不适用破产抵销的以下三种情形：

1. 债务人的债务人在破产申请受理后取得的他人对债务人的债权，不得用于抵销。

2. 债权人已知债务人有不能清偿到期债务或者破产申请的事实，而对债务人负担债务的，不得抵销。但是，债权人因为法律规定或者因在破产申请1年前发生的原因而负担债务的除外。

3. 债务人的债务人已知债务人有不能清偿到期债务或者破产申请的事实，而对债务人取得的债权，不得抵销。但是，债务人的债务人因为法律规定或者有破产申请1年前所发生的原因而取得债权的除外。

六、破产费用和共益债务

（一）破产费用和共益债务的概念及范围

1. 破产费用。是指破产程序开始后，为破产程序的进行以及为全体债权人的共同利益而从债务人财产中优先支付的费用。

《破产法》第41条规定，人民法院受理破产申请后发生的下列费用，为破产费用：①破产案件的诉讼费用；②管理、变价和分配债务人财产的费用；③管理人执行职务的费用、报酬和聘用工作人员的费用。

2. 共益债务。又称财团债务，是指破产程序中为全体债权人的共同利益而管理、变价和分配破产财产而负担的债务，与之相对应的权利为共益债权。

《破产法》第42条规定，人民法院受理破产申请后发生的下列债务，为共益债务：①因管理人或者债务人请求对方当事人履行双方均未履行完毕的合同所产生的债务；②债务人财产受无因管理所产生的债务；③因债务人不当得利所产生的债务；④为债务人继续营业而应支付的劳动报酬和社会保险费用以及由此产生的其他债务；⑤管理人或者相关人员执行职务致人损害所产生的债务；⑥债务人财产致人损害所产生的债务。

（二）破产费用和共益债务的清偿

根据《破产法》第43条的规定，破产费用和共益债务的清偿，采用以下原则：

1. 随时清偿。破产费用和共益债务由债务人财产随时清偿。在债务人财产足以清偿破产费用和共益债务时，二者的清偿不分先后。

2. 破产费用优先清偿。在债务人财产不足以清偿所有破产费用和共益债务的情况下，先行清偿破产费用。

3. 按比例清偿。债务人财产不足以清偿所有破产费用或者共益债务的，按照比例清偿。

4. 不足清偿时的终结程序。债务人财产不足以清偿破产费用的，管理人应当提请人民法院终结破产程序。如果此时尚未宣告债务人破产，则无须宣告。

第五节 债权申报

一、债权申报的期限

债权申报期限是允许债权人向法院申报其债权的固定期间。限定债权申报期间，对于破产程序及时、顺利地进行是必要的。因为，只有在债权人人数和债权数额业已确定的情况下，才能召开债权人会议和进行清算分配。

《破产法》第45条规定，人民法院受理破产申请后，确定债权人申报债权的期限；该期限自人民法院发布受理破产申请公告之日起计算，最短不得少于30日，最长不得超过3个月。

二、债权申报的范围

（一）一般规定

可申报的债权要满足以下几点要求：

1. 须为以财产给付为内容的请求权。

2. 须为以债务人财产为受偿基础的请求权。

3. 须为法院受理破产申请前成立的对债务人享有的债权。

4. 须为平等民事主体之间的请求权。

5. 须为合法有效的债权。

不具备上述条件的债权被申报的，管理人有权提出异议。申报人坚持申报的，管理人可以在债权表中另页记载，并载明所发现的问题，以便债权人会议作出决定。必要时，管理人可以请求人民法院裁定不予确认。

（二）特别情形

1. 职工债权。债务人所欠职工的工资和医疗、伤残补助、抚恤费用，应当划入职工个人账户的基本养老保险、基本医疗保险费用，以及法律、行政法规规定应当支付给职工的补偿金，为我国破产法上的职工债权。职工不必申报，由管理人调查后列出清单并予以公示。

2. 利息请求权。附利息的债权自破产申请受理时起停止计息。破产申请受理前的利息，随本金一同申报。

3. 特定债权。又称“或然债权”，是指其效力有待确定的债权，包括附条件、附期限的债权和诉讼、仲裁未决的债权。这些债权可以申报，但必须说明其特定的状况。

4. 连带债权。连带债权人可以由其中一人代表全体连带债权人申报债权。也可以共同申报债权。申报的债权是连带债权的，应当说明。

5. 连带债务人的代位求偿权。债务人的保证人或者其他连带债务人，已经代替债务人清偿债务的，以其对债务人的求偿权申报债权；尚未代替债务人清偿债务的，除债权人已经向管理人申报全部债权的外，以其对债务人的将来求偿权申报债权。

6. 连带债务的债权人。在连带债务人之一破产时，其债权人享有在破产程序中申报债权的权利。连带债务人数人被裁定适用破产程序的，其债权人有权就其全部债权分别在各破产案件中申报债权。

7. 待履行合同相对人的赔偿请求权。管理人或者债务人依照《破产法》第 18 条的规定解除合同的，对方当事人以因合同解除所产生的损害赔偿请求权申报债权。

8. 善意受托人的请求权。债务人是委托合同的委托人，被裁定适用破产法规定的程序，受托人不知该事实而继续处理委托事务的，受托人以由此产生的请求权申报债权。

9. 票据付款人的请求权。破产债务人是票据的出票人，该票据的付款人继续付款或者承兑的，付款人以由此产生的请求权申报债权。

三、债权申报的方式

债权人申报债权时，应当书面说明债权的数额和有无财产担保，并提供如下证据：

1. 债权证明。即证明债权的真实性、有效性的文件，如合同、借据、法院判决等。

2. 身份证明。债权人自己申报的，应当提交合法有效的身份证明；委托代理人申报的，代理申报人应当提交委托人的有效身份证明、授权委托书和债权证明。

3. 担保证明。申报的债权有财产担保的，应当提交证明财产担保的证据。

破产案件受理后，债权人向人民法院提起新诉讼的，应予以驳回。其起诉不具有债权申报的效力。

四、逾期申报和未申报

在人民法院确定的债权申报期限内，债权人未申报债权的，可以在破产财产最后分配前补充申报；但是，此前已进行的分配，不再对其补充分配。为审查和确认补充申报债权的费用，由补充申报人承担。债权人未依照破产法规定申报债权的，不得依照破产法规定的程序行使权利。

五、登记造册

管理人收到债权申报材料后，应当登记造册，对申报的债权进行审查，并编制债权表。债权表应当记明债权人名称、住所、开户银行、申报债权数额、申报债权的证据、财产担保情况、申报时间、联系方式以及其他必要的情况。登记造册时，应当对有财产担保的债权和无财产担保的债权，予以分别登记。

六、核查确认

依照以上规定编制的债权表，应当提交第一次债权人会议核查。债务人、债权人对债权表记载的债权无异议的，由人民法院裁定确认。申报的债权，必须经债权人会议核查无异议和人民法院裁定确认后，方为确定。原则上只有债权被确定的债权人，才能够出席债权人会议行使表决权和接受破产分配。

七、查阅和异议

债权表和债权申报材料由管理人保存，供利害关系人查阅。债务人、债权人对债权表记载的债权有异议的，可以向受理破产申请的人民法院提起诉讼。

第六节　债权人会议

一、债权人会议概述

（一）债权人会议的概念及法律性质

债权人会议是全体债权人参加破产程序并集体行使权利的决议机构。债权人会议的法律性质是债权人团体在破产程序中的意思发表机关，即债权人会议的职能是要使全体债权人能够作为一个整体，就他们的权利行使和权利处分作出共同的意思表示，并为维护他们的共同利益而采取必要的行动。所以，债权人会议本质上是一个组织体，而不是临时的集会活动。

（二）债权人自治原则

债权人自治，是指全体债权人通过债权人会议，对破产程序进行过程中涉及债权人利益的各重大事项作出决定，并享有监督破产财产管理和分配的一系列权利，以及保障这些权利实现的有关程序制度。实行债权人自治，是破产法的一项重要原则。

债权人自治原则是确定债权人会议地位的基本依据。根据这一原则，有关债权人权利行使和权利处分的一切事项，均应由债权人会议独立地作出决议。债权人在债权人会议上应享有充分的自由表达和自主表决的权利。债权人会议作出的关于债权确认、与债务人和解、破产财产变价和分配等重大事项的决议，是程序进行的重要根据。债权人会议还应享有监督破产财产管理和处分的权利。

二、债权人会议的程序规则

（一）债权人会议的组成

1. 债权人会议成员。债权人依法申报债权后，成为债权人会议的成员。凡是债权人会议的成员，都享有出席会议的权利。

债权人会议成员有以下情形的，不得再出席债权人会议：①已经由担保财产优先受偿并获得足额清偿的；②已经从债务人的保证人或者其他连带债务人处获得足额清偿的。

2. 债权人会议成员的表决权。债权人会议成员分为有表决权的债权人和无表决权的债权人两种。

（1）有表决权的债权人。是指有权出席债权人会议和发表意见，并有权对债权人会议决议事项投票表达个人意志的债权人。凡是依法申报债权的债权人，除了存在法律规定无表决权的情形外，都享有表决权。

有表决权的债权人分为两种情况：一是对所有的表决事项都有表决权的债权人；二是对部分表决事项有表决权的债权人。后者是指有财产担保而未放弃优先受偿权利的债权人，对于通过和解协议的决议和通过破产分配方案的决议，不享有表决权。

（2）无表决权的债权人。是指有权出席债权人会议和发表意见，但无权对债权人会议决议事项投票表达个人意志的债权人。主要包括：①债权尚未确定，而人民法院未能为其行使表决权而临时确定债权额的，不得行使表决权；②债权附有停止条件，其条件尚有待成就的，或者债权附有解除条件，其解除条件已成就的，不享有表决权；③尚未代替债务人清偿债务的保证人或者其他连带债务人，不享有表决权。

（3）表决代理。债权人可以委托代理人出席债权人会议，行使表决权。代理人出席债权人会议，应当向人民法院或者债权人会议主席提交债权人的授权委托书。

3. 债权人会议主席。债权人会议主席为债权人会议的召集人，由人民法院从有表决权的债权人中指定。

4. 职工代表参加会议。破产程序中，对于职工权益必须予以充分重视。为此，破产法规定，债权人会议应当有债务人的职工和工会的代表参加，对有关事项发表意见。这里所说的“有关事项”主要指：①核查债权时职工债权清单的确认；②债务人继续营业时的职工待遇；③重整计划中的职工债权清偿方案；④破产财产分配方案中的职工债权清偿方案；⑤债务人财产管理方案、变价方案中涉及职工利益的问题（如职工住房的处置问题）。

（二）债权人会议的职权

债权人会议行使下列职权：核查债权；申请人民法院更换管理人，审查管理人的费用和报酬；监督管理人；选任和更换债权人委员会成员；决定继续或者停止债务人的营业；通过重整计划；通过和解协议；通过债务人财产的管理方案；通过破产财产的变价方案；通过破产财产的分配方案；人民法院认为应当由债权人会议行使的其他职权。

（三）债权人会议的召开程序

1. 会议的召集。

（1）召集人。第一次债权人会议由人民法院召集，以后的债权人会议由会议主席召集。

（2）召集的时间。第一次债权人会议为法定会议，应当在债权申报期限届满后15日内召开。以后的债权人会议，在人民法院认为必要时召开，或者在管理人、债权人委员会、占债权总额1/4以上的债权人向债权人会议主席提议时召开。

（3）召集通知。召开债权人会议，管理人应当提前15日通知已知的债权人。

2. 会议的决议。

（1）决议的方式。《破产法》第64条第1款规定，债权人会议的决议，由出席会议的有表决权的债权人过半数通过，并且其所代表的债权额占无财产担保债权总额的1/2以上。但是，破产法另有规定的除外。这里所说的“另有规定”，是指《破产法》第84条关于通过重整计划的规定和第97条关于通过和解协议草案的规定。

（2）决议的效力。债权人会议的决议，对于全体债权人均有约束力。一旦决议依法定程序获得通过，各债权人不论是否出席了会议，不论是否参加表决，也不论是否投票赞成，都当然地受到决议的约束。

（3）对决议的异议。债权人认为债权人会议的决议违反法律规定，损害其利益的，可以自债权人会议作出决议之日起15日内，请求人民法院裁定撤销该决议，责令债权人会议依法重新作出决议。这里所说的“违反法律规定”，应包括实体法和程序法。常见的情况有：决议内容违法；决议程序违法；会议程序违法；因其他违法情事导致产生决议的程序不公，或者导致债权人合法权益受到损害。

对于债权人认为债权人会议决议违法提出的裁定请求，人民法院在审理以后，认为决议确有违法情事，请求有理的，应当裁定撤销该决议。

（4）决议的记录。债权人会议应当对所议事项的决议作成会议记录。

（5）决议未通过的补救。对于债务人财产的管理方案或者破产财产的变价方案，债权人会议表决未通过的，由人民法院裁定。对于破产财产分配方案，债权人会议表决未通过的，应当再次表决；再次表决仍未通过的，由人民法院裁定。

三、债权人委员会

1. 债权人委员会的组成。债权人委员会不是一个常设机构，债权人会议有权决定其设立或不设立。按照破产法的规定，债权人委员会由债权人会议选任的债权人代表和1名债务人的职工代表或者工会代表组成。债权人委员会成员不得超过9人，且应当经人民法院书面决定认可。

2. 债权人委员会的一般监督权。债权人委员会行使下列职权：监督债务人财产的管理和处分；监督破产财产分配；提议召开债权人会议；债权人会议委托的其他职权。

3. 债权人委员会的特别监督权。管理人实施的下列行为，属于对债权人利益关系重大的处分行为，应当及时报告债权人委员会：①涉及土地、房屋等不动产权益的转让；②探矿权、采矿权、知识产权等财产权的转让；③全部库存或者营业的转让；④借款；⑤设定财产担保；⑥债权和有价证券的转让；⑦履行债务人和对方当事人均未履行完毕的合同；⑧放弃权利；⑨担保物的取回；⑩对债权人利益有重大影响的其他财产处分行为。

第七节　重整程序

一、重整原因

根据《破产法》第2条第2款的规定，重整程序可适用于两种情形：一是债务人具备破产原因，即不能清偿到期债务并且资产不足以清偿全部债务的，或者不能清偿到期债务并且明显缺乏清偿能力的；二是债务人将要出现破产原因，即有明显丧失清偿能力可能的。

二、重整程序的启动

根据破产法的规定，重整程序的申请人分为两种情况：①破产案件受理前的初始重整申请，可以由债务人或者债权人提出。②破产案件受理后，破产宣告前的后续重整申请，初始申请为债权人申请债务人破产清算的，可以由债务人或者持有债务人注册资本1/10以上的1名或数名出资人提出。

人民法院经审查认为重整申请符合破产法的规定的，应当裁定许可债务人进行重整并予以公告。

三、重整期间的财产管理

（一）重整期间

重整期间是重整程序开始后的一个法定期间，其目的在于防止债权人在重整管理期间对债务人及其财产采取诉讼或其他程序行动，以便保护企业的营运价值和制订重整计划。《破产法》第72条规定："自人民法院裁定债务人重整之日起至重整程序终止，为重整期间。"

（二）管理人监督下的债务人自行管理

债务人在自行营业的情况下，行使破产法规定的管理人职权，并履行管理人对债权人会议和债权人委员会的报告义务。同时，债务人还要接受管理人的监督，其财产管理和营业的重要决定和有关信息，应当报告管理人。

（三）管理人负责且有债务人参与的管理

为了提高经营效率，管理人以聘任方式委托债务人的经营管理人员负责办理。由于在聘任制下，管理人承担着法律上的责任，故受聘人员在签订重要合同和实施重大财产处分行为时，应当征得管理人的同意。

四、重整期间营业保护的特别规定

（一）对担保物权的限制

按照破产法的规定，对债务人享有的担保物权（如抵押权、质权），只能在和解程序或者清算程序开始后才能行使。同时，《破产法》第75条第1款规定："在重整期间，对债务人的特定财产享有的担保权暂停行使。但是，担保物有损坏或者价值明显减少的可能，足以危害担保权人权利的，担保权人可以向人民法院请求恢复行使担保权。"此外，《破产法》第37条还赋予了管理人通过清偿债务或者提供替代担保取回质物、留置物的权利。

（二）新借款

《破产法》第75条第2款规定，重整期间债务人或者管理人为继续营业而借款的，可以为该借款设定担保。

（三）对取回权的限制

《破产法》第76条规定，对于债务人合法占有的他人财产，该财产的权利人在重整期间要求取回的，应当符合事先约定的条件。

（四）对出资人和管理层的限制

《破产法》第77条规定，在重整期间，债务人的出资人不得请求投资收益分配；

债务人的董事、监事、高级管理人员不得向第三人转让其持有的债务人的股权。但是，在某些情况下，股权转让不会对重整产生消极影响，甚至有积极作用（例如吸引新投资者）。所以，该条规定，管理层的股权转让经人民法院同意的除外。

五、重整程序的终止

破产法规定，在重整计划提交表决前，可以基于两类原因提前终止重整程序：

（一）继续重整存在重大障碍

《破产法》第78条规定，在重整期间，有下列情形之一的，经管理人或者利害关系人请求，人民法院应当裁定终止重整程序，并宣告债务人破产：①债务人的经营状况和财产状况继续恶化，缺乏挽救的可能性；②债务人有欺诈、恶意减少债务人财产或者其他显著不利于债权人的行为；③由于债务人的行为致使管理人无法执行职务。

（二）未按时提交重整计划草案

根据《破产法》第79条的规定，债务人或者管理人自人民法院裁定债务人重整之日起6个月内，或者在人民法院裁定延期后的3个月内，没有向人民法院和债权人会议提交重整计划草案的，人民法院应当裁定终止重整程序，并宣告债务人破产。

六、重整计划的制备

（一）重整计划的意义

重整计划是重整程序中最重要的法定文件，它是债务人、债权人和其他利害关系人在协商基础上就债务清偿和企业拯救作出的安排。

重整计划具有以下特征：①重整计划以企业拯救和债务清理为目的；②重整计划由管理人或者自行营业的债务人负责制备；③重整计划包括债务清偿方案和经营方案，以及融资方案、资产重组方案和有助于企业复兴的其他方案；④重整计划原则上需征得债权人会议的同意；⑤重整计划经法院批准后生效；⑥重整计划由债务人负责执行。

（二）重整计划的制备人和提交期限

重整计划的制备是指重整计划草案的制作和相关文件的准备。根据《破产法》第80条的规定，重整计划应当由重整期间负责财产管理和营业事务的人制备。也就是说，债务人自行管理的，债务人为重整计划的制备人；管理人负责管理的，管理人为重整计划的制备人。

债务人或者管理人应当自人民法院裁定债务人重整之日起6个月内向人民法院和债权人会议提交重整计划草案。该期限届满，经债务人或者管理人请求，有正当理由的，人民法院可以裁定延期3个月。

（三）重整计划的内容

《破产法》第81条规定了重整计划应当包括的最低限度的内容：①债务人的经营方案；②债权分类；③债权调整方案；④债权受偿方案；⑤重整计划的执行期限；⑥重整计划执行的监督期限；⑦有利于债务人重整的其他方案。

七、重整计划的通过和批准

（一）表决程序

1. 会议召集。人民法院应当自收到重整计划草案之日起30日内召开债权人会议。

2. 分组表决程序。债权人会议应当依照规定的债权分类分成不同的表决组，对重整计划进行分组表决。出席会议的同一表决组的债权人过半数同意重整计划草案，并且其所代表的债权额占该组债权总额的2/3以上的，即为该组通过重整计划草案。

重整计划草案涉及出资人权益调整事项的，应当设出资人组，对该事项进行表决，其表决通过的规则与债权人表决组相同。

各表决组均通过重整计划草案时，重整计划即为通过。自重整计划通过之日起10日内，债务人或者管理人应当向人民法院提出批准重整计划的申请。

（二）批准程序

批准程序是人民法院行使司法审查权的过程。在审查过程中，人民法院可以根据案情的需要，进行开庭或不开庭的审理。人民法院审理后，可以针对不同情况作出不同结果的裁定。

1. 通过后的审查批准。对于已获通过并提请批准的重整计划，人民法院应当进行审查。人民法院经审查认为重整计划符合破产法规定的，应当自收到申请之日起30日内裁定批准，同时终止重整程序，并予以公告。

2. 未通过时的强行批准。《破产法》第87条规定了重整计划未通过时的强行批准制度。人民法院经审查认为重整计划草案符合法律规定的，应当自收到申请之日起30日内裁定批准，终止重整程序，并予以公告；反之，经审查认为重整计划不符合上述规定的，则应当裁定终止重整程序，并宣告债务人破产。

八、重整计划的执行

（一）重整计划的执行人

重整计划由债务人负责执行。管理人在重整期间主持营业的，应当在人民法院裁定批准重整计划后，将其接管的财产和营业事务移交债务人。

（二）重整计划的监督人

1. 监督期间。自人民法院裁定批准重整计划之日起，在重整计划规定的监督期内，由管理人监督重整计划的执行。经管理人申请，人民法院可以裁定延长重整计划执行的监督期限。

2. 债务人的报告义务。在监督期内，债务人应当向管理人报告重整计划执行情况和债务人财务状况。债务人的行为违反重整计划的，管理人有权提出异议；情节严重，致使重整计划不执行或者不能执行的，管理人有权请求人民法院裁定终止重整计划的执行并宣告债务人破产。

3. 监督期满终止。监督期届满时，管理人应当向人民法院提交监督报告。自监督报告提交之日起，管理人的监督职责终止。对于管理人向人民法院提交的监督报告，重整计划的利害关系人有权查阅。

（三）重整计划的约束力

经人民法院裁定批准的重整计划，对债务人和全体债权人均有约束力。

在重整计划执行期间，债权人未依照破产法规定申报的债权不得行使；在重整计划执行完毕以后，可以按照重整计划中同类债权的清偿条件行使权利。债权人对债务人的保证人和其他连带债务人所享有的权利，不受重整计划的影响。在这种情况下，无论该债权人是否参加重整计划的清偿，均可就其未由重整计划获得的清偿向债务人的保证人或者其他连带债务人要求清偿。

（四）重整计划的修改

破产法中没有规定已获批准的重整计划的变更。重整计划原则上应当严格执行。但是，如果客观情况发生了重大变化，只有对重整计划的某些部分作适当修改才能实现企业拯救和保护债权人的利益，若不加变更而坐等计划失败，显然是不可取的。至于债权调整方案和清偿方案，一般不允许变更，除非债务人与相关债权人已经达成了债务和解协议。

（五）重整计划的执行终止

1. 重整计划因执行不能而终止。重整计划执行不能，包括债务人不执行和不能执行两种情形。在重整计划执行不能时，人民法院经管理人或者利害关系人请求，应当裁定终止重整计划的执行，并宣告债务人破产。

在执行不能而终止的情况下，已经为重整计划的执行提供的担保继续有效，管理人有权依据担保协议请求担保人履行担保义务。

2. 重整计划因执行完毕而终止。重整计划执行完毕后，债务人应当及时向人民法院提交执行报告。人民法院审查确认后，裁定终结破产案件。自法院裁定终结破产案件时确认的重整计划执行完毕之日起，债务人对于依照重整计划减免的债务免除清偿责任。

第八节 和解程序

一、和解申请与裁定

根据破产法的规定，和解程序的申请，必须符合以下三项条件：

1. 和解的申请人必须是已经具备破产原因的债务人。实践中，债权人希望和解的，可以与债务人协商，由债务人提出和解申请。

2. 申请和解的债务人应当遵守有关破产申请的一般规定，向人民法院提交相关的证据和文件。

3. 债务人在申请和解时必须提交和解协议草案。人民法院经审查认为和解申请符合破产法规定的，应当裁定和解，予以公告，并召集债权人会议讨论和解协议草案。

二、和解协议的成立和生效

（一）和解协议的成立

和解协议成立的方式，实质上是一种合同订立的方式，即债务人以提出和解协议草案的形式向债权人团体发出要约，债权人会议以通过和解协议草案的决议形式作出承诺。债权人会议通过和解协议草案的决议，符合“由出席会议的有表决权的债权人的过半数同意，并且其所代表的债权额占无财产担保债权总额的2/3以上”的条件时，即达成和解协议。

（二）和解协议的生效

债务人和债权人达成和解协议，必须经人民法院裁定认可方能生效。经债权人会议通过的和解协议，提交人民法院认可的，人民法院应当从协议内容和会议程序两个方面进行审查。如未发现违法情事，则予以认可；如果发现违法，人民法院可责令债权人会议纠正，也可以裁定不予认可并宣告债务人破产。

三、和解协议的执行

1. 和解协议的法律效果。生效的和解协议，具有如下法律效果：

（1）破产程序终结和债务人恢复财产管理。自和解协议生效时起，破产程序终结。在这种情况下，破产程序对债务人财产的保全解除，管理人办理财产和事务的移交，债务人恢复对财产和事务的自主管理。

（2）全体和解债权人受和解协议的约束。和解债权人是指人民法院受理破产申请时对债务人享有无财产担保债权的人。无论其是否参加和解协议的表决，和解协议对全体和解债权人均有拘束力。

（3）债务人受和解协议的约束。

2. 和解执行完毕的法律效果。《破产法》第106条规定，按照和解协议减免的债务，自和解协议执行完毕时起，债务人不再承担清偿责任。

3. 和解失败的法律效果。按照《破产法》第九章的规定，和解实质上是一个合同的成立、生效和履行的过程。在这一过程中，如果出现合同不成立、不生效、无效或者不履行的事实，则应当有相应的法律效果。为此，破产法针对不同情形作出了以下规定：

（1）和解协议不成立、不生效。和解协议草案经债权人会议表决未获得通过，或者已经债权人会议通过的和解协议未获得人民法院认可的，人民法院应当裁定终止和解程序，并宣告债务人破产。

（2）和解协议无效。因债务人的欺诈或者其他违法行为而成立的和解协议，无论该违法事由是被发现于协议生效以前还是协议生效以后，人民法院都应当裁定其无效，并宣告债务人破产。

（3）和解协议执行不能。债务人不能执行或者不执行和解协议的，人民法院经和解债权人请求，应当裁定终止和解协议的执行，并宣告债务人破产。

在和解协议因执行不能而中止执行的情况下，第三人为和解协议执行提供的担保继续有效，担保人仍需对债权人承担约定的担保责任。

第九节　破产清算程序

一、破产宣告

（一）破产宣告的概念

破产宣告是法院对债务人具备破产原因的事实作出有法律效力的认定。

破产法规定，债务人被宣告破产后，债务人称为破产人；债务人财产称为破产财产；人民法院受理破产申请时对债务人享有的债权称为破产债权。这些特殊称谓，是对破产清算程序目标的特别宣示，即破产人以其全部破产财产对全体破产债权进行清偿。

（二）破产宣告的裁定

破产宣告的裁定，是法院对债务人具备破产原因的事实作出认定的法定方式。《破产法》第107条第1款规定，人民法院依照破产法规定宣告债务人破产的，应当自裁定作出之日起5日内送达债务人和管理人，自裁定作出之日起10日内通知已知债权人，并予以公告。按照司法解释，人民法院宣告企业破产，应当公开进行，应当通知债权人、债务人到庭，当庭宣告裁定。拒不到庭的，不影响裁定的效力。

根据司法解释，在破产宣告后，债权人或者债务人对破产宣告有异议的，可以在人民法院宣告企业破产之日起10日内，向上一级人民法院申诉。上一级人民法院应当组成合议庭进行审理，并在30日内作出裁定。

（三）破产宣告的效果

1. 对破产案件的效果。破产宣告对于破产案件的效果，就是破产案件不可逆转地转入破产清算程序。

2. 对债务人的效果。破产宣告对债务人产生身份上、财产上的一系列法律后果。

3. 对债权人的效果。对债权人来说，破产宣告使他们获得了行使权利的特别许可。在破产宣告前，所有的债权请求都处于冻结状态。破产宣告后，因破产宣告以前的原因而发生的请求权，得依照破产程序的规定接受清偿。

二、免于破产宣告

债务人具备破产原因，是破产宣告的基本依据和必要条件。没有破产原因的事实存在，则不得进行破产宣告。

债务人具备破产原因，但有法律规定的特定事由的，不予宣告破产。这种规定为破产宣告的例外规定。根据《破产法》第108条的规定，破产宣告前，有下列情形之一的，人民法院应当裁定终结破产程序，并予以公告：①第三人为债务人提供足额担保或者为债务人清偿全部到期债务的；②债务人已清偿全部到期债务的。

三、别除权

（一）别除权的概念

别除权是指债权人不依破产程序，而由破产财产中的特定财产单独优先受偿的权利。别除权具有以下法律特征：

1. 别除权以担保权为基础权利。
2. 别除权以实现债权为目的。
3. 别除权以破产人的特定财产为标的物。
4. 别除权的行使不参加集体清偿程序。
5. 别除权标的物不计入破产财产。

（二）别除权行使的条件

债权人在破产程序中享有别除权，别除权人行使别除权不受破产程序的约束，但需具备以下条件：

1. 债权和担保权合法成立和生效。
2. 债权和担保权符合破产法的规定。
3. 债权已依法申报并获得确认。

（三）清偿余额和差额

别除权标的物折价或者拍卖、变卖后，其价款超过债权数额的部分，应当归入破产财产。其价款不足以清偿全部债务的，不足清偿的部分作为破产债权，通过清算分配程序受偿。

（四）别除权标的物的回赎

如果别除权标的物对于破产企业的继续营业或者破产财产的整体变价具有重要意义，因而需要收回和列入破产财产的，则管理人可以在被担保债权由该标的物所能实现的清偿范围内，提供相同数额的清偿或者替代担保，从而收回该标的物。

四、破产财产变价

（一）破产财产变价的概念

破产财产变价，是指管理人将非金钱的破产财产，通过合法方式加以出让，使之转化为金钱形态，以便于清算分配的过程。

破产清算以金钱分配为原则，实物分配为例外，此为各国之通例。我国破产法也贯彻这一原则。破产财产变价是贯彻金钱分配原则的必要环节，也是制约金钱分配实施过程的主要因素。

（二）破产财产变价的方法

1. 破产财产估价。破产财产在变价前，有必要进行估价的，应当进行估价。破产财产的估价应当由具备合法资格的评估机构或评估师进行。对于房屋、土地使用权等重要财产的估价，应当由符合有关规定资格的评估人员按照规定的程序进行。

2. 破产财产变价方案。根据《破产法》第111条的规定，管理人进行破产财产变价，应当拟订破产财产变价方案，提交债权人会议讨论和表决。该方案经债权人会议表决未通过的，由人民法院裁定。管理人应当按照由债权人会议通过的或者在未通过时由人民法院裁定的破产财产变价方案，适时变价出售破产财产。

3. 公开变卖原则。变卖破产财产，原则上应当公开进行。实践中，变卖破产财产可采用的形式通常有拍卖、招标出售、标价出售等方式。

4. 破产财产的整体变卖。《破产法》第112条规定，破产企业可以全部或者部分变价出售。企业变价出售时，可以将其中的无形资产和其他财产单独变价出售。破产财产的整体变卖，通常应采用拍卖或招标的方式。

五、破产分配

（一）破产分配的概念

破产分配，又称破产财产的分配，是指破产管理人将变价后的破产财产，根据符合法定顺序并经合法程序确定的分配方案，对全体破产债权人进行公平清偿的程序。破产分配标志着破产清算的完成。破产分配结束是破产程序终结的原因。

（二）破产清偿顺序

1. 请求权的顺序。根据《破产法》第113条的规定，破产财产在优先清偿破产费用和共益债务后，依照下列顺序清偿：①破产人所欠职工工资和医疗、伤残补助、抚恤费用，所欠的应当划入职工个人账户的基本养老保险、基本医疗保险费用，以及法律、行政法规规定应当支付给职工的补偿金（第一顺序）；②破产人欠缴的除上述规定以外的社会保险费用和破产人所欠税款（第二顺序）；③普通破产债权（第三顺序）。

在计算第一顺序的债权分配时，破产企业的董事、监事和高级管理人员的工资按照该企业职工的平均工资计算。

2. 按顺序清偿的规则。破产法规定分配顺序的意义在于，依据一定的法律政策确定不同类别的请求权人的受偿顺序，使顺序在先的请求权人能够优先于顺序在后的请求权人获得清偿。为了实现这一目的，按顺序清偿必须遵守如下规则：首先清偿在先顺序的债权。在先顺序清偿完毕后，有剩余财产的，进行下一顺序的清偿。对每一顺序的债权，破产财产足够清偿的，予以足额清偿；不足清偿的，按比例清偿。例如，清偿第二顺序债权后剩余的破产财产为10万元，第三顺序债权总额为100万元，则按每10元债权偿付1元的比例进行清偿。按比例分配后，无论是否有未获分配的下一顺序债权，破产分配均告结束。例如，在清偿第一顺序债权后，剩余财产不足以清偿第二顺序债权的，则第二顺序债权按比例清偿后，结束破产分配。

（三）破产分配方案

1. 破产分配方案的制备。破产分配方案是载明破产财产如何用于破产分配和各破产债权人如何获得破产分配的书面文件。从本质上讲，破产分配方案是全体破产债权人就集体清偿达成的共同意志。管理人应当按照这一意志实现清算分配。

破产分配方案的制备由管理人负责进行。管理人在接管破产财产后，应当尽快完成破产财产的清理和估价，并从速制备破产分配方案，以便债权人会议及时讨论通过和付诸执行。

根据破产法的规定，破产分配方案应当载明下列事项：参加破产分配的债权人名称或者姓名、住所；参加破产分配的债权额；可供分配的破产财产数额；破产分配的顺序、比例及数额；实施破产分配的方法。

根据司法解释，对破产分配方案的内容有以下具体要求：对于可供破产分配的财产，要说明其种类、总值，已变现的财产和未变现的财产；对于债权清偿顺序，要说明各顺序的种类与数额，包括破产人所欠职工工资、劳动保险费用和所欠税款等的数额和计算依据；对于破产分配方法，要说明分配的方式和时间；有将来能够追回的财产的，应就追加分配加以说明。

2. 破产分配方案的通过。破产宣告后，管理人应当及时拟订破产财产分配方案，提交债权人会议讨论。在债权人会议讨论时，如果个别债权人认为分配方案的记载事项有错误的，可以要求更正。债权人会议通过破产财产分配方案的决议，由出席会议的有表决权的债权人过半数通过，并且其所代表的债权额必须占无财产担保债权总额的1/2以上。该决议经债权人会议二次表决仍未通过的，由人民法院裁定。

经债权人会议通过的分配方案，须报请人民法院裁定认可后，方可执行。人民法院认为分配方案符合法律规定并且无损害债权人利益的情事的，应当裁定认可。

债权人认为债权人会议的决议违反法律规定，损害其利益的，可以自债权人会议作出决议之日起15日内，请求人民法院裁定撤销该决议，责令债权人会议依法重新作出决议。

对于债权人会议通过的破产分配方案，已申报的债权人有异议的，可以按照破产法的规定，在债权人会议作出决议后的7日内提请人民法院裁定，人民法院认为分配方案有错误的，可以要求管理人予以变更。管理人应将变更意见提交债权人会议批准后，报请人民法院裁定认可。

3. 破产分配方案的执行。破产分配方案由管理人执行。管理人应于人民法院裁定认可分配方案后，及时通知应接受分配的债权人限期到指定的地点领取分配。逾期不领取的，可以提存。现金分配的，债权人应提供注明其具体地址、开户银行账号的证明，由管理人直接将分配款项汇入债权人指定的银行账户。债权人领取分配财产的费用（包括汇款费用、差旅费等）应当由其自行负担。

破产分配可以一次分配，也可以多次分配。破产财产分配方案采用多次分配的，管理人进行分配时，应当公告本次分配的财产额和债权额。管理人实施最后分配的，应当在公告中指明，并载明对于附条件债权的提存额的分配事项。

（四）破产分配额的提存

破产分配额的提存是指管理人在执行破产分配时因为存在某种法律上或事实上的障碍，依法将给付标的物交给提存机关或者人民法院指定的机构，以留待进一步处理的制度。具体说，有以下三种情况：①附条件债权的提存；②未受领分配额的提存；③诉讼未决债权的提存。

六、破产程序终结

（一）破产程序终结的概念

破产程序的终结，是指破产程序不可逆转地归于结束。破产程序的终结，可能意味着破产程序预期目标的实现，也可能意味着预期目标的不能实现。

（二）破产程序的终结事由

1. 重整计划执行完毕（第94条）；
2. 人民法院裁定认可和解协议（第98条）；
3. 债务人有不予宣告破产的法定事由（第108条）；
4. 债务人财产不足以清偿破产费用（第43条）；
5. 破产人无财产可供分配（第120条第1款）；
6. 破产财产分配完毕（第120条第2款）。

（三）消灭债务人法律人格的程序终结

破产宣告时的终结，通常由人民法院依职权裁定。人民法院在破产宣告时，已经发现破产财产不足以清偿破产费用的，应当同时裁定宣告破产和终结破产程序。这种情况称为“同时终结”。同时终结也可以由债务人提请人民法院裁定。

案例讨论

一、基本案情

2010年12月10日，债权人某甲向市中级人民法院申请A有限责任公司破产。经查：A有限责任公司仅有资产73.7万元，债务为159.7万元，亏损额达86万元，资产负债率为46.1%。法院立案，在规定时间内通知债权人，2011年2月11日，法院裁定破产。3月9日，成立破产清算组。清算组提出以下财产分配方案并由债权人会议通过：所有财产集体拍卖，全体债权人按比例受偿。清算组委托拍卖公司公开拍卖。最终，包括手续费以59.7万元成交。对此，某甲提出异议，不同意含有抵押债权的财产加入整体拍卖，要求优先受偿。法院裁定异议不成立，在扣除破产费，按原方案分配后，裁定终止破产程序。

分析并回答下列问题：

1. 某甲有部分无财产担保债权，申请破产合法吗？
2. 作为债权人，某甲申请破产应向法院提交哪些材料？
3. A有限责任公司的破产原因是什么？
4. 如果是债务人A有限责任公司提出破产申请，其应向法院提交哪些材料？
5. 某甲有部分抵押债权，以上处理合法吗？你认为应该如何处理？

二、案例分析

1. 某甲有部分无财产担保债权，申请破产合法。
2. 债权人某甲申请破产应向法院提交以下材料：①债权发生的事实与证据。

②债权性质、数额、有无担保，并附证据。③债务人不能清偿到期债务的证据，如停止支付并呈连续性。

3. A有限责任公司破产原因是：①企业经营不善；②严重亏损；③不能清偿到期债务。其中，第三个原因要符合三个要件：①债务的清偿期限已经届满；②债权人已要求清偿；③债务人明显缺乏清偿能力。债务人停止支付到期债务并呈连续状态，如无相反证据，可推定为“不能清偿到期债务”。

4. 债务人提出破产申请，应当提交破产申请书和有关证据，还应当向人民法院提交财产状况说明、债务清册、债权清册、有关财务会计报告、职工安置预案以及职工工资的支付和社会保险费用的缴纳情况。

5. 甲有部分抵押债权，有权优先受偿，这在理论上属于别除权。或把抵押财产单独拍卖优先偿付某甲的债权，如果拍卖会使整体财产价值减少，也可以整体拍卖，但应保证抵押债权优先充分受偿。

复习思考题

一、单项选择题

1. 人民法院可以接受下列哪些主体的破产申请？(　　)

A. 普通合伙企业合伙人王先生　　B. 甲有限责任公司的总经理

C. 乙股份公司的董事　　D. 丙公司解散后的责任人

2. 甲公司被乙公司申请破产，人民法院受理了甲公司的破产案件。以下相应的机关和当事人实施的行为中不符合法律规定的是(　　)。

A. 法院批准甲公司为维持经营向乙公司支付货款10万元

B. 开户银行直接从甲公司账上扣划5万元抵还所欠本银行的贷款

C. 乙公司以欠甲公司的8万元债务抵销了甲公司欠乙公司的8万元债务

D. 管理人决定由甲公司继续履行与丙公司的合同

3. 根据《破产法》的规定，第一次债权人会议以后的债权人会议的召开必须符合法律规定。下列召开债权人会议的条件中不符合法律规定的是(　　)。

A. 人民法院认为必要时

B. 债权人委员会认为必要时

C. 占无财产担保债权总额1/4以上的债权人要求时

D. 占无财产财担保债权总额1/5以上的债权人要求时

4. 甲企业破产，乙企业拟行使取回权取回临时出租给甲企业的机器设备。乙企业行使取回权的下列方式中，符合企业破产法律制度规定的是(　　)。

A. 自行取回

B. 通过甲企业的法定代表人取回

C. 通过管理人取回

D. 通过人民法院取回

5. 甲企业于2008年1月将一批货物寄存于乙企业，约定存放时间为1年。乙企业于2008年12月将该批货物出卖获得100万元的货款。2009年1月9日，乙企业向法院申请破产。法院于1月15日受理该案件。至2009年1月甲企业取货时发现该批货物已被卖掉。此时甲企业可以（　　）。

A. 行使取回权要求乙企业追回出卖的货物

B. 将100万元的货款作为破产债权要求清偿

C. 向管理人要求取回100万元的价款

D. 行使优先受偿权

6. 某企业在人民法院受理其破产案件前6个月至破产宣告之日的期限内，非正常压价出售其所有的一栋办公楼，直至破产程序终结也未发现。对该企业的这一行为表述正确的选项是（　　）。

A. 人民法院应当追回该财产，再依《破产法》有关规定处理

B. 人民法院应当追回该财产并且予以没收上缴国库

C. 人民法院不能依职权追回该财产，除非债权人提出请求

D. 这一行为在破产程序终结之日起2年内被发现的，由人民法院追回财产，按《破产法》有关规定处理

7. 根据《破产法》的规定，下列关于破产管理人产生的表述中正确的是（　　）。

A. 由人民法院指定　　B. 由债权人会议选举

C. 由债权人会议聘请　　D. 由工商行政部门组织成立

8. 甲企业与乙企业签订了购买一套成套设备的合同。双方约定乙企业于8月31日之前交货，货到后7天之内甲企业付款。同年2月5日，甲企业被某债权人向人民法院申请破产。人民法院于8月15日依法作出裁定，宣告甲企业破产并进行清算。对该尚未履行的合同应当如何处理？（　　）

A. 由甲企业自主决定是解除还是继续履行

B. 管理人可以决定是解除还是继续履行

C. 债权人会议可以决定解除或者继续履行

D. 人民法院可以依法作出解除或者继续履行的裁定

9. 某企业长期拖欠某银行贷款。某银行向法院起诉，要求某企业偿还贷款本息。法院依法作出判决，但某企业拒不执行。于是某银行向法院申请采取强制执行措施。在执行过程中，人民法院受理了某企业另几位债权人要求该企业破产的申请。此时某银行的债权应（　　）。

A. 继续进行执行程序

B. 执行程序应当与破产程序合并

C. 继续进行执行程序还是中止执行程序，应当由法院根据某银行的申请结合执行的进展情况决定

D. 执行程序必须中止，某银行可依据法院的生效判决向受理破产案件的法院申报债权

10. 根据《破产法》的规定，和解程序的申请人可以是（　　）。

A. 债权人　　B. 债务人　　C. 清算人　　D. 管理人

二、多项选择题

1. 人民法院受理破产申请前1年内，对于涉及债务人的财产的行为，管理人有权请求人民法院予以撤销。这些行为包括（　　）。

A. 有偿转让财产　　B. 以明显不合理的价格进行交易

C. 放弃债权　　D. 对没有财产担保的债务提供财产担保

2. 根据《破产法》的规定，向债务人所在地人民法院提出破产清算申请的当事人有（　　）。

A. 债务人　　B. 债权人

C. 人民法院　　D. 对债务人负有清算责任的人

3. 下列属于破产费用的是（　　）。

A. 破产案件的诉讼费用

B. 管理、变价和分配债务人财产的费用

C. 管理人执行职务的费用、报酬和聘用工作人员的费用

D. 债务人财产受无因管理所产生的债务

4. 根据企业破产法律制度的规定，在第一次债权人会议召开之前，管理人实施下列（　　）行为时，应当经人民法院许可。

A. 管理人决定继续或者停止债务人的营业

B. 全部库存或者营业的转让

C. 设定财产担保的事项

D. 履行债务人和对方当事人均未履行完毕的合同

5. 根据企业破产法律制度的规定，下列各项中，应当召开债权人会议的情形有（　　）。

A. 人民法院认为必要时

B. 管理人提议召开时

C. 债权人委员会提议召开时

D. 占债权总额1/4以上的债权人向债权人会议主席提议时

6. 下列有关债权申报的表述中，符合《破产法》规定的有（　　）。

A. 债务人所欠职工的工资和医疗、伤残补助、抚恤费用不必申报，由管理人调查后列出清单并予以公示

B. 债务人的保证人或者其他连带债务人已经代替债务人清偿债务的，以其对债务人的求偿权申报债权

C. 管理人或者债务人依照规定解除合同的，对方当事人以因合同解除所产生的

损害赔偿请求权申报债权

D. 债务人是票据的出票人，被裁定适用《破产法》规定的程序，该票据的付款人继续付款或者承兑的，付款人以由此产生的请求权申报债权

7. 管理人应当追回下列（ ）人员利用职权从企业获取的非正常收入和侵占的企业财产。

A. 董事 B. 监事 C. 经理 D. 副经理

8. 对债务人的特定财产享有担保权的债权人，未放弃优先受偿权利的，对于（ ）没有表决权。

A. 选任和更换债权人委员会成员 B. 决定继续或者停止债务人的营业

C. 通过和解协议 D. 通过破产财产的分配方案

9. 关于债权人委员会，下列说法正确的是（ ）。

A. 债权人会议可以决定设立债权人委员会

B. 债权人会议应当设立债权人委员会

C. 债权人委员会由债权人会议选任的债权人代表和1名债务人的职工代表或者工会代表组成

D. 债权人委员会成员应当经人民法院书面决定认可

10. 根据《破产法》的规定，对破产企业尚未履行的合同，管理人可以选择的处理方式有（ ）。

A. 予以解除 B. 中止合同履行 C. 宣告无效 D. 继续履行

三、判断题

1. 破产原因是破产案件受理的实质条件。（ ）

2. 清算责任人可以申请重整、和解程序。（ ）

3. 人民法院受理破产案件后，申请人请求撤回破产申请的，应予驳回。（ ）

4. 经法院准许撤回破产申请的，不影响申请人以后再次提出破产申请。（ ）

5. 管理人对债务人在破产程序前的不正当财产处分行为有权行使撤销权和取回权。（ ）

6. 债权人在破产申请受理前对债务人负有债务的，可以向管理人主张抵销。（ ）

7. 破产费用和共益债务由债务人财产随时清偿。（ ）

8. 凡是依法申报债权的债权人，都享有表决权。（ ）

9. 按照和解协议减免的债务，自和解协议执行完毕时起，债务人不再承担清偿责任。（ ）

10. 破产分配方案由债权人委员会执行。（ ）

四、简答题

1. 简述破产原因。

2. 简述管理人的任职资格。

3. 简述破产抵销权行使的条件及限制。

4. 简述破产费用的概念及内容。

5. 简述重整程序终止的情形。

五、案例分析题

1. 蓝天贸易有限责任公司（以下简称“贸易公司”）由甲公司和乙公司分别出资300万元和200万元设立，贸易公司实际到位的注册资本为400万元，甲公司尚有100万元出资因公司章程规定的出资期限未到期而没有完全履行出资义务。贸易公司在经营中因投资决策发生严重失误，造成重大损失，不能清偿到期债务，向其所在地的人民法院申请破产。人民法院于2008年2月8日受理了该破产申请后，指定了管理人全面接管贸易公司。经审理，人民法院于2009年1月8日依法宣告贸易公司破产。管理人对贸易公司的相关事项清理如下：

（1）2007年4月20日向丙公司无偿赠与一批物资，价值30万元。

（2）2007年1月24日向丁银行借款10万元，借期2年。其借款利息截至2008年2月8日为8万元，其后截至2009年1月8日为15万元。

（3）2007年12月16日与甲公司签订一份买卖合同，约定甲公司为贸易公司定制一批特殊规格的服装，合同标的额为68万元，由甲公司于2008年4月上旬交货，货到付款。现双方均尚未履行该合同，管理人决定解除该合同，由此造成甲公司实际经济损失为10万元。

（4）武汉一债权人因参加债权人会议发生差旅费1万元，南京一债权人为参加贸易公司的破产清算而聘请律师的费用为2万元。

（5）2008年6月19日，贸易公司的一幢危房突然倒塌，致路人戊不幸受到伤害，遭到损失3万元。

（6）贸易公司经评估确认尚有资产1200万元（变现价值），应付工资300万元、基本养老保险费用100万元、基本医疗保险费用50万元、应缴税金400万元、其他流动负债1950万元，以及破产费用100万元。

要求：根据以上事实和破产法律制度的规定，分别分析回答下列问题：

（1）甲公司享有的破产债权是多少？其尚未缴纳的出资是否应补缴？分别说明理由。

（2）贸易公司向丙公司赠与物资的行为是否可以撤销？说明理由。

（3）破产财产造成的他人损失如何处理？和破产费用之间是什么关系？

（4）丁银行享有的破产债权是多少？说明理由。

（5）丁银行享有的破产债权在破产清算中能得到清偿的具体数额是多少？（小数点后保留2位数字）

2. 某汽车汽配厂实有资产3820万元，欠债3735万元。但是该厂以“实有资产1280万元，欠债3735元”的理由向当地人民法院提交了破产申请书，同时将2540万元转移并隐藏起来。该法院接到申请书后立即作出以下裁定：宣告该厂破产还债，并公告该厂所有债权人自公告之日起两个月内申报债权，逾期未申报者一律视为放弃债权。禹州市工商银行看到公告后立即申请债权，并说明自己的债权是有财产担保的，因为该厂半年前向该银行借钱时以厂房作为抵押。但法院认为破产还债中所有债权人都是一样的，应该平等对待，裁定1280万元财产由全体债权人按比例分配。

请问：以上做法与我国现行破产法律制度有无不相符之处？如有，请指出并说明理由。

第五章 合同法

学习提要与学习目标

合同法是规范市场交易关系的基本法，对于维护经济秩序具有重要意义。本章主要介绍合同的概念、特征、种类，合同法的适用范围和合同法的原则，合同的订立，合同的效力，合同的履行，合同的担保，合同的变更、转让和终止，违约责任以及合同法分则规定的15种有名合同。本章重点内容较多，其中合同法总则部分的内容全部是重点，分则部分重点掌握关于买卖合同的法律规定。通过学习本章内容，要求掌握合同法的基本知识，熟悉交易规则，学会利用合同法防范和化解合同风险。

第一节 合同法概述

一、合同的概念与特征

合同，又称为契约，是当事人之间设立、变更、终止债权债务关系的协议。我国合同法规定，合同是平等主体之间的自然人、法人、其他组织之间设立、变更、终止民事权利义务关系的协议。

合同是市场经济中交易的基本法律形式，具有以下法律特征：

1. 合同是平等主体的自然人、法人和其他组织所实施的一种民事行为。首先，合同作为一种民事行为，不同于事实行为，而是一种法律行为。只有在合同当事人所作出的意思表示是合法、符合法律规定的要件的情况下，合同才具有法律约束力。其次，合同的主体双方在法律地位上都是平等的，任何一方都不得将自己的意志强加给另一方。

2. 合同以设立、变更或终止民事权利义务关系为目的和宗旨。这就是说，一方面，尽管合同主要是有关债权债务关系的协议，但也不完全限于债权债务关系，而要涉及整个民事关系。另一方面，合同不仅导致民事法律关系的产生，而且可以成为民事法律关系变更和终止的原因。

3. 合同是当事人协商一致的产物。合同是当事人通过自愿协商，意思表示达成合意的结果，它包括以下要素：①合同的成立必须有两个以上的当事人。②各方当事人须相互作出意思表示。③各方的意思表示达成一致，也就是说当事人达成了一致的协议。合同在本质上是一种协议。

4. 合同具有相对性。合同的相对性是指合同主要在特定的当事人之间发生法律拘束力，只有合同当事人一方能基于合同向对方提出请求或提起诉讼，而不能向与其无合同关系的第三人提出合同上的请求，合同当事人也不能擅自为第三人设定合同上的义务。合同的相对性包括三个方面的内容：①主体的相对性，即合同关系只能发生在特定的主体之间；②内容的相对性，即除法律、合同另有规定外，只有合同当事人才能享有合同规定的权利并承担该合同规定的义务，除合同当事人以外的任何第三人都不能主张合同上的权利；③责任的相对性，即违约责任只能在特定的合同关系的当事人之间发生，合同关系以外的人不负违约责任，合同当事人也不对其承担违约责任。

二、合同的分类

通常，在立法与合同法理论上对合同作如下分类：

1. 有名合同与无名合同。根据法律是否对合同的规定有确定的名称与调整规则，合同分为有名合同与无名合同。有名合同是立法上规定有确定名称和规则的合同，又称典型合同，如《合同法》在分则中规定的15种合同。无名合同是立法上尚未规定有确定名称与规则的合同，又称非典型合同。这种分类的意义在于两种合同的法律适用不同。对有名合同可直接适用《合同法》中关于该种合同的具体规定。对无名合同则只能在适用《合同法》总则中规定的一般规则的同时，参照该法分则或者其他法律中最相类似的规定执行。

2. 单务合同与双务合同。根据合同当事人是否互相享有权利、负有义务，可将合同分为单务合同与双务合同。单务合同是指仅有一方当事人承担义务的合同，如赠与合同。双务合同是指双方当事人相互享受权利、承担义务的合同，如买卖合同。这种分类的意义在于，因两种合同义务承担的方式不同，它们的法律适用也不同，如单务合同的履行中不存在同时履行抗辩权的问题。

3. 有偿合同与无偿合同。根据合同当事人是否为从合同中得到的利益支付对价，可将合同分为有偿合同与无偿合同。有偿合同是指当事人为从合同中得到利益要支付相应代价的合同，如买卖合同。无偿合同是指当事人无需为从合同中得到的利益支付相应代价的合同，如赠与合同。这种分类的意义在于：①在法律适用上，有偿合同无规定的，参照买卖合同；②有偿合同债务人的注意义务要高于无偿合同利益出让人；③对于有偿合同的当事人的行为能力要求比无偿合同的纯获利益的当事人的要求高；④只有在有偿合同的情况下才有可能构成善意取得；只有在有偿合同条件下才能够成立债权人的撤销权。

4. 诺成合同与实践合同。根据合同成立除了当事人的合意外是否需要以交付标的物为条件，可将合同分为诺成合同与实践合同。诺成合同，也称不要物合同，是指当事人之间意思表示一致就能成立的合同；实践合同，也称要物合同，是指除当事人意思表示一致之外，还需要交付标的物才能成立的合同。传统民法中，买卖、租赁、雇佣、承揽、委托等属于诺成合同；借用、借贷、保管、运送等属于实践合同。在我国合同法中，仓储合同、自然人之间的借款合同以外的借款合同为诺成合同，运输合同原则上也是诺成合同。这种分类的意义在于合同成立后产生法律约束力的时间不同。

5. 要式合同与不要式合同。根据法律是否要求合同必须符合一定的形式才能成立，可将合同分为要式合同与不要式合同。要式合同是必须按照法律规定的特定形式订立方可成立的合同。不要式合同是法律对合同订立未规定特定的形式的合同。通常，合同除有法律特别规定外，均不属于要式合同。这种分类的意义在于，要式合同体现了法律对当事人合同自由中的形式自由的限制，而且根据要式合同所要求采用的特定形式或履行的特定程序属于成立要件还是生效要件而有不同的法律后果；不要式合同体现了当事人合同自由中的完全的形式自由。

6. 主合同与从合同。根据某一合同的存在是否须以其他合同的存在为前提，可将合同分为主合同与从合同。主合同是无需以其他合同的存在为前提即可独立存在的合同。从合同是必须以其他合同的存在为前提才可存在的合同，如保证合同。从合同不能独立存在，所以又称附属合同。主合同的成立与效力直接影响从合同的成立与效力。

7. 格式合同与非格式合同。根据合同条款产生方式的不同，可将合同划分为格式合同与非格式合同。格式合同是一方当事人为了重复使用而预先拟定，并在订立合同时未与对方协商的合同，如保险合同。非格式合同是指合同条款全部由双方当事人在订立合同时协商确定的合同。对于格式合同，对方当事人只能对格式条款表示愿意或不愿意接受，一般不能对其修改，因此，对方当事人在签订此类合同时处于不利地位。有鉴于此，合同法对格式合同作了一些限制。

三、合同法及其适用范围

（一）合同法的概念和特征

合同法是调整平等主体之间的交易关系的法律，它主要规范合同的订立、合同的有效和无效，以及合同的履行、变更、解除、保全、违约责任等问题。合同法具有以下特征：

1. 合同法具有任意性。合同法贯彻合同自由原则，充分尊重当事人的意思自治，因此，合同法主要通过任意性规范而不是强行性规范来调整交易关系。另外，合同法的规则也不是代替当事人订立合同，而只是帮助当事人完备合同，实现当事人的个人意志。

2. 合同法具有国际性。随着我国的对外开放及国际经济的一体化，交易越来越需要规则的统一性，这样才能最大限度地减少交易成本，降低交易费用，这就要求合同法在世界范围内逐渐统一。近十几年来，合同法的国际化已经成为法律发展的重要趋势。我国合同法制定时顺应了这一趋势，大量借鉴了各国合同立法的先进经验。

3. 合同法从动态的角度为当事人提供财产关系的法律保护。合同法与物权法均属财产法范畴。物权法主要调整财产的支配关系，从静态角度为当事人财产关系提供法律保护；而合同法则调整商品交换关系，即调整动态的财产流转关系。

（二）合同法的适用范围

1999 年 3 月 15 日，第九届全国人民代表大会第二次会议通过了《中华人民共和国合同法》，并于同年 10 月 1 日起施行。该法宣布《中华人民共和国经济合同法》、《中华人民共和国涉外经济合同法》和《中华人民共和国技术合同法》同时废止。

根据《合同法》第 2 条的规定，我国合同法适用于平等主体之间的自然人、法人、其他组织之间设立、变更、终止民事权利义务关系的协议。即合同法适用于各类财产性民事合同。具体包括：①《合同法》已确认的 15 类有名合同；②其他法律所确认的合同，如专利权或商标权转让合同等；③虽未由民法所确认但仍然由平等的民事主体所订立的财产性民事合同。

下列关系不适用《合同法》：①政府依法进行管理活动所订立的合同，其属于行政合同，不是民事合同；②法人、其他组织内部事务管理方面的合同；③婚姻、收养、监护等有关身份关系的协议；④劳动合同。

涉外合同的当事人可以选择处理合同争议所适用的法律，但法律另有规定的除外。涉外合同的当事人没有选择的，适用与合同有最密切联系的国家的法律。在中华人民共和国境内履行的中外合资经营企业合同、中外合作经营企业合同、中外合作勘探开发自然资源合同，适用中华人民共和国法律。

四、合同法的基本原则

1. 平等原则。合同法规定，合同当事人的法律地位平等，一方不得将自己的意志强加给另一方，此即平等原则。这一原则包括三方面内容：合同当事人的法律地位一律平等；合同中的权利义务对等；合同当事人必须就合同条款充分协商，取得一致后，合同才能成立。

2. 自愿原则。合同法规定，当事人依法享有自愿订立合同的权利，任何单位和个人不得非法干预。其核心是充分尊重当事人在订立合同过程中对外表达的内心真实意愿，包括：订不订立合同自愿；与谁订合同自愿；合同内容由当事人在不违法的情况下自愿约定。总之，只要不违背法律、行政法规强制性的规定，合同当事人有权自愿决定。

3. 公平原则。合同法规定，当事人应当遵循公平原则确定双方的权利和义务。所谓公平原则，是指民事主体在从事合同法律行为时，本着公正的观念，按照价值规律的要求进行对等交换，正当行使权利和履行义务，实现各自的合同利益。它体现了价值规律对商品流转的根本要求。

4. 诚实信用原则。合同法规定，当事人在行使权利、履行义务时应当遵循诚实信用的原则。诚信原则是在市场经济活动中形成的道德规则，要求人们在从事民事活动时，讲究信用，恪守诺言，诚实不欺，用善意的方式履行义务，在不损害他人利益和社会利益的前提下追求自身的利益。

5. 公序良俗原则。合同法规定，当事人订立、履行合同，应当尊重社会公德，不得扰乱社会经济秩序，损害社会公共利益。它的主要功能是在市场经济中维护国家、社会的一般利益和一般道德观念，因而在合同法中具有重要地位。

第二节 合同的订立

一、合同的形式与内容

（一）合同的形式

合同的形式是指当事人意思表示一致的外在表现形式。合同法规定，当事人订立合同，有书面形式、口头形式和其他形式。法律、行政法规规定采用书面形式的，应当采用书面形式。当事人约定采用书面形式的，应当采用书面形式。

书面形式是指合同书、信件和数据电文（包括电报、电传、传真、电子数据交换和电子邮件）等可以有形地表现所载内容的形式。这种形式明确肯定，有据可查，对于防止争议和解决纠纷有积极意义。口头形式是指当事人面对面地谈话或者以通信设备（如电话）交谈达成协议。口头形式订立合同的特点是直接、简便、快速。数额较小或者现款交易通常采用口头形式，但口头形式没有凭证，发生争议后，难以取证，不易分清责任。除了书面形式和口头形式，合同还可以其他形式成立。我们可以根据当事人的行为或者特定情形推定合同的成立，也可以称之为默示合同。此类合同是指当事人未用语言明确表示成立，而是根据当事人的行为推定合同成立。

（二）合同的内容

1. 合同内容的基本规定。合同的内容，即合同当事人订立合同的各项具体意思表示，体现为合同的各项条款。合同法规定，合同的内容由当事人约定，一般包括以下条款：当事人的名称或者姓名、住所、标的、数量、质量、价款或者报酬，履行期限、地点和方式，违约责任，解决争议的方法。当事人可以参照各类合同的示范文本订立合同。

合同的条款是否齐备、准确，决定了合同能否成立、生效以及能否顺利地履行，从而实现订立合同的目的。但是，并不是说当事人签订的合同中缺了其中任何一项就会导致合同的不成立或者无效。主要条款的规定只具有提示性与示范性。合同的主要条款或者合同的内容要由当事人约定，一般包括但不限于这些条款。不同的合同，由其类型与性质决定，其主要条款或者必备条款可能是不同的。

2. 格式条款。格式条款是当事人为了重复使用而预先拟定，并在订立合同时未与对方协商的条款。格式条款可以简化缔约程序，提高交易效率，符合现代市场经济的要求。但格式条款是由一方当事人拟定的，且在订立合同时不容对方修改，难免有不公平之处，为此，合同法对其适用作出了特别规定：

（1）采用格式条款订立合同的，提供格式条款的一方应当遵循公平原则确定当事人之间的权利和义务，并采取合理的方式提请对方注意免除或者限制其责任的条款，并按照对方的要求，对该条款予以说明。

（2）格式条款具有合同法规定的合同无效和免责条款无效情形的，或者提供格式条款一方免除其责任、加重对方责任、排除对方主要权利的，该条款无效。

（3）对格式条款的理解发生争议的，应当按照通常理解予以解释。对格式条款有两种以上解释的，应当作出不利于提供格式条款一方的解释。格式条款和非格式条款不一致的，应当采用非格式条款。

二、合同的订立程序

（一）要约

1. 要约的概念和构成要件。要约，又称为“发盘”、“发价”等，是希望和他人订立合同的意思表示，该意思表示应当符合下列规定：①内容具体确定；②表明经受要约人承诺，要约人即受该意思表示约束。据此，要约的构成要件包括：

（1）要约是特定合同当事人的意思表示。发出要约的目的在于订立合同，要约人必须使接收要约的相对方能够明白是谁发出了要约以便作出承诺。因此，发出要约的人必须能够确定，必须能够特定化。

（2）要约必须向要约人希望与之缔结合同的相对人发出。合同因相对人对于要约的承诺而成立，所以要约不能对希望与其订立合同的相对人以外的第三人发出，而一般应向特定人发出。

（3）要约必须具有缔约目的并表明经承诺即受此意思表示的拘束。

（4）要约的内容必须具备足以使合同成立的主要条件。这要求要约的内容必须是确定的和完整的。

要约的四个要件中最重要的是两个：一是内容具体确定；二是表明经受要约人承诺，要约人即受该意思表示约束。合同法规定了要约的三个要件，至于要约是否必须向特定人发出，在多数情况下是这样的，但在某些特殊场合则有例外，如悬赏广告、构成要约的商业广告等，因此，对该条件合同法未作规定。

2. 要约邀请及与要约的区别。要约邀请，又称要约引诱，是希望他人向自己发出要约的意思表示。要约邀请可以向特定人发出，也可以向不特定的人发出。要约邀请与要约不同，要约是一个一经承诺就成立合同的意思表示，而要约邀请只是邀请他人向自己发出要约，自己如果承诺才成立合同。要约邀请处于合同的准备阶段，没有法律约束力。但要约邀请也不是单纯地建议他人与自己进行有关合同的讨论，而是明确提出订立合同的建议，只不过仅指明合同的类型，并没有提出合同的具体内容。

属于要约邀请的行为有寄送价目表、拍卖公告、招标公告、招股说明书、商业广告等行为，但商业广告符合要约条件的视为要约。

3. 要约的效力。

（1）要约的生效。要约到达受要约人时生效。采用数据电文形式订立合同，收件人指定特定系统接收数据电文的，该数据电文进入该特定系统的时间，视为到达时间；未指定特定系统的，该数据电文进入收件人的任何系统的首次时间，视为到达时间。

（2）要约的撤回。要约可以撤回，但撤回要约的通知应当在要约到达受要约人之前或者与要约同时到达受要约人。

（3）要约的撤销。要约可以撤销，但撤销要约的通知应当在受要约人发出承诺通知之前到达受要约人。合同法规定，有下列情形之一的，要约不得撤销：①要约人确定了承诺期限或者以其他形式明示要约不可撤销；②受要约人有理由认为要约是不可撤销的，并已经为履行合同作了准备工作。

（4）要约的失效。有下列情形之一的，要约失效：①拒绝要约的通知到达要约人；②要约人依法撤销要约；③承诺期限届满，受要约人未作出承诺；④受要约人对要约的内容作出了实质性变更。

（二）承诺

1. 承诺的概念和构成要件。承诺是指受要约人对要约人提出的要约表示完全同意的意思表示。承诺的法律意义在于承诺生效时合同成立。承诺的构成要件包括：

（1）承诺必须由受要约人向要约人作出。第三人所为的意思表示不属于承诺，而属于一项新要约。

（2）承诺应当在要约确定的期限内到达要约人。要约没有确定承诺期限的，承诺应当依照下列规定到达：①要约以对话方式作出的，应当即时作出承诺，但当事人另有约定的除外；②要约以非对话方式作出的，承诺应当在合理期限内到达。要约以信件或者电报作出的，承诺期限自信件载明的日期或者电报交发之日开始计算。信件未载明日期的，自投寄该信件的邮戳日期开始计算。要约以电话、传真等快速通信方式作出的，承诺期限自要约到达受要约人时开始计算。受要约人超过承诺期限发出承诺的，除要约人及时通知受要约人该承诺有效的以外，为新要约。

（3）承诺的内容必须与要约的内容一致，且受要约人未对要约内容作出实质性变更。如果受要约人对要约内容作出了实质性的变更，则构成了一个新的要约，合同也并不因该意思表示的到达而生效。有关合同标的、数量、质量、价款或者报酬、履行期限、履行地点和方式、违约责任和解决争议方法等的变更，是对要约内容的实质性变更。承诺对要约的内容作出非实质性变更的，除要约人及时表示反对或者要约表明承诺不得对要约的内容作出任何变更的以外，该承诺有效，合同的内容以承诺的内容为准。

（4）承诺的形式符合要约或法律规定的要求。承诺应当以通知的方式（包括以书面或口头等明示方式）作出，但根据交易习惯或者要约表明可以通过行为作出承诺的除外。

2. 承诺的效力。

（1）承诺的生效。承诺通知到达要约人时生效。承诺不需要通知的，根据交易习惯或者要约的要求作出承诺的行为时生效。受要约人在承诺期限内发出承诺，按照通常情形能够及时到达要约人，但因其他原因承诺到达要约人时超过承诺期限的，除要约人及时通知受要约人因承诺超过期限不接受该承诺的以外，该承诺有效。承诺生效时合同成立。

（2）承诺的撤回。承诺可以撤回，但撤回承诺的通知应当在承诺通知到达要约人之前或者与承诺通知同时到达要约人。

（三）合同的成立

1. 合同成立的时间。原则上承诺到达并生效时合同成立。但当事人采用合同书形式订立合同的，自双方当事人签字或者盖章时合同成立。当事人采用信件、数据电文等形式订立合同的，可以在合同成立之前要求签订确认书。签订确认书时合同成立。

2. 合同成立的地点。承诺生效的地点为合同成立的地点。采用数据电文形式订立合同的，收件人的主营业地为合同成立的地点；没有主营业地的，其经常居住地为合同成立的地点；当事人另有约定的，按照其约定。当事人采用合同书形式订立合同的，双方当事人签字或者盖章的地点为合同成立的地点。

3. 实际履行与合同成立。法律、行政法规规定或者当事人约定采用书面形式订立合同，当事人未采用书面形式但一方已经履行主要义务，对方接受的，该合同成立。

采用合同书形式订立合同，在签字或者盖章之前，当事人一方已经履行主要义务，对方接受的，该合同成立。

三、缔约过失责任

（一）概念

缔约过失责任是指合同当事人订立合同过程中，因违反法律规定，违背诚实信用原则，致使合同未能成立，并给对方造成损失，由此而应承担的损害赔偿责任。缔约过失责任不同于违约责任：违约责任产生于合同成立之后，而缔约过失责任发生在合同成立之前，适用于合同未成立、合同未生效、合同无效等情况。

（二）承担缔约过失责任的条件

当事人在订立合同过程中有下列情形之一，给对方造成损失的，应当承担损害赔偿责任：假借订立合同，恶意进行磋商；故意隐瞒与订立合同有关的重要事实或者提供虚假情况；有其他违背诚实信用原则的行为。

当事人在订立合同过程中知悉的商业秘密，无论合同是否成立，都不得泄露或者不正当使用。泄露或者不正当使用该商业秘密给对方造成损失的，应当承担损害赔偿责任。

第三节 合同的效力

一、合同的生效

合同的生效是指已依法成立的合同，在当事人之间产生了一定的法律拘束力。其实质是国家对该合同的认可。合同的生效与合同的成立不同。合同的成立，是指缔约当事人就合同的主要条款达成合意。合同成立后并不当然生效，合同生效与否，取决于其是否符合国家的意志和社会公共利益。合同的成立是合同订立过程的完成，其与合同的生效处于两个不同阶段。合同成立是判断合同是否生效的前提。

合同作为一种民事法律行为，应当符合一般民事法律行为的生效要件才能生效。除此之外，合同法及相关司法解释还规定了以下要求：

1. 依法成立的合同，自成立时生效，这是合同生效的一般原则。

2. 法律法规规定应当办理批准、登记手续的，合同在办理完批准、登记手续后生效。法律、行政法规规定合同应当办理批准手续，或者办理批准、登记等手续才生效，在一审法庭辩论终结前当事人仍未办理批准、登记等手续的，人民法院应当认定该合同未生效；法律、行政法规规定合同应当办理登记手续，但未规定登记后生效的，当事人未办理登记手续不影响合同的效力，合同标的物所有权及其他物权不能转移。

3. 附条件的合同。当事人对合同的效力可以约定附条件。附生效条件的合同，自条件成就时生效。附解除条件的合同，自条件成就时失效。当事人为自己的利益不正当地阻止条件成就的，视为条件已成就；不正当地促成条件成就的，视为条件不成就。

4. 附期限的合同。当事人对合同的效力可以约定附期限。附生效期限的合同，自期限届至时生效。附终止期限的合同，自期限届满时失效。

二、效力待定的合同

（一）效力待定合同的概念

效力待定合同，是指合同已经成立，但因存在法定事由，不完全满足生效要件的规定，致使其效力不确定的合同。

（二）效力待定合同的类型及其效力

1. 限制民事行为能力人订立的合同。限制民事行为能力人订立的合同，经法定代理人追认后，该合同有效，但纯获利益的合同或者与其年龄、智力、精神健康状况相适应而订立的合同，不必经法定代理人追认。相对人可以催告法定代理人在1个月内予以追认，在此期间，法定代理人未作表示的，视为拒绝追认。合同被追认之前，善意相对人有撤销的权利。撤销应当以通知的方式作出。

2. 无权代理合同。无权代理主要是指没有代理权而以他人名义进行的民事行为，包括三种情况：一是没有代理权的代理；二是超越代理权的代理；三是代理权终止后而为的代理。在无权代理的情况下，如果经过本人追认，无权代理人以被代理人的名义订立合同的法律效果归属被代理人，视为有权代理。行为人没有代理权、超越代理权或者代理权终止后以被代理人的名义订立合同，未经被代理人追认，对被代理人不发生效力，由行为人承担责任。相对人可以催告被代理人在1个月内予以追认，被代理人未作表示的，视为拒绝追认。合同被追认之前，善意相对人有撤销的权利，撤销应当以通知的方式作出。无权代理人以被代理人的名义订立合同，被代理人已经开始履行合同义务的，视为对合同的追认。

行为人没有代理权、超越代理权或者代理权终止后以被代理人名义订立合同，相对人有理由相信行为人有代理权的，该代理行为有效。这是关于表见代理的规定。所谓表见代理，是指客观上存在使相对人相信无权代理人的行为有代理权的情况和理由，且相对人主观上为善意时，该代理行为有效。

3. 无权处分合同。无处分权的人处分他人财产，经权利人追认或者无处分权的人订立合同后取得处分权的，该合同有效。否则无效。

4. 无权代表合同。法人或者其他组织的法定代表人、负责人超越权限订立的合同，除相对人知道或者应当知道其超越权限的以外，该代表行为有效。

三、无效合同

（一）无效合同的概念

无效合同，是指已经成立，但因违反法律、行政法规规定的生效要件而不发生法律效力，不具有法律拘束力的合同。

（二）无效合同的种类

《合同法》规定，有下列情形之一的，合同无效：

1. 一方以欺诈、胁迫的手段订立合同，损害国家利益；
2. 恶意串通，损害国家、集体或者第三人利益；
3. 以合法形式掩盖非法目的；
4. 损害社会公共利益；
5. 违反法律、行政法规的强制性规定。此处的“强制性规定”，是指效力性强制性规定。人民法院确认合同无效，应当以法律和行政法规为依据，不得以地方性法规、行政规章为依据。

此外，《合同法》还规定，合同中的下列免责条款无效：①造成对方人身伤害的；②因故意或者重大过失造成对方财产损失的。

当事人超越经营范围订立合同，人民法院不因此认定合同无效。但违反国家限制经营、特许经营以及法律、行政法规禁止经营规定的除外。

四、可变更或可撤销合同

（一）可变更或可撤销合同的概念

可变更或可撤销合同，是指已经成立和生效的，但因存在法定事由，一方当事人可以请求人民法院或仲裁机构予以变更或撤销的合同。

（二）可变更或可撤销合同的种类

可变更或可撤销合同主要包括以下类型：

1. 因重大误解订立的合同。所谓重大误解，是指当事人基于对合同的性质，对方当事人，标的物的品种、质量、规格和数量等的错误认识，使行为后果与自己的真实意思相悖，并造成较大损失的合同。

2. 在订立合同时显失公平的。所谓显失公平的合同，是指合同一方当事人利用优势或者利用对方没有经验，致使双方权利义务明显违反公平、有偿原则的合同。

3. 一方以欺诈、胁迫的手段或者乘人之危，使对方在违背真实意思的情况下订立的合同，受损害方有权请求人民法院或者仲裁机构变更或者撤销。

（三）可变更、可撤销合同的效力

可变更、可撤销合同从成立时起具有法律效力，但对利益受到损失的合同一方当事人产生了变更或撤销的形成权，该当事人可通过法院或仲裁机构在法律规定的行使期间内行使其权利，变更或撤销该合同。当事人请求变更的，人民法院或者仲裁机构不得撤销。

有下列情形之一的，撤销权消灭：①具有撤销权的当事人自知道或者应当知道撤销事由之日起1年内没有行使撤销权；②具有撤销权的当事人知道撤销事由后明确表示或者以自己的行为放弃撤销权。

如果合同当事人不行使合同的变更或撤销权，则合同继续有效。

五、无效合同、可撤销合同的法律后果

无效的合同或者被撤销的合同自始没有法律约束力。合同部分无效的，不影响其他部分的效力，其他部分仍然有效。合同无效或者被撤销后，因该合同取得的财产，应当予以返还；不能返还或者没有必要返还的，应当折价补偿。有过错的一方应当赔偿对方因此所受到的损失，双方都有过错的，应当各自承担相应的责任。当事人恶意串通，损害国家、集体或者第三人利益的，因此取得的财产收归国家所有或者返还集体、第三人。

合同无效、被撤销或者终止的，不影响合同中独立存在的有关解决争议方法条款的效力。

第四节　合同的履行

一、合同履行的原则和一般规则

（一）合同履行的原则

1. 全面履行原则。合同法规定当事人应当按照约定全面履行自己的义务。当事人订立合同一般都有特定目的，全面履行原则对于保障当事人特定目的的实现、维护正常的经济和社会秩序有重要意义。

2. 诚实信用原则。合同法规定，当事人应当遵循诚实信用原则，根据合同的性质、目的和交易习惯履行通知、协助、保密等义务。

（二）合同履行的一般规则

1. 合同有约定的按照合同的约定全面履行。

2. 合同无约定或约定不明时的补救规则。

（1）合同生效后，当事人就质量、价款或者报酬、履行地点等内容没有约定或者约定不明确的，可以协议补充；不能达成补充协议的，按照合同有关条款或者交易习惯确定。交易习惯是指：①在交易行为当地或者某一领域、某一行业通常采用并为交易对方订立合同时所知道或者应当知道的做法；②当事人双方经常使用的习惯做法。对于交易习惯，由提出主张的一方当事人承担举证责任。

（2）当事人就有关合同内容约定不明确，依照上述规定仍不能确定的，适用下列规定：

第一，质量要求不明确的，按照国家标准、行业标准履行；没有国家标准、行业标准的，按照通常标准或者符合合同目的的特定标准履行。

第二，价款或者报酬不明确的，按照订立合同时履行地的市场价格履行；依法应当执行政府定价或者政府指导价的，按照规定履行。

第三，履行地点不明确，给付货币的，在接受货币一方所在地履行；交付不动产的，在不动产所在地履行；其他标的，在履行义务一方所在地履行。

第四，履行期限不明确的，债务人可以随时履行，债权人也可以随时要求履行，但应当给对方必要的准备时间。

第五，履行方式不明确的，按照有利于实现合同目的的方式履行。

第六，履行费用的负担不明确的，由履行义务一方负担。

合同生效后，当事人不得因姓名、名称的变更或者法定代表人、负责人、承办人的变动而不履行合同义务。

3. 执行政府定价或政府指导价的合同的履行规则。执行政府定价或者政府指导价的，在合同约定的交付期限内政府价格调整的，按照交付时的价格计价。逾期交付标的物的，遇价格上涨时，按照原价格执行；价格下降时，按照新价格执行。逾期提取标的物或者逾期付款的，遇价格上涨时，按照新价格执行；价格下降时，按照原价格执行。

4. 涉及第三人的合同履行规则。当事人约定由债务人向第三人履行债务，债务人未向第三人履行债务或者履行债务不符合约定的，应当向债权人承担违约责任。当事人约定由第三人向债权人履行债务，第三人不履行债务或者履行债务不符合约定的，债务人应当向债权人承担违约责任。

5. 提前履行的规则。债权人可以拒绝债务人提前履行债务，但提前履行不损害债权人利益的除外。债务人提前履行债务给债权人增加的费用，由债务人负担。

6. 部分履行的规则。债权人可以拒绝债务人部分履行债务，但部分履行不损害债权人利益的除外。债务人部分履行债务给债权人增加的费用，由债务人负担。

二、合同履行抗辩权

1. 同时履行抗辩权。即当事人互负债务，没有先后履行顺序的，应当同时履行。一方在对方履行之前有权拒绝其履行要求。一方在对方履行债务不符合约定时，有权拒绝其相应的履行要求。

2. 后履行抗辩权。即当事人互负债务，有先后履行顺序，先履行一方未履行或履行债务不符合约定的，后履行一方有权拒绝其相应的履行要求。

3. 不安抗辩权。应当先履行债务的当事人，有确切证据证明对方有下列情形之一的，可以中止履行：①经营状况严重恶化；②转移财产、抽逃资金，以逃避债务；③丧失商业信誉；④有丧失或者可能丧失履行债务能力的其他情形。当事人没有确切证据中止履行的，应当承担违约责任。

当事人依照上述规定中止履行的，应当及时通知对方。对方提供适当担保时，应当恢复履行。中止履行后，对方在合理期限内未恢复履行能力并且未提供适当担保的，中止履行的一方可以解除合同。

上述三种合同抗辩权的行使，基本的条件都是双务合同，单务合同不存在抗辩的问题。

三、合同的保全

（一）代位权

代位权是指当债务人怠于行使其权利而危及债权人利益时，债权人为确保其债权的受偿，可以自己的名义代位行使债务人权利的权利。《合同法》规定，因债务人怠于行使其到期债权，对债权人造成损害的，债权人可以向人民法院请求以自己的名义代位行使债务人的债权，但该债权专属于债务人自身的除外。代位权的行使范围以债权人的债权为限。债权人行使代位权的必要费用，由债务人负担。

债权人提起代位权诉讼，应当符合下列条件：

1. 债权人对债务人的债权合法。

2. 债务人怠于行使其到期债权，对债权人造成损害。即债务人不履行其对债权人的到期债务，又不以诉讼方式或者仲裁方式向其债务人主张其享有的具有金钱给付内容的到期债权，致使债权人的到期债权未能实现。代位权的适用对象是债务人的消极行为。

3. 债务人的债权已到期。

4. 债务人的债权不是专属于债务人自身的债权。所谓专属于债务人自身的债权，是指基于抚养关系、扶养关系、继承关系产生的给付请求权和劳动报酬、退休金、养老金、抚恤金、安置费、人寿保险、人身伤害赔偿请求权等权利。

（二）撤销权

撤销权，是指债权人对于债务人所为的有害债权的行为，得请求人民法院予以撤销的权利。《合同法》规定，因债务人放弃其到期债权或者无偿转让财产，对债权人造成损害的，债权人可以请求人民法院撤销债务人的行为。债务人以明显不合理的低价转让财产，对债权人造成损害，并且受让人知道该情形的，债权人也可以请求人民法院撤销债务人的行为。撤销权的适用对象是债务人的积极行为。

撤销权自债权人知道或者应当知道撤销事由之日起1年内行使。自债务人的行为发生之日起5年内没有行使撤销权的，该撤销权消灭。这里规定的“5年”时效为不变期间，不适用诉讼时效的规定。

第五节　合同的担保[1]

一、合同担保概述

（一）担保的概念和方式

担保，是指法律规定或者当事人约定的保证合同履行、保障债权人利益实现的法律措施。担保的方式有保证、抵押、质押、留置和定金。

1995年6月30日，第八届全国人民代表大会常务委员会第十四次会议通过了《中华人民共和国担保法》，该法自1995年10月1日起施行。《担保法》及最高人民法院发布的《关于适用〈中华人民共和国担保法〉若干问题的解释》（以下简称《担保法解释》）等法律、法规、司法解释对担保问题作出了详细规定。

（二）担保合同的无效与责任承担

1. 担保合同的无效。担保合同必须满足法律规定的有效条件才能产生法律效力。下列担保合同无效：①国家机关和以公益为目的的事业单位、社会团体违法提供担保的，担保合同无效。因此给债权人造成损失的，应当根据其过错承担相应的民事责任。②董事、经理违反《公司法》规定，以公司资产为本公司的股东或者其他个人债务提供担保的，担保合同无效。除债权人知道或者应当知道的外，债务人、担保人应当对债权人的损失承担连带赔偿责任。③以法律、法规禁止流通的财产或者不可转让的财产设定担保的，担保合同无效。此外，上市公司不得以公司资产为本公司的股东、股东的控股子公司、股东的附属企业或者个人债务提供担保。

此外，法律和司法解释还规定有其他各种具体担保方式的无效情况。

2. 担保合同无效的责任承担。担保合同被确认无效时，债务人、担保人、债权人有过错的，应当根据其过错各自承担相应的民事责任，即承担《合同法》规定的缔约过失责任。根据《担保法解释》规定：①主合同有效而担保合同无效，债权人无过错的，担保人与债务人对主合同债权人的经济损失，承担连带赔偿责任；债权

〔1〕考虑到本书不把担保法作为单独一章，因此把担保法中的有关内容结合物权法中关于担保物权的规定在此处一并介绍。

人、担保人有过错的，担保人承担民事责任的部分，不应超过债务人不能清偿部分的1/2。②主合同无效而导致担保合同无效，担保人无过错的，担保人不承担民事责任；担保人有过错的，担保人承担民事责任的部分，不应超过债务人不能清偿部分的1/3。③担保人因无效担保合同向债权人承担赔偿责任后，可以向债务人追偿，或者在承担赔偿责任的范围内，要求有过错的反担保人承担赔偿责任。

二、保证

（一）保证与保证合同

1. 保证的概念。保证，是指保证人和债权人约定，当债务人不履行债务时，保证人按照约定履行债务或者承担责任的行为。

2. 保证合同。保证由保证人与债权人订立保证合同。保证人与债权人可以就单个主合同分别订立保证合同，也可以协议在最高债权额限度内就一定期间连续发生的借款合同或者某项商品交易合同订立一个保证合同。保证合同应当采用书面形式。

（二）保证人

保证人是为主债务人担保债务履行的人。为了保障保证人及债权人的合法利益，《担保法》及其他相关法律法规对保证人作出了一定的限制，主要内容有：具有代为清偿债务能力的法人、其他组织或者公民，可以作保证人。国家机关、学校、幼儿园、医院等以公益为目的的事业单位、社会团体、企业法人的分支机构、职能部门，不得作保证人。但是，在经国务院批准为使用外国政府或者国际经济组织贷款进行转贷的情况下，国家机关可以作保证人。

（三）保证方式

保证合同当事人双方应当约定保证的方式。保证方式分为一般保证与连带责任保证两种。

1. 一般保证。《担保法》第17条第1款规定："当事人在保证合同中约定，债务人不能履行债务时，由保证人承担保证责任的，为一般保证。"一般保证的保证人享有先诉抗辩权，即一般保证的保证人在主合同纠纷未经审判或者仲裁，并就债务人财产依法强制执行仍不能履行债务前，对债权人可以拒绝承担保证责任。但有下列情形之一的，保证人不得行使上述规定的权利：

（1）债务人住所变更，致使债权人要求其履行债务发生重大困难的；

（2）人民法院受理债务人破产案件，中止执行程序的；

（3）保证人以书面形式放弃上述规定的权利的。

2. 连带责任保证。《担保法》第18条规定："当事人在保证合同中约定保证人与债务人对债务承担连带责任的，为连带责任保证。连带责任保证的债务人在主合同规定的债务履行期届满没有履行债务的，债权人可以要求债务人履行债务，也可以要求保证人在其保证范围内承担保证责任。"可见，连带责任保证保证人的责任重于一般保证保证人的责任。连带责任的保证人不享有先诉抗辩权。

当事人对保证方式没有约定或者约定不明确的，按照连带责任保证承担保证责任。

（四）保证责任

1. 保证责任的范围。保证担保的范围包括主债权及利息、违约金、损害赔偿金和实现债权的费用。保证合同另有约定的，按照约定。当事人对保证担保的范围没有约定或者约定不明确的，保证人应当对全部债务承担责任。

2. 保证期间与保证合同的诉讼时效。

（1）保证期间。保证期间，是指保证人与债权人在合同中约定的或由法律规定的保证人承担保证责任的时间期限。保证人与债权人约定保证期间的，按照约定执行；未约定保证期间的，保证期间为主债务履行期届满之日起6个月。主合同对主债务履行期限没有约定或者约定不明的，保证期间自债权人要求债务人履行义务的宽限期届满之日起计算。保证期间不因任何事由发生中断、中止、延长的法律后果。

担保法允许当事人约定保证期间，但应注意保证期间约定瑕疵的两种情形：①保证合同约定的保证期间早于或者等于主债务履行期限的，视为没有约定，保证期间为主债务履行期届满之日起6个月。②保证合同约定保证人承担保证责任直至主债务本息还清时为止等类似内容的，视为约定不明，保证期间为主债务履行期届满之日起2年。

（2）保证合同的诉讼时效。一般保证的债权人在保证期间届满前对债务人提起诉讼或者申请仲裁的，从判决或者仲裁裁决生效之日起，开始计算保证合同的诉讼时效。连带责任保证的债权人在保证期间届满前要求保证人承担保证责任的，从债权人要求保证人承担保证责任之日起，开始计算保证合同的诉讼时效。保证人对已经超过诉讼时效期间的债务承担保证责任或者提供保证的，又以超过诉讼时效为由抗辩的，人民法院不予支持。一般保证中，主债务诉讼时效中断，保证债务诉讼时效中断；连带责任保证中，主债务诉讼时效中断，保证债务诉讼时效不中断。一般保证和连带责任保证中，主债务诉讼时效中止的，保证债务的诉讼时效同时中止。

3. 保证责任的免除和消灭。保证人的保证责任免除和消灭的事由主要有以下几种：

（1）保证期限届满而债权人未为请求时，保证责任免除。

（2）债权人放弃物的担保，在放弃权利的范围内保证责任免除。同一债权既有保证担保，又有物的担保时（如有抵押权、质权或留置权），保证人仅对物的担保以外的债权承担保证责任。因此，如果债权人放弃物的担保，则保证人在债权人放弃权利范围内的保证责任免除。但债权人不是放弃担保物权，而是因其过失致使担保物权消灭时，不能发生保证人保证责任的免除。

（3）保证期间内，债权人依法将主债权转让给第三人的，保证人在原保证担保的范围内继续承担保证责任。但是保证人与债权人事先约定仅对特定债权人承担保证责任或者禁止债权转让的，保证人不再承担保证责任。

（4）主债务转让给第三人而未经保证人同意的，保证人的保证责任免除。

（5）保证期间内，债权人与债务人对主合同数量、价款、币种、利率等内容作了变动，未经保证人同意的，如果减轻债务人的债务的，保证人仍应当对变更后的合同承担保证责任；如果加重债务人的债务的，保证人对加重的部分不承担保证责任。

债权人与债务人对主合同履行期限作了变动，未经保证人书面同意的，保证期间为原合同约定的或者法律规定的期间。

债权人与债务人协议变动主合同内容，但并未实际履行的，保证人仍应当承担保证责任。

(6) 保证合同解除或终止时，保证人的保证责任消灭。

(7) 主债务消灭，保证债务消灭。

另外，根据《担保法》的规定和最高人民法院的司法解释，有下列情形之一的，保证人不承担民事责任：①主合同当事人双方串通，骗取保证人提供保证的；②主合同债权人采取欺诈、胁迫等手段，使保证人在违背真实意思的情况下提供保证的；③主合同债务人采取欺诈、胁迫等手段，使保证人在违背真实意思的情况下提供保证的，债权人知道或者应当知道欺诈、胁迫事实的。

4. 保证人追偿权的行使。保证人承担保证责任后，有权向债务人追偿其代为清偿的部分。保证人对债务人行使追偿权的诉讼时效，自保证人向债权人承担责任之日起开始计算。保证人自行履行保证责任时，其实际清偿额大于主债权范围的，保证人只能在主债权范围内对债务人行使追偿权。

三、抵押

（一）抵押的概念和种类

1. 抵押的概念。抵押是指债务人或者第三人不转移对抵押物的占有，将该财产作为债权的担保。债务人不履行债务时，债权人有权依照法律规定以该财产折价或者以拍卖、变卖该财产的价款优先受偿。其中，债务人或者第三人为抵押人，债权人为抵押权人，提供担保的财产为抵押财产。

2. 抵押的种类。包括：①不动产抵押；②动产抵押；③权利抵押；④浮动抵押（即经当事人书面协议，企业、个体工商户、农业生产经营者可以将现有的以及将有的生产设备、原材料、半成品、产品抵押，债务人不履行到期债务或者发生当事人约定的实现抵押权的情形时，债权人有权就实现抵押权时的动产优先受偿）；⑤最高额抵押（指抵押人与抵押权人协议，在最高债权额限度内，以抵押物对一定期间内连续发生的债权作担保）。

（二）抵押物

1. 抵押物的范围。债务人或者第三人有权处分的下列财产可以抵押：①建筑物和其他土地附着物；②建设用地使用权；③以招标、拍卖、公开协商等方式取得的荒地等土地承包经营权；④生产设备、原材料、半成品、产品；⑤正在建造的建筑物、船舶、航空器；⑥交通运输工具；⑦法律、行政法规未禁止抵押的其他财产。抵押人可以将上述所列财产一并抵押。

以建筑物抵押的，该建筑物占用范围内的建设用地使用权一并抵押。以建设用地使用权抵押的，该土地上的建筑物一并抵押。抵押人未依照上述规定一并抵押的，未抵押的财产视为一并抵押。乡镇、村企业的建设用地使用权不得单独抵押。以乡镇、村企业的厂房等建筑物抵押的，其占用范围内的建设用地使用权一并抵押。

2. 禁止抵押的财产。下列财产不得抵押：①土地所有权；②耕地、宅基地、自留地、自留山等集体所有的土地使用权，但法律规定可以抵押的除外；③学校、幼儿园、医院等以公益为目的的事业单位、社会团体的教育设施、医疗卫生设施和其他社会公益设施；学校、幼儿园、医院等以公益为目的的事业单位、社会团体，以其教育设施、医疗卫生设施和其他社会公益设施以外的财产为自身债务设定抵押的，抵押有效；④所有权、使用权不明或者有争议的财产；⑤依法被查封、扣押、监管的财产；⑥法律、行政法规规定不得抵押的其他财产。

（三）抵押合同

设立抵押权，当事人应当采取书面形式订立抵押合同。抵押权人在债务履行期届满前，不得与抵押人约定债务人不履行到期债务时抵押财产归债权人所有。

（四）抵押物登记

以建筑物和其他土地附着物，建设用地使用权，通过以招标、拍卖、公开协商等方式取得的荒地等土地承包经营权，以及正在建造的建筑物抵押的，应当办理抵押登记。抵押权自登记时设立。

以生产设备、原材料、半成品、产品、正在建造的船舶、航空器、交通运输工具抵押的，抵押权自抵押合同生效时设立；未经登记，不得对抗善意第三人。

企业、个体工商户、农业生产经营者以现有的以及将有的生产设备、原材料、半成品、产品抵押的，应当向抵押人住所地的工商行政管理部门办理登记，抵押权自抵押合同生效时设立；未经登记，不得对抗善意第三人。也不得对抗正常经营活动中已支付合理价款并取得抵押财产的买受人。

当事人以其他财产抵押的，可以自愿办理抵押物登记，抵押合同自签订之日起生效。当事人未办理抵押物登记的，不得对抗第三人。当事人办理抵押物登记的，登记部门为抵押人所在地的公证部门。

（五）其他规定

1. 订立抵押合同前抵押财产已出租的，原租赁关系不受该抵押权的影响。抵押权设立后抵押财产出租的，该租赁关系不得对抗已登记的抵押权。

2. 抵押期间，抵押人经抵押权人同意转让抵押财产的，应当将转让所得的价款向抵押权人提前清偿债务或者提存。转让的价款超过债权数额的部分归抵押人所有，不足部分由债务人清偿。抵押期间，抵押人未经抵押权人同意，不得转让抵押财产，但受让人代为清偿债务消灭抵押权的除外。

3. 抵押财产折价或者拍卖、变卖后，其价款超过债权数额的部分归抵押人所有，不足部分由债务人清偿。

4. 同一财产向两个以上债权人抵押的，拍卖、变卖抵押财产所得的价款依照下列规定清偿：①抵押权已登记的，按照登记的先后顺序清偿；顺序相同的，按照债权比例清偿；②抵押权已登记的先于未登记的受偿；③抵押权未登记的，按照债权比例清偿。

5. 抵押权人应当在主债权诉讼时效期间行使抵押权；未行使的，人民法院不予保护。

6. 同一财产法定登记的抵押权与质权并存时，抵押权人优先于质权人受偿。同一财产抵押权与留置权并存时，留置权人优先于抵押权人受偿。

四、质押

质押包括动产质押和权利质押。

（一）动产质押

1. 动产质押的概念。动产质押，是指债务人或者第三人将其动产移交债权人占有，将该动产作为债权的担保。债务人不履行债务时，债权人有权依照法律规定以该动产折价或者以拍卖、变卖该动产的价款优先受偿。债务人或者第三人为出质人，债权人为质权人，交付的动产为质押财产。

2. 动产质押合同。出质人和质权人应当以书面形式订立质押合同。出质人和质权人在合同中不得约定在债务履行期届满质权人未受清偿时，质物的所有权转移为质权人所有。

质押合同自质物移交于质权人占有时生效。出质人代质权人占有质物的，质押合同不生效；质权人将质物返还于出质人后，以其质权对抗第三人的，法院不予支持。

3. 其他规定。

（1）质权人在质权存续期间，未经出质人同意，擅自使用、处分质押财产，给出质人造成损害的，应当承担赔偿责任。

（2）质权人负有妥善保管质押财产的义务。因保管不善致使质押财产毁损、灭失的，应当承担赔偿责任。质权人的行为可能使质押财产毁损、灭失的，出质人可以要求质权人将质押财产提存，或者要求提前清偿债务并返还质押财产。

（3）质权人可以放弃质权。债务人以自己的财产出质，质权人放弃该质权的，其他担保人在质权人丧失优先受偿权益的范围内免除担保责任，但其他担保人承诺仍然提供担保的除外。

（4）债务人履行债务或者出质人提前清偿所担保的债权的，质权人应当返还质押财产。

（5）债务人不履行到期债务或者发生当事人约定的实现质权的情形，质权人可以与出质人协议以质押财产折价，也可以就拍卖、变卖质押财产所得的价款优先受偿。

（6）出质人与质权人可以协议设立最高额质权。

（二）权利质押

权利质押是指债务人或者第三人以其财产权利出质作为债权的担保。权利质押除适用担保法和物权法的专门规定外，适用动产质押的规定。

债务人或者第三人有权处分的下列权利可以出质：①汇票、支票、本票；②债券、存款单；③仓单、提单；④可以转让的基金份额、股权；⑤可以转让的注册商标专用权、专利权、著作权等知识产权中的财产权；⑥应收账款；⑦法律、行政法规规定可以出质的其他财产权利，如公路桥梁、公路隧道或者公路渡口等不动产收益权可以出质。

以汇票、支票、本票、债券、存款单、仓单、提单出质的，当事人应当订立书面合同。质权自权利凭证交付质权人时设立；没有权利凭证的，质权自有关部门办理出质登记时设立。

汇票、支票、本票、债券、存款单、仓单、提单的兑现日期或者提货日期先于主债权到期的，质权人可以兑现或者提货，并与出质人协议将兑现的价款或者提取的货物提前清偿债务或者提存。

以基金份额、股权出质的，当事人应当订立书面合同。以基金份额、证券登记结算机构登记的股权出质的，质权自证券登记结算机构办理出质登记时设立；以其他股权出质的，质权自工商行政管理部门办理出质登记时设立。基金份额、股权出质后，不得转让，但经出质人与质权人协商同意的除外。出质人转让基金份额、股权所得的价款，应当向质权人提前清偿债务或者提存。

以注册商标专用权、专利权、著作权等知识产权中的财产权出质的，当事人应当订立书面合同。质权自有关主管部门办理出质登记时设立。知识产权中的财产权出质后，出质人不得转让或者许可他人使用，但经出质人与质权人协商同意的除外。出质人转让或者许可他人使用出质的知识产权中的财产权所得的价款，应当向质权人提前清偿债务或者提存。

以应收账款出质的，当事人应当订立书面合同。质权自信贷征信机构办理出质登记时设立。应收账款出质后，不得转让，但经出质人与质权人协商同意的除外。出质人转让应收账款所得的价款，应当向质权人提前清偿债务或者提存。

五、留置权

（一）留置权概念和特征

留置权是按照合同约定，债权人占有债务人的财产，当债务人逾期不履行债务时，债权人有留置该财产并依法以该财产折价或以拍卖、变卖该财产的价款优先受偿的权利。留置权中的债权人称为留置权人，被留置的财产称为留置物。留置权是法定担保物权。

（二）留置权的成立条件

1. 须债权人合法占有债务人的动产。留置权人占有对方财产的依据只能是合同。留置权适用范围较狭窄，它仅适用于合同之债的担保，而非全部债的担保。根据

《担保法》的规定，因保管合同、运输合同、承揽合同发生的债权，债务人不履行债务的，债权人有留置权。法律规定可以留置的其他合同，债权人也有留置权。但当事人可以在合同中约定不得留置的物。

2. 须债务人逾期不履行义务。

3. 须债权的发生与该动产有牵连关系。债权人留置的动产，应当与债权属于同一法律关系，但企业之间留置的除外。

留置权的成立除具备上述条件外，还须注意：①不得违背当事人双方排除留置权行使的约定；②留置债务人的财产不得违反法律的强行性规范，不得损害社会公共利益，也不得违反公序良俗，如不得留置债务人的居民身份证、户口簿等；③债权人不得以行使留置权为由拒绝履行相应的义务；④留置财产不得与对方交付财产前或交付财产时所为的指示相抵触。

（三）其他规定

1. 留置权人负有妥善保管留置财产的义务；因保管不善致使留置财产毁损、灭失的，应当承担赔偿责任。

2. 留置权人与债务人应当约定留置财产后的债务履行期间；没有约定或者约定不明确的，留置权人应当给债务人两个月以上履行债务的期间，但鲜活易腐等不易保管的动产除外。债务人逾期未履行的，留置权人可以与债务人协议以留置财产折价，也可以就拍卖、变卖留置财产所得的价款优先受偿。

3. 债务人可以请求留置权人在债务履行期届满后行使留置权；留置权人不行使的，债务人可以请求人民法院拍卖、变卖留置财产。

4. 同一动产上已设立抵押权或者质权，该动产又被留置的，留置权人优先受偿。

5. 留置权人对留置财产丧失占有或者留置权人接受债务人另行提供担保的，留置权消灭。

六、定金

（一）定金的概念

定金，是指合同当事人约定的，为确保合同的履行，由一方当事人预先支付给另一方一定的款项，以保证合同义务履行的担保方式。

（二）定金合同的成立

定金应当由当事人双方约定，且应当采用书面形式。定金合同除应当具备合同有效成立的一般条件外，还须具备以下条件：

1. 应交付定金的一方向对方实际交付定金。定金合同为实践合同，从实际交付定金之日起生效。

2. 须主合同有效。定金合同是从合同，定金所担保的合同为主合同。从合同的效力决定于主合同。

3. 定金的数额由当事人约定，但不得超过主合同标的额的20%。超过的部分，人民法院不予支持。

（三）定金的效力

定金的效力依定金的性质不同而有所不同。关于我国定金的效力，一般认为表现为以下三方面：

1. 定金具有证约的效力。交付和收受定金的事实，是当事人之间合同关系存在的有力证据。特别对于口头合同，在当事人之间是否存在合同发生争议时，交付定金的事实就可以证明合同的存在。

2. 预先给付和抵销的效力。定金于合同履行后，应当返还或者抵作价款。

3. 担保的效力。这是定金的主要效力和基本效力。当事人可以约定一方向对方给付定金作为债权的担保。债务人履行债务后，定金应当抵作价款或者收回。给付定金的一方不履行约定的债务的，无权要求返还定金；收受定金的一方不履行约定的债务的，应当双倍返还定金。当事人一方不完全履行合同的，应当按照未履行部分所占合同约定内容的比例，适用定金罚则。

（四）其他规定

1. 当事人既约定违约金，又约定定金的，一方违约时，对方可以选择适用违约金或者定金条款。

2. 当事人交付留置金、担保金、保证金、订约金、押金等，但没有约定定金性质，当事人主张定金权利的，人民法院不予支持。

3. 因不可抗力、意外事件致使主合同不能履行的，不适用定金罚则。因合同关系以外第三人的过错，致使主合同不能履行的，适用定金罚则。受定金处罚的一方当事人，可以依法向第三人追偿。

4. 实际交付的定金数额多于或者少于约定数额，视为变更定金合同；收受定金一方提出异议并拒绝接受定金的，定金合同不生效。

第六节 合同的变更、转让和终止

一、合同的变更

依法成立的合同受法律保护，对当事人具有法律拘束力。当事人应当按照合同约定履行自己的义务，不得擅自变更或解除合同。但在合同订立之后，也可能发生一些当事人订立合同时未及预料的事情，影响到当事人订立合同目的的实现，需要依法对合同进行调整。这就需要对合同进行变更。我国合同法规定的合同的变更主要是合同内容的变更，不包括合同主体的变更。

合同的变更通常分为协议变更和法定变更。对于协议变更，我国合同法规定，当事人协商一致，可以变更合同。法律、行政法规规定变更合同应当办理批准、登记等手续的，依照其规定。当事人对合同变更的内容约定不明确的，推定为未变更。对于法定变更，合同法的司法解释中规定，合同成立以后客观情况发生了当事人在订立合同时无法预见的、非不可抗力造成的不属于商业风险的重大变化，继续履行合同对于一方当事人明显不公平或者不能实现合同目的，当事人请求人民法院变更或者解除合同的，人民法院应当根据公平原则，并结合案件的实际情况确定是否变更或者解除。

二、合同的转让

合同的转让，即合同主体的变更，是指合同当事人一方将其合同的权利和义务全部或部分转让给第三人的行为。分为以下三种情形：

（一）合同债权的转让

债权人可以将合同的权利全部或者部分转让给第三人，但有下列情形之一的除外：①根据合同性质不得转让；②按照当事人约定不得转让；③依照法律规定不得转让。

债权人转让权利的，应当通知债务人。未经通知，该转让对债务人不发生效力。债权人转让权利的通知不得撤销，但经受让人同意的除外。债权人转让权利的，受让人取得与债权有关的从权利，但该从权利专属于债权人自身的除外。

债务人接到债权转让通知后，债务人对让与人的抗辩，可以向受让人主张。

债务人接到债权转让通知时，债务人对让与人享有债权，并且债务人的债权先于转让的债权到期或者同时到期的，债务人可以向受让人主张抵销。

法律、行政法规规定转让权利应当办理批准、登记等手续的，依照其规定。

（二）合同债务的转移

债务人将合同的义务全部或者部分转移给第三人的，应当经债权人同意。债务人转移义务的，新债务人可以主张原债务人对债权人的抗辩，同时应当承担与主债务有关的从债务，但该从债务专属于原债务人自身的除外。

法律、行政法规规定转移义务应当办理批准、登记等手续的，依照其规定。

（三）合同债权债务的概括转移

合同债权债务的概括移转是指当事人一方经对方同意，将自己在合同中的权利和义务一并转让给第三人。发生概括转移时，除了应当征得另一方当事人的同意外，还应当遵守合同法有关权利和义务转移的其他规定。

另外，合同法还规定，当事人订立合同后合并的，由合并后的法人或者其他组织行使合同权利，履行合同义务。当事人订立合同后分立的，除债权人和债务人另有约定的以外，由分立的法人或者其他组织对合同的权利和义务享有连带债权，承担连带债务。

三、合同的终止

（一）合同终止的概念

合同终止，是指当事人之间的债权债务消灭，当事人不再受合同关系的约束。

（二）合同终止的原因

合同法规定，有下列情形之一的，合同的权利义务终止：

1. 债务已经按照约定履行。债务按照约定履行，则当事人订立合同的目的实现，所以这是一种理想的合同终止方式。

2. 合同解除。合同解除是指合同没有履行或者没有完全履行时，由当事人依照法律规定的条件和程序，终止原合同关系。合同解除的方式有以下两种：

（1）当事人协议解除。《合同法》规定，当事人协商一致，可以解除合同。当事人可以约定一方解除合同的条件。解除合同的条件成就时，解除权人可以解除合同。

（2）法定解除。是指合同有效成立后，由于法定的事由，当事人依照法律的规定而解除合同。《合同法》规定，有下列情形之一的，当事人可以解除合同：①因不可抗力致使不能实现合同目的；②在履行期限届满之前，当事人一方明确表示或者以自己的行为表明不履行主要债务；③当事人一方延迟履行主要债务，经催告后在合理期限内仍未履行；④当事人一方延迟履行债务或者有其他违约行为致使不能实现合同目的；⑤法律规定的其他情形。

当事人依法主张解除合同的，应当通知对方。合同自通知到达对方时解除。对方有异议的，可以请求人民法院或者仲裁机构确认解除合同的效力。法律、行政法规规定解除合同应当办理批准、登记等手续的，依照其规定。

合同解除后，尚未履行的，终止履行；已经履行的，根据履行情况和合同性质，当事人可以要求恢复原状或采取其他补救措施，并有权要求赔偿损失。

3. 债务相互抵销。当事人互为债权人和债务人时，对债务可行使抵销的权利。抵销分为法定抵销和约定抵销。对法定抵销，合同法规定，当事人互负到期债务，该债务的标的物种类、品质相同的，任何一方可以将自己的债务与对方的债务抵销，但依照法律规定或者按照合同性质不得抵销的除外。当事人主张抵销的，应当通知对方。通知自到达对方时生效。抵销不得附条件或者附期限。对约定抵销，《合同法》规定："当事人互负债务，标的物种类、品质不相同的，经双方协商一致，也可以抵销。"

4. 债务人依法将标的物提存。合同法规定，有下列情形之一，难以履行债务的，债务人可以将标的物提存：①债权人无正当理由拒绝受领；②债权人下落不明；③债权人死亡，未确定继承人；或者债权人丧失民事行为能力未确定监护人；④法律规定的其他情形。

债权人领取提存物的权利，自提存之日起5年内不行使则消灭，提存物扣除提存费用后归国家所有。

5. 债权人免除债务。合同法规定，债权人免除债务人部分或者全部债务的，合同的权利义务部分或者全部终止。

6. 混同。合同法规定，债权和债务同归于一人的，合同的权利义务终止，但涉及第三人利益的除外。

7. 法律规定或者当事人约定终止的其他情形。

（三）合同终止的法律后果

合同终止会发生以下法律后果：①合同失效；②合同项下的从权利和从义务一

并消灭；③返还负债字据；④在合同当事人之间发生后合同义务，即合同的权利义务终止后，当事人应当遵循诚实信用原则，根据交易习惯履行通知、协助、保密等义务；⑤合同中关于解决争议的方法、结算和清理条款继续有效，直至结算和清理完毕。

第七节　违约责任

一、违约责任的概念

违约责任是违反合同义务的后果，这种后果是一种财产责任。《合同法》第107条规定："当事人一方不履行合同义务或者履行合同义务不符合约定的，应当承担继续履行、采取补救措施或者赔偿损失等违约责任。"上述继续履行、采取补救措施或者赔偿损失等，都属于财产责任。违约责任是违反有效合同构成的责任，未成立的合同、无效合同、被撤销的合同以及效力未定的合同（可追认的合同）未被追认时均不产生违约责任。违约责任不同于缔约责任，违约责任产生于对有效合同的违反，而缔约责任主要产生于因过错缔结非有效合同。

按照《合同法》的规定，违约行为的最基本分类有两种：一是不履行，分为拒绝履行和履行不能；二是不适当履行，分为迟延履行、瑕疵履行等。

二、违约责任的归责原则和构成要件

归责原则，是确定当事人责任所依据的法律原则。我国《合同法》确立的归责原则以严格责任为基础，以过错责任为补充。即我国《合同法》主要适用严格责任原则，但《合同法》分则中也有适用过错责任原则的规定。

严格责任原则，是指违约发生后，确定违约当事人的责任时，不考虑当事人有无过错，而只考虑违约结果是否是由当事人的行为造成的一种归责原则。其基本要求是当事人违约即构成违约责任，除非有免责的事由。据此，其构成要件有两个：①有违约行为；②无免责事由。

过错责任原则，是指在一方违反合同规定的义务时，应以其过错作为确定责任的构成要件。其基本要求是当事人因过错违约始构成违约责任。据此，其构成要件有两个：①有违约行为；②有过错，包括故意和过失。

三、违约责任的形式

（一）继续履行

继续履行有时也称为实际履行，是债务人未履行合同或履行合同不符合约定时，债权人请求法律强制其按合同的规定继续履行合同义务。《合同法》第110条规定："当事人一方不履行非金钱债务或者履行非金钱债务不符合约定的，对方可以要求履行，但有下列情形之一的除外：①法律上或者事实上不能履行；②债务的标的不适于强制履行或者履行费用过高；③债权人在合理期限内未要求履行。"

（二）采取补救措施

《合同法》第 111 条规定："质量不符合约定的，应当按照当事人的约定承担违约责任。对违约责任没有约定或者约定不明确，依照本法第 61 条的规定仍不能确定的，受损害方根据标的的性质以及损失的大小，可以合理选择要求对方承担修理、更换、重作、退货、减少价款或者报酬等违约责任。"

（三）赔偿损失

《合同法》第 113 条第 1 款规定："当事人一方不履行合同义务或者履行合同义务不符合约定，给对方造成损失的，损失赔偿额应当相当于因违约所造成的损失，包括合同履行后可以获得的利益，但不得超过违反合同一方订立合同时预见到或者应当预见到的因违反合同可能造成的损失。"此条规定的就是赔偿损失的责任形式。对于赔偿损失的范围，合同法采纳了完全赔偿原则，即既赔偿实际损失，又赔偿可得利益的损失。同时合同法又规定了可预见规则，以对完全赔偿原则进行限制。

（四）支付违约金

违约金是法律规定的或合同当事人约定的，一方不履行合同或履行合同不符合约定条件时，应给付另一方当事人一定数额的货币。违约金分为法定违约金和约定违约金，我国合同法仅规定了约定违约金。《合同法》第 114 条规定："当事人可以约定一方违约时应当根据违约情况向对方支付一定数额的违约金，也可以约定因违约产生的损失赔偿额的计算方法。约定的违约金低于造成的损失的，当事人可以请求人民法院或者仲裁机构予以增加；约定的违约金过分高于造成的损失的，当事人可以请求人民法院或者仲裁机构予以适当减少。当事人就迟延履行约定违约金的，违约方支付违约金后，还应当履行债务。"当事人主张约定的违约金过高而请求予以适当减少的，人民法院应当以实际损失为基础，兼顾合同的履行情况、当事人的过错程度以及预期利益等综合因素，根据公平原则和诚实信用原则予以衡量，并作出裁决。当事人约定的违约金超过造成损失的 30% 的，一般可以认定为《合同法》第 114 条规定的"过分高于造成的损失"。

（五）定金（略，参见本章第五节关于定金部分）

四、违约责任的免责事由

违约的免责事由是不承担违约责任的原因。免责事由分为法定的免责事由和约定的免责事由。约定免责事由属于当事人意思自治范畴。但约定免责，不得违反《合同法》第 53 条关于免责条款无效的规定。这里主要介绍法定的免责事由。

关于法定免责事由，我国合同法主要规定有以下三种情形：

1. 不可抗力。《合同法》第 117 条第 1 款规定："因不可抗力不能履行合同的，根据不可抗力的影响，部分或者全部免除责任，但法律另有规定的除外。当事人迟延履行后发生不可抗力的，不能免除责任。"第 118 条规定："当事人一方因不可抗力不能履行合同的，应当及时通知对方，以减轻可能给对方造成的损失，并应当在合理期限内提供证明。"

不可抗力，是指不能预见、不能避免并不能克服的客观情况。关于不可抗力事件的范围，当事人可以在合同中订立不可抗力条款，将法律对不可抗力的规定具体化。当事人没有在合同中规定不可抗力条款的，法院仍可根据事实认定不可抗力的存在。不可抗力事件的范围，总体上包括自然灾害和社会事件。自然灾害有火灾、水灾、旱灾、风灾、地震等；社会事件包括法律的颁布、罢工等。

2. 货物本身的自然性质、货物的合理损耗。见《合同法》第311条。

3. 受害人的过错。指受害人对于违约行为或者违约损害后果的发生或扩大存在过错。受害人的过错可以成为违约方全部或者部分免除责任的依据。

五、违约责任的其他规定

1. 关于预期违约。合同法规定，当事人一方明确表示或者以自己的行为表明不履行合同义务的，对方可以在履行期限届满之前要求其承担违约责任。

2. 关于守约方的防损义务。合同法规定，当事人一方违约后，对方应当采取适当措施防止损失的扩大；没有采取适当措施致使损失扩大的，不得就扩大的损失要求赔偿。当事人因防止损失扩大而支出的合理费用，由违约方承担。

3. 关于第三方引起的违约责任。合同法规定，当事人一方因第三人的原因造成违约的，应当向对方承担违约责任。当事人一方和第三人之间的纠纷，依照法律规定或者按照约定解决。

4. 关于违约责任与侵权责任的竞合。合同法规定，因当事人一方的违约行为，侵害对方人身、财产权益的，受损害方有权选择依照《合同法》要求其承担违约责任或者依照其他法律要求其承担侵权责任。

5. 关于欺诈行为。合同法规定，经营者对消费者提供商品或者服务有欺诈行为的，依照《消费者权益保护法》的规定承担损害赔偿责任。

第八节　典型合同

一、买卖合同

（一）买卖合同概述

买卖合同，是出卖人转移标的物的所有权于买受人，买受人支付价款的合同。

买卖合同是双务有偿的有名合同，除法律另有规定的以外，一般为诺成合同、非要式合同。买卖合同是最基本、最典型的有偿合同，法律对其规定得最为详细，故《合同法》规定，其他有偿合同，法律有规定的，依照其规定；没有规定的，则参照买卖合同的有关规定执行。此外，当事人约定易货交易，转移标的物的所有权的，参照买卖合同的有关规定执行。

（二）当事人的权利义务

1. 出卖人的义务。

（1）出卖的标的物，应当属于出卖人所有或者出卖人有权处分。法律、行政法规禁止或者限制转让的标的物，依照其规定。出卖人就交付的标的物，负有保证第三人不得向买受人主张任何权利的义务，但法律另有规定的除外。买受人订立合同时知道或者应当知道第三人对买卖的标的物享有权利的，出卖人不承担上述义务。

（2）按照约定交付标的物，并转移标的物的所有权于买受人。

第一，关于交付标的物。出卖人应当履行向买受人交付标的物或者交付提取标的物的单证，并转移标的物所有权的义务。出卖人应当按照约定或者交易习惯向买受人交付提取标的物单证以外的有关单证和资料。出卖人仅以增值税专用发票及税款抵扣资料证明其已履行交付标的物义务，买受人不认可的，出卖人应当提供其他证据证明交付标的物的事实。合同约定或者当事人之间习惯以普通发票作为付款凭证，买受人以普通发票证明已经履行付款义务的，人民法院应予支持，但有相反证据足以推翻的除外。

出卖人应当按照约定的质量要求交付标的物。出卖人提供有关标的物质量说明的，交付的标的物应当符合该说明的质量要求。

出卖人应当按照约定的期限交付标的物。约定交付期间的，出卖人可以在该交付期间内的任何时间交付。标的物在订立合同之前已为买受人占有的，合同生效的时间为交付时间。

出卖人应当按照约定的地点交付标的物。当事人没有约定交付地点或者约定不明确，依照《合同法》第61条的规定仍不能确定的，适用下列规定：①标的物需要运输的，出卖人应当将标的物交付给第一承运人以运交给买受人；②标的物不需要运输，出卖人和买受人订立合同时知道标的物在某一地点的，出卖人应当在该地点交付标的物；③不知道标的物在某一地点的，应当在出卖人订立合同时的营业地交付标的物。

出卖人应当按照约定的数量交付标的物。出卖人多交标的物的，买受人可以接收或者拒绝接收多交的部分。买受人接收多交部分的，按照原合同的价格支付价款。出卖人少交标的物的，除不损害买受人利益的以外，买受人可以拒绝接收。买受人拒绝接收标的物的，应当及时通知出卖人。

出卖人应当按照约定的包装方式交付标的物。对包装方式没有约定或者约定不明确，依照《合同法》第61条的规定仍不能确定的，应当按照通用的方式包装，没有通用方式的，应当采取足以保护标的物的包装方式。

第二，关于标的物所有权的转移。取得标的物的所有权是买受人的主要交易目的，因此，将标的物的所有权转移给买受人，是出卖人的一项主要义务。依《合同法》的规定，标的物的所有权自标的物交付时起转移，但法律另有规定或者当事人另有约定的除外。当事人可以在买卖合同中约定，买受人未履行支付价款或者其他义务的，标的物的所有权属于出卖人。

就动产而言，除法律有特别规定的以外，所有权依交付而移转。

出卖人就同一普通动产订立多重买卖合同，在买卖合同均有效的情况下，买受人均要求实际履行合同的，应当按照以下情形分别处理：①先行受领交付的买受人请求确认所有权已经转移的，人民法院应予支持；②均未受领交付，先行支付价款的买受人请求出卖人履行交付标的物等合同义务的，人民法院应予支持；③均未受领交付，也未支付价款，依法成立在先合同的买受人请求出卖人履行交付标的物等合同义务的，人民法院应予支持。

不动产和法律有特别规定的动产（如车辆、船舶、航空器等），所有权的转移须依法办理所有权的转移登记。出卖人就同一船舶、航空器、机动车等特殊动产订立多重买卖合同，在买卖合同均有效的情况下，买受人均要求实际履行合同的，应当按照以下情形分别处理：①先行受领交付的买受人请求出卖人履行办理所有权转移登记手续等合同义务的，人民法院应予支持；②均未受领交付，先行办理所有权转移登记手续的买受人请求出卖人履行交付标的物等合同义务的，人民法院应予支持；③均未受领交付，也未办理所有权转移登记手续，依法成立在先合同的买受人请求出卖人履行交付标的物和办理所有权转移登记手续等合同义务的，人民法院应予支持；④出卖人将标的物交付给买受人之一，又为其他买受人办理所有权转移登记，已受领交付的买受人请求将标的物所有权登记在自己名下的，人民法院应予支持。

依据《合同法》的规定，出卖具有知识产权的计算机软件等标的物的，除法律另有规定或当事人另有约定的以外，该标的物的知识产权并不随同标的物的所有权一并移转于买受人。

2. 买受人的义务。

（1）支付价款。支付价款是买受人的主要义务。买受人支付价款应按照合同约定的数额 、地点、时间为之。

买受人应当按照约定的数额 、地点、时间支付价款。对数额 、地点、时间没有约定或者约定不明确的，适用《合同法》第 61、62 条的规定。如果仍不能确定的，关于履约地点，买受人应当在出卖人的营业地支付，但约定支付价款以交付标的物或者交付提取标的物单证为条件的，在交付标的物或者交付提取标的物单证的所在地支付。关于支付时间，买受人应当在收到标的物或者提取标的物单证的同时支付价款。

（2）受领标的物。买受人有依照合同约定或者交易惯例受领标的物的义务，对于出卖人不按合同约定条件交付的标的物，例如多交付、提前交付、交付的标的物有瑕疵等，买受人有权拒绝接收。

（3）及时检验出卖人交付的标的物。买受人收到标的物时，有及时检验的义务。当事人约定检验期间的，买受人应当在约定期间内，将标的物的数量或质量不符合约定的情形通知出卖人，买受人怠于通知的，视为标的物的数量或质量符合约定。当事人没有约定期间的，买受人应当在发现或者应当发现标的物数量或质量不符合约定的合理期间内通知出卖人。买受人在合理期间内未通知或者自标的物收到之日起2年内未通知出卖人的，视为标的物数量或质量符合约定；但对标的物有质量保证期的，适用质量保证期，不适用该2年的规定。出卖人知道或应当知道提供的标的物不符合约定的，买受人不受上述规定的通知时间的限制。该项义务属买受人所负担的不真正义务。该项义务的违反不发生违约责任的承担，但由此造成的损失由买受人自己负担。

（三）标的物毁损、灭失风险的承担

《合同法》规定，标的物毁损、灭失的风险，在标的物交付之前由出卖人负担，交付之后由买受人负担，但法律另有规定或者当事人另有约定的除外。

因买受人的原因致使标的物不能按照约定的期限交付的，买受人应当自违反约定之日起承担标的物毁损、灭失的风险。

出卖人出卖交由承运人运输的在途标的物，除当事人另有约定的以外，毁损、灭失的风险自合同成立时起由买受人承担。当事人没有约定交付地点或者约定不明确，标的物需要运输的，出卖人将标的物交付给第一承运人后，标的物毁损、灭失的风险由买受人承担。出卖人按照约定或者依照《合同法》有关规定将标的物置于交付地点，买受人违反约定没有收取的，标的物毁损、灭失的风险自违反约定之日起由买受人承担。出卖人按照约定未交付有关标的物的单证和资料的，不影响标的物毁损、灭失风险的转移。

因标的物不符合质量要求，致使不能实现合同目的的，买受人可以拒绝接收标的物或者解除合同。买受人拒绝接收标的物或者解除合同的，标的物毁损、灭失的风险由出卖人承担。

标的物毁损、灭失的风险由买受人承担的，不影响因出卖人履行债务不符合约定，买受人要求其承担违约责任的权利。

（四）特种买卖合同

在我国《合同法》上，特种买卖合同包括分期付款买卖合同、样品买卖合同、试用买卖合同、招标投标买卖合同和拍卖合同等。

1. 分期付款买卖合同。分期付款买卖是一种特殊的买卖形式，是买受人将其应付的总价款按照一定期限分批向出卖人支付的买卖。分期付款买卖在我国常常用于房屋及高档消费品的买卖。在分期付款买卖中，为保护买受人的利益，只有当买受人未支付到期价款的金额达到全部价款1/5时，出卖人方可要求买受人支付全部价款或者解除合同。出卖人解除合同的，可以向买受人要求支付该标的物的使用费。

2. 样品买卖合同。样品买卖，又称货样买卖，是指当事人双方约定一定的样品，出卖人交付的标的物应与样品具有相同品质的买卖。样品，是指当事人选定的用以决定标的物品质的实物。样品的确定，反映了当事人双方对质量的确认或合意。可以说，样品是合同的“质量条款”。样品买卖除适用普通买卖的规定外，合同法还规定：①凭样品买卖的当事人应当封存样品，并且可以对样品质量予以说明，出卖人交付的标的物应当与样品及其说明的质量相同；②凭样品买卖的买受人不知道样品有隐蔽瑕疵的，即使交付的标的物与样品相同，出卖人交付的标的物的质量仍然应当符合合同种物的通常标准。

3. 试用买卖合同。试用买卖又称为实验买卖，是指双方当事人约定由买受人试用标的物，以买受人认可标的物为条件的买卖。如果当事人约定，标的物经试验或检验符合一定要求，买受人就须买下标的物，则不为试用买卖，而为一般的买卖。关于试用买卖的性质，一般认为是附生效条件的合同。这种买卖常见于某些新产品的推销销售领域。合同法规定，试用买卖合同的当事人可以约定标的物的试用期间。对试用期间没有约定或约定不明确的，可以协议补充；不能达成补充协议的，按照合同有关条款或者交易习惯确定；如仍不能确定，由出卖人确定。买受人在试用期内可以购买标的物，也可以拒绝购买。试用期间届满，买受人对是否购买标的物未作表示的，视为同意购买。

4. 招标投标买卖合同和拍卖合同（略）。

二、供用电、水、气、热力合同

供用电、供用水、供用气、供用热力合同属同一性质的合同，故《合同法》规定，供用水、供用气、供用热力合同参照供用电合同的有关规定执行。

（一）供用电合同概述

供用电合同是供电人向用电人供电，用电人支付电费的合同。供用电合同通常为格式合同，属连续性合同，其标的性质决定了合同一般不存在退货、返还、恢复原状等问题。

（二）双方当事人的权利义务

1. 供电人义务。

（1）供电人应当按照国家规定的供电质量标准和合同约定安全供电，供电人未按照国家规定的供电质量标准和合同约定安全供电，造成用电人损失的，应当承担损害赔偿责任。

（2）供电人因供电设施计划检修、临时检修、依法限电或者用电人违法用电等原因，需要中断供电时，应当按照国家有关规定事先通知用电人。未事先通知用电人中断供电，造成用电人损失的，应当承担损害赔偿责任。

（3）因自然灾害等原因断电，供电人应当按照国家有关规定及时抢修。未及时抢修造成用电人损失的，应当承担损害赔偿责任。

2. 用电人义务。

（1）用电人应当按照国家有关规定和当事人的约定及时交付电费。用电人逾期不交付电费的，应当按照约定支付违约金。经催告用电人在合理期限内仍不交付电费和违约金的，供电人可以按照国家规定的程序中止供电。

（2）用电人应当按照国家有关规定和当事人的约定安全用电。用电人未按照国家有关规定和当事人的约定安全用电，造成供电人损失的，应当承担损害赔偿责任。

三、赠与合同

（一）赠与合同概述

赠与合同是指赠与人将自己的财产无偿给予受赠人，受赠人表示接受该赠与的合同。其中转让财产的一方为赠与人。接受财产的一方为受赠人。赠与合同为诺成合同、无偿合同，原则上是单务合同。

赠与可以附义务。赠与附义务的，受赠人应当按照约定履行义务。

赠与的财产有瑕疵的，赠与人不承担责任。附义务的赠与，赠与的财产有瑕疵的，赠与人在附义务的限度内承担与出卖人相同的责任。赠与人故意不告知瑕疵或者保证无瑕疵，造成受赠人损失的，应当承担损害赔偿责任。

赠与人的经济状况显著恶化，严重影响其生产经营或者家庭生活的，可以不再履行赠与义务。

（二）赠与合同的撤销

1. 赠与合同的任意撤销。赠与合同的任意撤销是指在赠与财产的权利转移之前，得由赠与人依其意思任意撤销赠与合同。但在具有救灾、扶贫等社会公益、道德义务性质的赠与合同和经过公证的赠与合同中，赠与人不得任意撤销赠与合同。

2. 赠与合同的法定撤销。赠与合同中，赠与财产的权利转移之后，赠与人即丧失了任意撤销赠与合同的权利，但在以下条件具备时，赠与人仍可享有撤销赠与合同的法定权利：①受赠人严重侵害赠与人或者赠与人的近亲属的；②受赠人对赠与人有扶养义务而不履行的；③受赠人不履行赠与合同约定的义务的。

赠与人的撤销权，自知道或者应当知道撤销原因之日起 1 年内行使。超过这一期间，赠与人丧失撤销权。该期间为除斥期间。因受赠人的违法行为致使赠与人死亡或者丧失民事行为能力的，其继承人或其法定代理人可以撤销赠与。赠与人的继承人或者法定代理人的撤销权，自知道或者应当知道撤销原因之日起6个月内行使。这一期间同样也是除斥期间。

撤销权人撤销赠与的，可以向受赠人要求返还赠与的财产。

四、借款合同

（一）借款合同的概述

借款合同是借款人向贷款人借款，到期返还借款并支付利息的合同。提供借款的一方称为贷款人，也可以称为出借人。

借款合同的标的物仅限于货币，因此借款合同只是借贷合同的一种。借贷合同是指出借人将一定数量货币或者实物借给借用人处分，借用人依照约定返还同种货币、实物的合同。借用人返还的货币或者实物，已经不是原物了，而是同种物。这是借贷合同区别于借用合同、租用合同的标志。

借款合同是转移所有权的合同。一般情况下，借款合同是诺成合同，但自然人之间的借款合同是实践合同。《合同法》第 210 条规定：“自然人之间的借款合同，自贷款人提供借款时生效。”

借款合同按照主体的不同，可以分为以金融机构为贷款人的借款合同和以非金融机构为贷款人的借款合同。

1. 以金融机构为贷款人的借款合同又称为信贷合同。法律、法规对信贷合同要求比较严格。该类合同是有偿合同、诺成合同，并且应当采用书面形式。借款利率不能自由确定，应当按照中国人民银行规定的贷款利率的上下限确定。

2. 非金融企业之间的借款合同。我国目前禁止非金融企业之间的借贷。因这类借款纠纷诉至法院的，法院均认定合同无效，判令借款人返还本金，对利息不予保护。对于自然人之间的借款合同，法律允许，但有诸多限制。比如，自然人之间的借款合同对支付利息没有约定或者约定不明确的，视为不支付利息。自然人之间的借款合同（民间借贷）约定支付利息的，借款的利率不得违反国家有关限制借款利率的规定。民间借贷的利率可以适当高于银行的利率，但最高不得超过银行同类贷款利率的4倍（包括利率本数）。超出此限度的，超出部分的利息不予保护。

（二）贷款人的义务和权利

1. 足额、按期提供贷款。借款的利息不得预先在本金中扣除。利息预先在本金中扣除的，应当按照实际借款数额返还借款并计算利息。贷款人未按照约定的日期、数额提供借款，造成借款人损失的，应当赔偿损失。

2. 保密的义务。贷款人按照约定可以检查、监督借款的使用情况。借款人应当按照约定向贷款人定期提供有关财务会计报表等资料。这种检查、监督也很难回避借款人的商业秘密，对此贷款人自应保密。

3. 解除权。借款人未按照约定的借款用途使用借款的，贷款人可以停止发放借款、提前收回借款或者解除合同。

（三）借款人的义务和权利

1. 借款人在订立合同时的告知义务。订立借款合同，借款人应当按照贷款人的要求提供与借款有关的业务活动和财务状况的真实情况。

2. 按照约定提供担保。

3. 按照约定的用途使用借款。

4. 按期、足额支付利息。

5. 返还本金。

6. 提前还款时利息的计算。借款人提前偿还借款的，除当事人另有约定的以外，应当按照实际借款的期间计算利息。借款人提前偿还借款的，根据《合同法》第71条的规定，贷款人可以拒绝。实践中有的金融机构与借款人约定，提前还款要支付违约金，这种约定是有效的。

7. 借款人可以在还款期限届满之前向贷款人申请展期。贷款人同意的，可以展期。

五、租赁合同

（一）租赁合同概述

租赁合同是出租人将租赁物交付承租人使用、收益，承租人支付租金的合同。

租赁合同中交付租赁物供对方使用、收益的一方称为出租人，使用租赁物并支付租金的一方称为承租人。租赁合同是转让财产使用权的合同。租赁合同为有偿合同、诺成合同、双务合同。租赁合同具有临时性，租赁期限不得超过20年，超过20年的，超过部分无效。租赁期限为6个月以上的，应当采用书面形式。当事人未采用书面形式的，视为不定期租赁。

（二）双方当事人的权利义务

1. 出租人的权利义务。

（1）出租人应当按照约定将租赁物交付承租人，并在租赁期间保持租赁物符合约定的用途。

（2）出租人应当履行租赁物的维修义务，但当事人另有约定的除外。承租人在租赁物需要维修时可以要求出租人在合理期限内维修。出租人未履行维修义务的，承租人可以自行维修，维修费用由出租人负担。因维修租赁物影响承租人使用的，应当相应减少租金或者延长租期。

2. 承租人的权利义务。

（1）承租人应当妥善保管租赁物，因保管不善造成租赁物毁损、灭失的，应当承担损害赔偿责任。

（2）承租人应当按照约定的期限支付租金。对支付期限没有约定或者约定不明确的，双方可以协议补充，不能达成补充协议的，适用下列规定：租赁期间不满1年的，应当在租赁期间届满时支付；租赁期间为1年以上的，应当在每届满1年时支付，剩余期间不满1年的，应当在租赁期间届满时支付。

（3）承租人应当按照约定的方法使用租赁物。对租赁物的使用方法没有约定或者约定不明确的，双方可以协议补充，不能达成补充协议的，应当按照租赁物的性质使用。

（4）租赁期间届满，承租人应当返还租赁物。返还的租赁物应当符合按照约定或者租赁物的性质使用后的状态。

（5）承租人经出租人同意，可以对租赁物进行改善或者增设他物。承租人未经出租人同意，对租赁物进行改善或者增设他物的，出租人可以要求承租人恢复原状或者赔偿损失。

（6）承租人经出租人同意，可以将租赁物转租给第三人。承租人转租的，承租人与出租人之间的租赁合同继续有效，第三人对租赁物造成损失的，承租人应当赔偿损失。承租人未经出租人同意转租的，出租人可以解除合同。

（7）在租赁期间因占有、使用租赁物获得的收益，归承租人所有，但当事人另有约定的除外。

（8）因第三人主张权利，致使承租人不能对租赁物使用、收益的，承租人可以要求减少租金或者不支付租金。第三人主张权利的，承租人应当及时通知出租人。

（9）租赁物在租赁期间发生所有权变动的，不影响租赁合同的效力，即实行

"买卖不破租赁"的原则。出租人出卖租赁房屋的，应当在出卖之前的合理期限内通知承租人，承租人享有以同等条件优先购买的权利。

六、融资租赁合同

（一）融资租赁合同概述

融资租赁合同是出租人根据承租人对出卖人、租赁物的选择，向出卖人购买租赁物，提供给承租人使用，承租人支付租金的合同。融资租赁合同是由两个合同（买卖合同和融资性租赁合同）和三方当事人（出卖人、出租人即买受人、承租人）结合在一起有机构成的新型独立合同。融资租赁公司与承租人所签订的融资性租赁合同以及融资租赁公司与供应商所签订的买卖合同，在效力上相互交错。融资租赁合同是以融资为目的、以融物为手段的合同。融资租赁合同中的出租人只能是专营融资租赁业务的租赁公司。只有经金融管理部门批准许可经营的公司，才有从事融资租赁交易、订立融资租赁合同。

（二）双方当事人的权利义务

1. 承租人的权利义务。

（1）出租人根据承租人对出卖人、租赁物的选择订立的买卖合同，出卖人应当按照约定向承租人交付标的物，承租人享有与受领标的物有关的买受人的权利。

（2）出租人、出卖人、承租人可以约定，出卖人不履行买卖合同义务的，由承租人行使索赔的权利。承租人行使索赔权利的，出租人应当协助。

（3）出租人应当保证承租人对租赁物的占有和使用。承租人占有租赁物期间，租赁物造成第三人人身伤害或者财产损害的，出租人不承担责任。

（4）当事人约定租赁期间届满租赁物归承租人所有，承租人已经支付大部分租金，但无力支付剩余租金，出租人因此解除合同收回租赁物的，收回的租赁物的价值超过承租人欠付的租金以及其他费用的，承租人可以要求部分返还。

（5）承租人应当妥善保管、使用租赁物。承租人应当履行占有租赁物期间的维修义务。

（6）承租人应当按照约定支付租金。

（7）租赁物不符合约定或者不符合使用目的的，出租人不承担责任，但承租人依赖出租人的技能确定租赁物或者出租人干预选择租赁物的除外。

2. 出租人的权利义务。

（1）出租人享有租赁物的所有权。

（2）出租人享有对租赁物的租金收取权。承租人经催告后在合理期限内仍不支付租金的，出租人可以要求支付全部租金；也可以解除合同，收回租赁物。

（3）出租人和承租人可以约定租赁期间届满租赁物的归属。对租赁物的归属没有约定或者约定不明确，依照《合同法》有关规定仍不能确定的，租赁物的所有权归出租人。

七、承揽合同

（一）承揽合同概念

承揽合同是承揽人按照定作人的要求完成工作，交付工作成果，定作人给付报酬的合同。其中，完成工作并将工作成果交付给对方的一方当事人为承揽人，接受工作成果并向对方给付报酬的一方当事人为定作人。

（二）双方当事人的权利义务

1. 承揽人应当以自己的设备、技术和劳力，完成主要工作，但当事人另有约定的除外。

2. 承揽人将其承揽的主要工作交由第三人完成的，应当就该第三人完成的工作成果向定作人负责；未经定作人同意的，定作人也可以解除合同。

3. 承揽人提供材料的，承揽人应当按照约定选用材料，并接受定作人检验。定作人提供材料的，定作人应当按照约定提供材料。

4. 承揽工作需要定作人协助的，定作人有协助的义务。

5. 承揽人在工作期间，应当接受定作人必要的监督检验。定作人不得因监督检验妨碍承揽人的正常工作。

6. 承揽人完成工作的，应当向定作人交付工作成果，并提交必要的技术资料和有关质量证明。定作人应当验收该工作成果。承揽人交付的工作成果不符合质量要求的，定作人可以要求承揽人承担修理、重作、减少报酬、赔偿损失等违约责任。

7. 定作人应当按照约定的期限支付报酬。

8. 承揽人应当妥善保管定作人提供的材料以及完成的工作成果，因保管不善造成毁损、灭失的，应当承担损害赔偿责任。

9. 承揽人应当按照定作人的要求保守秘密，未经定作人许可，不得留存复制品或者技术资料。

八、建设工程合同

（一）建设工程合同概述

建设工程合同是承包人进行工程建设，发包人支付价款的合同。建设工程合同包括工程勘察、设计、施工合同。由于建设工程的标的物为不动产，工程建设对国家和社会生活的方方面面影响较大，在建设工程合同的订立和履行上，就具有强烈的国家干预的色彩。如，合同法规定，发包人不得将应当由一个承包人完成的建设工程肢解成若干部分发包给几个承包人。承包人不得将其承包的全部建设工程转包给第三人或者将其承包的全部建设工程肢解以后以分包的名义分别转包给第三人。禁止承包人将工程分包给不具备相应资质条件的单位，禁止分包单位将其承包的工程再分包。建设工程主体结构的施工必须由承包人自行完成。建设工程合同应当采用书面形式。

（二）双方当事人的权利义务

1. 发包人的权利义务。

（1）发包人在不妨碍承包人正常作业的情况下，可以随时对作业进度、质量进行检查。

（2）勘察、设计的质量不符合要求或者未按照期限提交勘察、设计文件而拖延工期，造成发包人损失的，勘察人、设计人应当继续完善勘察、设计，减收或者免收勘察、设计费并赔偿损失。

（3）因施工人的原因致使建设工程质量不符合约定的，发包人有权要求施工人在合理期限内无偿修理或者返工、改建。经过修理或者返工、改建后，造成逾期交付的，施工人应当承担违约责任。

（4）因承包人的过错造成建设工程质量不符合约定，承包人拒绝修理、返工或者改建的，发包人有权请求减少支付工程价款。

（5）因发包人的原因致使工程中途停建、缓建的，发包人应当采取措施弥补或者减少损失，赔偿承包人因此造成的停工、窝工、倒运、机械设备调迁、材料和构件积压等损失和实际费用。

（6）因发包人变更计划，提供的资料不准确，或者未按照期限提供必需的勘察、设计工作条件而造成勘察、设计的返工、停工或者修改设计，发包人应当按照勘察人、设计人实际消耗的工作量增付费用。

2. 承包人的权利义务。

（1）发包人未按照约定的时间和要求提供原材料、设备、场地、资金、技术资料的，承包人可以顺延工程日期，并有权要求赔偿停工、窝工等损失。

（2）隐蔽工程在隐蔽以前，承包人应当通知发包人检查。发包人没有及时检查的，承包人可以顺延工程日期，并有权要求赔偿停工、窝工等损失。

（3）因承包人的原因致使建设工程在合理使用期限内造成人身和财产损害的，承包人应当承担损害赔偿责任。

（4）因保修人未及时履行保修义务，导致建筑物毁损或者造成人身、财产损害的，保修人应当承担赔偿责任。保修人与建筑物所有人或者发包人对建筑物毁损均有过错的，各自承担相应的责任。

九、运输合同

（一）运输合同概述

运输合同，又称运送合同，是指承运人将旅客或者货物从起运地点运输到约定地点，旅客、托运人或者收货人支付票款或者运输费用的合同。运输合同分为客运合同、货运合同和多式联运合同。

（二）客运合同

客运合同自承运人向旅客交付客票时成立，但当事人另有约定或者另有交易习惯的除外。

1. 旅客权利义务。

（1）旅客应当持有效客票乘运。旅客无票乘运、超程乘运、越级乘运或者持失效客票乘运的，应当补交票款，承运人可以按照规定加收票款。旅客不交付票款的，承运人可以拒绝运输。

（2）旅客可以自行决定解除客运合同。旅客因自己的原因不能按照客票记载的时间乘坐的，应当在约定的时间内办理退票或者变更手续。逾期办理的，承运人可以不退票款，并不再承担运输义务。

（3）旅客在运输中应当按照约定的限量携带行李。超过限量携带行李的，应当办理托运手续。

（4）旅客不得随身携带或者在行李中夹带易燃、易爆、有毒、有腐蚀性、有放射性以及有可能危及运输工具上人身和财产安全的危险物品或者其他违禁物品。

2. 承运人权利义务。

（1）承运人应当向旅客及时告知有关不能正常运输的重要事由和安全运输应当注意的事项。

（2）承运人应当按照客票载明的时间和班次运输旅客。承运人迟延运输的，应当根据旅客的要求安排改乘其他班次或者退票。

（3）承运人擅自变更运输工具而降低服务标准的，应当根据旅客的要求退票或者减收票款；提高服务标准的，不应当加收票款。

（4）承运人在运输过程中，应当尽力救助患有急病、分娩、遇险的旅客。

（5）承运人应当对运输过程中旅客（包括按照规定免票、持优待票或者经承运人许可搭乘的无票旅客）的伤亡承担损害赔偿责任，但伤亡是旅客自身健康原因造成的或者承运人证明伤亡是旅客故意、重大过失造成的除外。

（6）在运输过程中旅客自带物品毁损、灭失，承运人有过错的，应当承担损害赔偿责任。旅客托运的行李毁损、灭失的，适用货物运输的有关规定。

（三）货运合同

货运合同是指承运人将托运人交付的货物运送到指定地点，托运人为此支付运费的合同。货运合同往往会涉及第三人，即收货人，收货人有时不是货运合同的当事人，但却是合同的利害关系人，享有合同规定的权利并承担合同规定的义务。

1. 托运人的权利义务。

（1）托运人办理货物运输，应当向承运人准确表明收货人的名称或者姓名或者凭指示的收货人，货物的名称、性质、重量、数量，收货地点等有关货物运输的必要情况。

（2）托运人应当按照约定的方式包装货物。

（3）托运人托运易燃、易爆、有毒、有腐蚀性、有放射性等危险物品的，应当按照国家有关危险物品运输的规定对危险物品妥善包装，作出危险物标志和标签，并将有关危险物品的名称、性质和防范措施的书面材料提交承运人。

(4) 托运人享有变更和中止运输合同的权利。

2. 承运人权利义务。

(1) 货物运输到达目的地后，承运人知道收货人的，应当及时通知收货人。

(2) 承运人对运输过程中货物的毁损、灭失承担损害赔偿责任，但承运人证明货物的毁损、灭失是因不可抗力、货物本身的自然性质或者合理损耗以及托运人、收货人的过错造成的，不承担损害赔偿责任。

(3) 货物的毁损、灭失的赔偿额，当事人有约定的，按照其约定；没有约定或者约定不明确的，双方可以协议补充，不能达成补充协议的，按照交付或者应当交付时货物到达地的市场价格计算。法律、行政法规对赔偿额的计算方法和赔偿限额另有规定的，依照其规定。

(4) 两个以上承运人以同一运输方式联运的，与托运人订立合同的承运人应当对全程运输承担责任。损失发生在某一运输区段的，与托运人订立合同的承运人和该区段的承运人承担连带责任。

(5) 货物在运输过程中因不可抗力灭失，未收取运费的，承运人不得要求支付运费；已收取运费的，托运人可以要求返还。

(6) 托运人或者收货人不支付运费、保管费以及其他运输费用的，承运人对相应的货物享有留置权，但当事人另有约定的除外。

(7) 收货人不明或者收货人无正当理由拒绝受领货物的，承运人可以提存货物。

3. 收货人的权利义务。

(1) 收货人在接到收货通知后，应当及时提货。收货人逾期提货的，应当向承运人支付保管费等费用。

(2) 收货人提货时应当按照约定的期限检验货物。

十、保管合同和仓储合同

(一) 保管合同

保管合同，又称寄托合同、寄存合同，是指双方当事人约定一方当事人保管另一方当事人交付的物品，并返还该物的合同。其中保管物品的一方为保管人，或称受寄托人；其所保管的物品为保管物；交付物品保管的一方为寄存人，或称寄托人。

保管合同为实践性合同。保管合同自保管物交付时成立，但当事人另有约定的除外。

1. 保管人的义务。

(1) 寄存人向保管人交付保管物的，保管人应当给付保管凭证，但另有交易习惯的除外。

(2) 保管人应当妥善保管保管物。

(3) 保管人不得将保管物转交第三人保管，不得使用或者许可第三人使用保管物，但当事人另有约定的除外。

(4) 第三人对保管物主张权利的，除依法对保管物采取保全或者执行的以外，保管人应当履行向寄存人返还保管物的义务。

(5) 寄存人可以随时领取保管物。

2. 寄存人的义务。

(1) 寄存人交付的保管物有瑕疵或者按照保管物的性质需要采取特殊保管措施的，寄存人应当将有关情况告知保管人。

(2) 对于有偿的保管合同，寄存人应当按照约定的期限向保管人支付保管费。

(3) 寄存人寄存货币、有价证券或者其他贵重物品的，应当向保管人声明，由保管人验收或者封存。寄存人未声明的，该物品毁损、灭失后，保管人可以按照一般物品予以赔偿。

(二) 仓储合同（略）

十一、委托合同

(一) 委托合同概述

委托合同，又称委任合同，是指一方委托他方处理事务，他方允诺处理事务的合同。委托他方处理事务的，为委托人。允诺为他方处理事务的，为受托人。

(二) 双方当事人的权利义务

1. 受托人的权利义务。

(1) 受托人应当按照委托人的指示处理委托事务。需要变更委托人指示的，应当经委托人同意；因情况紧急，难以和委托人取得联系的，受托人应当妥善处理委托事务，但事后应当将该情况及时报告委托人。

(2) 受托人应当亲自处理委托事务。经委托人同意，受托人可以转委托。

(3) 受托人应当按照委托人的要求，报告委托事务的处理情况。委托合同终止时，受托人应当报告委托事务的结果。

(4) 受托人处理委托事务取得的财产，应当转交给委托人。

(5) 受托人处理委托事务时，因不可归责于自己的事由受到损失的，可以向委托人要求赔偿损失。

2. 委托人的权利义务。

(1) 委托人应当预付处理委托事务的费用。对于受托人为处理委托事务垫付的必要费用，委托人应当偿还并支付利息。

(2) 受托人完成委托事务的，委托人应当向其支付报酬。因不可归责于受托人的事由，致使委托合同解除或者委托事务不能完成的，委托人应当向受托人支付相应的报酬。当事人另有约定的，按照其约定。

(3) 对于有偿的委托合同，因受托人的过错给委托人造成损失的，委托人可以要求赔偿损失。对于无偿的委托合同，因受托人的故意或者重大过失给委托人造成损失的，委托人可以要求赔偿损失。受托人超越权限给委托人造成损失的，应当赔偿损失。两个以上的受托人共同处理委托事务的，对委托人承担连带责任。

3. 委托人与第三人的关系。

(1) 受托人以自己的名义，在委托人的授权范围内与第三人订立合同的，第三人在订立合同时知道受托人与委托人之间的代理关系的，该合同直接约束委托人和第三人，但有确切证据证明该合同只约束受托人和第三人的除外。

(2) 受托人以自己的名义与第三人订立合同时，第三人不知道受托人与委托人之间的代理关系，受托人因第三人的原因对委托人不履行义务的，受托人应当向委托人披露第三人，委托人因此可以行使受托人对第三人的权利，但第三人与受托人订立合同时如果知道该委托人就不会订立合同的除外。

(3) 受托人因委托人的原因对第三人不履行义务的，受托人应当向第三人披露委托人，第三人可以因此选择受托人或者委托人作为相对人主张其权利，但第三人不得变更选定的相对人。

(4) 委托人行使受托人对第三人的权利的，第三人可以向委托人主张其对受托人的抗辩。第三人选定委托人作为其相对人的，委托人可以向第三人主张其对受托人的抗辩以及受托人对第三人的抗辩。

十二、行纪合同和居间合同

(一) 行纪合同

1. 行纪合同概述。行纪合同是行纪人以自己的名义为委托人从事贸易活动，委托人支付报酬的合同。

行纪合同与委托合同有许多共同之处，广义上讲，行纪合同属于委托合同的一种。所以《合同法》规定，该法对行纪合同没有规定的，适用有关委托合同的规定。

在我国，对于行纪合同的委托人，法律并无太多限制。但行纪人只能是经批准经营行纪业务的自然人、法人或其他组织，未经批准不能成为行纪合同的行纪人，这表明行纪人的主体资格要受到限制。

2. 双方当事人的权利义务。

(1) 行纪人占有委托物的，应当妥善保管委托物。

(2) 行纪人低于委托人指定的价格卖出或者高于委托人指定的价格买入的，应当经委托人同意。未经委托人同意，行纪人补偿其差额的，该买卖对委托人发生效力。委托人对价格有特别指示的，行纪人不得违背该指示而卖出或者买入。

(3) 行纪人卖出或者买入具有市场定价的商品，除委托人有相反的意思表示以外，行纪人自己可以作为买受人或者出卖人。行纪人有上述情形的，仍然可以要求委托人支付报酬。

(4) 行纪人按照约定买入委托物，委托人应当及时受领。经行纪人催告，委托人无正当理由拒绝受领的，行纪人可依法提存委托物。

(5) 行纪人与第三人订立合同的，行纪人对该合同直接享有权利、承担义务。第三人不履行义务致使委托人受到损害的，行纪人应当承担损害赔偿责任，但行纪人与委托人另有约定的除外。

（6）行纪人完成或者部分完成委托事务的，委托人应当向其支付相应的报酬。委托人逾期不支付报酬的，行纪人对委托物享有留置权，但当事人另有约定的除外。

（二）居间合同（略）

十三、技术合同

（一）技术合同概述

技术合同是指当事人就技术开发、转让、咨询或者服务订立的确立相互权利义务的合同。

技术合同包括技术开发合同、技术转让合同、技术咨询合同和技术服务合同。

（二）技术开发合同（略）

（三）技术转让合同

1. 技术转让合同的概念特征。技术转让合同，是指当事人就专利权转让、专利申请权转让、技术秘密转让和专利实施许可所订立的合同。法律、行政法规对技术进出口合同或者专利、专利申请合同另有规定的，依照其规定。

2. 当事人双方的权利义务。

（1）技术转让合同可以约定让与人和受让人实施专利或者使用技术秘密的范围，但不得限制技术竞争和技术发展。

（2）专利实施许可合同只在该专利权的存续期间内有效。专利权有效期限届满或者专利权被宣布无效的，专利权人不得就该专利与他人订立专利实施许可合同。

（3）专利实施许可合同的让与人应当按照约定许可受让人实施专利，交付实施专利有关的技术资料，提供必要的技术指导。

（4）专利实施许可合同的受让人应当按照约定实施专利，不得许可约定以外的第三人实施该专利，并按照约定支付使用费。

（5）技术秘密转让合同的让与人应当按照约定提供技术资料，进行技术指导，保证技术的实用性、可靠性，承担保密义务。

（6）技术秘密转让合同的受让人应当按照约定使用技术，支付使用费，承担保密义务。

（7）技术转让合同的让与人应当保证自己是所提供的技术的合法拥有者，并保证所提供的技术完整、无误、有效，能够达到约定的目标。

（8）技术转让合同的受让人应当按照约定的范围和期限，对让与人提供的技术中尚未公开的秘密部分，承担保密义务。

（9）当事人可以按照互利的原则，在技术转让合同中约定实施专利、使用技术秘密后续改进的技术成果的分享办法。没有约定或者约定不明确的，双方可以协议补充，不能达成补充协议的，对于一方后续改进的技术成果，其他各方无权分享。

（四）技术咨询合同和技术服务合同（略）

案例讨论

一、基本案情

甲企业（本题下称“甲”）向乙企业（本题下称“乙”）发出传真订货，该传真列明了货物的种类、数量、质量、供货时间、交货方式等，并要求乙在10日内报价。乙接受甲发出传真列明的条件并按期报价，亦要求甲在10日内回复；甲按期复电同意其价格，并要求签订书面合同。乙在未签订书面合同的情况下按甲提出的条件发货，甲收货后未提出异议，亦未付货款。后因市场发生变化，该货物价格下降。甲遂向乙提出，由于双方未签订书面合同，买卖关系不能成立，故乙应尽快取回货物。乙不同意甲的意见，要求其偿付货款。随后，乙发现甲放弃其对关联企业的到期债权，并向其关联企业无偿转让财产，可能使自己的货款无法得到清偿，遂向人民法院提起诉讼。

根据上述情况，分析回答下列问题：

1. 试述甲传真订货、乙报价、甲回复报价行为的法律性质。

2. 买卖合同是否成立？并说明理由。

3. 对甲放弃到期债权、无偿转让财产的行为，乙可向人民法院提出何种权利请求，以保护其利益不受侵害？对乙行使该权利的期限，法律有何规定？

二、案例分析

1. 甲传真订货行为的性质属于要约邀请。因该传真欠缺价格条款，邀请乙报价，故不具有要约性质。乙报价行为的性质属于要约。根据《合同法》的规定，要约要具备两个条件：①内容具体确定；②表明经受要约人承诺，要约人即受该意思表示约束。乙同意甲方传真中的其他条件，并通过报价使合同条款内容具体确定，约定回复日期则表明其将受报价的约束，已具备要约的全部要件。甲回复报价的内容与要约一致，且于承诺期内作出，故其性质属于承诺。

2. 买卖合同依法成立。根据《合同法》的规定，当事人约定采用书面形式订立合同，当事人未采用书面形式但一方已经履行主要义务，对方接受的，该合同成立。本例中，虽双方未按约定签订书面合同，但乙已实际履行合同义务，甲亦接受，并未及时提出异议，故合同成立。

3. 乙可向人民法院提出行使撤销权的请求，撤销甲的放弃到期债权、无偿转让财产的行为，以维护其权益。关于撤销权的时效，《合同法》规定，撤销权应自债权人知道或者应当知道撤销事由之日起1年内行使，自债务人的行为发生之日起5年内未行使撤销权的，该权利消灭。

复习思考题

一、单项选择题

1. 甲厂向乙厂发出信函，表示愿以1万元出让设备一台。乙厂回复：需该设备，但价格应为8000元；甲厂又回函：价格可为9000元，复函即供货。乙厂经办人因工作不负责任，接甲厂的复函后，未予处理。后甲厂将设备发送到乙厂，乙厂才发现对甲厂原函未处理，则（ ）。

A. 甲乙之间的合同不成立　　B. 甲厂未经乙厂同意而发货，违约

C. 乙厂未及时通知甲发货而违约　　D. 双方之间有误解，可撤销合同

2. 2007年4月30日，甲以手机短信形式向乙发出购买一台笔记本电脑的要约，乙于当日回短信同意要约。但由于“五一”期间短信系统繁忙，甲于5月3日才收到乙的短信，并因个人原因于5月8日才阅读乙的短信，后于9日回复乙“短信收到”。甲乙之间买卖合同的成立时间是（ ）。

A. 2007年4月30日　　B. 2007年5且3日

C. 2007年5月8日　　D. 2007年5月9日

3. 2010年3月8日，甲向乙借用电脑一台。3月15日，乙向甲借用名牌手表一块。5月10日，甲要求乙返还手表，乙以甲尚未归还电脑为由，拒绝返还手表。根据合同法律制度的规定，下列表述中正确的是（ ）。

A. 乙是在行使同时履行抗辩权，可以暂不返还手表

B. 乙是在行使不安抗辩权，可以暂不返还手表

C. 乙是在行使留置权，可以暂不返还手表

D. 乙应当返还手表

4. 甲乙订立买卖合同，约定由甲给乙提供价值10万元的货，乙给付甲定金3万元，后甲不能按期供货，则应返还给乙（ ）万元。

A. 3　　B. 4　　C. 5　　D. 6

5. 某厂因工艺设计问题生产出一批不保温的热水瓶，为使产品销售掉，该厂派人买了10个与此产品花样相同的热水瓶作为样品，使某百货公司与之订货，该合同属于（ ）。

A. 违反国家法律的合同　　B. 采取胁迫手段签订的合同

C. 采取欺诈手段订立的合同　　D. 超越经营范围订立的合同

6. 甲公司向银行贷款，并以所持乙上市公司股份用于质押。根据担保法律制度的规定，该质押合同生效的时间是（ ）。

A. 借款合同签订之日

B. 质押合同签订之日

C. 向证券登记机构申请办理出质登记之日

D. 证券登记机构办理出质登记之日

7. 甲公司向乙公司订购一台生产设备，乙公司委托其控股的丙公司生产该设备并交付给甲公司。甲公司在使用该设备时发现存在严重的质量问题。下列关于甲公司权利的表述中，正确的是（　　）。

A. 甲公司有权请求乙公司承担违约责任

B. 甲公司有权请求丙公司承担违约责任

C. 甲公司有权请求乙、丙公司连带承担违约责任

D. 甲公司有权请求乙、丙公司按照责任大小按份承担违约责任

8. A公司与B公司签订一份买卖合同，价款总额为100万元，由C公司与B公司签订保证合同充当A公司的保证人。后双方协议将合同总额变更为120万元，但未经C公司书面同意。对此，下列说法正确的是（　　）。

A. C公司应在100万元范围内承担保证责任

B. C公司应在120万元范围内承担保证责任

C. C公司应在20万元范围内承担保证责任

D. C公司不再承担保证责任

9. 甲乙订立买卖合同约定：甲向乙交付200吨铜材，货款为200万元；乙向甲支付定金20万元；如任何一方不履行合同应支付违约金30万元。甲因将铜材卖给丙而无法向乙交货。在乙向法院起诉时，既能最大限度保护自己的利益，又能获得法院支持的诉讼请求是（　　）。

A. 请求甲双倍返还定金40万元

B. 请求甲支付违约金30万元

C. 请求甲支付违约金30万元，同时请求甲双倍返还定金40万元

D. 请求甲支付违约金30万元，同时请求返还定金20万元

10. 甲与乙订立租赁合同，将自己所有的一栋房屋租赁给乙使用。租赁期间，甲在征得乙同意后，将房屋卖给丙，并转移了所有权。下列有关该租赁合同效力的表述中，正确的是（　　）。

A. 租赁合同在乙和丙之间继续有效

B. 租赁合同自动解除

C. 租赁合同自动解除，但是甲应当对乙承担违约责任

D. 租赁合同自动解除，但是丙应当另行与乙订立租赁合同

二、多项选择题

1. 根据《合同法》的规定，下列各项中，属于不得撤销要约的情形有（　　）。

A. 要约已经到达受要约人　　B. 要约人确定了承诺期限

C. 要约人明示要约不可撤销　　D. 受要约人已对要约作出承诺

2. 下列属于可变更或可撤销合同的是（　　）。

A. 因重大误解订立的合同　　B. 显失公平的合同

C. 乘人之危订立的合同　　D. 欺诈而为的合同，损害国家利益的

3. 下列为实践性合同的是（　　）。

A. 定金合同　B. 保管合同　C. 买卖合同　D. 建设工程合同

4. 应当先履行债务的当事人，有确切证据证明对方有下列（　　）情形之一的，可以中止履行。

A. 经营状况严重恶化

B. 转移财产、抽逃资金，以逃避债务

C. 丧失商业信誉

D. 有丧失或者可能丧失履行债务能力的其他情形

5. 甲公司向乙银行借款，同意以自己现有以及将有的全部生产设备、原材料、产品、半成品进行抵押。根据担保法律制度的规定，下列关于该抵押的表述中，正确的有（　　）。

A. 甲公司与乙银行协商一致时，抵押权设立

B. 甲公司与乙银行协商一致并达成书面协议时，抵押权设立

C. 该抵押权非经登记不得对抗善意第三人

D. 如第三人已向甲公司支付了合理价款并取得抵押财产的，则抵押权不得对抗该第三人

6. 下列协议中，可以适用《合同法》的有（　　）。

A. 监护协议　　B. 政府采购协议

C. 专利转让协议　　D. 股权转让协议

7. 2009 年 5 月 12 日，甲因农忙借用邻居乙的一头耕牛耕地 3 天。5 月 14 日，甲、乙两人又以 2500 元价格达成购买该耕牛的买卖合同，双方约定甲应在 5 月 31 日前付清价款。5 月 14 日晚，当地爆发泥石流，导致耕牛灭失。根据合同法律制度的有关规定，下列表述中正确的有（　　）。

A. 甲在 5 月 12 日取得耕牛的所有权

B. 甲在 5 月 14 日取得耕牛的所有权

C. 耕牛灭失的损失由甲承担

D. 耕牛灭失的损失由乙承担

8. 甲公司委托业务员张某到某地采购一批等离子电视机。张某到该地后意外发现当地乙公司的液晶电视机很畅销，就用盖有甲公司公章的空白介绍信和空白合同书与乙公司签订了购买 200 台液晶电视机的合同，并约定货到付款。货到后，甲公司拒绝付款。下列表述中正确的有（　　）。

A. 甲公司有权拒绝付款

B. 甲公司应接受货物并向乙公司付款

C. 张某无权代理签订购买液晶电视机合同

D. 若甲公司因该液晶电视机买卖合同受到损失，有权向张某追偿

9. 2007年7月5日，甲授权乙以甲的名义将甲的一台笔记本电脑出售，价格不得低于8000元。乙的好友丙欲以6000元的价格购买。乙遂对丙说：“大家都是好朋友，甲说最低要8000元，但我想6000元卖给你，他肯定也会同意的。”乙遂以甲的名义以6000元将笔记本电脑卖给丙。下列说法中正确的是（　　）。

A. 该买卖行为无效

B. 乙是无权代理行为

C. 乙可以撤销该行为

D. 甲可以追认该行为

10. 只能适用中国法律的涉外合同有（　　）等。

A. 中外合资经营企业合同

B. 中外合作企业合同

C. 技术转让合同

D. 中外合作勘探开发自然资源合同

三、判断题

1. 我国合同法调整一切平等主体之间的合同关系。（　　）

2. 不能即时清结的合同必须采用书面形式。（　　）

3. 价目表、招标公告和广告一概不属于要约。（　　）

4. 合同一概自成立时即生效。（　　）

5. 具有撤销权的当事人自知道或者应当知道撤销事由之日起2年内没有行使撤销权的，撤销权消灭。（　　）

6. 合同无效、被撤销或者终止的，合同中解决争议方法的条款也无效。（　　）

7. 执行政府指导价的合同，在约定的交付期限内政府价格调整时，按照交付时的价格计价。（　　）

8. 债权人不能拒绝债务人提前履行合同。（　　）

9. 合同只要经当事人协商一致，就可变更。（　　）

10. 违约金和定金可以同时并用。（　　）

四、简答题

1. 简述合同的基本原则。

2. 简述构成无效合同的条件。

3. 简述合同中止履行的条件。

4. 简述合同条款存在缺陷时的履行办法。

5. 简述依法解除合同的情形。

五、案例分析题

1. 2006年3月20日，上海的甲公司与北京的乙公司签订了一份买卖合同，约定：甲公司向乙公司购买1000吨化工原料，总价款为200万元；乙公司在合同签订后1个月内交货，甲公司在验货后7日内付款。双方没有明确约定履行地点。合同签订后，甲公司以其办公用房作抵押向丙银行借款200万元，并办理了抵押登记手续。由于办公用房的价值仅为100万元，甲公司又请求丁公司为该笔借款提供了保证担保。丙银行与丁公司的保证合同没有约定保证方式及保证范围，但约定保证人承担保证责任的期限至借款本息还清时为止。4月10日，乙公司准备通过铁路运输部门发货时，甲公司的竞争对手告知乙公司，甲公司经营状况不佳，将要破产。乙公司随即暂停了货物发运，并电告甲公司暂停发货的原因，要求甲公司提供担保。甲公司告知乙公司：本公司经营正常，货款已经备齐，乙公司应尽快履行合同，否则将追究违约责任。但乙公司坚持要求甲公司提供担保。甲公司急需这批货物，只好按照乙公司的要求，提供了银行保函。5月25日，乙公司收到银行保函，当日向铁路运输部门支付了运费并发货。货物在运输途中，遇泥石流灾害全部灭失。借款合同到期后，甲公司没有偿还丙银行的借款本息。

问题：

(1) 乙公司暂停发货是否有法律依据？并说明理由。

(2) 在买卖合同履行地点约定不明确的情况下，应当如何交付标的物？

(3) 货物灭失的损失应当由谁承担？并说明理由。

(4) 铁路运输部门是否应当依据运输合同承担违约责任？乙公司可否要求铁路运输部门返还运费？并分别说明理由。

(5) 丁公司应当承担连带保证责任还是一般保证责任？并说明理由。

(6) 丁公司的保证期间为多长？并说明理由。

(7) 丙银行可否直接要求丁公司承担200万元的保证责任？并说明理由。

2. 2007年1月10日，甲公司与乙公司签订一份买卖合同。合同约定：甲公司向乙公司购买CAT320B型挖掘机5台，每台40万元，共计200万元；合同签订之日起5个工作日内甲公司向乙公司付款100万元，余款自挖掘机交付之后每月5日前支付10万元，10个月付清；甲公司任何一个月未按期付款，乙公司享有解除合同的权利；货款付清之前，乙公司保留该5台挖掘机的所有权。乙公司在收到100万元货款后3日内交付挖掘机。甲公司依约支付100万元货款，乙公司在约定时间内向甲公司交付挖掘机时，因合同未约定履行地点及履行费用负担，双方发生争议。在争议未决的情况下，乙公司委托运输公司将挖掘机送到甲公司，为此支付运费1万元。在乙公司保留挖掘机所有权期间发生以下事实：①甲公司发现一台挖掘机有重大质量问题，无法使用；②一台挖掘机因被突发洪水浸泡受损，送丙修理厂修理，因未支付修理费而被丙修理厂扣留；③甲公司将一台挖掘机出租给丁公司，租期3个月，获得租金10万元；④甲公司连续3个月没有支付货款。

问题：

(1) 如何确定该买卖合同的履行地点？并说明理由。

(2) 甲公司可否因1台挖掘机的质量问题而解除5台挖掘机的买卖合同？并说明理由。

(3) 在乙公司保留所有权的情况下，挖掘机因洪水所受损失应当由谁承担？并说明理由。

(4) 如丙修理厂不知保留所有权的事实，丙修理厂能否对挖掘机行使留置权？并说明理由。

(5) 在甲公司连续3个月没有付款的情况下，乙公司能否要求解除合同？并说明理由。

(6) 在甲公司连续3个月没有付款的情况下，乙公司享有什么权利？并说明理由。

(7) 甲公司与丁公司之间的租赁合同是否有效？甲公司是否有权收取租金？并说明理由。

第六章　反不正当竞争法和反垄断法

学习提要与学习目标

反不正当竞争法和反垄断法是市场规制法律制度的核心组成部分。本章主要介绍竞争法的一般理论以及我国的竞争立法概况等内容。通过本章的学习，重点掌握各种不正当竞争行为的具体表现形式，以及各种垄断行为的具体表现形式。

第一节　竞争法的一般理论

一、竞争的含义

竞争是商品经济的产物，它表现为市场上多个主体为同一目标所进行的争斗。竞争是竞争法永恒的、共同的保护对象，也是竞争法所追求的基本价值的集中体现。

市场经济制度是一种竞争经济制度，没有竞争的经济就不是市场经济。竞争在市场经济中的重要作用主要表现在三个方面：

1. 优化配置资源。计划经济是通过行政指令来配置资源，而市场经济是通过竞争来配置资源，它是通过价格来实现的。价格机制在调节市场供求和优化资源配置方面起着极其重要的作用。理论和实践都反复证明，竞争是最有效、最理想的资源配置手段。

2. 推动经济和技术的发展。竞争是一个优胜劣汰的过程。竞争对企业既是压力又是动力，企业在竞争中会提高产品质量，进行生产技术革新，一个企业生产率提高就会带动其他企业的提高，从而促进整个国民经济的提高，实现发展。所以，竞争是生产力发展的强大推进器，是一个国家经济活力的源泉。

3. 促进消费者福利。竞争促使市场产品差别化，使消费者可选择的机会增多；同一行业的竞争者为争取消费者青睐，往往通过提高产品质量、改变服务态度、降低产品价格等手段来提高产品的竞争力。

竞争是市场机制的灵魂，它促使社会经济以最理想的方式实现效益最大化，因此竞争模式是经济学唯一公认的理想模式。然而市场经济本身并没有维护公平和自由竞争的机制；恰恰相反，企业为了减少竞争压力和逃避竞争风险，总是想法设法地谋求垄断地位，限制竞争，便会损害消费者的利益和其他竞争者的竞争权，使竞争机制失效。因此国家需要建立保护竞争的制度，规范竞争，维护市场秩序。

二、竞争法的含义和调整对象

竞争法是调整市场竞争关系和市场竞争管理关系的法律规范的总称。其调整对象包括两部分：

1. 市场竞争关系。市场竞争关系是市场主体之间在竞争过程中形成的社会关系，在市场关系中占有重要地位，不仅涉及生产、销售、消费等各个市场环节，还涉及市场的每个领域，在产品、劳务、资金、技术等各个方面，无所不在。

2. 竞争管理关系。竞争管理关系是指国家职能部门在依照职权监督、管理市场竞争中所形成的社会关系，它是国家干预市场经济的表现，在社会经济生活中具有重要的地位和作用。由于市场经济本身并没有维护公平和自由竞争的机制，这就需要政府用“看得见的手”来进行干预和管理。

三、竞争法的立法模式

竞争法的立法模式主要解决反垄断法与反不正当竞争法合并立法还是分别立法的问题。综观世界各国和地区的竞争立法，可将其立法模式分为三类：合并式、分立式、综合式。

（一）合并式

所谓合并式，即制定一部统一竞争法典，将反垄断和反不正当竞争合并立法。采用此种模式的包括俄罗斯、澳大利亚、匈牙利及我国台湾地区等。如1991年我国台湾地区制定了一部涵盖反垄断与限制竞争法和反不正当竞争法两个方面内容的统一竞争法典。

（二）分立式

所谓分立式，就是将反垄断与反不正当竞争分别立法，其中规制垄断的法律为反垄断法，而规制不正当竞争的法律则为反不正当竞争法。选择此种模式的国家有德国、日本、法国等。如德国1896年颁布了《反不正当竞争法》，1957年则颁布了反垄断法典即《反对限制竞争法》。

（三）综合式

所谓综合式，即对垄断和不正当竞争在法律上不作明确划分，制定以“竞争”或“交易”等直接命名的法律，但法律的实质内容却是调整竞争关系和竞争管理关系。这种比较独特的立法体例以《谢尔曼法》、《克莱顿法》及《联邦贸易委员会法》构筑的美国竞争法体例为典型。选择此种模式的国家主要是英美法系国家。

我国于1993年颁布《反不正当竞争法》，2007年颁布《反垄断法》，显然，我国在竞争立法上采取的是分立模式。

四、反不正当竞争法与反垄断法的关系

反不正当竞争法与反垄断法同属竞争法的范畴，两者相互配合、相互补充，共同规范经营者的竞争行为，维护市场秩序。从立法模式上看，两法之间经常相互交织，共享执法机构。但是，反不正当竞争法与反垄断法之间也存在着明显差异，两者分别从不同角度来保障和促进公平、有效竞争。反不正当竞争法通过制止不正当竞争行为，避免有失诚信、有损公序良俗的竞争行为对竞争者和消费者的危害；而反垄断法则通过防止市场出现寡占和独占，抑制具有强大市场地位的经营者限制竞争的行为，保障市场上的自由、有效的竞争。可以说，反不正当竞争法注重将过度竞争状态恢复到有效竞争状态，而反垄断法则重在为竞争不足注入竞争活力。

第二节 反不正当竞争法

一、反不正当竞争法基本理论

（一）不正当竞争行为的概念

“不正当竞争”一词，一般认为出自1883年的《保护工业产权巴黎公约》。该公约规定，凡在工商活动中违反诚实经营的竞争行为即构成不正当的竞争行为。在学理上，不正当竞争行为是针对市场竞争中的正当竞争行为而言的，它泛指经营者为了争夺市场竞争优势，违反公认的商业习俗和道德，采用欺诈、混淆等经营手段排挤或破坏竞争，扰乱市场经济秩序，并损害其他经营者和消费者利益的竞争行为。

（二）不正当竞争行为的构成要件

1. 主体方面。在市场经济条件下，不正当竞争行为的实施者是以营利为目的，参与市场交易活动并能够依法承担相应法律责任的经营者。经营者是指从事商品经营或者营利性服务的法人、其他经济组织和个人。随着商品经济的高度发达，市场主体的组织形态日益多样化和复杂化，经营者的内涵也在逐步扩大。

2. 客体方面。不正当竞争行为的客体是指经营者通过实施不正当竞争行为所侵犯的其他经营者的合法权益、消费者的合法权益以及良好竞争秩序。不正当竞争行为的客体通常并不是单一的，而是上述三个方面中的双重或多重客体。

3. 主观方面。不正当竞争行为的主观方面是指经营者实施不正当竞争行为时的主观心理状态。主观心理状态一般包括故意和过失。不正当竞争行为的认定要以经营者的主观过错为要件，包括故意或者过失。实施不正当竞争行为经营者的主观过错主要体现在以下几个方面：①是否具有排挤或损害竞争对手的目的或动机；②是否具有谋取利益的目的或动机；③是否知道或者应当知道会损害客户利益；④是否违反合同、社会组织章程或公认的商业道德。

4. 客观方面。不正当竞争行为的客观方面要求须有采取不正当手段进行竞争的客观行为。按照这一要求，不正当竞争行为的实施者，必须是具有竞争目的并使用了不公正、不诚实、不道德的竞争手段，即违反了诚实信用原则而为的竞争行为。另外，需要指出两点：①不正当竞争行为的构成不以给他人造成已然损害结果为必备要件。②不正当竞争行为的构成不强调行为与损害之间的因果关系。这也与一般民事侵权行为的构成要件不同。

（三）反不正当竞争法的概念和立法宗旨

反不正当竞争法有狭义和广义之分。狭义上的反不正当竞争法，是指《中华人民共和国反不正当竞争法》。广义上的反不正当竞争法则是指调整在维护公平竞争、制止不正当竞争过程中发生的社会关系的法律规范的总称，除了上述狭义上的《反不正当竞争法》之外，还包括《商标法》、《广告法》、《价格法》等单行法，以及一系列行政法规与部门规章中涉及反不正当竞争的内容。

根据《反不正当竞争法》第1条的规定，该法的立法宗旨是，保障社会主义市场经济健康发展，鼓励和保护公平竞争，制止不正当竞争行为，保护经营者和消费者的合法权益。

二、不正当竞争行为的表现形式[1]

（一）市场混淆行为

1. 市场混淆行为的概念及特征。市场混淆行为，又称商业混同行为，是指经营者使用与他人商业标识相同或近似的商业标识，致使与他人的商品、服务或者营业活动产生混淆，减损他人商业标识的市场价值的行为。该行为具有下列特征：

（1）该行为的客体是商业标识，包括商品标识和营业标识；

（2）该行为具体表现为使用与他人商业标识相同或者近似的商业标识；

（3）该行为产生市场混淆或者淡化他人商业标识的后果。

2. 市场混淆行为的种类。

（1）假冒他人注册商标。即行为人以牟利为目的，未经权利人许可在同一种商品上使用与注册商标相同的商标，或者销售明知是假冒注册商标的商品，或者伪造、擅自制造他人注册商标或者销售伪造、擅自制造的商标标识。

（2）仿冒知名商品其他标志。即擅自使用知名商品特有的名称、包装、装潢，或者使用与知名商品近似的名称、包装、装潢，造成与他人的知名商品相混淆，使购买者误认为是该知名商品。从《反不正当竞争法》第5条第2款的规定看，构成仿冒知名商品其他标志的构成要件包括：①被仿冒的商品必须为“知名商品”。知名商品是指在中国境内具有一定的市场知名度，为相关公众所知悉的商品。②被仿冒的商品名称、包装、装潢必须为知名商品所“特有”。“特有的名称、包装、装潢”是指具有区别商品来源的显著特征的商品的名称、包装、装潢。③足以造成或已经造成和他人的知名商品相混淆，使购买者误认为是该知名商品。

（3）擅自使用他人的企业名称或姓名。企业名称或者姓名是显示经营者或服务活动的外在特征，体现了商业信誉和商品声誉。构成擅自使用他人的企业名称或姓名的行为的基本要件包括：①未经名称或姓名专有权人的许可，擅自使用；②被仿冒的企业名称或姓名一般都具有良好的信誉、声誉；③此类仿冒行为的目的是引人

---

〔1〕 我国《反不正当竞争法》规定了11种不正当竞争行为，其中5种属于垄断行为，目前已纳入《反垄断法》调整，本节只介绍其中6种。

误认、误购。

（4）伪造或者冒用质量标志、产地，对商品质量作引人误解的虚假表示。认证标志、名优标志等质量标志代表企业良好的商业信誉，而产地则表明一种产品的质量与特定的产地相联系，即特定的产地是商品达到某种质量的保证。因此，伪造或冒用不仅对其他经营者造成损害，也同样损害了消费者的利益。

（二）商业贿赂行为

1. 商业贿赂的概念和特征。我国《反不正当竞争法》第8条规定，经营者不得采用财物或者其他手段进行贿赂以销售或者购买商品。在账外暗中给予对方单位或者个人回扣的，以行贿论处；对方单位或者个人在账外暗中收受回扣的，以受贿论处。经营者销售或者购买商品，可以以明示方式给对方折扣，可以给中间人佣金。经营者给对方折扣、给中间人佣金的，必须如实入账。接受折扣、佣金的经营者必须如实入账。但是该法并未对商业贿赂的内涵作出界定。《关于禁止商业贿赂行为的暂行规定》将商业贿赂定义为“经营者为销售或者购买商品而采用财物或者其他手段贿赂对方单位或者个人的行为”。商业贿赂行为破坏了市场竞争秩序，造成了竞争的不公平，损害了社会公共利益，因而由反不正当竞争法予以规制。

商业贿赂行为的特征主要体现在以下几个方面：

（1）商业贿赂的主体分为行贿主体和受贿主体。商业行贿的主体只能是经营者，即经营商品或提供服务的法人、其他经济组织和个人。《关于禁止商业贿赂行为的暂行规定》第3条规定：“经营者的职工采用商业贿赂手段为经营者销售或者购买商品的行为，应当认定为经营者的行为。”商业受贿的主体则不限于经营者，“对方单位或者个人”既包括收受贿赂的交易对方单位或其负责人、代理人、采购人员，也包括交易行为以外对交易行为有直接影响的单位或个人，如行政机关工作人员或交易相对人的母公司的负责人等，但不含促成交易的独立经纪人。

（2）商业贿赂行为人的主观是出于故意，即以争取交易机会和取得竞争优势为目的。但是，不是为了获得交易机会，而是为了在交易市场中得到有利于己的结果的行为，同样应被视为商业贿赂。

（3）客观上表现为采用财物或其他手段实施贿赂的行为。根据《关于禁止商业贿赂行为的暂行规定》的相关规定，可将财物定义为现金和实物，包括经营者为销售或者购买商品，假借促销费、宣传费、赞助费、科研费、劳务费、咨询费、佣金等名义，或者以报销各种费用等方式，给付对方单位或者个人的财物。其他手段是指提供国内外各种名义的旅游、考察等给付财物以外的其他利益的手段。如今，商业贿赂手段的隐蔽性特别强，表现形式多种多样。除了前述所讲的直接给予物质性财务以外，还有的通过安排升迁、安排工作与上学等手段来达到其既定目的。

2. 商业贿赂与相关概念的比较。

（1）商业贿赂与回扣。商业贿赂和回扣都是不正当的竞争行为，都会对市场、竞争者和消费者造成损失。由法律规定可知，回扣是商业贿赂最重要的一种表现形式，但不能将其与商业贿赂相提并论。首先，主体不同。商业贿赂的主体是经营者，既可能是买方，也可能是卖方，没有特别限定。一般情况下，回扣的主体只能是商品或服务的销售方。其次，贿赂的内容不同。商业贿赂中的财物涵义较为广泛，泛指现金和实物，也包括供国内外各种名义的旅游、考察等给付财物以外的其他利益的手段。而回扣只能是从买方所付的款项中提出一部分返回给对方。最后，表现形式不同。商业贿赂不以"账外暗中"为必要，而回扣则必须满足这一限定条件。"账外暗中"虽然是对回扣的限定，但"暗中"主要是指不在合同、发票等中明确表示。

（2）商业贿赂与折扣。商业贿赂和折扣在性质上存有根本的差异：首先，主体不同。折扣只能由出卖人给予买受人。其次，折扣本质上是一种价格优惠，是合法的让利行为。最后，表现形式不同。折扣必须以明示方式作出，且如实入账，即根据合同约定的金额和支付方式，在依法设立的反映其生产经营活动或者行政事业经费收支的财务账上按照财务会计制度规定明确如实记载。而商业贿赂一般情况下是通过"暗中"来实现的。

（3）商业贿赂与佣金。与折扣相同，给付佣金也是一种合法行为，不受反不正当竞争法的制约，与商业贿赂具有本质的区别：首先，主体不同。佣金是由双方当事人或任意一方当事人给付给具有独立地位的中间人。其次，表现形式不同。佣金的给付也必须以明示方式作出，并如实入账。最后，给付的缘由不同。给予商业贿赂，双方都是出于牟取不正当利益的目的，而给付佣金则是出于买卖成交的需要。

（三）虚假宣传行为

1. 虚假宣传行为的概念。虚假宣传行为，是指经营者利用广告或其他方法，对商品或服务作与事实情况不符的表示，并引起或足以引起消费者误认的行为。我国《反不正当竞争法》第9条规定，经营者不得利用广告或者其他方法，对商品的质量、制作成分、性能、用途、生产者、有效期限、产地等作引人误解的虚假宣传。

虚假宣传所采用的宣传手段主要是广告形式，诸如报纸、杂志、广播、电视、广告牌、商品宣传栏以及互联网等各种媒体；此外还有商品信息发布会、商品展销会、产品说明书等推销商品和介绍商品的宣传形式。

2. 虚假宣传的表现形式。

（1）引人误解的虚假宣传。从字面含义理解，引人误解的虚假宣传指能够引人误解的并且虚假的宣传，并不包括不引人误解的虚假宣传和引人误解的真实宣传。2006年《最高人民法院关于审理不正当竞争民事案件应用法律若干问题的解释》第8条第3项规定："以明显的夸张方式宣传商品，不足以造成相关公众误解的，不属于引人误解的虚假宣传行为。"

（2）虚假广告。虚假广告是以欺骗方式进行不真实的广告宣传。《关于认定处理虚假广告问题的批复》中明确虚假广告的认定标准有二：一是广告所宣传的产品和服务本身是否客观、真实；二是广告所宣传的产品和服务的主要内容（包括产品和服务所能达到的标准、效用，所使用的注册商标，获奖情况，以及产品生产企业和服务提供单位等）是否真实。凡利用广告捏造事实，以并不存在的产品和服务进行欺诈宣传，或广告所宣传的产品和服务的主要内容与事实不符的，均应认定为虚假广告。

（3）荐证广告。所谓荐证广告，是指由名人、专家、消费者信赖的组织等，通过推荐、证明书、感谢信等方式，说服、刺激潜在的消费者购买商品。例如名人广告、形象代言广告都是荐证广告的主要表现形式。我国目前尚无专门针对荐证广告的法律法规，因此，对荐证广告的规制一般适用《广告法》的相关规定，如该法第38条第3项规定的“社会团体或者其他组织，在虚假广告中向消费者推荐商品或者服务，使消费者的合法权益受到损害的，应当依法承担连带责任”。

（4）对比广告中的虚假宣传行为。对比广告是利用各种媒介对所宣传的企业或企业的产品或服务与其他相关的企业或企业的产品或服务进行比较的广告。内容虚假的对比广告违背诚实信用原则，是一种典型的不正当竞争行为，通常表现为虚假宣传和商业诋毁。《关于审理不正当竞争民事案件应用法律若干问题的解释》第8条第1款规定了可以认定为《反不正当竞争法》第9条第1款规定的引人误解的虚假宣传行为包括：对商品作片面的宣传或者对比的；将科学上未定论的观点、现象等当作定论的事实用于商品宣传的；以歧义性语言或者其他引人误解的方式进行商品宣传的。

（5）其他虚假宣传行为。

（四）侵犯商业秘密的行为

1. 商业秘密的含义及其特征。所谓商业秘密，是指不为公众所知悉、能为权利人带来经济利益、具有实用性并经权利人采取了保密措施的技术信息和经营信息。商业秘密具有以下四个法律特征：

（1）秘密性，是指作为商业秘密的信息是不为一般公众所知悉的，或者说“作为一个整体或者就其各部分的精确排列和组合而言，该信息尚不为通常处理所涉信息范围内的人所普遍知道或不易被人获得”。

（2）价值性，是指作为商业秘密的信息能够为权利人带来现实的或潜在的经济利益或者竞争优势。

（3）实用性，是指作为商业秘密的信息能够在商业活动中得以应用。

（4）保密性，是指权利人事实上已经建立了保密制度、订立了保密协议以及其他合理的保密措施。

2. 侵犯商业秘密行为的具体情形。根据《反不正当竞争法》第10条以及国家工商行政管理局1995年11月23日公布、1998年12月3日修订的《关于禁止侵犯商业秘密行为的若干规定》，侵犯商业秘密的不正当竞争行为具体表现为以下几种情形：

（1）以盗窃、利诱、胁迫或者其他不正当手段获取权利人的商业秘密；

（2）披露、使用或者允许他人使用以上述手段获取的权利人的商业秘密；

（3）与权利人有业务关系的单位和个人违反合同约定或者违反权利人保守商业

秘密的要求，披露、使用或者允许他人使用其所掌握的权利人的商业秘密；

（4）权利人的职工违反合同约定或者违反权利人保守商业秘密的要求，披露、使用或者允许他人使用其所掌握的权利人的商业秘密。

（5）第三人明知上述所列违法行为，仍获取、使用或者披露他人的商业秘密的，视为侵犯商业秘密。其中，第三人是指直接获得权利人商业秘密的行为人以外的其他人。需要指出的是，第三人必须为恶意，主观上应满足对违法行为“明知或应知”。

（五）不正当有奖销售行为

1. 不正当有奖销售行为的概念。有奖销售，是指经营者销售商品或者提供服务，附带性地向购买者提供物品、金钱或者其他经济上的利益的行为。包括奖励所有购买者的附赠式有奖销售和奖励部分购买者的抽奖式有奖销售。有奖销售作为经营者在竞争中取得优势的一种手段，其根本目的是为了促销产品，因此本质上并不违法，但有奖销售如果超过了一定的限度，则会扰乱市场竞争秩序，应当由反不正当竞争法予以规制。

2. 不正当有奖销售的表现形式。依据我国《反不正当竞争法》第13条的规定，不正当有奖销售行为主要包括以下类型：

（1）欺骗性有奖销售行为。欺骗性有奖销售，是指经营者隐瞒事实真相或者发布有奖的虚假信息，引诱消费者与其交易，但消费者实际不会得到经营者所称的“奖励”的活动。经营者从事欺骗性有奖销售是违背诚信原则的行为，它破坏了市场正常的竞争秩序，因此被反不正当竞争法所规制。

欺骗性有奖销售行为的表现形式包括：实际无奖而谎称有奖的销售，或者对所设奖的种类、中奖概率、最高奖金额、总金额、奖品种类、数量、质量、提供方法等作虚假不实的表示；采取不正当的手段故意让内定人员中奖；故意将设有中奖标志的商品、奖券不投放市场或者不与商品、奖券同时投放市场；故意将带有不同奖金金额或者奖品标志的商品、奖券按不同时间投放市场。

（2）以有奖销售手段推销质次价高的商品。经营者不得利用有奖销售手段推销质次价高的商品。利用有奖销售推销质次价高的商品，实际上也是对消费者的欺诈，是欺骗性销售行为。这类欺诈行为涉及有奖销售活动中顾客所购买的主商品或者服务，即经营者利用有奖销售活动，推销价高质次的商品，从而构成了对用户或者消费者的欺诈。

（3）超过5000元的抽奖式销售。我国允许小额的抽奖式销售，限制高额的有奖销售。《反不正当竞争法》第13条规定，抽奖式销售的最高奖额度不得超过5000元。

（4）视为欺骗性有奖销售的行为。《关于禁止有奖销售活动中不正当竞争行为的若干规定》对视为欺骗性有奖销售行为做了详细规定，即经营者举办有奖销售，应当向购买者明示其所设奖的种类、中奖概率、奖金金额或者奖品种类、兑奖时间、方式等事项。属于非现场即时开奖的抽奖式有奖销售，告知事项还应当包括开奖的时间、地点、方式和通知中奖者的时间、方式。经营者对已经向公众明示的上述事项不得变更。在销售现场即时开奖的有奖销售活动，对超过500元以上奖的兑奖情况，经营者应当随时向购买者明示。经营者违反这一规定，隐瞒事实真相的，视为欺骗性有奖销售。

（六）诋毁商誉行为

1. 诋毁商誉行为的概念。诋毁商誉行为，也称商业诽谤行为，是指经营者自己或利用他人，通过捏造、散布虚伪事实等手段，对竞争对手的商业信誉进行恶意的诋毁，以削弱其市场竞争能力，并为自己谋取不正当利益的行为。

2. 诋毁商誉行为的构成要件。

（1）诋毁商誉行为的主体是从事市场交易活动的经营者。在认定商业诋毁行为的主体时有两点应该加以明确：一是商业诋毁行为的主体只以经营者为限，除此之外的其他主体所实施的诋毁行为不能构成商业诋毁行为，而只能构成一般的民事侵权行为或犯罪行为。二是在许多情况下，经营者往往不是自己亲自实施商业诋毁行为，而是利用他人实施此种行为。所谓他人，既可以是其他同业经营者，也可以是非同业经营者和非经营者的社会组织或个人。

（2）诋毁商誉行为的主观方面是故意，而不是过失。行为人实施商业诋毁行为在主观上是故意的，而且具有明确的目的性，即旨在削弱竞争对手的市场竞争能力，并为自己谋求市场竞争的优势和其他不正当利益。

（3）诋毁商誉行为侵犯的客体是特定经营者（即作为行为人竞争对手的经营者）的商业信誉和商品声誉。所谓商业信誉，是社会从商业角度对特定经营者的一种积极评价，包括经营者的信用、资产、经营能力等方面。商品声誉则是社会对特定商品的评价，包括质量、性能、效用、价格等方面。

（4）诋毁商誉行为的客观方面表现为捏造、散布虚伪事实，对竞争对手的商业信誉和商品声誉进行诋毁和贬低，给其造成或可能造成一定的损害后果。捏造、散布虚伪事实的常用手段包括：刊登对比性广告或声明性公告等，贬低竞争对手声誉；唆使或者收买某些人，以客户或者消费者的名义进行投诉，败坏竞争对手声誉；通过商业会议或者商业信息的方式，对竞争对手的商品质量进行诋毁等。

第三节　反垄断法

一、反垄断法概述

（一）垄断的概念和特征

垄断的原意是独占，即一个市场上只有一个经营者。在学理上，垄断一般是指经营者以独占或有组织的联合行动等方式，凭借经济优势或行政权力，操纵或支配市场，限制和排斥竞争的行为。垄断的主要特征有：

1. 垄断对竞争的排斥性。这是指不论是在市场结构还是在市场行为上，垄断总是表现为对竞争的实质性限制。如果并未或者不可能实质性地限制竞争，则不构成法律意义上的垄断。而判断“实质性限制”的标准则是对社会公共利益有无危害和法律的具体规定。

2. 垄断对社会的危害性。一般认为，竞争的市场结构和市场行为是有利于社会、有利于公众利益的。而垄断则限制或阻遏了竞争，因而垄断是危害社会和社会公众利益的，而反垄断法上的垄断则是危害社会公共利益的市场结构或市场行为。

3. 垄断的违法性。为法律所禁止的垄断主要有两类：一是垄断状态，或称垄断的市场结构，是指企业或企业联合达到一定的市场支配地位，如占市场份额的1/2或2/3，或者达到一定的销售金额。二是垄断行为，是指经营者之间的垄断协议行为和占市场支配地位的经营者排挤或支配其他经营者的行为。其他类型的垄断，如自然垄断、知识产权垄断等，反垄断法则通常采用豁免制度将它们排除在反垄断法的适用范围之外。

（二）反垄断法及其调整对象

2007年8月第十届全国人大常务委员会第29次会议通过《中华人民共和国反垄断法》，自2008年8月1日起施行。我国《反垄断法》的调整对象包括市场垄断行为和行政垄断行为。

1. 市场垄断行为。市场垄断行为就是《反垄断法》第3条规定的三种垄断行为：①经营者达成垄断协议；②经营者滥用市场支配地位；③具有或者可能具有排除、限制竞争效果的经营者集中行为。但是，经营者可以通过公平竞争、自愿联合，依法实施集中，扩大经营规模，提高市场竞争能力。也就是说，《反垄断法》并不一概反对经营者集中，经营者通过公平竞争、自愿联合而依法实施的集中不适用《反垄断法》。

2. 行政垄断行为。《反垄断法》第8条规定，行政机关和法律、法规授权的具有管理公共事务职能的组织不得滥用行政权力，排除、限制竞争。如果上述行政机关或组织实施该类行为，则适用《反垄断法》予以调整。

我国《反垄断法》规定，经营者依照有关知识产权的法律、行政法规规定行使知识产权的行为，不适用本法；但是，经营者滥用知识产权，排除、限制竞争的行为，适用本法。农业生产者及农村经济组织在农产品生产、加工、销售、运输、储存等经营活动中实施的联合或者协同行为，不适用本法。

（三）反垄断法的域外适用与适用除外

1. 反垄断法的域外适用。反垄断法的域外适用是指在本国领域外发生的垄断行为，只要该行为直接或间接地影响了国内相关市场的竞争，不论行为人的国籍如何，本国反垄断主管机关和司法机构都可以依据本国的反垄断法对其行使管辖权和处罚权。反垄断法的域外适用是对属地管辖原则的否定，是经济全球化和世界经济一体化的必然要求。同世界上不少国家一样，我国反垄断法也确立了域外管辖规则。《反垄断法》第2条规定，中华人民共和国境外的垄断行为，对境内市场竞争产生排除、限制影响的，适用反垄断法。

2. 反垄断法的适用除外。反垄断法的适用除外是指特定行业领域不适用反垄断法规定。适用除外制度是对反垄断法基本原则和基本制度的修正，无论是哪一种形式的适用除外制度，其核心内容都是基于对特殊利益和整体利益的关注，而对原来属于违反反垄断法的行为予以宽容。我国反垄断法也确立了适用除外制度。《反垄断法》第55条规定，经营者依照有关知识产权的法律、行政法规规定行使知识产权的行为，不适用反垄断法。第56条规定农业生产者及农村经济组织在农产品生产、加工、销售、运输、储存等经营活动中实施的联合或者协同行为，不适用反垄断法。另外，第7条规定，国有经济占控制地位的关系国民经济命脉和国家安全的行业以及依法实行专营专卖的行业，国家对其经营者的合法经营活动予以保护，并对经营者的经营行为及其商品和服务的价格依法实施监管和调控，维护消费者利益，促进技术进步。但该行业的经营者应当依法经营，诚实守信，严格自律，接受社会公众的监督，不得利用其控制地位或者专营专卖地位损害消费者利益。

（四）《反垄断法》中两个重要概念的界定

为了理解的一致和执法的统一，《反垄断法》对于贯穿反垄断法全局的“经营者”和“相关市场”两个概念作了特别界定。

1. 经营者。《反垄断法》所称经营者，是指从事商品生产、经营或者提供服务的自然人、法人和其他组织。

从主体性质上看，经营者包括自然人、法人和其他组织；根据有关规定，其他组织是指合法成立，有一定的组织机构和财产，但又不具备法人资格的组织。但是，这里的“其他组织”，不同于《反不正当竞争法》上所称的“其他经济组织”。实践中，其他经济组织往往以是否领取营业执照为必要条件，没有营业执照的就不属于“经济组织”。而《反垄断法》中所说的“其他组织”，则不局限于是否有营业执照。

同时，反垄断法上所说的经营者，并不要求以营利为目的。如一些不以营利为目的，为社会公益服务，提供准公共产品的组织，也可以成为垄断行为的主体。

2. 相关市场及其界定。任何竞争行为均发生在一定的市场范围内。科学合理地界定相关市场，对识别竞争者和潜在竞争者、判定经营者市场份额和市场集中度、认定经营者的市场地位、分析经营者的行为对市场竞争的影响、判断经营者行为是否违法以及在违法情况下需承担的法律责任等关键问题，具有重要的作用。相关市场的界定通常是对竞争行为进行分析的起点，是反垄断执法工作的重要步骤。

相关市场是指经营者在一定时期内就特定商品或者服务进行竞争的商品范围和地域范围。在反垄断执法实践中，通常需要界定相关商品市场和相关地域市场。

相关商品市场，是根据商品的特性、用途及价格等因素，由需求者认为具有较为紧密替代关系的一组或一类商品所构成的市场。这些商品表现出较强的竞争关系，在反垄断执法中可以作为经营者进行竞争的商品范围。

相关地域市场，是指需求者获取具有较为紧密替代关系的商品的地理区域。这些地域表现出较强的竞争关系，在反垄断执法中可以作为经营者进行竞争的地域范围。

此外，当生产周期、使用期限、季节性、流行时尚性或知识产权保护期限等已构成商品不可忽视的特征时，界定相关市场还应考虑时间性。而在技术贸易、许可协议等涉及知识产权的反垄断执法工作中，可能还需要界定相关技术市场，考虑知识产权、创新等因素的影响。

二、禁止垄断协议制度

（一）垄断协议的概念和特征

垄断协议，通常也称为卡特尔、卡特尔协议、限制竞争协议、联手行为、联合行为、横向限制竞争行为等，是指经营者之间达成的以排除、限制竞争为目的的协议、决定或者其他协同的行为。垄断协议的核心是经营者之间的共谋，协议可以是书面的，也可以是口头的，还包括限制竞争的其他协调性行为。

与一般的协议相比较，垄断协议具有下列特征：

1. 垄断协议的主体是两个或者两个以上同行业的具有竞争关系的经营者。单个的经营者不能构成垄断协议，没有竞争关系的经营者之间也没有必要达成垄断协议。同时，考虑到行业协会的实际地位和作用，我国《反垄断法》明确规定，行业协会不得组织本行业的经营者从事本章禁止的垄断行为，即不得组织本行业的经营者从事垄断协议行为，对于违反者，要承担法律责任。

2. 垄断协议的主观方面是故意，目的是排除、限制竞争，而且往往经营者之间具有共同的故意。

3. 垄断协议的表现形式有协议、决定或者其他协同的行为方式。

（二）垄断协议的表现形式

1. 横向垄断协议。横向垄断协议是指处于同一行业同一流通环节的经营者之间所达成的限制竞争的垄断协议。禁止具有竞争关系的经营者达成下列垄断协议：①固定或者变更商品价格；②限制商品的生产数量或者销售数量；③分割销售市场或者原材料采购市场；④限制购买新技术、新设备或者限制开发新技术、新产品；⑤联合抵制交易；⑥国务院反垄断执法机构认定的其他垄断协议。据此，横向垄断协议通常包括以下形式：

（1）固定价格协议。固定价格协议，也称为横向定价协议或者横向价格协议，是指两个或两个以上经营者以合同、协议或其他方式确定、维持或改变商品或服务价格的行为。固定价格协议可以采用多种形式，它既可以是共同涨价、共同降价，也可以是共同维持价格不变。

（2）限制数量协议。限制数量协议是指两个或两个以上经营者以合同、协议或其他方式限制商品的生产数量或者销售数量，以控制价格的行为。商品的价格与商品的供需之间关系十分密切，经营者之间达成限制生产或者销售商品的数量的协议，就是通过人为的方法减少市场供应，避免商品竞争，以维持商品的价格。其实质是通过限制产量或者供应量来操纵价格。

（3）分割市场协议。分割市场协议，也称为协议划分市场，是指经营者通过协议划分销售市场或者原材料采购市场，限制彼此之间竞争的行为。这种划分主要表现为划分地域和划分顾客，也可以根据市场的不同划分为分割销售市场和分割原材料采购市场。分割市场协议中最基本的表现形式是地域市场的划分，即参加协议的经营者按照协议各自得到自己的地域市场，在这个地域市场享有独占的生产或者销售权，参加协议的其他企业则不能在该地域生产或者销售特定商品。划分顾客是经营者之间通过协议将特定的客户分配给参加分割市场协议的某一经营者的行为。

（4）限制购买或者开发新技术、新设备协议。限制购买或者开发新技术、新设备协议是指经营者之间在技术转让和设备买卖过程中，转让方通过合同条款限制另一方在合同标的技术的基础上进行新的研究开发或者购买新设备的行为。

（5）联合抵制交易协议。联合抵制交易是两个或两个以上经营者达成协议，共同拒绝购买或者销售交易相对人的商品（包括服务）的行为。

（6）其他排除、限制竞争的协议。其他排除、限制竞争的协议是指除了上述列举的协议形式以外的其他垄断协议。由于现实生活的纷繁复杂，列举自然不可能穷尽，所以我国《反垄断法》在对横向垄断协议作出列举规定的同时，又规定了兜底条款，即授权国务院反垄断执法机构在列举规定的横向垄断协议之外作出认定。

2. 纵向垄断协议。纵向垄断协议是指经营者与交易相对人之间所达成的限制竞争的垄断协议。纵向，是指经营者与交易相对人处于不同的流通环节。如某种产品的制造商与批发商、批发商与零售商、零售商与购买者之间就是一种纵向的关系。一般而言，纵向的经营者之间不存在竞争关系，他们之间也不可能订立横向限制竞争的垄断协议。但是，纵向的经营者之间也可能为了排除或者限制竞争而达成限制竞争的协议，特别是涉及价格内容的纵向垄断协议，这些内容客观上也会产生限制竞争的后果，因此，各国反垄断法对于纵向垄断协议行为均予以规制。

我国《反垄断法》规定的纵向垄断协议包括固定向第三人转售商品的价格和限定向第三人转售商品的最低价格。同时授权国务院反垄断执法机构在列举规定的纵向垄断协议之外作出认定。

（三）垄断协议的适用除外

我国《反垄断法》第15条规定下列种类的垄断协议可以适用除外：①为改进技术、研究开发新产品的；②为提高产品质量、降低成本、增进效率，统一产品规格、标准或者实行专业化分工的；③为提高中小经营者经营效率，增强中小经营者竞争力的；④为实现节约能源、保护环境、救灾救助等社会公共利益的；⑤因经济不景气，为缓解销售量严重下降或者生产明显过剩的；⑥为保障对外贸易和对外经济合作中的正当利益的；⑦法律和国务院规定的其他情形。需要注意的是，对于属于

①~⑤项情形予以适用除外的，经营者要承担相应的举证责任，证明所达成的协议不会严重限制相关市场的竞争，并且能够使消费者分享由此产生的利益。

三、禁止滥用市场支配地位制度

（一）滥用市场支配地位的概念和特点

滥用市场支配地位，是指处于市场支配地位的经营者滥用自己的市场支配地位，操纵市场，扰乱正常的生产经营秩序，损害其他经营者或消费者的合法权益，危害社会公共利益的行为。

滥用市场支配地位行为具有下列特点：

1. 行为主体是具有支配地位的经营者。一般主体不能构成本类行为的主体。各国法律一般都对支配地位的认定有明确的规定。

2. 必须是经营者滥用自己市场支配地位的行为。各国法律一般都不否认经营者取得市场支配地位的合法性，即不禁止经营者取得市场支配地位，但是要禁止经营者滥用市场支配地位的行为。

3. 滥用市场支配地位的目的，或者是为了维持、加强自己的支配地位，排除竞争；或者是为了榨取高额垄断利润。

（二）市场支配地位的界定

1. 市场支配地位的概念。所谓市场支配地位，是指经营者在相关市场内具有能够控制商品价格、数量或者其他交易条件，或者能够阻碍、影响其他经营者进入相关市场能力的市场地位。其中，依据《工商行政管理机关禁止滥用市场支配地位行为的规定》，“其他交易条件”，是指除商品价格、数量之外能够对市场交易产生实质影响的其他因素，包括商品品质、付款条件、交付方式、售后服务等。“能够阻碍、影响其他经营者进入相关市场”，则是指排除其他经营者进入相关市场，或者延缓其他经营者在合理时间内进入相关市场，或者其他经营者虽能够进入该相关市场，但进入成本过高难以在市场中开展有效竞争等。

2. 市场支配地位认定的考虑因素。根据我国《反垄断法》第18条的规定，认定经营者具有市场支配地位，应当综合考虑下列因素：①该经营者在相关市场的市场份额，以及相关市场的竞争状况；②该经营者控制销售市场或者原材料采购市场的能力；③该经营者的财力和技术条件；④其他经营者对该经营者在交易上的依赖程度；⑤其他经营者进入相关市场的难易程度；⑥与认定该经营者市场支配地位有关的其他因素。

3. 市场支配地位的推定。市场支配地位的认定要根据诸多因素，为了节约执法成本和对于经营者的有效监管，世界各国反垄断法大多规定了市场支配地位的推定制度，即经营者只要达到了一定的市场份额，就可以推定该经营者具有市场支配地位。

根据我国《反垄断法》第19条的规定，有下列情形之一的，可以推定经营者具有市场支配地位：①一个经营者在相关市场的市场份额达到1/2的；②两个经营者在相关市场的市场份额合计达到2/3的；③三个经营者在相关市场的市场份额合计达到3/4的。但需要注意的是，如果“两个经营者在相关市场的市场份额合计达到2/3”，或者“三个经营者在相关市场的市场份额合计达到3/4”，其中有的经营者市场份额不足1/10的，就不应当推定该经营者具有市场支配地位。

推定制度的举证责任在于被推定的经营者一方，如果被推定的经营者不提出反证或者反证不为推定方认可，则推定成立。我国《反垄断法》规定，被推定具有市场支配地位的经营者，有证据证明不具有市场支配地位的，不应当认定其具有市场支配地位。

（三）滥用市场支配地位行为

我国《反垄断法》第17条采用列举方式，禁止具有市场支配地位的经营者从事下列滥用市场支配地位的行为：①以不公平的高价销售商品或者以不公平的低价购买商品；②没有正当理由，以低于成本的价格销售商品；③没有正当理由，拒绝与交易相对人进行交易；④没有正当理由，限定交易相对人只能与其进行交易或者只能与其指定的经营者进行交易；⑤没有正当理由搭售商品，或者在交易时附加其他不合理的交易条件；⑥没有正当理由，对条件相同的交易相对人在交易价格等交易条件上实行差别待遇；⑦国务院反垄断执法机构认定的其他滥用市场支配地位的行为。

《工商行政管理机关禁止滥用市场支配地位行为的规定》对《反垄断法》所列举的上述滥用市场支配地位行为作了进一步的细化：

1. 禁止具有市场支配地位的经营者没有正当理由，通过下列方式拒绝与交易相对人进行交易：①削减与交易相对人的现有交易数量；②拖延、中断与交易相对人的现有交易；③拒绝与交易相对人进行新的交易；④设置限制性条件，使交易相对人难以继续与其进行交易；⑤拒绝交易相对人在生产经营活动中以合理条件使用其必需设施。此外，在认定上述第⑤项时，应当综合考虑另行投资建设、另行开发建造该设施的可行性，交易相对人有效开展生产经营活动对该设施的依赖程度，该经营者提供该设施的可能性，以及对自身生产经营活动造成的影响等因素。

2. 禁止具有市场支配地位的经营者没有正当理由，实施下列限定交易行为：①限定交易相对人只能与其进行交易；②限定交易相对人只能与其指定的经营者进行交易；③限定交易相对人不得与其竞争对手进行交易。

3. 禁止具有市场支配地位的经营者没有正当理由搭售商品，或者在交易时附加其他不合理的交易条件：①违背交易惯例、消费习惯等或者无视商品的功能，将不同商品强制捆绑销售或者组合销售；②对合同期限、支付方式、商品的运输及交付方式或者服务的提供方式等附加不合理的限制；③对商品的销售地域、销售对象、售后服务等附加不合理的限制；④附加与交易标的无关的交易条件。

4. 禁止具有市场支配地位的经营者没有正当理由，对条件相同的交易相对人在交易条件上实行下列差别待遇：①实行不同的交易数量、品种、品质等级；②实行不同的数量折扣等优惠条件；③实行不同的付款条件、交付方式；④实行不同的保修内容和期限、维修内容和时间、零配件供应、技术指导等售后服务条件。

四、禁止经营者集中制度

（一）经营者集中的概念和特征

1. 经营者集中的概念。经营者集中是指经营者通过企业合并、取得股权或者资产、委托经营、控制人事等方式增强自身市场力量，有可能限制竞争的行为，通常也称为“企业合并”、“企业兼并”、“企业结合”、“企业集中”、“企业联合”、“企业购并”等。

2. 经营者集中的特征。

（1）行为主体是经营者。

（2）行为方式主要包括企业合并、财产控制、经营控制等方式。

（3）行为结果是经营者增强自身的市场力量，这种增强由于其市场意义不同而具有不同的法律评价。在民商法的意义上，经营者集中是经营者的意思自治行为。而在反垄断法的意义上，经营者集中却可能会形成市场支配力量导致垄断，因而要对经营者集中进行监控。但是反垄断法也并不一概反对经营者集中，如中小企业的经营者集中行为往往因为其有利于市场竞争格局而不受反垄断法的反对。反垄断法反对的仅仅是经营者的过度集中行为。

（二）经营者的集中行为

我国《反垄断法》规定的经营者集中行为包括以下三种：

1. 经营者合并。经营者合并，也称为“兼并”、“结合”或“集中”，是指两个以上经营者通过订立合并协议，合并成为一个经营者的行为。经营者合并的本质，是使两个原本在法律上和经营上独立的经营者，即两个不同的竞争主体，变成一个单一的竞争主体。

经营者合并通常可分为三种基本类型，即横向合并、纵向合并和混合合并。横向合并也称为水平合并，是指生产经销同类产品或者提供同类服务的同行业的经营者之间进行的合并。纵向合并也称为垂直合并，是指处于不同经济层次或经营环节上但又具有某种交易关系的经营者之间进行的合并。混合合并泛指分属于不同行业、不同经营层次的经营者之间进行的合并。

2. 财产控制。财产控制是指经营者通过取得其他经营者的股权或者资产从而取得对该经营者的控制权的行为。与上述的经营者合并不同，财产控制不是一个经营者与另一个经营者的合并，而是经营者在各自保持法律主体资格的前提下，一个经营者通过取得另一个经营者的股权或者资产而取得对于目标经营者的事实控制权。这种行为在法律上并没有减少市场竞争主体，但是实际上减少了市场竞争主体，从而被反垄断法所关注。

3. 经营控制。经营控制是指一个经营者通过合同或者其他方式取得对其他经营者的控制权或者能够对其他经营者施加决定性影响的行为。

在经营控制的情形之下，虽然被控制的经营者的财产或股份没有发生权属上的转移，被控制的经营者在法律上也依然保持着独立地位，但是其在经营管理方面丧失了自主决策权，控制经营者成为若干企业的实际支配者。经营控制主要是通过不同经营者之间的协议达成的。

（三）经营者集中的申报制度

经营者集中的申报审查制度，是指经营者集中达到规定的申报标准的，应该向反垄断执法机构进行申报，经审查通过以后，方可进行集中的制度。

1. 申报标准。申报标准是经营者集中需要向有关管理部门申报，该集中受到法律控制的标准。申报标准一般根据参与集中的经营者的资产、销售额、交易额、市场占有率等确定。在具体计算销售额或资产额及市场份额等时，一般还要将与该经营者具有控制与从属关系的经营者的销售额或资产额及市场份额等一并计算在内。

我国《反垄断法》对于经营者集中采取了事先的强制申报制度。达不到申报标准的，无需申报；达到申报标准的，应当事先向国务院反垄断执法机构申报，未申报的不得实施集中。但是，《反垄断法》并没有直接规定具体的申报标准，而是授权国务院作出规定并适时调整。2008 年 8 月国务院公布《关于经营者集中申报标准的规定》，明确经营者集中达到下列标准之一的，经营者应当事先向国务院商务主管部门申报，未申报的不得实施集中：①参与集中的所有经营者上一会计年度在全球范围内的营业额合计超过 100 亿元人民币，并且其中至少两个经营者上一会计年度在中国境内的营业额均超过 4 亿元人民币；②参与集中的所有经营者上一会计年度在中国境内的营业额合计超过 20 亿元人民币，并且其中至少两个经营者上一会计年度在中国境内的营业额均超过 4 亿元人民币。营业额的计算，应当考虑银行、保险、证券、期货等特殊行业、领域的实际情况，具体办法由国务院商务主管部门会同国务院有关部门制定。除此之外，如果经营者集中未达到上述规定的申报标准，但按照规定程序收集的事实和证据表明该经营者集中具有或者可能具有排除、限制竞争效果的，国务院商务主管部门应当依法进行调查。

2. 申报的例外。申报的例外是指经营者集中即使达到了申报标准，但是由于该集中不会使市场结构和竞争状况发生大的改变，所以也可以不进行申报的制度。我国《反垄断法》第 22 条规定了两种达到申报标准的经营者集中可以不向国务院反垄断执法机构申报的情形：

（1）参与集中的一个经营者拥有其他每个经营者 50% 以上有表决权的股份或者资产的。这里“每个经营者”的确切表述应该是“参与该集中的每个经营者”，意思就是参与集中的一个经营者是其他参与集中的每个经营者的控股股东或者实际控制人，这种情形往往就是母子公司、集团公司内部以母公司或集团牵头进行的股份或者资产的重新组合。这种集中不会对外部的市场结构和竞争状况产生实质性的影响，所以不需申报。

（2）参与集中的每个经营者 50% 以上有表决权的股份或者资产被同一个未参与

集中的经营者拥有的。这种情形同样也是母子公司或者集团公司内部的重新组合，母公司或者集团公司不参与经营者集中，而子公司之间或者成员公司之间彼此进行股份和资产的重新组合，这种集中不会对外部的市场结构和竞争状况产生实质性的影响，所以也无需申报。

（四）经营者集中的审查制度

并非所有的经营者集中都会限制或者损害竞争。相反，绝大部分经营者集中是市场机制的重要组成部分，没有经营者集中，也不可能有市场机制。因此，只有当经营者的过度集中行为可能产生市场支配力量而形成垄断，才需要适当地控制经营者的集中行为，禁止经营者的过度集中，这就需要反垄断执法机构对经营者集中的申报进行审查。

1. 初步审查。国务院反垄断执法机构应当自收到经营者提交的符合反垄断法规定的文件、资料之日起30日内，对申报的经营者集中进行初步审查，作出是否实施进一步审查的决定，并书面通知经营者。国务院反垄断执法机构作出决定前，经营者不得实施集中。国务院反垄断执法机构作出不实施进一步审查的决定或者逾期未作出决定的，经营者可以实施集中。

2. 进一步审查。国务院反垄断执法机构决定实施进一步审查的，应当自决定之日起90日内审查完毕，作出是否禁止经营者集中的决定，并书面通知经营者。作出禁止经营者集中的决定，应当说明理由。审查期间，经营者不得实施集中。

有下列情形之一的，国务院反垄断执法机构经书面通知经营者，可以延长上述规定的审查期限，但最长不得超过60日：①经营者同意延长审查期限的；②经营者提交的文件、资料不准确，需要进一步核实的；③经营者申报后有关情况发生重大变化的。

国务院反垄断执法机构逾期未作出决定的，经营者可以实施集中。

3. 审查经营者集中的考虑因素。我国《反垄断法》在总结实践经验的基础上，参考国际上的通行做法，对于审查经营者集中应当考虑的因素作了具体规定：①参与集中的经营者在相关市场的市场份额及其对市场的控制力；②相关市场的市场集中度；③经营者集中对市场进入、技术进步的影响；④经营者集中对消费者和其他有关经营者的影响；⑤经营者集中对国民经济发展的影响；⑥国务院反垄断执法机构认为应当考虑的影响市场竞争的其他因素。

4. 审查后的决定。反垄断执法机构在进行审查以后，应该分别作出准予集中、禁止集中、不予禁止、不予禁止但附加限制性条件等四种类型的决定。

（1）准予集中。根据我国《反垄断法》的规定，准予集中可以发生在三种情况之下：一是初步审查阶段，反垄断执法机构作出不实施进一步审查的决定的，经营者可以实施集中；二是初步审查阶段，反垄断执法机构逾期未作出决定的，经营者可以实施集中；三是进一步审查阶段，反垄断执法机构在规定时间内审查完毕，不禁止经营者集中的，经营者可以实施集中。

（2）禁止集中。经营者集中具有或者可能具有排除、限制竞争效果的，反垄断执法机构应当作出禁止经营者集中的决定。

（3）不予禁止。经营者集中具有或者可能具有排除、限制竞争的效果，但是，如果经营者能够证明该集中对竞争产生的有利影响明显大于不利影响，或者符合社会公共利益的，反垄断执法机构可以作出对经营者集中不予禁止的决定。本类决定是对禁止集中的例外或豁免决定，本该禁止的集中，因为具备某些条件而不予禁止。我国《反垄断法》规定的条件是"对竞争产生的有利影响明显大于不利影响，或者符合社会公共利益"。但是，"对竞争产生的有利影响明显大于不利影响，或者符合社会公共利益"的举证责任由经营者承担，经营者能够证明的，反垄断执法机构可以作出不予禁止的决定，经营者不能证明的，反垄断执法机构就不能作出不予禁止的决定。

（4）不予禁止但附加限制性条件。对不予禁止的经营者集中，国务院反垄断执法机构可以决定附加减少集中对竞争产生不利影响的限制性条件。这些限制性条件通常可以是：要求该经营者进行资产剥离，要求该集中后的经营者允许竞争者有偿使用其重要设施或者知识产权，要求该集中后的经营者采取措施保障竞争者的独立性，要求该经营者退出部分经营领域，等等。

5. 决定的公布。国务院反垄断执法机构应当将禁止经营者集中的决定或者对经营者集中附加限制性条件的决定，及时向社会公布，这是强制性规定。而对于是否公布其他有关经营者集中的决定并无强制性要求，反垄断执法机构可以根据需要公布或者不公布。

五、禁止滥用行政权力排除、限制竞争制度

（一）滥用行政权力排除、限制竞争的概念和特征

1. 滥用行政权力排除、限制竞争的概念。滥用行政权力排除、限制竞争，也称为行政垄断、行政性垄断、行政性限制竞争、滥用政府权力限制竞争或者滥用行政权力限制竞争行为等，是指行政机关和法律法规授权的具有管理公共事务职能的组织滥用行政权力排除、限制竞争的行为。

2. 滥用行政权力排除、限制竞争行为的特征。

（1）滥用行政权力排除、限制竞争的主体是行政机关和法律法规授权的具有管理公共事务职能的组织。

（2）滥用行政权力排除、限制竞争行为是滥用行政权力的行为。反垄断法中的滥用行政权力，是指行政机关及其所属部门在管理和调控经济的活动中违反法定权限或程序的排除、限制竞争的行为。在我国所发生的行政垄断，往往是没有法律依据或者以下位法违背上位法的形式而实施的排除、限制竞争行为。

（二）滥用行政权力的限定交易行为

1. 滥用行政权力限定交易行为的概念。滥用行政权力限定交易，是指行政机关和法律、法规授权的具有管理公共事务职能的组织滥用行政权力，限定或者变相限

定单位或者个人经营、购买、使用其指定的经营者提供的商品的行为。

2. 滥用行政权力限定交易行为的表现形式。从限定交易行为的主体而言，主要有下列表现形式：①行政机关和法律、法规授权的具有管理公共事务职能的组织政企不分；②行政机关和法律、法规授权的具有管理公共事务职能的组织兴办第三产业或其他经济实体；③政企分开后藕断丝连，或原本就与行政机关及其工作人员等有联系的企业，行政机关等限定他人只能购买这些经营者的商品。

从限定交易行为的手段而言，主要有下列表现形式：①擅自设立前置许可证，限制使用其他合格产品；以拒绝颁发许可证来限制他人购买其指定的经营者的商品；②滥用行政处罚权，强制经营者接受其指定的经营者的商品或服务，或者限制经营者的进货渠道和进货品种；③滥用行政管理权，限定进货渠道；以质检等为由，强制他人购买其指定的商品；④以拒绝验收等方式，强制他人购买其指定的商品。

（三）滥用行政权力的地区封锁行为

1. 滥用行政权力的地区封锁行为的概念。滥用行政权力的地区封锁行为，是指行政机关和法律、法规授权的具有管理公共事务职能的组织滥用行政权力，妨碍商品在地区之间的自由流通，排斥或者限制外地经营者在本地经营的行为。

2. 滥用行政权力的地区封锁行为的表现形式。

（1）滥用行政权力妨碍商品在地区之间自由流通。具体包括：对外地商品设定歧视性收费项目、实行歧视性收费标准，或者规定歧视性价格；对外地商品规定与本地同类商品不同的技术要求、检验标准，或者对外地商品采取重复检验、重复认证等歧视性技术措施，限制外地商品进入本地市场；采取专门针对外地商品的行政许可，限制外地商品进入本地市场；设置关卡或者采取其他手段，阻碍外地商品进入或者本地商品运出；妨碍商品在地区之间自由流通的其他行为。

（2）滥用行政权力，以设定歧视性资质要求、评审标准或者不依法发布信息等方式，排斥或者限制外地经营者参加本地的招标投标活动。

（3）滥用行政权力，采取与本地经营者不平等待遇等方式，排斥或者限制外地经营者在本地投资或者设立分支机构。

（四）滥用行政权力强制经营者从事垄断行为

《反垄断法》规定的垄断行为一般应该是经营者自主实施的行为，但是在一些情况下，也可能是行政机关和法律、法规授权的具有管理公共事务职能的组织滥用行政权力强制经营者实施的。如强制经营者之间达成价格同盟等垄断协议等。对此，《反垄断法》要予以制止。

（五）滥用行政权力制定含有排除、限制竞争内容的规定

行政行为可以分为具体行政行为和抽象行政行为。以上四种滥用行政权力的排除、限制竞争行为，基本上都是由具体行政行为构成。但是，实践中行政机关以抽象行政行为方式排除、限制竞争的现象也大量存在，并且影响面更宽，破坏性更大，因此，《反垄断法》以法律形式再次强调予以禁止。《工商行政管理机关制止滥用行

政权力排除、限制竞争行为的规定》第4条第1款进一步明确规定："行政机关不得滥用行政权力，以决定、公告、通告、通知、意见、会议纪要等形式，制定、发布含有排除、限制竞争内容的规定。"

六、反垄断法实施机制

（一）实施主体

根据我国《反垄断法》的规定，我国反垄断法的实施机制包括反垄断委员会和反垄断执法机构两个层面。

1. 反垄断委员会。国务院设立反垄断委员会，负责组织、协调、指导反垄断工作。也就是说，反垄断委员会只是履行组织、协调、指导反垄断工作职能的议事协调机构，并不行使行政权力、作出行政决定。

国务院反垄断委员会履行下列职责：①研究拟订有关竞争政策；②组织调查、评估市场总体竞争状况，发布评估报告；③制定、发布反垄断指南；④协调反垄断行政执法工作；⑤国务院规定的其他职责。

2. 反垄断执法机构。《反垄断法》第10条规定，国务院规定的承担反垄断执法职责的机构（以下统称国务院反垄断执法机构）依照本法规定，负责反垄断执法工作。国务院反垄断执法机构根据工作需要，可以授权省、自治区、直辖市人民政府相应的机构，依照本法规定负责有关反垄断执法工作。目前，国家发展和改革委员会负责价格垄断协议以及与价格相关的滥用市场支配地位行为的管制，具体是由发展和改革委员会的价格检查监督司负责。国家商务部负责经营者集中问题的监管，具体由商务部反垄断局负责。一般的滥用市场支配地位和行政垄断的监管则由国家工商行政管理总局的反垄断与反不正当竞争局来负责。

（二）反垄断法的程序规则

反垄断法的实施，一般来讲，都要经过立案、调查、审理、裁决和结案等几个程序。

1. 立案程序。立案是启动反垄断行政实施机制的首要程序。一般来讲，立案程序的启动主要通过两个途径：一是反垄断主管当局依职权积极主动获得信息而立案。二是反垄断当局依据消费者或经营者的申请或投诉而立案。我国《反垄断法》第38条第2款规定，对涉嫌垄断行为，任何单位和个人有权向反垄断执法机构举报。

2. 调查程序。我国《反垄断法》第39条对调查所采取的具体措施作了规定，具体措施包括进入被调查的经营者的营业场所或者其他有关场所进行检查；询问被调查的经营者、利害关系人或者其他有关单位或者个人，要求其说明有关情况；查阅、复制被调查的经营者、利害关系人或者其他有关单位或者个人的有关单证、协议、会计账簿、业务函电、电子数据等文件、资料；查封、扣押相关证据；查询经营者的银行账户。另外还规定，反垄断执法机构调查涉嫌垄断行为的，执法人员不得少于2人，并应当出示执法证件。执法人员进行询问和调查，应当制作笔录，并由被询问人或者被调查人签字。

3. 审理程序。审理程序是反垄断执法机关为了确保依据调查取证结果对涉嫌非法垄断行为作出行政处罚的公正性，同时也是为了保障当事人的诉讼权的一项特别程序，这一特别程序类似于司法审理程序。审理活动通常是在反垄断执法机构内部进行的，并且原则上要以公开的方式进行。

4. 结案程序。我国《反垄断法》第44条规定，反垄断执法机构对涉嫌垄断行为调查核实后，认为构成垄断行为的，应当依法作出处理决定，并可以向社会公布。

对反垄断执法机构调查的涉嫌垄断行为，被调查的经营者承诺在反垄断执法机构认可的期限内采取具体措施消除该行为后果的，反垄断执法机构可以决定中止调查。中止调查的决定应当载明被调查的经营者承诺的具体内容。反垄断执法机构决定中止调查的，应当对经营者履行承诺的情况进行监督。经营者履行承诺的，反垄断执法机构可以决定终止调查。有下列情形之一的，反垄断执法机构应当恢复调查：①经营者未履行承诺的；②作出中止调查决定所依据的事实发生重大变化的；③中止调查的决定是基于经营者提供的不完整或者不真实的信息作出的。

案例讨论

一、基本案情

根据《中华人民共和国反垄断法》等法律法规，中华人民共和国国家发展和改革委员会于2013年11月立案，依法对高通公司（Qualcomm Incorporated）滥用在CDMA、WCDMA和LTE无线通信标准必要专利（以下简称无线标准必要专利）许可市场及CDMA、WCDMA和LTE无线通信终端基带芯片（以下简称基带芯片）市场的支配地位，实施垄断行为进行了调查。调查查明的事实如下：

（一）关于高通公司是否具有市场支配地位的事实

1. 关于高通公司在无线标准必要专利许可市场是否具有市场支配地位的事实。经调查，无线通信技术标准是由产业界以合作方式共同制定的标准化技术方案，以实现网络互联互通，使不同无线通信终端制造商的产品可以接入同一无线蜂窝网络。CDMA（包括CDMA IS-95和CDMA 2000）、GSM、WCDMA、TD-SCDMA和LTE均为当前主流的无线通信技术标准。电信网络运营商需获得相应网络运营牌照，并投入大量资金建设符合特定无线通信技术标准的网络，无线通信终端制造商和基带芯片生产商也需进行大量投入开发符合特定无线通信技术标准的产品，不同的无线通信技术标准之间替代成本很高。同时，同代际无线通信技术标准实现的网络服务水平基本相同，相互替代没有技术必要性。不同代际的无线通信技术标准存在演进关系，但电信网络运营商升级到新一代无线通信技术标准时，为了保证长达数年的网络升级过程中的代际兼容性，普遍要求无线通信终端必须同时支持上一代无线通信技术标准。因此，已广泛应用的不同无线通信技术标准之间不存在现实可行的替代关系。本案调查涉及的 CDMA、WCDMA 和 LTE 技术标准当前均不存在现实可行的替代性标准。

业界通常将实施技术标准所必须使用的专利称为标准必要专利。无线通信技术标准作为高度复杂的技术方案，包括大量的标准必要专利。一项无线通信专利因被纳入 CDMA、WCDMA 和 LTE 技术标准而成为无线标准必要专利，该专利具有了唯一性和不可替代性，排除了其他竞争性的专利。由于无线标准必要专利是实现特定无线通信技术标准必须要实施的专利，无线通信终端制造商生产销售符合相关技术标准的产品必须获得无线标准必要专利许可。从需求替代分析，无线通信终端制造商生产特定的无线通信终端，纳入相关技术标准的每一项无线标准必要专利都不可或缺，都是必须要实施的技术专利，任何一项无线标准必要专利的缺失，都会导致无线通信终端不能完全符合相关技术标准，不能满足市场需求。从供给替代分析，每一项无线标准必要专利都具有唯一性，在被相关无线通信技术标准采纳并发布和实施后，不存在实际的或者潜在的替代性供给。因此，每一项无线标准必要专利许可均单独构成一个独立的相关产品市场。在本案中，由于高通公司将持有的无线标准必要专利进行组合许可，相关产品市场为高通公司持有的各项无线标准必要专利许可单独构成的相关产品市场的集合。

由于专利授权、使用和保护均具有地域性，单独构成一个独立相关产品市场的每一项无线标准必要专利的地域市场均为一个特定的国家或者地区。在本案中，高通公司将持有的不同国家和地区的无线标准必要专利进行组合许可，无线标准必要专利许可的相关地域市场为高通公司持有的各项无线标准必要专利的国家或者地区市场的集合。

经调查，在 CDMA、WCDMA 和 LTE 无线通信技术标准中，高通公司均持有数量不等的无线标准必要专利。主要事实如下：

（1）高通公司在相关市场占有 100% 的市场份额。在高通公司持有的每一项无线标准必要专利许可独立构成的相关产品市场，高通公司均占有 100% 的市场份额。同时，高通公司分别持有构成 CDMA、WCDMA 和 LTE 无线通信技术标准的多项无线标准必要专利，相关无线标准必要专利相互叠加，构成了覆盖特定无线通信技术标准的无线标准必要专利组合，高通公司在该无线标准必要专利组合许可市场占有 100% 的市场份额。

（2）由于高通公司持有覆盖 CDMA、WCDMA 和 LTE 技术标准的无线标准必要专利组合，无线通信终端制造商生产销售符合 CDMA、WCDMA 和 LTE 技术标准的无线通信终端，需从高通公司获得相关无线标准必要专利组合许可，否则不能进入市场参与竞争，并可能面临高通公司提起的专利侵权诉讼和禁令救济等风险，潜在被许可人与高通公司达成相关无线标准必要专利组合许可协议是唯一的选择。有证据表明，高通公司拥有超过 200 家无线标准必要专利被许可人，且绝大多数被许可人与高通公司签订的专利许可协议中的许可条件是高通公司单方面确定的，被许可人缺乏制约高通公司市场力量的客观条件和实际能力。

(3) 无线通信终端制造商生产销售符合 CDMA、WCDMA 和 LTE 技术标准的产品，必须使用高通公司的无线标准必要专利组合。由于高通公司的每一项无线标准必要专利覆盖相关技术标准的不同方面，每一项无线标准必要专利对无线通信终端制造商均不可或缺，任何一项无线标准必要专利的缺失，均可能导致无线通信终端不能与网络互通，不能满足客户需求和获得监管部门的入网许可。

(4) 无线通信技术标准是实现无线通信终端兼容、互联和互通的技术规范，在一项专利成为 CDMA、WCDMA 和 LTE 技术标准的无线标准必要专利的同时，其他竞争性技术则可能被排除在该技术标准之外。CDMA、WCDMA 和 LTE 技术标准被实施后，任何被纳入标准的技术若要改变，通常会给运营商和相关制造商带来难以承受的成本，其他竞争性技术客观上难以被纳入该技术标准。。

在本案调查过程中，高通公司未提出证据证明高通公司在无线标准必要专利许可市场不具有市场支配地位。

2. 高通公司在基带芯片市场是否具有市场支配地位的事实。基带芯片是实现无线通信终端通信功能的重要部件。由于不同无线通信技术标准依托不同的无线标准必要专利，符合不同技术标准的基带芯片在特性、功能等方面均不相同。从需求替代分析，无线通信终端制造商生产用于特定无线通信网络的产品，必须采用支持实施相应技术标准的基带芯片，不会因为一种基带芯片价格等因素的变化，寻求采购实施其他技术标准的基带芯片。从供给替代分析，基带芯片的研发和生产具有较强的技术性，其他经营者进入该市场存在较强的壁垒；生产商生产符合不同技术标准的基带芯片依托不同的技术和平台，不会根据不同基带芯片的需求量、价格等变化进行快速转产，不同的基带芯片供应之间不具有强替代性。因此，符合不同技术标准的基带芯片彼此不可替代。本案调查涉及的基带芯片市场细化为三个不同的相关产品市场：CDMA 基带芯片市场、WCDMA 基带芯片市场和 LTE 基带芯片市场。

基带芯片在运输、销售、使用和进出口等方面均不存在明显的地域障碍。基带芯片生产商在全球范围内销售基带芯片，并通常与其他基带芯片生产商进行全球性竞争；无线通信终端制造商会基于功能、价格、质量、品牌等因素考量，在全球范围内选择采购不同的基带芯片。因此，在本案中，CDMA 基带芯片、WCDMA 基带芯片和 LTE 基带芯片的相关地域市场均为全球市场。

经调查，高通公司在相关市场的市场份额均超过 1/2。根据 Strategy Analytics 报告数据，2013 年高通公司在 CDMA 基带芯片市场、WCDMA 基带芯片市场和 LTE 基带芯片市场的销售额市场份额分别为 93.1%、53.9%和 96%，均超过了 50%。且根据该报告，高通公司在基带芯片市场长期处于领先地位。从 2007 至 2013 年已连续 6 年居全球基带芯片销售第一的位置，占有的市场份额明显高于其他竞争对手。在 CDMA 基带芯片市场，长期以来只有高通公司和威睿电通（VIA TELECOM）两家公司，而威睿电通 2013 年只占有不到 7%的市场份额；在 LTE 基带芯片市场，2013 年，位居第二的韩国三星电子株式会社占有的市场份额只有2%左右。在WCDMA基带芯片市场，2013年联发科（MTK）的市场份额为15.5%，英特尔为11.8%，博通公司为9.3%，均远低于高通公司53.9%的市场份额。另查明，在全球范围内，高通公司在CDMA、WCDMA和LTE基带芯片市场均占有最大的市场份额，且基带芯片生产商数量较少，无线通信终端制造商对基带芯片生产商的选择有限，对高通公司高度依赖。同时，由于高通公司生产的基带芯片在技术、功能、品牌等方面具有优势，特别是中高端基带芯片的竞争优势更为明显，无线通信终端制造商为使生产销售的产品更具竞争力，有选择高通公司基带芯片的较强倾向性和偏好，对高通公司的基带芯片具有高度依赖性。基带芯片市场进入门槛高、难度大。基带芯片的研发和生产具有较强的技术性，属于技术密集型产业，潜在经营者进入基带芯片市场难度较大，通常会面临研发生产、终端操作系统支持、运营商测试、国家监管部门入网许可、技术出口管制、研发和上市周期长等现实进入门槛。因此，其他经营者进入基带芯片市场并有效参与市场竞争的难度较大。

在本案调查过程中，高通公司未提出证据证明高通公司在CDMA基带芯片市场、LTE基带芯片市场不具有市场支配地位。

（二）高通公司是否存在滥用市场支配地位的行为

经调查查明的事实如下：

1. 截至2014年1月1日，在高通公司持有的无线标准必要专利中，有部分相关专利已经过期，且包含一定数量的重要无线标准必要专利。CDMA技术于1995年开始商业应用，高通公司此前申请的很多核心CDMA无线标准必要专利已经过期，而高通公司与被许可人签订的CDMA和WCDMA专利许可协议，均包括相关过期的核心CDMA无线标准必要专利。尽管高通公司不断有新的专利加入到专利组合中，但高通公司未能提供证据证明新增专利价值与过期无线标准必要专利价值相当。同时，高通公司不向被许可人提供专利清单，且与被许可人签订的长期甚至无固定期限的许可协议中约定了一直不变的专利许可费标准。

2. 高通公司在无线标准必要专利许可中，强迫某些被许可人将持有的相关非无线标准必要专利向高通公司进行许可；强迫某些被许可人免费进行反向许可；要求某些被许可人不能就持有的相关专利向高通公司及高通公司的客户主张权利或者提起诉讼。高通公司在某些无线标准必要专利许可谈判中并不实质性地考虑和评估被许可人专利的价值，拒绝向被许可人就反向许可的专利支付合理的对价。

此外，在本案调查中还查明，在高通公司对外许可的专利组合中，无线标准必要专利具有核心价值，非无线标准必要专利不必然对所有的无线通信终端具有价值，无线通信终端制造商不必然需要获得高通公司的非无线标准必要专利许可。高通公司的无线标准必要专利主要涉及无线通信技术，而不涉及无线通信终端的外壳、显示屏、摄像头、麦克风、扬声器、电池、内存和操作系统等。高通公司在将无线标准必要专利和非无线标准必要专利进行一揽子许可的同时，以无线通信终端的整机批发净售价作为计算专利许可费的基础。

另外还查明，无线通信终端制造商必须向无线标准必要专利持有人寻求专利许可，没有其他选择；非无线标准必要专利不是强制实施的专利，无线通信终端制造商可以进行规避设计，或者根据专利技术的优劣及其他因素，在不同的竞争性替代技术中进行自由选择。因此，非无线标准必要专利与无线标准必要专利性质不同、相互独立，分别对外进行许可并不影响上述两种不同专利的应用和价值。高通公司在进行专利许可时，不对无线标准必要专利与非无线标准必要专利进行区分，不向被许可人提供专利清单，而是采取设定单一许可费并进行一揽子许可的方式，将持有的非无线标准必要专利进行搭售许可。

3. 高通公司将签订和不挑战专利许可协议作为被许可人获得高通公司基带芯片的条件。如果潜在被许可人未与高通公司签订包含不合理许可条件的专利许可协议，高通公司则拒绝与该潜在被许可人签订基带芯片销售协议并拒绝向其供应基带芯片；如果已经与高通公司签订专利许可协议的被许可人与高通公司就专利许可协议产生争议并提起诉讼，则高通公司将停止向该被许可人供应基带芯片。在本案调查过程中，高通公司对于将签订和不挑战专利许可协议作为向被许可人供应基带芯片的条件这一事实未予否认，但提出该行为具有合理性。

另查明，高通公司2013年度在中华人民共和国境内的销售额为761.02亿元人民币（汇率按中华人民共和国国家外汇管理局公布的2013年度平均人民币汇率中间价计算）。

问题：高通公司的行为是否违反反垄断法？如果违反，如何处罚？

二、案例分析

首先需要明确，在本案中高通公司所处的市场是在CDMA、WCDMA和LTE无线通信标准必要专利许可市场及CDMA、WCDMA和LTE无线通信终端基带芯片市场。

其次，在上述市场中高通公司处于市场支配地位，主要理由是：

（一）高通公司在无线标准必要专利许可市场具有市场支配地位

1. 高通公司在相关市场占有100%的市场份额。根据《中华人民共和国反垄断法》第19条第1款第1项的规定，可以推定高通公司在无线标准必要专利许可市场具有市场支配地位。

2. 由于高通公司持有覆盖CDMA、WCDMA和LTE技术标准的无线标准必要专利组合，无线通信终端制造商生产销售符合CDMA、WCDMA和LTE技术标准的无线通信终端，需从高通公司获得相关无线标准必要专利组合许可，否则不能进入市场参与竞争，且被许可人缺乏制约高通公司市场力量的客观条件和实际能力。因此，高通公司在较大程度上具有控制专利许可费、许可条件以及阻碍、影响其他经营者进入相关市场的能力。

3. 线通信终端制造商生产销售符合CDMA、WCDMA和LTE技术标准的产品，必须使用高通公司的无线标准必要专利组合。由于高通公司的每一项无线标准必要专利覆盖相关技术标准的不同方面，每一项无线标准必要专利对无线通信终端制造商均不可或缺，任何一项无线标准必要专利的缺失，均可能导致无线通信终端不能与网络互通，不能满足客户需求和获得监管部门的入网许可。因此，无线通信终端制造商对高通公司的无线标准必要专利组合许可高度依赖，高通公司具有支配性的市场力量。

4. 无线通信技术标准是实现无线通信终端兼容、互联和互通的技术规范，在一项专利成为CDMA、WCDMA和LTE技术标准的无线标准必要专利的同时，其他竞争性技术则可能被排除在该技术标准之外。CDMA、WCDMA和LTE技术标准被实施后，任何被纳入标准的技术若要改变，通常会给运营商和相关制造商带来难以承受的成本，其他竞争性技术客观上难以被纳入该技术标准。因此，其他经营者难以进入高通公司持有的无线标准必要专利组合许可构成的相关市场。

在本案调查过程中，高通公司未提出证据证明高通公司在无线标准必要专利许可市场不具有市场支配地位。

根据《中华人民共和国反垄断法》第18条的规定，依据上述因素，认定高通公司在无线标准必要专利许可市场具有市场支配地位。

（二）高通公司在基带芯片市场具有市场支配地位

根据Strategy Analytics报告数据，高通公司在相关市场的市场份额均超过1/2。且高通公司在基带芯片市场长期处于领先地位，占有的市场份额明显高于其他竞争对手。因此，在WCDMA基带芯片市场，高通公司具有一定程度控制市场的能力。主要无线通信终端制造商对高通公司的基带芯片高度依赖。基带芯片市场进入门槛高、难度大。因此，其他经营者进入基带芯片市场并有效参与市场竞争的难度较大。在本案调查过程中，高通公司未提出证据证明高通公司在CDMA基带芯片市场、LTE基带芯片市场不具有市场支配地位。根据《中华人民共和国反垄断法》第18条的规定，综合分析基带芯片市场的市场结构、竞争状况以及交易对象对高通公司的依赖程度和相关市场进入难易程度等因素，认定高通公司在CDMA基带芯片市场、WCDMA基带芯片市场和LTE基带芯片市场均具有市场支配地位。

再次，高通公司滥用了该市场支配地位，理由如下：

（一）高通公司滥用在无线标准必要专利许可市场的支配地位，收取不公平的高价专利许可费

具体表现在：①对过期无线标准必要专利收取许可费显然违反公平原则；②强迫被许可人向高通公司进行专利免费反向许可，在专利许可费中不抵扣被许可人反向许可的专利价值或者支付其他对价。高通公司对外许可的专利组合中包含了具有核心价值的无线标准必要专利和对被许可人价值并不确定的非无线标准必要专利。对于被迫接受高通公司一揽子专利许可的被许可人，高通公司在坚持较高许可费率的同时，以超出高通公司持有的无线标准必要专利覆盖范围的整机批发净售价作为计费基础，显失公平，导致专利许可费过高。因此综合分析高通公司的上述行为，可以认为，高通公司直接或者间接地收取了不公平的高价专利许可费。高通公司要求专利免费反向许可，抑制了被许可人进行技术创新的动力，阻碍了无线通信技术的创新和发展，排除、限制了无线通信技术市场的竞争。同时，要求专利免费反向许可使高通公司相对其他基带芯片生产商获得了不正当的竞争优势，无线通信终端制造商采购其他基带芯片生产商的产品将会负担更高的知识产权成本，削弱了其他基带芯片生产商竞争力，损害了市场竞争。高通公司收取不公平高价专利许可费增加了无线通信终端制造商的成本，并最终传导到消费终端，损害了消费者的利益。因此，高通公司违反《中华人民共和国反垄断法》第17条第1款第1项关于禁止具有市场支配地位的经营者以不公平的高价销售商品的规定。

（二）高通公司滥用在无线标准必要专利许可市场的支配地位，在无线标准必要专利许可中，没有正当理由搭售非无线标准必要专利许可

非无线标准必要专利与无线标准必要专利性质不同、相互独立，分别对外进行许可并不影响上述两种不同专利的应用和价值。高通公司在进行专利许可时，不对无线标准必要专利与非无线标准必要专利进行区分，不向被许可人提供专利清单，而是采取设定单一许可费并进行一揽子许可的方式，将持有的非无线标准必要专利进行搭售许可。这使得与高通公司持有的非无线标准必要专利具有竞争关系的其他替代性技术失去了参与竞争的机会和可能，严重排除、限制了相关非无线标准必要专利许可市场的竞争，阻碍、抑制了技术创新，最终损害了消费者的利益。高通公司违反《中华人民共和国反垄断法》第17条第1款第5项关于禁止具有市场支配地位的经营者没有正当理由搭售商品的规定。

（三）高通公司滥用在基带芯片市场的支配地位，在基带芯片销售中附加不合理条件

高通公司将签订和不挑战专利许可协议作为被许可人获得高通公司基带芯片的条件。如果潜在被许可人未与高通公司签订包含不合理许可条件的专利许可协议，高通公司则拒绝与该潜在被许可人签订基带芯片销售协议，并拒绝向其供应基带芯片；如果已经与高通公司签订专利许可协议的被许可人与高通公司就专利许可协议产生争议并提起诉讼，则高通公司将停止向该被许可人供应基带芯片。高通公司违反《中华人民共和国反垄断法》第17条第1款第5项关于禁止具有市场支配地位的经营者在交易时附加不合理交易条件的规定。

最后，关于本案的处理。根据国家发展和改革委员会发改办价监处罚〔2015〕1号行政处罚决定书，依据《中华人民共和国反垄断法》第47条、第49条的规定，对高通公司上述滥用无线标准必要专利许可市场和基带芯片市场支配地位的行为作出如下处罚决定：

（一）责令高通公司停止滥用市场支配地位的违法行为

具体如下：

1. 高通公司在对中华人民共和国境内的无线通信终端制造商进行无线标准必要

专利许可时，应当向被许可人提供专利清单，不得对过期专利收取许可费。

2. 高通公司在对中华人民共和国境内的无线通信终端制造商进行无线标准必要专利许可时，不得违背被许可人意愿，要求被许可人将持有的非无线标准必要专利反向许可；不得强迫被许可人将持有的相关专利向高通公司反向许可而不支付合理的对价。

3. 对为在中华人民共和国境内使用而销售的无线通信终端，高通公司不得在坚持较高许可费率的同时，以整机批发净售价作为计算无线标准必要专利许可费的基础。

4. 高通公司在对中华人民共和国境内的无线通信终端制造商进行无线标准必要专利许可时，不得没有正当理由搭售非无线标准必要专利许可。

5. 高通公司对中华人民共和国境内的无线通信终端制造商销售基带芯片，不得以潜在被许可人接受过期专利收费、专利免费反向许可、没有正当理由搭售非无线标准必要专利许可等不合理条件为前提；不得将被许可人不挑战专利许可协议作为高通公司供应基带芯片的条件。

（二）对高通公司处2013年度销售额8%的罚款

鉴于高通公司滥用市场支配地位行为的性质严重，程度较深，持续时间较长，决定对高通公司处2013年度在中华人民共和国境内销售额761.02亿元8%的罚款，计60.88亿元人民币。

复习思考题

一、单项选择题

1. 为排挤竞争对手，某商店在销售中向购买某品牌电冰箱的顾客赠送一套餐具。对此，下列说法正确的是（　　）。

A. 如果电冰箱的价格减去餐具的价值小于电冰箱的成本价则商店构成不正当竞争

B. 商店的行为构成违法搭售的不正当竞争

C. 如果赠送餐具违背顾客意愿则构成不正当竞争，否则不构成

D. 如果餐具质量不合格则构成不正当竞争，否则不构成

2. 某市技术监督局在抽查本市市场上的饮料时发现，除三种名牌饮料外，其余饮料均不合格，该局对此结果在当地新闻媒体上作了详细介绍，导致一些厂家生产的饮料销量急剧下降。下列说法中正确的是（　　）。

A. 市技术监督局的抽查行为是履行职责的正常管理行为，但在新闻媒体上公布抽查结果是限制其他经营者的不正当竞争行为

B. 市技术监督局抽查行为的背后是以排挤其他经营者为动机，故抽查行为与公布行为均构成不正当竞争

C. 市技术监督局的行为不构成不正当竞争

D. 市技术监督局的行为虽有排挤其他经营者的意图，但并未指定消费者购买某种饮料，尚不构成不正当竞争

3. 下列（　　）不是商业贿赂行为。

A. 以明示方式给对方回扣　　B. 在账外暗中给中间人佣金

C. 在账外暗中给予对方单位或者个人回扣

D. 对方单位或者个人在账外暗中收受回扣

4. “万宝路”是世界驰名的香烟商标，已在中国注册。某葡萄酒厂生产的“莹光”牌葡萄酒，其瓶贴和包装盒的文字、图形、色彩与“万宝路”商标基本相同。下列说法中正确的是（　　）。

A. 葡萄酒和香烟并非相同或类似产品，葡萄酒厂不构成不正当竞争

B. 葡萄酒厂将“万宝路”作为装潢使用，不存在不正当竞争问题

C. 葡萄酒厂已在其产品上标注厂名、厂址，未构成不正当竞争

D. “万宝路”是驰名商标，某葡萄酒厂的行为造成与该驰名商标的混淆，故构成不正当竞争

5. 根据《反不正当竞争法》的规定，下列各项中，已构成不正当竞争行为的是（　　）。

A. 某生产企业给经销商销售提成，双方对此均有账目记载

B. 某商场采用抽奖式有奖销售，一等奖为价值6000元的新马泰游

C. 某超市以低于进货的价格销售过季服装

D. 某商场采用买一赠一的方式，推销即将到期的商品

6. 甲公司为了低价获得乙公司的紧俏物资，在账外暗中给予乙公司主要负责人现金20万元，甲公司的行为构成了（　　）。

A. 商业诈骗行为　　　　B. 商业贿赂行为

C. 串通招标行为　　　　D. 虚假表示行为

7. 依据《反不正当竞争法》规定，下列行为中，属于限制竞争行为的是（　　）。

A. 经营者采用财物或者其他手段进行贿赂以销售商品

B. 侵犯商业秘密

C. 虚假宣传

D. 公用企业或者其他依法具有独占地位的经营者，限定他人购买其指定的经营者的商品

8. 市场支配地位推定的举证责任归属于（　　）。

A. 主张其他经营者具有市场支配地位的经营者

B. 国务院反垄断委员会

C. 被推定具有市场支配地位的经营者

D. 人民法院

9. 滥用行政权力排除、限制竞争的主体是（　　）。

A. 国家权力机关

B. 行政机关和法律法规授权的具有管理公共事务职能的组织

C. 国家司法机关

D. 国家军事机关

10. 纵向垄断协议的双方当事人包括（　　）。

A. 经营者与经营者　　B. 交易相对人与交易相对人

C. 经营者与交易相对人　　D. 经营者与行业协会

二、多项选择题

1. 监督检查部门在监督检查不正当竞争行为时，有权行使的职责是（　　）。

A. 按照规定程序询问被调查的经营者、利害关系人、证明人

B. 要求提供证明材料或者与不正当竞争行为有关的其他资料

C. 查询、复制与不正当竞争行为有关的协议、账册、单据、文件、记录、业务函电和其他资料

D. 必要时可以责令被检查的经营者说明该商品的来源和数量，暂停销售，听候检查，不得转移、隐匿、销毁财务资料

2. 经营者在以低于成本的价格销售商品时，不构成不正当竞争行为的是（　　）。

A. 销售鲜活商品

B. 季节性降价

C. 处理有效期限即将到期和其他积压的商品

D. 因清偿债务、转产、歇业降价销售商品

3. 下列叙述中，属于政府及其所属部门滥用行政权力限制竞争的行为的是（　　）。

A. 某市交通局限定小轿车使用者只能购买某一品牌的净化器

B. 政府及其所属部门处罚达成价格同盟的企业

C. 政府及其所属部门限制外地商品进入本地市场

D. 政府及其所属部门限制本地商品流向外地市场

4. 为反不正当竞争法不允许的有奖销售行为有（　　）。

A. 某超市进行有奖销售，安排本单位的优秀员工中了大奖

B. 某商场为推销一批不符合国家新颁布标准要求的食用油，进行有奖促销

C. 某商场进行抽奖式的有奖销售，最高奖的金额为3000元

D. 某超市为促进夏季饮料销售，对消费者宣称开展有奖销售，最后无一人中奖

5. 工程师甲根据其单位指派开发出某种碳酸饮料配方后，单位对该配方采取了全面的保密措施。乙公司利用高薪聘请甲到本公司工作，甲便携带该碳酸饮料配方到乙公司受聘。根据我国反不正当竞争法有关商业秘密保护的规定，下列说法不正确的是（　　）。

A. 甲应承担侵权责任，乙不承担侵权责任

B. 乙应承担侵权责任，甲不承担侵权责任

C. 甲、乙都应承担侵权责任

D. 甲、乙都不承担侵权责任

6. 国务院反垄断委员会履行下列（　　）职责。

A. 研究拟订有关竞争政策

B. 组织调查、评估市场总体竞争状况，发布评估报告

C. 制定、发布反垄断指南

D. 协调反垄断行政执法工作

7.《反垄断法》所规定的垄断形式包括（　　）。

A. 垄断协议　　B. 滥用市场支配地位

C. 经营者集中　　D. 滥用行政权力排除、限制竞争

8.《反垄断法》规定的垄断协议适用除外的情形包括（　　）。

A. 为提高产品质量、降低成本、增进效率，统一产品规格、标准或者实行专业化分工的

B. 为提高中小经营者经营效率，增强中小经营者竞争力的

C. 为实现节约能源、保护环境、救灾救助等社会公共利益的

D. 因经济不景气，为缓解销售量严重下降或者生产明显过剩的

9. 反垄断执法机构在对涉嫌经营者集中进行审查以后，可分别作出以下（　　）类型的决定。

A. 准予集中　　B. 禁止集中

C. 不予禁止　　D. 不予禁止但附加限制性条件

10. 经营者集中的情形包括（　　）。

A. 经营者合并　B. 财产控制　C. 经营控制　D. 人员控制

三、判断题

1. 竞争法的调整对象包括市场竞争关系与竞争管理关系。（　）

2. 我国竞争法采取的是综合式立法模式。（　）

3. 不正当竞争行为的实施主体必须是经营者。（　）

4. 擅自使用商品特有的名称、包装、装潢即构成不正当竞争行为。（　）

5. 经营者给对方折扣、给中间人佣金的并不必然构成不正当竞争行为。（　）

6. 界定相关市场通常需要界定相关商品市场和相关地域市场。（　）

7. 农业生产者及农村经济组织在农产品生产、加工、销售、运输、储存等经营活动中实施的联合或者协同行为，同样适用反垄断法。（　）

8. 垄断协议一般包括横向垄断协议与纵向垄断协议。（　）

9. 一个经营者在相关市场的市场份额达到1/3的，可以推定经营者具有市场支配地位。（　）

10. 经营者集中的事先申报并非强制性的。（　）

四、简答题

1. 不正当竞争行为的特征是什么？

2. 商业贿赂的特征是什么？

3. 侵犯商业秘密行为的具体情形包括哪些？

4. 如何界定反垄断法意义上的“相关市场”？

5. 经营者的集中行为包括哪些？

五、案例分析题

1. 某市一大中型洗涤剂厂的“君子兰”牌清洗液近年来市场销量一直稳步上升。主要原因是其质量稳定，价格一直保持在每千克9元，获得了质优价廉的信誉。1995年8月，该市一大型集团投资建立了“洁玉”洗涤剂公司，生产的“洁玉”清洗剂质量不错，只是打不开市场销路。1996年5月，“洁玉”洗涤剂公司采取了灵活的销售战略，将其生产的“洁玉”清洗剂出厂价降到每千克5元。一段时间过后，“洁玉”洗涤剂以其低廉的价格，尚可的质量而销量大幅增大，而“君子兰”牌清洗剂则因价高而无人问津。“君子兰”面对着激烈的市场竞争，大力推进生产技术，加强管理，降低生产成本，最后出厂价保持在每千克4元。而“洁玉”为了彻底击垮其竞争对手，于1996年12月再次大幅降价，以低于成本价的每千克3元投放市场，虽然每卖出一瓶洗涤剂，该厂要赔1.5元，但是为了击垮“君子兰”，某大型集团凭借雄厚的实力维持“洁玉”的生存。1997年2月5日，“君子兰”洗涤剂厂终因销量大减，难以维持而暂时停产。“君子兰”洗涤剂厂向人民法院起诉，状告“洁玉”厂压价竞争，侵犯其合法权益，并要求赔偿其损失。

问题：

(1)“君子兰”洗涤剂厂的请求有无法律依据？为什么？

(2) 什么是倾销行为？简述其构成要件及例外情形。

2.1999年6月，咸阳彩虹、北京松下、上海永新、福地科持、赛格日立、南京华飞等国内八大彩管企业采取一致行动停产保价，限产持续时间约一个月。2000年6月8日，“中国彩电企业峰会”在深圳召开，会前透出风声，彩电企业将成立价格同盟。国内八大彩管企业紧急应对，对彩管实行限产保价。后虽因种种原因，彩电价格同盟、彩管限产保价均流产，但影响至今没有消失，并向其他行业蔓延。如2001年3月底，国内24家航空公司在武汉续签了2001年国内航线收入联营协议，互相限制降价竞争。

试结合《反垄断法》的相关规定，评析上述事件。

第七章 产品质量法和消费者权益保护法

学习提要与学习目标

本章主要介绍了我国产品质量法和消费者权益保护法，内容主要涉及产品及产品质量的概念，产品质量监管制度，生产者、销售者的产品质量义务，消费者的概念，消费者的权利和经营者义务，消费者权益的保护措施等。本章的重点内容是：产品质量监管制度，生产者、销售者的产品质量义务，产品瑕疵责任与产品缺陷责任，消费者的权利和经营者的义务等。通过学习，掌握我国的市场监管法律制度，以更好地规范企业的行为。

第一节 产品质量法

一、产品质量法概述

（一）产品质量与产品质量法

产品质量是指国家有关的法律、法规、质量标准以及合同约定的对产品适用、安全和其他特性的要求。具体来说，产品质量包括性能、适用性、安全性、耐用性、可靠性、经济性和卫生性等方面。目前存在的产品质量问题主要是因产品瑕疵而形成的产品不适用和因产品缺陷而发生的产品不安全。为了加强对产品质量的监督管理，明确产品质量责任，保护用户和消费者的合法权益，维护正常的社会经济秩序，需要有产品质量法。

产品质量法，是指调整产品生产与销售以及对产品质量进行监督管理过程中所形成的社会关系的法律规范的总称。产品质量法主要包括产品质量监督管理、产品质量责任、产品质量损害赔偿和处理产品质量争议等方面的法律规定。

1993 年 2 月 22 日，第七届全国人大常委会第三十次会议通过《中华人民共和国产品质量法》（以下简称《产品质量法》），该法于 1993 年 9 月 1 日起正式实施。2000 年 7 月九届全国人大常委会第十六次会议对该法进行第一次修订。以此法为基本法，结合一切有关产品质量的法律、法规、规章、标准，形成了产品质量法体系。

（二）产品质量法的适用范围

《产品质量法》适用于中华人民共和国境内一切从事产品生产、销售活动的生产者和销售者。

1. 产品质量法适用的地域范围。根据《产品质量法》的规定，该法适用的地域范围是中华人民共和国境内，即中华人民共和国主权及全部领域。凡在我国境内从事产品的生产、销售活动，包括进口产品在我国国内的销售，都必须遵守《产品质量法》的规定，既要遵守《产品质量法》对产品质量行政监管的规定，对因产品存在缺陷造成他人人身、财产损害的，也要依照《产品质量法》关于产品责任的规定承担赔偿责任。

2. 产品质量法适用的产品范围。根据《产品质量法》的规定，所谓产品，是指经过加工、制作，用于销售的物品。构成产品有两个重要的标准：①必须是经过加工、制作的产品，主要是指经过工业和手工业加工制作的工业产品、工艺品以及经过加工的农副产品等。②必须用于销售，即必须是投入流通的产品。

下列产品不适用《产品质量法》的规定：

（1）初级产品。从法律上说，要求生产者、销售者对产品质量承担责任的产品，应当是生产者、销售者能够对其质量加以控制的产品，即经过"加工、制作"的产品，而不包括内在质量主要取决于自然因素的产品。因此，按照规定，各种直接取之于自然界，未经加工、制作的产品，如籽棉、稻、麦、蔬菜、饲养的鱼虾等种植业、养殖业的初级产品，原油、原煤等直接开采出来未经炼制、洗选加工的原矿产品等，均不适用产品质量法的规定。当然，这些未经加工、制作的初级产品，也有分等、分级的质量标准问题，订立这类产品的买卖合同的出售人，应当按照合同约定的质量标准承担履约义务，产品质量与合同约定不符的，也要承担违约责任，对此应适用合同法的有关规定。

（2）建筑工程。建筑工程包括公路、桥梁、楼房等工程。由于建筑工程的质量问题不同于一般加工、制作的产品，因此建筑工程的质量问题应适用建筑法的规定。但建筑工程使用的建筑材料、建筑构配件和设备，属于《产品质量法》规定的产品范围的，适用《产品质量法》的规定。

（3）军工产品。军工产品质量监督管理办法，由国务院、中央军事委员会另行制定。因核设施、核产品造成损害的赔偿责任，法律、行政法规另有规定的，依照其规定。

二、产品质量的监督管理

（一）产品质量监督管理体系

产品质量监督管理体系，是指有关产品质量监督管理的主体、职责、权限、方式、方法等问题。依照《产品质量法》的规定，我国产品质量管理体系包括以下层次有别、任务不同的机构：

1. 国务院产品质量监督部门（国家质量监督检验检疫总局）主管全国产品质量监督工作。国务院产品质量监管部门以抽查为主要方式进行产品质量的监督检查，并对全国的产品质量监督检查工作进行规划和组织。对影响国计民生的重要工业产品和用户、消费者、有关组织反映有严重产品质量问题的产品进行抽查。

2. 国务院有关部门在各自的职责范围内负责产品质量监督工作。“国务院有关主管部门”是指国家卫生部、商务部、农业部、信息产业部、国家工商管理总局等按照国务院的规定，在各自的职责范围内，负有对产品质量监管职责的部门。

3. 县级以上地方产品质量监督部门主管本行政区域内的产品质量监督工作。

4. 县级以上地方人民政府有关部门在各自的职责范围内负责产品质量监督工作。

（二）产品质量监督管理制度

产品质量监督管理，是指对质量监督活动的计划、组织、指挥、调节和监督的总称。根据《产品质量法》的规定，产品质量的监督管理有三项主要制度，即产品质量检验合格制度、质量体系认证制度及产品质量监督检查制度。

1. 产品质量检验合格制度。产品质量检验合格制度，是指按照有关产品质量法律法规规定的标准，进行产品质量检验，以保证产品质量合格的制度。《产品质量法》第12条规定：“产品质量应当检验合格，不得以不合格产品冒充合格产品。”这是指任何产品在出厂前都必须经过检验，只有经过检验质量合格的产品才能出厂销售。检验产品，可以由企业自行设立检验机构，也可以委托其他检验机构进行。检验的标准，可依据国家法律、法规标准，也可以是企业自行制定的或与合同当事人约定的标准。但是，《产品质量法》第13条规定：“可能危及人体健康和人身、财产安全的工业产品，必须符合保障人体健康和人身、财产安全的国家标准、行业标准；未制定国家标准、行业标准的，必须符合保障人体健康和人身、财产安全的要求。”

2. 企业质量及产品质量认证制度。

（1）企业质量体系认证制度，是指国家质量监督管理部门认可的认证机构根据企业的申请，依据有关标准，对企业质量体系进行审核、评定，并对符合标准的企业颁发企业质量体系认证书的制度。

企业质量体系认证的目的，在于确认企业对其产品的质量保证及控制能力是否符合标准要求，以衡量企业能否持续稳定地保证产品质量。因为一般讲，通过抽样检验产品质量，只能是对被检样品的质量的认可。即使是建立在统计学基础上的抽样检验，也只能证明一个产品批次的质量，而不能证明以后生产、出厂销售的产品是否持续符合标准的要求。而认证的主要目的在于证明企业保证产品质量的可靠程度。企业经质量体系认证合格，可增加消费者对该企业产品的信任度，从而会增强企业在市场上的竞争能力。

关于企业质量体系认证的依据，产品质量法规定，企业质量体系认证应当根据国际通用的质量管理标准。国际标准化组织颁布了ISO9000《质量管理和质量保证》系列国际标准，为开展国际质量体系认证提供了统一的依据。我国于1988年正式发布等效采用ISO9000系列标准的国家标准。

依照产品质量法的规定，企业质量体系认证由国务院产品质量监督部门或者其授权的部门认可的认证机构负责。目前主要包括国务院产品质量监督部门直接设立的认证委员会和授权其他行政主管部门设立的行业认证委员会。认证机构的主要职责是：制定实施认证的具体规则、程序，受理认证申请，对申请人的质量体系按标准评审，批准认证，颁发认证证书，对证书持有人进行事后监督等。

按照产品质量法的规定，申请企业质量体系认证实行自愿的原则。企业通过质量体系的认证，获得认证证书，有助于提高企业在市场上的信誉，增强竞争能力。这种认证，应当是企业自愿的行为，任何单位或个人都不应强迫企业申请质量体系认证。

（2）产品质量认证制度，是指国家质量监督管理部门认可的认证机构根据企业的申请，根据产品标准的技术要求，对其产品进行审核、评定，并对符合标准和要求的产品颁发质量认证书的制度。推行产品质量认证制度的目的，是通过对符合认证标准的产品颁发认证标志，便于消费者识别，也有利于提高经认证合格的企业和产品的市场信誉，增强产品的市场竞争能力，以激励企业加强质量管理，提高产品质量水平。同时，由作为第三方的认证机构对产品质量进行认证，已成为许多国家保证产品质量的一种普遍做法。

按照产品质量法及国务院有关行政法规的规定，对产品进行质量认证，通常应当以具有国际水平的国家标准或行业标准为依据。实施产品质量认证的机构，是国务院产品质量监督部门认可的或者经国务院产品质量监督部门授权的部门认可的认证机构。产品质量认证活动是专门的认证机构所开展的活动。从事认证活动的认证机构是独立于生产方和购买方之外的第三方机构。我国的产品质量认证工作是由专门的认证委员会完成的。自1982年我国加入国际电工委员会（IEC）以来，至今已先后成立了电子元器件、电工产品、水泥、橡胶避孕套、汽车安全玻璃、玩具等26个认证委员会。

企业申请产品质量认证，须具备以下条件：①中国企业及其他申请人应当持有工商行政管理部门颁发的《企业法人营业执照》；外国企业应当持有有关机构的登记注册证明。②申请认证的产品的质量应当符合我国的国家标准或行业标准及其他补充技术要求，包括已转化为我国国家标准的国际先进标准。外国企业申请产品质量认证时，可以采用国际标准或外国标准。但采用的标准必须经过国家质量技术监督局正式确认。③申请认证的产品，应当是质量稳定、能正常批量生产的产品。衡量产品质量是否稳定，是否能正常批量生产，一般通过检查工艺流程、工艺装备、随机抽样检验产品等方法进行综合评定，并提供证明材料。④申请产品质量认证的企业，其企业质量体系应符合国家质量管理和质量保证系列标准的要求。

产品质量认证与企业质量体系认证的区别主要是：①认证的对象不是企业的质量体系，而是企业生产的某一产品；②认证依据的标准不是质量管理标准，而是相关的产品标准；③认证的结论不是证明企业质量体系是否符合质量管理标准，而是证明产品是否符合产品标准。

3. 产品质量监督检查制度。产品质量监督检查制度，是指国务院以及地方各级产品质量监督管理部门依法对生产、流通领域的产品质量所进行的强制性监督检查活动的制度。《产品质量法》规定，国家对产品质量实行以抽查为主要方式的监督检查制度。抽查的重点是可能危及人体健康和人身、财产安全的产品，影响国计民生的重要工业产品，以及用户、消费者、有关组织反映有质量问题的产品，抽查的样品应当在市场上或者企业成品仓库的待销产品中随机抽取。检验抽取样品的数量不得超过检验的合理需要，并不得向被检查人收取检验费用。监督抽查所需检验费用按照国务院规定列支。生产者、销售者对抽查检验的结果有异议的，可以自收到检验结果之日起15日内向实施监督抽查的产品质量监督部门或者其上级产品质量监督部门申请复检，由受理复检的产品质量监督部门作出复检结论。

监督抽查工作由国务院产品质量监督管理部门规划和组织。县级以上地方人民政府管理产品质量监督工作的部门在本行政区域内也可以组织监督抽查，但是要防止重复抽查。法律对产品质量的监督检查另有规定的，依照有关法律的规定执行。

国家对产品实施抽查具有强制性，任何企业不得拒绝国家质量监督管理部门对其产品进行抽查。国家抽查产品所依据的是国家标准或行业标准。这样检验的标准具有统一性和科学性。

产品质量监督抽查结束之后，技术监督部门要将抽查产品的结果进行公布，公布抽查合格的企业和抽查不合格的企业，并发出监督抽查后处理的通知。对查出制造假冒伪劣产品的企业实施处罚。

4. 产品质量社会监督制度。产品质量社会监督制度，是指用户、消费者以及其他社会组织对产品质量进行监督的制度。《产品质量法》规定，用户、消费者有权就产品质量问题向产品的生产者、销售者查询；向产品质量监督管理部门、工商行政管理部门及有关部门反映或申诉的，有关部门应当负责处理。保护消费者权益的社会组织可以就消费者反映的产品质量问题，建议有关部门负责处理，支持因产品质量造成损害的消费者向人民法院起诉。

三、产品质量义务

产品质量义务，是指产品生产者、销售者在产品质量方面应为一定行为或不为一定行为的责任。

（一）生产者的产品质量义务

1. 保证产品的内在质量。产品质量应当符合下列三方面的要求：①产品不存在危及人身、财产安全的危险，有保障人体健康、人身财产安全的国家标准、行业标准的，应当符合该标准。②产品质量应当具备相应的使用性能。也就是说，生产者提供的产品应当符合该产品标准中规定的使用性能，或公众普遍认为应当具备的使用性能。③产品质量符合在产品或者包装上注明采用的产品标准，符合以产品说明等方式表明的质量状况。

2. 提供符合规定的标识。生产者所提供的产品或者其包装上的标识应当符合下列要求：①有产品质量检验合格证明。②有中文标明的产品名称、生产厂厂名和厂址。③根据产品的特点和使用要求，需要标明产品规格、等级、所含主要成分的名称和含量的，相应予以标明。④限期使用的产品，标明生产日期和安全使用期或者失效日期。⑤使用不当，容易造成产品本身损坏或者有可能危及人身、财产安全的产品，有警示标志或者中文警示说明。另外，如果生产者生产的产品是裸装的食品和其他根据产品的特点难以附加标识的裸装产品的，可以不附加产品标识。

3. 特殊产品符合包装要求。生产者的产品包装，法律没有明确规定。但是对于特殊产品的包装，《产品质量法》第28条规定，易碎、易燃、易爆、有毒、有腐蚀性、有放射性等危险制品以及储运中不能倒置和其他有特殊要求的产品，其包装质量必须符合相应的要求，依据有关规定作出警示标志或者中文警示说明，标明储运注意事项等。

4. 不得违反《产品质量法》的禁止性规定。

（1）生产者不得生产国家明令淘汰的产品。国家明令淘汰的产品，有的是危害社会整体利益的，如浪费资源、能源，污染环境的产品；有的是威胁或危及社会个体人身健康和生产安全的产品，如一些具有潜在危险的药品。

国家明令规定即表明国家是以明确的意志公开宣告的一种宏观调整和微观禁止的举措，具有普遍的约束力，生产者理应严格遵守，不得违反，违者将被依法追究责任。

（2）不得伪造产地，不得伪造或者冒用他人的厂名、厂址。

（3）不得伪造成或者冒用认证标志、名优标志等质量标志。

（4）生产者不得掺杂、掺假，不得以假充真、以次充好，不得以不合格产品冒充合格产品。

（二）销售者的产品质量义务

销售者是产品流转过程中的重要主体，在保证产品质量方面具有重要地位。因此，法律规定销售者应承担以下产品质量义务：

1. 执行进货验收制度。建立并执行进货检查验收制度，是销售者按照产品质量法的规定所应承担的质量义务，这不仅是保证销售产品质量的措施，也是保护销售者自身合法权益的措施。销售者对所进货物经过检查验收，发现存在产品质量问题时，可以向供货者提出异议，经进一步证实所进产品不符合质量要求的，可以拒绝进货。如果销售者不认真执行进货检查验收制度，对不符合质量要求的产品予以验收进货，则要承担相应的产品质量责任。

2. 保持销售产品的质量。销售者在进货后至向用户、消费者出售产品之前的一段时间内，应当根据产品的性质、特点采取必要的措施，保持销售产品的质量。如果进货时产品质量符合要求，而销售时出现缺陷，销售者就要承担相应的责任。

3. 销售的产品标志符合法定要求。销售者销售的产品标识，应当符合《产品质量法》关于产品或者其包装上的标识的各项规定。

4. 不得违反《产品质量法》的禁止性规定。

（1）销售者销售给用户、消费者的产品应不失效、不变质。

(2) 销售者所销售产品的标识应符合下列规定的要求：不得伪造产地，伪造成或冒用他人厂名、厂址；不得伪造或冒用认证标志、名优标志等质量标志。

(3) 销售产品不得掺杂、掺假，不得以假充真、以次充好，不得以不合格产品冒充合格产品。

四、产品质量法律责任

(一) 民事责任

1. 产品瑕疵责任。即产品质量不达标的违约责任。《产品质量法》规定，售出的产品有下列情形之一的，销售者应当负责修理、更换、退货；给购买产品的用户、消费者造成损失的，销售者应当赔偿损失：①不具备产品应当具备的使用性能而事先未作说明的；②不符合在产品或者包装上说明的采用的产品标准的；③不符合以产品说明、实物样品等方式表明的质量状况的。

销售者按照上述要求负责修理、更换、退货、赔偿损失后，属于生产者的责任或者属于向销售者提供产品的其他销售者（简称供货者）的责任的，销售者有权向生产者、供货者追偿。

2. 产品缺陷责任。即产品质量侵权责任，是指生产者或者销售者的产品存在缺陷，致使他人人身或财产造成损害时，应承担的赔偿责任。

构成产品缺陷责任的条件：

(1) 产品存在缺陷。缺陷，是指产品存在危及人身、他人财产安全的不合理的危险；产品有保障人体健康和人身、财产安全的国家标准、行业标准的，是指不符合该标准。产品缺陷可分为三类：①设计上的缺陷。是指产品在设计上存在着不安全、不合理的因素。例如结构设置不合理，设计选用的材料不适当，没有设计附加应有的安全装置。②制造上的缺陷。是指产品在加工、制作、装配等制造过程中，不符合设计规范，或者不符合加工工艺要求，没有完善的控制和检验手段，致使产品存在不安全的因素。③指示上的缺陷。是指在产品的警示说明上或者在产品的使用指标标志上未能清楚地告知使用人应当注意的使用方法和应当引起警惕的注意事项，或者产品使用了不真实、不适当的甚至是虚假的说明，致使使用人遭受损害。如油漆具有易燃性，生产者应附警示标志，提醒使用者存在的危险性，并告知如何避免。如果未履行上述义务，就属指示上的缺陷。

(2) 产品造成了对用户、消费者的人身伤害或缺陷产品以外的其他财产损失，即存在着损害的事实。只有产品给用户、消费者造成了实际的损害，才能有产品责任的承担与赔偿问题。如果产品存在缺陷，但使用时没有造成损害，或者发现缺陷后停止使用该产品从而避免了损害，就没有产品责任赔偿问题了。

(3) 产品缺陷与产品造成的损害存在因果关系。产品造成的用户、消费者损害的原因很多，只有产品缺陷造成的损害结果，产品生产者才可能承担产品责任。如果产品存在缺陷，产品也造成了他人的人身或财产损害，但缺陷与损害之间没有因果关系，产品的生产者就不对该损害承担任何责任。

生产者必须证明存在下列情形之一才能免责：①未将产品投入流通的；②产品投入流通时，引起损害的缺陷尚不存在的；③将产品投入流通时的科学技术水平尚不能发现缺陷的存在的。

关于产品责任的归责原则，产品质量法规定，因产品存在缺陷造成人身、缺陷产品以外的其他财产（以下简称他人财产）损害的，生产者应当承担赔偿责任。由于销售者的过错使产品存在缺陷，造成人身、他人财产损害的，销售者应当承担赔偿责任。销售者不能指明缺陷产品的生产者也不能指明缺陷产品的供货者的，销售者应当承担赔偿责任。这说明，生产者承担的是无过错责任，销售者承担的是过错责任和过错推定责任。

关于赔偿范围，赔偿包括人身伤亡、财产损害赔偿两类。人身伤亡赔偿，一般是指缺陷产品造成受害人的死亡、残疾和疾病的伤痛的，侵害人应当赔偿医疗费、因误工减少的收入、残疾者生活补助费等费用；造成受害人死亡的，应当支付丧葬费、抚恤费、死者生前抚养的人的必要的生活费用等。财产损失是指缺陷产品本身以外的一切财产损失，包括实际已经造成的财产毁损、减少和必然产生的可得利益损失。

关于承担产品缺陷责任的期间及诉讼时效，《产品质量法》第45条规定，因产品存在缺陷造成损害赔偿的请求权，在造成损害的缺陷产品交付最初消费者满10年丧失；但是，尚未超过明示的安全使用期的除外。关于产品责任诉讼时效，《民法通则》规定为1年，《产品质量法》规定为2年。按照特别法优于普通法、新法优于旧法的原则，自《产品质量法》实施之日起，产品责任赔偿的诉讼时效为2年。

关于生产者和销售者之间的责任关系，《产品质量法》第43条规定：因产品存在缺陷造成人身、他人财产损害的，受害人可以向产品的生产者要求赔偿，也可以向产品的销售者要求赔偿。属于产品的生产者责任的，产品的销售者赔偿后，有权向产品的生产者追偿；属于产品的销售者责任的，产品的生产者赔偿后，有权向产品的销售者追偿。从以上规定可见，生产者与销售者的责任关系包括：①生产者和销售者作为缺陷产品的提供者，对受害者承担连带责任。受害者无论向生产者还是销售者提出赔偿请求，被请求一方都有满足受害人请求的义务。②生产者与销售者之间有责任的一方承担最终的赔偿责任。

（二）行政责任（略）

（三）刑事责任（略）

第二节　消费者权益保护法

一、消费者权益保护法概述

（一）消费者权益保护法的概念

1. 消费者的概念。消费者是指为满足生活消费需要而购买、使用商品或者接受服务的个人。消费者是人类社会发展到商品经济阶段出现的一个具有特定的经济和法律涵义的概念。法律意义上的消费者概念可从以下几个方面理解：

（1）消费者是个体社会成员。消费者是个人，是包括本国人、外国人和无国籍人在内的一切自然人。

（2）消费者购买、使用商品的目的是为了取得自身消费所需的生活资料，而不是生产资料；消费者接受服务也是为了得到自身所需的生活消费，而不是商业投资。

（3）消费者是通过商品交换形式获取生活消费资料和接受生活消费服务的。在商品经济社会，生产与消费分离，生产与消费之间必须通过商品交换渠道才能联系和沟通起来，生产者与消费者也因而在空间和时间上发生分离，从而使靠商品消费的个人独立出来，成为消费者。

（4）消费者的地位是国家法律确立的，受特定的消费者权益保护法的保护。

2. 消费者权益保护法的概念。消费者权益保护法有广义和狭义之分。从广义上讲，消费者权益保护法是指所有有关保护消费者权益的法律、法规，实际上是指保护消费者权益体系，包括消费者权益保护法的基本法、安全保障法、标准和计量监督法、标示监督法、价格监督法、消费合同法、竞争监督法等。从狭义上讲，专指第八届全国人大常委会第四次会议 1993 年 10 月 31 日通过的《中华人民共和国消费者权益保护法》（以下简称《消费者权益保护法》），该法于 1994 年 1 月 1 日起生效，并分别于 2009 年和 2013 年进行了两次修订。这部法律是我国历史上第一部专门调整消费者在生活消费中所发生的社会关系的法律，标志着我国消费者权益保护法律制度的健全和完善，它与含有保护消费者权益内容的法律、法规相互配合、协调，形成了对消费者权益进行保护的比较全面、完备的立法。

（二）消费者保护法的适用范围和基本原则

1. 消费者权益保护法的适用范围。《消费者权益保护法》第 2 条规定：“消费者为生活消费需要购买、使用商品或者接受服务，其权益受本法保护；本法未作规定的，受其他有关法律、法规保护。”第 3 条规定：“经营者为消费者提供其生产、销售的商品或者提供服务，应当遵守本法；本法未作规定的，应当遵守其他有关法律、法规。”这两条规定是消费者权益保护法适用范围的原则表述，适用范围为消费者的生活消费，即公民个人为生活消费需要购买、使用商品或者接受服务而与经营者所发生的各种社会关系。

从我国的现实情况考虑，《消费者权益保护法》第 62 条规定了本法的特殊适用范围，即“农民购买、使用直接用于农业生产的生产资料，参照本法执行”。这种进行农业生产的生产活动的行为在性质上属于生产消费，这是作为一种例外情形规定的一种特殊适用。

2. 消费者权益保护法的基本原则。

（1）特别保护原则。特别保护原则即国家给予经济上处于弱者地位的消费者以特别保护的原则。消费者与经营者是相对应的，他们在法律上是平等的，在商品交易中也是平等的主体，但在经济上却是不平等的，消费者常常是弱者。这种事实上的不平等，单靠传统法律的平等、公平、诚实信用等原则是解决不了的，必须以新的法律原则、方式和手段予以纠正和平衡，即通过消费者权益保护法予以特别的保护，如在消费者权益保护法中，对消费者只规定权利，对经营者只规定义务。消费者是权利方，经营者是责任方、义务方。权益与义务分离，以突出对权利主体的保护。在归责原则上，采用严格责任原则、无过错责任原则来追究经营者的责任。

（2）国家支持原则。国家支持原则即国家支持、援助消费者的原则。《消费者权益保护法》第5条规定："国家保护消费者的合法权益不受侵害。国家采取措施，保障消费者依法行使权利，维护消费者的合法权益。国家倡导文明、健康、节约资源和保护环境的消费方式，反对浪费。"这一原则是宪法保护公民合法权益的规定在消费者权益保护法中的具体反映。保护消费者的合法权益不受侵害是国家的一项重要职能，国家应当采取各种措施，如通过立法、行政管理、加强司法工作等手段维护消费者的合法权益。而在消费者权益保护法中贯彻保护消费者合法权益不受侵害的原则，正是国家通过立法行使这一职能的具体体现。

（3）社会监督原则。《消费者权益保护法》第6条第1、2款规定："保护消费者的合法权益是全社会共同的责任。国家鼓励、支持一切组织和个人对损害消费者合法权益的行为进行社会监督。"

（4）公平、信用原则。《消费者权益保护法》第4条规定："经营者与消费者进行交易，应当遵循自愿、平等、公平、诚实信用的原则。"这一原则主要是经营者在与消费者进行交易时应当遵循的基本规则。消费者权益保护法不仅要解决这些原则遭到破坏时所发生的问题，更重要的是要求双方在法律规定的原则下进行正常的交易，尽量不发生或少发生消费者问题。

二、消费者的权利与经营者的义务

（一）消费者的权利

消费者的权利，是指由国家法律（通常是由一个国家的消费者权益基本法）所确认的，消费者在消费领域能够作出或不能够作出一定行为，以及能够要求生产经营者相应作出或者不作出一定行为的许可和保障。消费者权利是公民基本权利在消费领域中的具体化，是公民基本权利的组成部分。

《消费者权益保护法》第二章规定了消费者享有的9项权利，前五项权利是基础，与消费者的关系最为密切，后四项权利则是由此派生出来的。

1. 安全权。安全权是指消费者的生命安全、身体健康不受侵犯和财产不受损坏的权利。这一权利包括两方面的内容：

（1）人身安全权。人身安全权，仅指生命健康权，是消费者在购买、使用商品和接受服务时，享有保持身体各器官及其机能的完整以及生命不受危害的权利。

（2）财产安全权。财产安全权，不仅是指消费者购买、使用的商品或接受的服务本身的安全，而且还指除购买、使用的商品或接受的服务之外的其他财产的安全。

2. 知情权。知情权是消费者在购买、使用商品或者接受服务时，有对商品和服务的真实情况进行全面了解的权利。消费者知情权主要包括以下几层含义：①消费者有权要求经营者按照法律、法规规定的方式表明商品或服务的真实情况；②消费者在购买、使用商品或接受服务时，有权询问和了解商品和服务的有关情况；③消费者有权知悉商品或服务的真实情况。

消费者知情权的内容大致分为三个方面：①有关商品或服务的基本情况，包括商品名称、商标、产地、生产者名称、生产日期等。②有关技术状况的表示，包括商品用途、性能、规格、等级、所含成分、有效期限、使用说明书、检验合格证书等。③有关销售状况，包括售后服务、价格等。

3. 自主选择权。自主选择权是消费者根据自己的消费要求、意向和兴趣，自主选择自己满意的商品或服务，决定是否购买或接受的权利。其特点是：①消费者选择商品或服务的行为必须出于自愿，自主决定。②消费者自主选择商品和服务的行为必须合法。消费者自主选择商品或服务不得损害国家、集体和他人的利益，不得违反法律法规，不得损害社会公共利益和社会公德。根据我国《消费者权益保护法》第9条的规定，消费者自主选择权主要表现在三个方面：①自主选择经营者；②自主选择商品种类和服务方式；③自主决定购买或不购买商品、接受或不接受服务。

4. 公平交易权。公平交易是消费者在购买商品或者接受服务时，以一定数量的货币换回品质保障、等量价值的商品或服务的权利。这是衡量消费者经济利益是否得到维护的重要标志。

《消费者权益保护法》规定公平交易的条件包括四个方面的内容：

(1) 质量保障。质量保障包括商品质量安全、商品质量能保证其应有的使用性能和商品质量符合经营者在其商品上、包装上或产品说明中标示的产品标准。

(2) 价格合理。不得非法牟利，更不可暴利宰人。目前存在如乱涨价、“搭车涨价”、变相涨价和牟取暴利等。

(3) 计量正确。应采用正确的法定计量单位，使用经检验合格的计量工具，计算要准确。我国目前采用的是国际通用公制。

(4) 消费者有权拒绝经营者的强制交易行为。

5. 损害赔偿权。损害赔偿权是由于消费者因购买、使用的商品或者接受的服务本身的原因致使其受到人身、财产损害，而要求经营者承担责任，依法赔偿损失的权利。

损害赔偿包括人身损害赔偿和财产损害赔偿。其中人身损害赔偿又包括健康、生命损害赔偿和精神损害赔偿。财产损害赔偿中的“财产损害”，是指财产上的损失，含直接损失（即现有财产的减少）和间接损失（即可以得到的利益没有得到）。不论是购买商品，还是使用商品；不论是购买商品的消费者，还是使用商品的消费者，或是既没有购买也没有使用商品的第三人，只要经营者的商品对他们造成了财产或人身伤害，均可以依据该规定获得赔偿。

6. 结社权。结社权是消费者为维护自身的合法权益而依法成立消费者组织的权利。在消费者领域，消费者与经营者的关系，从法律上看是平等的，但双方的经济地位在实践中并不平等。为实现二者的真正平等，消费者除了通过国家支持和社会帮助外，还应当团结起来，进行自我教育、自我保护，通过设立自己的组织壮大自己的力量，提高自身素质，同不法经营行为作斗争。

消费者的结社权主要包括以下两个方面的内容：①消费者有权要求国家或者政府建立代表和保障消费者合法权益的职能部门。②消费者有权建立自己的组织，消费者可以凭借自己的组织和活动，维护消费者与生产经营者关系中的利益，并参与国家消费法律法规、规章制度的制定，以及参与对政府和生产经营者的社会监督。

消费者创设消费者保护组织，应按照法律规定的条件和程序进行，并在成立后接受业务主管部门即工商管理部门和登记机关的双重管理，积极开展维护消费者权益的活动，不得从事商品经营和营利性服务，也不得以牟利为目的向社会推荐商品和服务。

我国的消费者组织主要包括中国消费者协会和地方各级消费者协会。

7. 知识获取权。知识获取权是指消费者享有获得消费者权益保护方面的知识以及获取所需商品或服务的有关知识和使用技能的权利。根据《消费者权益保护法》规定，消费者的知识获取权包括两个方面：

（1）有权获取商品或服务方面的知识。其中又包括：①关于消费商品和服务的基本知识；②关于消费市场和经营者的知识。

（2）有关消费者权益保护方面的知识。其中包括：①知晓有关消费者权益保护的主要法律法规；②知晓消费者应有的权利和经营者应有的义务；③了解保护消费者的有关国家机关和消费者组织；④了解保护消费者的各种途径和程序，如行政保护、仲裁保护、司法保护、社会保护等。

消费者知识的获取一方面要靠消费者自己努力学习，另一方面需要各级政府及其有关行政部门和消费者组织在各自的职责范围内的宣传、教育和培训工作。

8. 受尊重权。消费者的受尊重权，是指消费者在购买、使用商品或接受服务时所享有的人格尊严、民族风俗习惯受到尊重的权利及个人信息得到保护的权利。这是《宪法》及《民法通则》中的公民人格不受侵犯权在《消费者权益保护法》中的具体体现。

依据《消费者权益保护法》的规定，消费者受尊重权的内容包括：①消费者在购买、使用商品和接受服务时，享有其人格尊严受到尊重的权利。②消费者在购买、使用商品和接受服务时，享有其民族风俗习惯得到尊重的权利。③消费者在购买、使用商品和接受服务时，享有个人信息得到保护的权利。消费者的个人信息包括姓名、出生日期、性别、民族、住址、单位、电话号码、手机号码、互联网邮箱等本人的信息。

9. 监督权。监督权是指消费者对商品和服务的质量、价格、计量、侵权行为等问题以及消费者权益的保护工作有进行检举、控告或提出批评、建议的权利。

根据我国现行法律规定和消费者保护的实践，消费者监督权主要包括以下几个方面的内容：①对经营者提供的商品或者服务的质量进行监督的权利；②对经营者提供的商品或者服务的价格进行监督的权利；③对经营者提供的商品或服务的数量进行监督的权利；④对经营者的经营态度、服务作风进行监督的权利；⑤对消费者权益保护工作进行监督的权利。

(二) 经营者的义务

经营者的义务，是指法律规定或者消费者与生产经营者约定的，在消费过程中生产经营者必须对消费者作出一定行为或者不作出一定行为的约束。

经营者的义务可以划分为法律规定的义务和当事人双方约定的义务两种类型。其中法定义务是指消费者与经营者进行交易时无须另行约定的义务，经营者必须依法履行；约定义务是指消费者与经营者进行具体消费交易时根据意思自治原则约定的经营者的义务，经营者约定的义务不得违背法律法规的规定。

法律直接规定经营者的义务，可以防止经营者利用自己的优势地位进行不公平交易，可以为经营者提供基本的行为标准，可以克服合同约定的任意性、不完整性，可以使消费者获得普遍的基本的保护。

《消费者权益保护法》规定的经营者的义务主要有：

1. 依法定或约定履行义务。

(1) 经营者依法履行法定义务。经营者向消费者提供商品或服务，应当依照我国《产品质量法》和其他有关法律、法规的规定履行义务，即经营者必须依法履行其法定义务。

(2) 经营者依约履行合同义务。经营者和消费者有约定的，应当按照约定履行义务，但双方的约定不得违背法律、法规的规定。可见，在不与强行法规发生抵触的情况下，经营者应依约定履行义务。

经营者提供商品或者服务，按照国家规定或者与消费者的约定，承担包修、包换、包退或者其他责任的，应当按照国家规定或者约定履行，不得故意拖延或者无理拒绝，这是《消费者权益保护法》为体现上述依法定或约定履行义务的精神而作出的具体规定。

2. 听取意见和接受监督的义务。

(1) 听取意见。消费者不仅在购买商品时，即使在不购买商品时，也有权对经营者、对经营者的商品提出意见和建议。经营者对此应当听取，因为这对经营者大有益处：①能改进商品质量，改善企业形象，增强竞争力；②不仅能保住现有购买者，而且能争取更多的潜在购买者，使其变为现实购买者。

(2) 接受监督。经营者不仅应接受消费者的监督，还应接受社会的监督。消费者对经营者提出意见、进行监督，不仅指对商品本身，还可对人即对经营者及其工作人员进行监督；对于商品环境问题，也可以提出意见、进行监督。

法律规定经营者的这一义务，有利于提高和改善消费者的地位。

3. 安全保障义务。

（1）在一般情况下经营者的义务。经营者应保证其商品的安全性，对可能危及人身、财产安全的，应当：①说明真实情况；②作好明确警示；③说明正确使用方法；④标明危害防止方法。宾馆、商场、机场、车站、影剧院等经营场所的经营者，应当对消费者尽到安全保障的义务。

（2）在特殊情况下经营者的义务。经营者发现其提供的商品或者服务存在缺陷，可能对人身、财产安全造成危害的，应当履行下列义务：①报告义务，即向有关行政部门报告；②告知义务，即告知购买的消费者；③采取停止生产、停止销售、警示、召回等消除危险的措施。采取召回措施的，经营者应当承担消费者因商品被召回而支出的必要费用。

4. 提供商品和服务真实信息的义务。

（1）一般经营者的义务：①经营者应当向消费者提供有关商品或者服务的真实信息，使消费者在购买商品或者接受服务前对该商品或服务有确切的了解。这里的真实信息包括有关商品或者服务的质量、性能、用途、有效期限等信息。②经营者对消费者就其提供的商品或者服务的质量和使用方法等问题提出的询问，应当做出真实、明确的答复。③经营者对其提供的商品或者服务应当明码标价。④经营者提供商品、服务时，不得利用广告或者其他方法进行虚假宣传，对消费者进行误导。

（2）网络、金融经营者的义务。采用网络、电视、电话、邮购等方式提供商品或者服务的经营者，以及从事证券、保险、银行业务的经营者，应当向消费者提供经营地址、联系方式、商品或者服务的数量和质量、价款或者费用、履行期限和方式、风险警示、售后服务、民事责任等真实、必要的信息。

5. 标明经营者真实名称和标记的义务。经营者在进行消费活动中，应当如实标明自己的身份，不能假冒其他生产经营者的身份，这是法律保障消费者准确识别不同的消费产品、充分行使权利的一项重要规定。规定经营者承担标明真实名称和标记的义务，保证了消费者根据企业名称或营业标记，正确判断商品或服务的来源，并作出恰当的消费决策。在发生侵害消费者的行为时，真实的名称和标记使赔偿主体得以明确，从而使消费者的合法权益能够得到切实有效的保护。

该义务包括：①经营者应当标明其真实名称和标记。②租赁柜台和场地的经营者应当标明其真实名称和标记。即使租赁期满后，在法律规定的情况下，消费者仍有权要求其承担责任。

6. 出具消费凭证的义务。经营者提供商品或者服务，应当按照国家有关规定或者商业惯例向消费者出具发票等购货凭证或者服务单据；消费者索要购货凭证或者服务单据的，经营者必须出具。

购货凭证或者服务单据，一般指发票、保修单等。它们都属于书面凭证，是经营者与消费者发生的购货合同关系的证明，是日后消费者要求经营者履行“三包”等项责任和发生纠纷后，消费者要求索赔的有力证据。因此，明确经营者出具相应的凭证和单据的义务，有利于保护消费者权益。

经营者未出具凭证和单据，或凭证、单据内容不周延，都不能排除经营者依法承担的义务，也不能剥夺消费者依法应该享受的权利。

7. 质量保证义务。经营者应当保证在正常使用商品或者提供服务的情况下说明其提供的商品或者服务应当具有的质量、性能、用途和有效期限；但消费者在购买该商品或者接受该服务前已经知道其存在瑕疵，且存在该瑕疵不违反法律强制性规定的除外。

经营者以广告、产品说明、实物样品或者其他方式表明商品或者服务的质量状况的，应当保证其提供的商品或者服务的实际质量与表明的质量状况相符。"正常使用"是指一般消费者合理使用的情况。

这一义务也包含者对消费者的一定制约：①若消费者非正常、不合理地使用，则不能要求经营者对商品承担义务；②消费者对于在购买时已知的瑕疵商品，且该瑕疵不违反法律强制性规定的，不能向经营者主张上述权利。

8. 退货、更换、修理等义务。经营者提供商品或者服务不符合质量要求的，消费者可以依照国家规定和当事人约定退货，或者要求经营者履行更换、修理等义务；没有国家规定和当事人约定的，消费者可以自收到商品之日起 7 日内退货；7 日后符合《中华人民共和国合同法》规定的解除合同条件的，消费者可以及时退货，不符合解除合同条件的，可以要求经营者履行更换、修理等义务。依照上述规定对大件商品进行退货、更换、修理的，经营者应当承担运输等必要费用。

经营者采用网络、电视、电话、邮购等方式销售商品，消费者有权自收到商品之日起 7 日内退货，但根据商品性质不宜退货的除外。经营者应当自收到退回货物之日起 7 日内返还消费者支付的价款。不适用 7 日无理由退货的商品包括：①消费者定作的；②鲜活易腐的；③在线下载或者消费者拆封的音像制品、计算机软件等数字化商品；④交付的报纸、期刊；⑤其他根据商品的性质并经消费者在购买时确认不宜退货的商品。

9. 不得从事不公平、不合理交易的义务。格式合同是指由经营方单方拟定的，消费者并未参加协商而签订的合同。格式合同是经营者在其经营过程中可以使用的形式，但不得违法，不得用以进行不公平、不合理的交易，不得限制和侵犯消费者的利益，不得用以弱化自己应尽的义务和逃避法律责任。

经营者使用格式条款，应当以明显方式提请消费者注意商品或者服务的数量和质量、价款或者费用、履行期限和方式、风险警示、售后服务、民事责任等与消费者有重大利害关系的内容，并按照消费者的要求予以说明。格式合同、通知、声明、店堂告示等含有排除或者限制消费者权利、减轻或者免除经营者责任、加重消费者责任等对消费者不公平、不合理的规定的，其内容无效。

10. 保护消费者信息的义务。经营者收集、使用消费者个人信息，应当遵循合法、正当、必要的原则，明示收集、使用信息的目的、方式和范围，并经被收集者同意。经营者收集、使用消费者个人信息，应当公开其收集、使用规则，不得违反法律、法规的规定和双方的约定收集、使用信息。

经营者及其工作人员对收集的消费者个人信息必须严格保密，不得泄露、篡改、毁损，不得出售或者非法向他人提供。经营者应当采取技术措施和其他必要措施，确保信息安全，防止消费者个人信息的泄露、毁损、丢失。在发生或者可能发生信息泄露、毁损、丢失的情况时，应当立即采取补救措施。经营者未经消费者同意或者请求，或者消费者明确表示拒绝的，不得向其发送商业性电子信息。

11. 不得侵犯消费者人身权的义务。消费者的人身权是基本人权，消费者的人格尊严、人身自由不受侵犯。人格尊严是公民人身权利的重要组成部分，法律上的人格权主要指姓名、名誉、肖像和人身等权利。人身自由主要是指消费者依法享有的人身行为完全受自己支配，不受生产经营者任何非法阻挠、限制和约束的权利。

这一义务的具体内容包括：①经营者不得对消费者进行侮辱、诽谤；②经营者不得搜查消费者的身体及其携带的物品；③经营者不得侵犯消费者的人身自由。

三、消费者权益的保护

（一）消费者权益的保护机构和组织

1. 消费者权益的保护机构。《消费者权益保护法》第四章规定了国家保护消费者合法权益的基本内容。国家通过立法机关、行政机关和司法机关的各种管理活动，实现对消费者合法权益的保护。

有关消费者权益保护方面的各项法律、行政法规是由我国人大及其常委会、国务院及所属的主管机关或省、自治区、直辖市人大及其常委会制定和颁布的，它是国家充分有效地保护消费者权益的基础和依据。立法机关在制定有关消费者权益的法律、法规、规章和强制性标准时，应当听取消费者和消费者协会等组织的意见，全面维护消费者的合法权益。

各级人民政府及其所属工商行政管理机关、技术监督部门、卫生监督管理部门、进出口商品检验部门等行政部门，是《消费者权益保护法》的主要实施者，它们通过履行各自的行政管理职能，保护消费者的合法权益。

人民法院是对消费者合法权益实施司法保护的主要机关。人民法院是代表国家行使审判权的司法机关。《消费者权益保护法》特别规定了人民法院对消费者合法权益的保护职责。按规定，人民法院应当采取措施，方便消费者提起诉讼，依法惩处侵害消费者权益的违法犯罪行为，加强对消费者的全面保护。

2. 消费者权益的保护组织。《消费者权益保护法》设第五章专门对消费者组织作了规定："消费者协会和其他消费者组织是我国依法成立的对商品和服务进行社会监督的保护消费者合法权益的社会团体。"

中国消费者协会和地方各级消费者协会，是我国保护消费者合法权益的主要社会组织。消费者协会一般由工商行政管理部门、技术监督部门、物价部门、卫生监督管理部门、商品检验部门及工会、妇联、共青团等组织共同发起，经同级人民政府批准后设立。办事机构挂靠在同级工商行政管理局，其领导机构是理事会，理事会由有关部门和社会各方面的代表组成会长，并由同级工商行政管理局领导担任。各级人民政府有关部门应积极协助和支持消费者协会开展工作。

根据《消费者权益保护法》的规定，消费者协会履行下列公益性职责：

（1）向消费者提供消费信息和咨询服务，引导节约资源和保护环境的合理消费，提高消费者维护自身权益的能力。

（2）参与制定有关消费者权益的法律、法规和强制性标准。

（3）参与有关行政部门对商品和服务的监督、检查。

（4）就有关消费者合法权益的问题，向有关行政部门反映、查询、提出建议。

（5）受理消费者的投诉，并对投诉事项进行调查、调解。

（6）投诉事项涉及商品和服务质量问题的，可以提请鉴定部门鉴定，鉴定部门应当告之鉴定结论。

（7）就损害消费者合法权益的行为，支持受损害的消费者提起诉讼或者依照《消费者权益保护法》提起诉讼。

（8）对损害消费者合法权益的行为，通过大众传播媒介予以揭露、批评。

消费者组织依法履行以上职责，对商品和服务进行社会监督，保护消费者的合法权益。为了保证消费者协会的权威性、独立性和公正性，法律规定消费者协会不得从事商品经营和营利服务，不得以牟利为目的向社会推荐商品和服务。另外，由于消费者组织在开展工作过程中，缺乏强有力的执行手段和必要的监督机制，执行难度较大，各级人民政府及其有关部门应给予积极支持和协助，使消费者组织能充分实现其职能，真正成为沟通人民政府与消费者之间关系的桥梁。

（二）消费者权益争议的解决

1. 消费者权益争议中赔偿主体的确定。由于商品生产的专业化分工越来越细，商品的流通渠道越来越广泛，商品从生产到消费，中间往往经过几个生产者或消费者的活动，消费者在购买、使用商品或接受服务过程中，与经营者发生争议时，很难确定真正的侵害人，为避免生产经营者相互推诿，逃避承担法律责任，《消费者权益保护法》规定了有利于消费者的求偿原则，并根据侵害情况，分别确定赔偿主体。

（1）销售者、生产者的责任。

第一，消费者在购买、使用商品时，其合法权益受到损害的，可以向销售者要求赔偿。销售者赔偿后，属于生产者的责任或者属于向消费者提供商品的其他销售者责任的，销售者有权向生产者或者其他销售者追偿。

第二，消费者或者其他受害人因商品缺陷造成人身、财产损害的，可以向销售者要求赔偿，也可以向生产者要求赔偿。属于生产者责任的，销售者赔偿后，有权向生产者追偿。属于销售者责任的，生产者赔偿后，有权向销售者追偿。

第三，消费者在接受服务时，其合法权益受到损害的，可以向服务者要求赔偿。

（2）企业分立、合并的责任。消费者在购买、使用商品或者接受服务时，其合法权益受到损害，原企业分立、合并的，可以向变更后承担该企业权利义务的企业要求赔偿。

（3）营业执照持有人的连带责任。使用他人营业执照的违法经营者提供商品或者服务，损害消费者合法权益的，消费者可以向其要求赔偿，也可以向营业执照的持有人要求赔偿。

（4）展销会举办者、柜台出租者、网络交易平台提供者的连带责任。消费者在展销会、租赁柜台或者通过网络交易平台等购买商品或者接受服务，其合法权益受到损害的，可以向销售者或者服务者要求赔偿。展销会结束、柜台租赁期满或者网络交易平台上的销售者、服务者不再利用该平台的，也可以向展销会的举办者、柜台的出租者或者网络交易平台提供者要求赔偿。展销会的举办者、柜台的出租者或者网络交易平台提供者赔偿后，有权向销售者或者服务者追偿。

（5）虚假广告经营者、发布者的责任。消费者因经营者利用虚假广告提供商品或者服务，其合法权益受到损害的，可以向经营者要求赔偿。广告经营者、发布者发布虚假广告的，消费者可以请求行政主管部门予以惩处。广告经营者、发布者不能提供经营者的真实名称、地址的，应当承担赔偿责任。

广告经营者、发布者设计、制作、发布食品药品等关系消费者生命健康的商品或者服务的虚假广告，造成消费者损害的，广告经营者、发布者与提供该商品或者服务的经营者承担连带责任。

2. 消费者权益争议解决途径。消费者和经营者发生消费者权益争议的，可以根据情况，选择下列途径解决：

（1）与经营者协商和解。即消费者权益争议发生后，消费者和经营者在平等自愿的基础上，按照公平合理的原则，摆明事实，分清责任，互相谅解，达成解决争议的一致意见。这是发生争议的初期最常采用的方式，具有方便、简捷、节约、及时等优点。

（2）请求消费者协会或者其他调解组织调解。消费者协会可以在查明事实的基础上，对当事人的争议进行调解，引导双方自愿协商，解决争议。消费者协会的调解属于民间调解，不具有法律强制力，一旦当事人对达成的协议反悔，则需要通过其他途径解决争议。

受理投诉时，消费者协会作为中间调解人，在消费者与经营者之间进行调解。此种情况下的消费者协会并非消费者的代理人，应依法、公平调解，坚持以下原则：①自愿原则。调解全过程都应贯彻双方当事人自愿的原则。②合法原则。调解过程和调解方案都不得违法，不得损害国家、社会、集体和第三人的合法权益。

由消费者协会作为中间调解人参加的调解是民间调解，属非权力机构调解。

（3）向有关行政管理部门申诉。主要是向工商行政管理部门、技术监督机关及各有关专业部门申诉，依靠行政手段解决消费者权益争议。

（4）根据与经营者达成的仲裁协议提请仲裁机构仲裁。即发生消费争议的当事人根据双方达成的仲裁协议，自愿将争议提交仲裁机关依法裁决。对于仲裁机构作出的仲裁裁决，当事人必须自觉履行，否则可以申请人民法院强制执行。

（5）向人民法院起诉。即通过司法审判程序解决消费者权益争议，这是对消费者合法权益最具权威的一种保护方法。凡是符合起诉条件的消费争议，人民法院都应及时受理，依法制裁违法行为，保护消费者的合法权益。对侵害众多消费者合法权益的行为，中国消费者协会以及在省、自治区、直辖市设立的消费者协会，可以向人民法院提起诉讼。

（三）损害消费者权益的法律责任

经营者实施的侵害消费者合法权益的行为是违法行为，应当承担相应的法律责任。《消费者权益保护法》根据违法行为的不同性质、损害大小、情节轻重，分别确定了民事责任、行政责任和刑事责任。

1. 经营者的民事责任。经营者提供的商品或者服务有下列情形之一的，应依法承担民事责任：①商品存在缺陷的；②不具备商品应当具备的使用性能而出售时未说明的；③不符合在商品或者其包装上注明采用的商品标准的；④产符合说明、实物样品等方式表明的质量状况的；⑤生产国家明令淘汰的商品或者销售失效、变质的商品的；⑥销售的商品数量不足的；⑦服务的内容和费用违反约定的；⑧对消费者提出的修理、重作、更换、退货、补足商品数量、退还货款和服务费用或者赔偿损失的要求，故意拖延或者无理拒绝的；⑨法律、法规规定的其他损害消费者权益的情形。

对于以上违法行为，根据损害程度轻重，经营者应当分别承担以下相应的民事责任：

（1）人身损害的赔偿责任。《消费者权益保护法》第49条规定，经营者提供商品或者服务，造成消费者或者其他受害人人身伤害的，应当赔偿医疗费、护理费、交通费等为治疗和康复支出的合理费用，以及因误工减少的收入。造成残疾的，还应当赔偿残疾生活辅助具费和残疾赔偿金。造成死亡的，还应当赔偿丧葬费和死亡赔偿金。第50条规定，经营者侵害消费者的人格尊严、侵犯消费者人身自由或者侵害消费者个人信息依法得到保护的权利的，应当停止侵害、恢复名誉、消除影响、赔礼道歉，并赔偿损失。第51条规定，经营者有侮辱诽谤、搜查身体、侵犯人身自由等侵害消费者或者其他受害人人身权益的行为，造成严重精神损害的，受害人可以要求精神损害赔偿。

（2）财产损害的赔偿责任。经营者提供商品或者服务，造成消费者财产损害的，应当按照消费者的要求，以修理、重作、更换、退货、补足商品数量、退还货款和服务费用或者赔偿损失等方式承担民事责任。消费者与经营者另有约定的，按照约定履行。对国家规定或者经营者与消费者约定包修、包换、包退的商品，经营者应当负责修理、更换或者退货。在保修期内两次修理仍不能正常使用的，经营者应当负责更换或者退货。对包修、包换、包退的大件商品，消费者要求经营者修理、更换、退货的，经营者应当承担运输等合理费用。

（3）特殊情况下经营者的赔偿责任。具体包括：①经营者以邮购方式提供商品的，应当按照约定提供。未按照约定提供的，应当按照消费者的要求履行约定或者退回货款，并承担消费者必须支付的合理费用。②经营者以预收款方式提供商品或者服务的，应当按照约定提供。未按照约定提供的，应当按照消费者的要求履行约定或者退回预付款，并应当承担预付款的利息、消费者必须支付的合理费用。③依法经有关行政部门认定为不合法的产品，消费者要求退货的，经营者应当负责退货。

（4）惩罚性赔偿责任。《消费者权益保护法》第55条规定，经营者提供商品或者服务有欺诈行为的，应当按照消费者的要求增加赔偿其受到的损失，增加赔偿的金额为消费者购买商品的价款或者接受服务的费用的3倍；增加赔偿的金额不足500元的，为500元。法律另有规定的，依照其规定。经营者明知商品或者服务存在缺陷，仍然向消费者提供，造成消费者或者其他受害人死亡或者健康严重损害的，受害人有权要求经营者依照《消费者权益保护法》第49条、第51条等法律规定赔偿损失，并有权要求所受损失2倍以下的惩罚性赔偿。

2. 经营者的行政责任。（略）

3. 经营者的刑事责任。（略）

案例讨论

一、基本案情

2011年12月，受害人李某在被告黄某经营的店内购买了一台广东某燃气具有限公司（以下简称燃气具公司）生产的烟道式家用燃气快速热水器（以下简称烟道式热水器），由黄某上门安装在李某家卫生间内。该卫生间无窗户，也未安装任何排气设施。2012年1月29日，李某在卫生间内死亡。经湖南省宁乡县公安局刑侦大队现场勘验，确认李某系烟道式热水器所致的一氧化碳中毒死亡。涉案的烟道式热水器事后经鉴定，结果为"所检项目符合标准要求"。李某的亲属诉至法院，要求被告黄某、燃气具公司赔偿损失508 504元。

湖南省宁乡县人民法院经审理认为，被告燃气具公司作为烟道式热水器的生产者，应当将排烟管道向消费者一并提供而未提供；被告黄某将烟道式热水器安装在密闭的空间里，且未安装排烟管道，致使产品存在缺陷。受害人李某忽视安全，自身亦有一定过错。于2013年3月27日判决：被告黄某、被告燃气具公司共同赔偿原告损失合计412 803元。

被告燃气具公司不服，向湖南省长沙市中级人民法院提起上诉。2014年6月27日二审判决驳回上诉，维持原判。

二、案例分析

本案的争议焦点是：烟道式热水器经质检符合标准，是否还认定其存在产品缺陷？

第一种观点认为，《产品质量法》第46条规定："本法所称缺陷，是指产品存在危及人身、他人财产安全的不合理的危险；产品有保障人体健康和人身、财产安全的国家标准、行业标准的，是指不符合该标准。"本案中的烟道式热水器经出厂质检为合格，案发后经鉴定亦为所检项目符合标准要求，且生产者已就安装使用中的注意事项向消费者告知。导致事故发生的原因是热水器安装、使用不符合安全规范，与产品的设计、生产及质控无关。而就安装使用的注意事项，生产者也已在产品说明中做了明确的书面指示。故该热水器不存在产品缺陷。

第二种观点认为，产品经营者有义务在产品设计、制造、装配及说明指示等各个环节采取有效措施，以避免产品投入使用时存在危及人身财产安全的不合理危险。燃气热水器是一种需要专业安装方可使用的家用电器，其是否存在产品缺陷，应扩展至设计、制造及安装的全过程考察，而不应局限于产品主件出厂时是否符合有关标准。本案烟道式热水器主件虽经出厂质检合格，但排烟管道是烟道式热水器保障安全的必要部件，生产者应当负责提供标配的排烟管道，并通过跟踪服务以保障产品得到正确的安装，而不是仅仅以产品说明书、安全警示等书面方式进行指示为足。本案生产者应当为消费者标配排烟管道而未提供，该烟道式热水器的安装者亦未依照安全标准为消费者正确安装，致使产品直至投入使用时都缺失了排烟管道这一重要安全部件。因此，足以认定本案所涉的烟道式热水器存在《产品质量法》第46条所规定的"危及人身、他人财产安全的不合理的危险"，应当认定存在产品缺陷。

对此我们可以从以下几个方面分析：

（一）燃气热水器安装不符合安全标准亦应认定存在产品缺陷

所谓产品缺陷，应指存在于产品的设计、原材料和零部件、制造装配或说明指示等方面的，未能满足消费者使用产品所必需的合理安全要求。《产品质量法》第46条所规定的产品"符合国家标准、行业标准"，应当是指产品的设计、生产、装配及说明指示等的全部环节均符合标准。其中所指装配，不但包括生产者在其生产场地将产品零部件进行拼装的活动，也应根据产品性质，涵括在终端消费者的具体使用场所实施的、确保产品足以使用所必需的安装活动。本案热水器是一种具有相当危险性的家用器具，在进入终端消费环节时必须进行专业安装，使之与燃气管道、水管、电路及排气设施连接方可使用。也只有符合标准的生产和装配，才足以保障其基本的安全性。因此，判断该类型产品有无产品缺陷，不能仅仅满足于产品主件出厂时是否符合国家标准，而应同时依据有关的《家用燃气快速热水器安装验收规程》（CJJ12—1999）、《燃气燃烧器具安装维修管理规定》（中华人民共和国建设部第七十三号令）来进行判断。CJJ12—1999规定："安装烟道排气式热水器的房间内应有排烟道；在民用建筑中，安装热水器的房间应有单独的烟道。"《燃气燃烧器具安装维修管理规定》第18条亦规定："对用户提供的不符合标准的燃气燃烧器具或者提出不符合安全的安装要求时，燃气燃烧器具安装企业应当拒绝安装。"这些都是关系消费者生命安全的重要标准。据此可认定本案燃气热水器的安装不符合国家标准。

（二）经营者未标配排烟管道、未正确安装热水器是导致产品缺陷的原因

排烟管道是烟道式热水器不可或缺的必要产品部件，生产者理应以标准配件的形式提供。燃气热水器生产技术发展至今，出现过四种类型，即直排式、烟道式、强排式和平衡式。其中直排式热水器是最早一代产品，它与后期推出的烟道式热水器之间最主要的区别，就是前者没有排烟管道，燃烧废气直接在室内排放。因此早在1999年国家就明令禁止了直排式热水器的生产和销售。而烟道式热水器作为当时国家“禁直推强”背景下生产商推出的一种过渡型产品，在产品设计上较直排式热水器增加了排烟设施（排烟接口和排烟管道），强调燃烧废气通过排烟管道向室外排放。显然，排烟管道是烟道式热水器保障安全的必要部件，也是烟道式热水器在产品类型上与直排式热水器相区别的主要部件。但生产商往往基于成本考虑并以难以标配排烟管道为由，不在烟道式热水器出厂产品中标配排烟管道，而是以“安装说明”等方式，将购买配套排烟管道的义务加诸消费者。也正因为生产者未标配排烟管道，致使相当一部分消费者对烟道式热水器安装排烟管的必要性产生误解。可以说，本案生产者的这种经营方式，事实上是将一种危险的工业半成品推向对危险认知程度不一的消费者，是以不足保障实效的指示说明为免责条件，向消费者销售了一台名为烟道式热水器、实质是被国家明令禁止的直排式热水器。

烟道式热水器经营者有义务采取措施避免产品投入使用时存在不合理的危险。热水器经营应适用的《家用燃气燃烧器具安全管理规则》（GB17905－2008）第4节“生产者的责任和义务”规定：“在产品的销售、安装和使用中，生产者对可能会影响产品安全的行为应采取保护性措施，通过对产品的关键部位进行封印、打火漆或采用非常规螺栓连接等，以确保过程中的安全性能不受损害。”也正因为燃气热水器在安装上相较其他产品所存在的前述特殊性，目前燃气热水器一般是由生产企业免费提供安装服务的。而本案烟道式热水器的生产者在产品投入销售时没有将排烟管道作为必要配件来配置，也未跟踪服务以保障产品的正确安装，实际安装者又未能依照安全标准正确安装，以致无法保证认知能力较弱的消费者在使用热水器过程中的安全，最终导致了事故的发生。

（三）利益衡量之延伸：对“家电第一杀手”的法律规制

近年来，因烟道式热水器引发的消费者死伤事故频发，以致该型热水器被认为是“家用电器第一杀手”。正是由于生产企业在烟道式热水器出厂时未标配排烟管道，且未跟踪保障产品的安装安全，导致热水器投入使用时未正确安装，加之该型热水器主要面向的是低端市场，用户或者不知道排烟管道是必需部件，或者对这种必要性和危险性认知不足，往往也没有自购和安装排烟管道。两重因素叠加，成为“家用电器第一杀手”肆虐之源。由此，深圳、上海等地早在2002年就出台地方性标准，强制禁售烟道式热水器，多地行业协会、消费者协会亦多有呼吁强制淘汰烟道式热水器。本案肇事烟道式热水器系2011年购买，发生事故的原因也正是未安装

排烟管道。类似恶性事故，一方面是消费者对危险认知不足、防范不力所致，另一方面，与烟道式热水器经营者难以割舍该类产品面向低端市场的低成本、低价格竞争优势有关。

烟道式热水器经营者有义务为消费者标配排烟管道，并在产品的销售、安装中为消费者提供符合规程的安装服务及有效的安全指示。当然，烟道式热水器标配排烟管道可能会遭遇消费者需求不一因而难以操作的困难，但目前市场中的强排式热水器同样没有受阻于此困难，依然将一定长度的排烟管列为了产品的安全标准部件。烟道式热水器面向的一般是低端市场、低端用户，他们恰恰是社会中消费能力、认知能力相对最为弱势的群体，更难有能力防范危险、承担风险，因此无论是从避免危险的能力来讲，还是从风险承担能力上讲，还是从这一产业链的主要获益者角度来讲，我们认为对经营者课以这样的法律义务都是必要的。

复习思考题

一、单项选择题

1. 《产品质量法》中所称产品是（　　）。

A. 经过加工的产品

B. 初级产品

C. 建筑工程

D. 经过加工、制作，用于销售的产品

2. 产品质量存在缺陷造成损害的，生产者承担赔偿责任时，应遵循下列哪一原则？（　　）

A. 无过错责任原则　　B. 推定过错责任原则

C. 过错责任原则　　D. 公平分担原则

3. 根据《产品质量法》，因产品缺陷造成受害人死亡的，侵害人应当赔偿的范围是以下哪一项？（　　）

A. 医疗费、治疗期间的护理费和丧葬费

B. 医疗费、因误工减少的收入、丧葬费和死亡赔偿金

C. 医疗费、治疗期间的护理费、因误工减少的收入、丧葬费、死亡赔偿金以及由死者生前抚养的人所必需的生活费等费用

D. 医疗费、因误工减少的收入和由死者生前抚养的人所必需的生活费等费用

4. 根据《产品质量法》的有关规定，某食品加工厂生产奶粉（袋装），该厂在奶粉的包装袋上应当标明（　　）。

A. 奶粉的生产日期

B. 奶粉的保质期

C. 奶粉的生产日期、保质期和失效日期，必须同时具备，缺一不可

D. 奶粉的生产日期和保质期或者失效日期

5.《消费者权益保护法》是我国保护消费者合法权益的法律法规，下列关于其调整对象的说法中正确的是哪一项？(　　)

A. 消费者为营利而进行的购销活动

B. 消费者为生产需要购买、使用商品或接受服务时所发生的法律关系

C. 各商家为经营需要而发生的购销关系

D. 消费者为生活消费需要购买、使用商品或接受服务时所发生的法律关系

6. 某品牌的电器在市场流通1个月后发现该电器存在一定的安全隐患，故经理发出召回商品的通知，召回途中下列哪种行为是正确的？(　　)

A. 召回商品的额外费用由消费者承担

B. 该公司承担消费者因商品被召回的必要费用

C. 私下召回该电器

D. 该电器召回后不做任何处理

7. 消费者王女士在某商场促销活动中购买了1台三开门冰箱，可使用两个月后，冰箱内壁便出现了裂痕。在与商场协商不下的情况下，王女士向县消费者协会投诉。关于冰箱有无出现质量问题的举证该由哪方承担？(　　)

A. 消费者协会　　B. 商场　　C. 王女士　　D. 生产厂家

8. “三·八”购物节时，陈小姐在某大型购物网站上看到一双高跟鞋，款式新颖，价格也很便宜，陈小姐毫不犹豫点击了购买，并支付了货款。收到货后，陈小姐觉得这双高跟鞋虽然新颖，但颜色跟网页上的图片出入很大，于是便联系上网店店主，要求退货，并愿意承担来往的运费，但遭到店主的拒绝。该店主违反了《消费者权益保护法》的哪条规定？(　　)

A. 7天无理由退货义务　　B. 三包制度

C. 网站规则　　D. 保障消费者安全义务

9. 社会团体或者其他组织、个人在关系消费者生命健康的商品或者服务的虚假广告或者其他虚假宣传中向消费者推荐商品或者服务，造成消费者损害的，应当与提供该商品或者服务的经营者承担（　　）。

A. 公平责任　　B. 刑事责任

C. 行政责任　　D. 连带责任

10. 消费者购买经营者提供的机动车、计算机、电视机、电冰箱、空调器、洗衣机等耐用商品或者装饰装修等服务，自接受商品或者服务之日起（　　）内发现瑕疵，发生争议的，由经营者承担有关瑕疵的举证责任。

A. 3个月　　B. 6个月

C. 1年　　D. 2年

二、多项选择题

1. 林某到一美容院作美容，美容院使用甲厂生产的“丽婷”牌护肤液为其做脸

部护理，结果因该护肤液系劣质产品而致林某脸部皮肤严重灼伤。林某为此去医院治疗，花去近3000元医疗费。关于此事例，下列哪些选项是正确的？（ ）

A. 林某有权要求美容院赔偿医疗费

B. 林某有权要求甲厂赔偿医疗费

C. 林某若向美容院索赔，可同时请求精神损害赔偿

D. 美容院向林某承担赔偿责任后，可以向甲厂追偿

2. 我国目前对产品认证采取（ ）。

A. 企业质量体系认证制度

B. 企业产品标准认证制度

C. 产品质量认证制度

D. 产品跟踪检查制度

3. 因为产品存在缺陷侵犯消费者利益，造成人身损害的，赔偿的具体范围包括（ ）。

A. 造成人身损害的，应支付医疗费、治疗期间的护理费、误工费及其他费用

B. 造成死亡的，还应支付丧葬费、死亡赔偿金以及由死者生前抚养的人所必需的生活费等

C. 造成残疾的，还应支付残疾者生活自助用具费、生活补助费、残疾赔偿金以及由其抚养的人所必需的生活费

D. 侵犯人格尊严或人身自由的，还应停止侵害、恢复名誉、消除影响、赔礼道歉，并赔偿损失

4. 下列各选项中，属于生产者必须承担的默示担保责任的是（ ）。

A. 空调应当有制冷功能

B. 电热器应当符合保障人身、财产安全的国家标准

C. 办公设施的质量状况应当和经营者展示的实物样品的质量状况相符

D. 使用不当容易造成人身、财产损害的产品应当有警示标识和中文警示说明

5. 下列哪些商品符合《消费者权益保护法》“7天无理由退货”的要求？（ ）

A. 羽绒服　　B. 手机

C. 报纸　　D. 床品四件套

6. 某公司生产销售一款新车，该车在有些新设计上不够成熟，导致部分车辆在驾驶中出现故障，甚至导致交通事故。事后，该公司拒绝就故障原因做出说明，也拒绝对受害人进行赔偿。该公司的行为侵犯了消费者的哪些权利？（ ）

A. 安全保障权　　B. 知悉真情权

C. 公平交易权　　D. 获取赔偿权

7. 根据规定，经营者应当保证其提供的商品或服务与（ ）标明的质量状况相符。

A. 广告　　B. 产品说明

C. 实物样品　　　　　　　　　　　　　D. 合同

8. 消费者王某在购买商品后发现商品存在瑕疵，对此，下列哪些说法是不正确的？(　　)

A. 王某只能向该商品生产者主张赔偿

B. 王某可以向该商品的销售者主张赔偿

C. 王某既可以向销售者要求赔偿，也可以向生产者要求赔偿

D. 若经营者有证据表明该瑕疵是在销售过程中其他销售者所致，经营者有权拒绝赔偿。

9. 下列是某店堂的告示内容，其中不符合法律规定的是（　　）。

A. 本店商品一旦售出概不退换

B. 购物总额10元以下者，本商场不开发票

C. 钱物请当面点清，否则后果自负

D. 如售假药，包赔顾客2万元

10. 王某购买的商品房交付后即进行装修，后发现墙体严重渗水，客厅、卧室墙壁和卫生间的顶部及墙面各有1/3的渗水面，造成装修后的壁纸卷曲、剥落。开发商接到王某反映后，经检验，属于施工单位未按设计要求施工，漏做王某家楼上地面的防水层所致。开发商应向王某提供哪些补救？(　　)

A. 接受退房、退回购房款并赔偿损失

B. 退房并按房价双倍赔偿

C. 妥善修理并支付相应赔偿

D. 按原房价在原地置换一套面积更大、楼层更好并且装修完毕的房屋

三、判断题

1. 建筑工程使用的建筑材料、建筑构配件和设备，不适用《产品质量法》的规定。(　　)

2. 根据《产品质量法》的规定，我国对产品质量实行以抽查为主的监督检查制度。(　　)

3. 生产者的产品质量义务要求对使用不当，容易造成产品本身或者有可能危及人身、财产安全的产品，应当提供警示标志或中文警示说明。(　　)

4. 因产品存在缺陷造成人身、他人财产损害的，受害人只能向产品的生产者要求赔偿。(　　)

5. 无偿试吃、免费试用商品不受《消费者权益保护法》的保护。(　　)

6. 饭店的店堂告示“财物丢失概不负责”可以免除其保障消费者财物安全的责任。(　　)

7. 刘某在个体摊贩王某处挑选皮鞋，王某介绍一双皮鞋让刘某试穿，刘某感觉不合适，要脱下来离开，但王某执意要刘某买下这双鞋。王某的行为侵犯了消费者的自主选择权和公平交易权。(　　)

8. 顾客花8块钱买了两条毛巾，经营者可以“金额小”为由拒绝开发票。(　　)

9. 产品质量认证的对象是企业的质量体系，认证的依据是质量管理标准。(　　)

10. 经营者与消费者的争议无需当事人达成仲裁协议，也可以提交仲裁机关依法裁决。(　　)

四、简答题

1. 简要说明《产品质量法》的适用范围。

2. 简述产品缺陷责任的构成要件。

3.《消费者权益保护法》对消费者的权利是如何规定的?

4. 简述消费者权益纠纷的解决途径。

5. 消费者协会的基本职能有哪些?

五、案例分析题

1. 消费者陈明在天猫商城“平合馆旗舰店”购买了2盒汉方养胃茶、2盒汉方双降茶、2盒汉方千金茶、4盒汉方育发茶，合计3842元。收货后陈明发现，该系列产品是普通食品，配方却显示其中含有禁止添加进普通食品的黄柏、黄芩、连翘等中药成分。陈明认为自己受到了欺诈，要求“平合馆旗舰店”提供其产品的相关资质证明，但被拒绝。与“平合馆旗舰店”多次交涉无果后，陈明要求电商平台天猫商城提供该产品的相关资质证明以及卖家“平合馆旗舰店”的真实名称、地址、联系方式，被天猫商城以“消费者无权查看产品的相关资质证明”为由拒绝。天猫客服人员表示，除卖家公司名称通过认证之外，卖家在天猫商城网页上展示的其余信息均由卖家自行申报填写。

请依据《消费者权益保护法》的相关规定给消费者陈明提出解决纠纷的途径。

2. 2014年6月18日，消费者叶光在四川成都市人民南路仁和春天百货的藏珀牌冬虫夏草纯粉片专柜，购买了两款虫草纯粉片。这两款虫草纯粉片均由西藏华草堂药业有限公司中药饮片厂生产，共计184 878元。通过查询国家食药监局网站，叶光发现这两款产品外包装所印制的许可证号（藏Y2006001号）相关信息并不存在。叶光向产品生产厂家所在地的西藏食药监局电话咨询，对方答复称未发放过此类编号的生产许可证。叶光以该冬虫夏草纯粉片厂商涉嫌欺诈消费者为由，向成都市武侯区食药监局举报，6月20日，叶光来到北京市王府井大街乐天银泰百货藏珀牌冬虫夏草纯粉片专柜，花费近18万元购买了6盒，随后向北京市食药监局举报。

根据我国《消费者权益保护法》的相关规定，对于以上情况进行分析。

第八章　证券法

学习提要与学习目标

本章介绍了证券的概念、种类，证券法的原则，证券发行制度，证券交易制度，上市公司收购制度，证券交易所、证券公司等各类证券市场主体的设立，证券业的监督管理等内容。重点内容是证券的种类及其法律要求、证券的发行和交易制度、上市公司收购制度。通过学习，掌握证券法的基本知识，学会利用证券法保护投资者的合法权益。

第一节　证券法概述

一、证券与证券市场

（一）证券

1. 证券的概念和特征。证券是用来表明证券持有人某种特定权益的凭证。根据其性质不同，可以分为有价证券和凭证证券。《证券法》意义上的证券为有价证券。

证券具有以下特征：

（1）证权性。证券是证权证券，证券是表明持有人拥有相关权利的凭证，证券能够证明投资者身份，代表投资者的一定权利。

（2）流通性。证券可以在国家规定的合法场所进行转让。

（3）规范性。证券是受严格规范的有价证券，证券的发行与交易都受到法律的约束和严格规范。

（4）风险性。证券存在着预期投资收益不能实现甚至造成损失的可能性。当然，不同的证券风险也不一样。

（5）投资性。证券带有一定的投资属性，能给投资者带来一定的收益。收益主要来自于红利、股息、债券利息等，还来自于投资者通过二级市场的买卖差价。

2. 证券的种类。我国《证券法》规定的证券主要有以下种类：

（1）股票。股票是股份有限公司签发的表明股东所持股份的凭证，是股份的外在表现形式。

根据股东权利的不同，股票分为普通股票和优先股票。优先股主要在财产权利方面优先。

根据投资主体的不同，可以分为国家股、法人股、社会公众股、外资股。

根据股票是否记载股东姓名或名称，分为记名股票和无记名股票。《公司法》规定，公司发行的股票可以是记名股票，也可以是无记名股票。但公司向法人、发起人发行的股票必须是记名股票。

根据发行方式及发行对象的不同，可以分为公开发行的股票和不公开发行的股票。

(2) 债券。债券是政府、金融机构、公司依照法定程序向社会发行的、约定在一定期限还本付息的有价证券。本书涉及的是公司债券。

股票和债券的区别主要体现在：①性质不同：股票体现所有权关系，债券体现债权债务关系；②期限不同：股票没有期限，债券有期限；③风险不同：相对来说，股票的风险比债券大；④收益不同：股票持有人收益主要来自于股息和红利及转让股票所得的差价收入，债券持有人收益主要来自于债券利息，债券收益相对稳定；⑤发行主体及程序不同：只有股份有限公司才可以发行股票，而有限责任公司和股份有限公司均可发行债券。

(3) 证券投资基金。证券投资基金是一种利益共享、风险共担的集合证券投资方式，即通过发行基金单位集中投资者的资金，由基金托管人托管，由基金管理人管理和运用资金，从事股票、债券等金融工具投资。证券投资基金具有的特征包括集合投资、专业管理、组合投资、分散风险，其在安全性、流动性等方面存在比较优势，是一种大众化的信托投资工具。

(4) 证券衍生产品。包括认股权证、期货、期权等。

(二) 证券市场

1. 证券市场的概念及分类。

(1) 证券市场的概念。证券市场是指证券发行与交易的场所。其具有以下三个显著特征：①证券市场是价值直接交换的场所；②证券市场是财产权利直接交换的场所；③证券市场是风险直接交换的场所。

(2) 证券市场的分类。证券市场可以分为证券发行市场和证券交易市场。

证券发行市场又称“一级市场”、“初级市场”，是发行人以筹集资金为目的，按照一定的规则和程序，向投资者出售证券所形成的市场。

证券交易市场又称“二级市场”、“次级市场”，是已发行的证券通过买卖交易实现流通转让的场所。

2. 证券市场的基本功能。

(1) 筹资功能。证券市场的筹资功能是指证券市场为资金需求者筹集资金的功能，对于投资者来说，其又具备投资功能。

(2) 定价功能。证券的价格是证券市场上证券供求双方共同作用的结果。证券市场的运行形成了证券需求者和证券供给者的竞争关系。这种竞争的结果是：能产生高回报的资本，市场的需求就大，其对应的证券的价格就高；反之，证券的价格就低。

（3）资本配置功能。证券市场的资本配置功能是指通过证券价格引导资本的流动从而实现资本的合理配置的功能。证券市场引导资本流向能产生高报酬的企业或行业，从而使资本产生尽可能高的效率，进而实现资本的合理配置。

二、证券法概述

（一）证券法的概念及我国证券立法概况

证券法是调整证券发行、交易及监管过程中所发生的社会关系的法律规范的总称。1998年12月29日，第九届全国人大常委会第六次会议审议通过《中华人民共和国证券法》，该法于1999年7月1日开始实施。2004年8月28日，第十届全国人大常委会第十一次会议对个别条款进行修正。2005年10月27日，第十届全国人大常委会第十八次会议进行修订，自2006年1月1日起施行。2013年6月29日，第十二届全国人大常委会第三次会议第二次修正，2014年8月31日第十二届全国人民代表大会常委会第十次会议第三次修正。修订后的《证券法》进一步突出了国家对证券市场的干预，更为严谨和科学，很科学地实现了与修订后的《公司法》的衔接。

（二）证券法的基本原则

1. 公开、公平、公正原则。即所谓的“三公”原则。公开原则又称信息公开原则，指证券发行者应该按照法定程序向有关机关及投资者提供有关信息资料；公平原则强调证券市场相关主体具有平等的法律地位，尤其有平等的市场机会，合法权益应得到平等保护；公正原则强调监管者对市场参与者公正对待。

2. 自愿、有偿、诚实信用原则。《证券法》规定，证券发行、交易活动的当事人具有平等的法律地位，应当遵守自愿、有偿、诚实信用的原则。

3. 守法原则。《证券法》规定，证券的发行、交易活动，必须遵守法律、行政法规，禁止欺诈、内幕交易和操纵证券市场的行为。

4. 分业经营、分业管理为主，混业经营另作规定的原则。《证券法》规定，证券业和银行业、信托业、保险业实行分业经营、分业管理，证券公司与银行、信托、保险业务机构分别设立，国家另有规定的除外。据此，《证券法》为混业经营预留了政策空间。

5. 国家审计监督原则。《证券法》规定，国家审计机关依法对证券交易所、证券公司、证券登记结算机构、证券监督管理机构进行审计监督。

6. 国家监管与行业自律相结合原则。《证券法》规定，国务院证券监督管理机构依法对全国证券市场实行集中统一监督管理。国务院证券监督管理机构根据需要可以设立派出机构，按照授权履行监督管理职责。在国家对证券发行、交易活动实行集中统一监督管理的前提下，依法设立证券业协会，实行自律性管理。

第二节　证券发行制度

一、证券发行概述

（一）证券发行的概念及分类

1. 证券发行的概念。证券发行是指证券发行者为筹集资金依照法定条件和程序向投资者出售证券的活动。

2. 证券发行的分类。依据发行主体的不同，证券发行可分为政府发行、金融机构发行和公司发行；依据发行目的的不同，可以分为设立发行和增资发行；依据发行对象和范围的不同，可分为公募发行和私募发行；依发行价与票面价的关系，可分为平价发行、溢价发行和折价发行；根据是否借助中介机构发行，可分为直接发行和间接发行。

（二）证券发行审核制度

世界各国的证券发行审核制度主要有注册制、核准制、审批制三种。

1. 注册制。指证券主管机关只对发行申请人进行形式审查，审查其所提交的资料是否真实、准确、完整，符合的，即可发行证券。因此，这种制度更强调发行信息公开。注册制相对比较宽松，其效率较高，符合市场化要求。

2. 核准制。指证券主管机关不仅要对发行申请人进行形式审查，还要对其进行实质审查。即不仅要审查申请人所公开信息的真实性、准确性和完整性，还要审查其经营状况、财务状况、盈利前景等方面。这种制度能够一定程度上保证发行人的质量，缺点是效率低，易生腐败。

3. 审批制。即在实质审查的基础上，加上审批机关的严格管理，赋予审批机关对发行申请人申请的最终决定权。也就是说，即便申请人符合发行条件，审批机关仍然有权不予批准。这是计划经济的产物。

《证券法》规定，公开发行证券，必须符合法律、行政法规规定的条件，并依法报经国务院证券监督管理机构或者国务院授权的部门核准；未经依法核准，任何单位和个人不得公开发行证券。因此我国现行发行审核制度是以核准制为核心的。

二、《证券法》对证券发行的一般规定

（一）对发行人申请文件的要求

发行人依法申请发行证券所报送的申请文件的格式、报送方式，由依法负责核准的机构或者部门规定。发行人向国务院证券监督管理机构或者国务院授权的部门报送的证券发行申请文件，必须真实、准确、完整。为证券发行出具有关文件的证券服务机构和人员，必须严格履行法定职责，保证其所出具文件的真实性、准确性和完整性。发行人申请首次公开发行股票的，在提交申请文件后，应当按照国务院证券监督管理机构的规定预先披露有关申请文件。

（二）审核程序

国务院证券监督管理机构设发行审核委员会，依法审核股票发行申请。发行审核委员会由国务院证券监督管理机构的专业人员和所聘请的该机构外的有关专家组成，以投票方式对股票发行申请进行表决，提出审核意见。国务院证券监督管理机构依照法定条件负责核准股票的发行申请。核准程序应当公开，依法接受监督。参与审核和核准股票发行申请的人员，不得与发行申请人有利害关系，不得直接或者间接接受发行申请人的馈赠，不得持有所核准的发行申请的股票，不得私下与发行申请人进行接触。

国务院证券监督管理机构或者国务院授权的部门应当自受理证券发行申请文件之日起3个月内，依照法定条件和法定程序作出予以核准或者不予核准的决定，发行人根据要求补充、修改发行申请文件的时间不计算在内；不予核准的，应当说明理由。

证券发行申请经核准的，发行人应当依照法律、行政法规的规定，在证券公开发行前公告公开发行募集文件，并将该文件置备于指定场所供公众查阅。发行证券的信息在依法公开前，任何知情人不得公开或者泄露该信息。发行人不得在公告公开发行募集文件前发行证券。

国务院证券监督管理机构或者国务院授权的部门对已作出的核准证券发行的决定，发现不符合法定条件或者法定程序，尚未发行证券的，应当予以撤销，停止发行；已经发行但尚未上市的，撤销发行核准决定，发行人应当按照发行价并加算银行同期存款利息返还证券持有人。保荐人应当与发行人承担连带责任，但是能够证明自己没有过错的除外；发行人的控股股东、实际控制人有过错的，应当与发行人承担连带责任。

（三）投资者风险自负

股票依法发行后，发行人经营与收益的变化由发行人自行负责，由此变化引致的投资风险，由投资者自行负责。

三、证券承销与保荐制度

（一）证券承销制度

1. 证券承销的概念和分类。证券承销是指证券经营机构根据与发行人所订立的承销协议，依法协助发行人销售其所发行的证券的行为。证券承销分为代销和包销两种方式。

证券代销是指证券公司代发行人发售证券，在承销期结束时，将未售出的证券全部退还给发行人的承销方式。

证券包销是指证券公司将发行人的证券按照协议全部购入或者在承销期结束时将售后剩余证券全部自行购入的承销方式。

2.《证券法》对证券承销的相关规定。

（1）承销机构的选择。发行人向不特定对象发行的证券，法律、行政法规规定应当由证券公司承销的，发行人应当同证券公司签订承销协议。证券承销业务采取代销或者包销方式。

公开发行证券的发行人有权依法自主选择承销的证券公司。证券公司不得以不正当竞争手段招揽证券承销业务。向不特定对象发行的证券票面总值超过人民币5000万元的，应当由承销团承销。承销团应当由主承销和参与承销的证券公司组成。

（2）承销协议的签署及发行文件的审查。证券公司承销证券，应当同发行人签订代销或者包销协议，载明下列事项：①当事人的名称、住所及法定代表人姓名；②代销、包销证券的种类、数量、金额及发行价格；③代销、包销的期限及起止日期；④代销、包销的付款方式及日期；⑤代销、包销的费用和结算办法；⑥违约责任；⑦国务院证券监督管理机构规定的其他事项。

证券公司承销证券，应当对公开发行募集文件的真实性、准确性、完整性进行核查；发现有虚假记载、误导性陈述或者重大遗漏的，不得进行销售活动；已经销售的，必须立即停止销售活动，并采取纠正措施。

（3）承销期限。证券的代销、包销期限最长不得超过90日。证券公司在代销、包销期内，对所代销、包销的证券应当保证先行出售给认购人，证券公司不得为本公司预留所代销的证券和预先购入并留存所包销的证券。

（4）承销价格的确定。股票发行采取溢价发行的，其发行价格由发行人与承销的证券公司协商确定。

（5）发行失败。股票发行采用代销方式，代销期限届满，向投资者出售的股票数量未达到拟公开发行股票数量70%的，为发行失败。发行人应当按照发行价并加算银行同期存款利息返还股票认购人。

公开发行股票，代销、包销期限届满后，发行人应当在规定的期限内将股票发行情况报国务院证券监督管理机构备案。

（二）保荐制度

保荐制度是指由保荐人（券商）对发行人发行证券进行推荐和辅导，并核实公司发行文件中所载资料是否真实、准确、完整，协助发行人建立严格的信息披露制度，承担风险防范责任。保荐制将使券商负有一定的连带担保责任。

四、股票的发行

股票是股份有限公司发行的表明投资者股东身份的书面凭证。《证券法》及相关法律法规和部门规章对股票的发行作了严格规定。主要包括以下内容：

（一）公开发行的条件及认定

1. 公开发行的条件。公开发行证券，必须符合法律、行政法规规定的条件，并依法报经国务院证券监督管理机构或者国务院授权的部门核准；未经依法核准，任何单位和个人不得公开发行证券。

2. 公开发行的认定。有下列情形之一的，为公开发行：①向不特定对象发行证券的；②向特定对象发行证券累计超过200人的；③法律、行政法规规定的其他发行行为。

非公开发行证券，不得采用广告、公开劝诱和变相公开方式。

发行人申请公开发行股票、可转换为股票的公司债券，依法采取承销方式的，或者公开发行法律、行政法规规定实行保荐制度的其他证券的，应当聘请具有保荐资格的机构担任保荐人。保荐人应当遵守业务规则和行业规范，诚实守信，勤勉尽责，对发行人的申请文件和信息披露资料进行审慎核查，督导发行人规范运作。

（二）设立发行的条件及需要提交的文件

设立股份有限公司公开发行股票，应当符合《中华人民共和国公司法》规定的条件和经国务院批准的国务院证券监督管理机构规定的其他条件，向国务院证券监督管理机构报送募股申请和下列文件：①公司章程；②发起人协议；③发起人姓名或者名称，发起人认购的股份数、出资种类及验资证明；④招股说明书；⑤代收股款银行的名称及地址；⑥承销机构名称及有关的协议。依法聘请保荐人的，还应当报送保荐人出具的发行保荐书。法律、行政法规规定设立公司必须报经批准的，还应当提交相应的批准文件。

（三）发行新股的条件及需要提交的文件

公司公开发行新股，应当符合下列条件：①具备健全且运行良好的组织机构；②具有持续盈利能力，财务状况良好；③最近3年财务会计文件无虚假记载，无其他重大违法行为；④经国务院批准的国务院证券监督管理机构规定的其他条件。

上市公司非公开发行新股，应当符合经国务院批准的国务院证券监督管理机构规定的条件，并报国务院证券监督管理机构核准。

公司公开发行新股，应当向国务院证券监督管理机构报送募股申请和下列文件：①公司营业执照；②公司章程；③股东大会决议；④招股说明书；⑤财务会计报告；⑥代收股款银行的名称及地址；⑦承销机构名称及有关的协议。依法聘请保荐人的，还应当报送保荐人出具的发行保荐书。

（四）所募资金的用途

公司对公开发行股票所募集资金，必须按照招股说明书所列资金用途使用。改变招股说明书所列资金用途的，必须经股东大会作出决议。擅自改变用途而未作纠正的，或者未经股东大会认可的，不得公开发行新股。

五、债券的发行

债券是政府、金融机构、公司依照法定程序向社会发行的、约定在一定期限还本付息的有价证券。

（一）公开发行债券的条件

1. 公开发行债券的条件。公开发行公司债券，应当符合下列条件：①股份有限公司的净资产不低于人民币3000万元，有限责任公司的净资产不低于人民币6000万元；②累计债券余额不超过公司净资产的40%；③最近3年平均可分配利润足以支付公司债券1年的利息；④筹集的资金投向符合国家产业政策；⑤债券的利率不超过国务院限定的利率水平；⑥国务院规定的其他条件。

公开发行公司债券筹集的资金，必须用于核准的用途，不得用于弥补亏损和非生产性支出。

2. 可转债的发行条件。上市公司发行可转换为股票的公司债券，除应当符合上述规定的条件外，还应当符合证券法关于公开发行股票的条件，并报国务院证券监督管理机构核准。

（二）申请公开发行公司债券需提交的文件

申请公开发行公司债券，应当向国务院授权的部门或者国务院证券监督管理机构报送下列文件：①公司营业执照；②公司章程；③公司债券募集办法；④资产评估报告和验资报告；⑤国务院授权的部门或者国务院证券监督管理机构规定的其他文件。

依法聘请保荐人的，还应当报送保荐人出具的发行保荐书。

（三）不得再次公开发行公司债券的情形

有下列情形之一的，不得再次公开发行公司债券：①前一次公开发行的公司债券尚未募足的；②对已公开发行的公司债券或者其他债务有违约或者延迟支付本息的事实，仍处于继续状态的；③违反证券法规定，改变公开发行公司债券所募资金的用途的。

六、证券投资基金份额的发行

证券投资基金份额的发行主要适用《证券投资基金法》，该法第四章就此进行了详细规定。

（一）发售基金份额需要提交的申请文件

基金管理人依照证券法发售基金份额，募集基金，应当向国务院证券监督管理机构提交下列文件，并经国务院证券监督管理机构核准：①申请报告；②基金合同草案；③基金托管协议草案；④招募说明书草案；⑤基金管理人和基金托管人的资格证明文件；⑥经会计师事务所审计的基金管理人和基金托管人最近3年或者成立以来的财务会计报告；⑦律师事务所出具的法律意见书；⑧国务院证券监督管理机构规定提交的其他文件。

（二）监管机构的审核

国务院证券监督管理机构应当自受理基金募集申请之日起6个月内依照法律、行政法规及国务院证券监督管理机构的规定和审慎监管原则进行审查，作出核准或者不予核准的决定，并通知申请人；不予核准的，应当说明理由。

基金募集申请经核准后，方可发售基金份额。

（三）基金份额的发售

1. 基金管理人的相关职责。基金份额的发售由基金管理人负责办理，基金管理人可以委托经国务院证券监督管理机构认定的其他机构代为办理。基金管理人应当在基金份额发售的3日前公布招募说明书、基金合同及其他有关文件。上述文件应当真实、准确、完整。对基金募集所进行的宣传推介活动，应当符合有关法律、行政法规的规定。

基金管理人应当自收到核准文件之日起6个月内进行基金募集。超过6个月开始募集，原核准的事项未发生实质性变化的，应当报国务院证券监督管理机构备案；发生实质性变化的，应当向国务院证券监督管理机构重新提交申请。基金募集不得超过国务院证券监督管理机构核准的基金募集期限。基金募集期限自基金份额发售之日起计算。

基金募集期限届满，封闭式基金募集的基金份额总额达到核准规模的80%以上，开放式基金募集的基金份额总额超过核准的最低募集份额总额，并且基金份额持有人人数符合国务院证券监督管理机构规定的，基金管理人应当自募集期限届满之日起10日内聘请法定验资机构验资，自收到验资报告之日起10日内，向国务院证券监督管理机构提交验资报告，办理基金备案手续，并予以公告。

2. 资金管理。基金募集期间募集的资金应当存入专门账户，在基金募集行为结束前，任何人不得动用。

3. 基金合同的成立与生效。投资人缴纳认购的基金份额的款项时，基金合同成立；基金管理人依照《证券投资基金法》第44条的规定向国务院证券监督管理机构办理基金备案手续，基金合同生效。

4. 基金管理人的法律责任。基金募集期限届满，不能满足《证券投资基金法》第44条规定的条件的，基金管理人应当承担下列责任：①以其固有财产承担因募集行为而产生的债务和费用；②在基金募集期限届满后30日内返还投资人已缴纳的款项，并加计银行同期存款利息。

第三节　证券交易制度

一、证券交易一般规定

（一）证券交易的概念

证券交易是指法定当事人在合法交易场所，按照一定的规则对依法发行的证券进行买卖的行为。证券交易当事人依法买卖的证券，必须是依法发行并交付的证券。非依法发行的证券，不得买卖。依法发行的股票、公司债券及其他证券，法律对其转让期限有限制性规定的，在限定的期限内不得买卖。

（二）证券交易的场所

依法公开发行的股票、公司债券及其他证券，应当在依法设立的证券交易所上市交易或者在国务院批准的其他证券交易场所转让。证券在证券交易所上市交易，应当采用公开的集中交易方式或者国务院证券监督管理机构批准的其他方式。

（三）证券交易的形式

证券交易当事人买卖的证券可以采用纸面形式或者国务院证券监督管理机构规

定的其他形式。证券交易以现货和国务院规定的其他方式进行交易。

（四）证券交易的限制

1. 参与股票交易人员的限制。证券交易所、证券公司和证券登记结算机构的从业人员，证券监督管理机构的工作人员，以及法律、行政法规禁止参与股票交易的其他人员，在任期或者法定限期内，不得直接或者以化名、借他人名义持有、买卖股票，也不得收受他人赠送的股票。任何人在成为上述所列人员时，其原已持有的股票必须依法转让。证券交易所、证券公司、证券登记结算机构必须依法为客户开立的账户保密。

2. 证券服务机构和人员的限制。为股票发行出具审计报告、资产评估报告或者法律意见书等文件的证券服务机构和人员，在该股票承销期内和期满后6个月内，不得买卖该种股票。

为上市公司出具审计报告、资产评估报告或者法律意见书等文件的证券服务机构和人员，自接受上市公司委托之日起至上述文件公开后5日内，不得买卖该种股票。

3. 短线交易的限制。上市公司董事、监事、高级管理人员及持有上市公司5%以上股份的股东，将其持有的该公司的股票在买入后6个月内卖出，或者在卖出后6个月内又买入，由此所得收益归该公司所有，公司董事会应当收回其所得收益。但是，证券公司因包销购入售后剩余股票而持有5%以上股份的，卖出该股票不受6个月时间限制。公司董事会不按照上述规定执行的，股东有权要求董事会在30日内执行。公司董事会未在上述期限内执行的，股东有权为了公司的利益以自己的名义直接向人民法院提起诉讼。公司董事会不按照相关规定执行的，负有责任的董事依法承担连带责任。

二、证券上市

证券上市是指已公开发行的证券在证券交易所公开挂牌交易。

（一）证券上市的条件

1. 股票上市条件。《证券法》第50条规定，股份有限公司申请股票上市，应当符合下列条件：

（1）股票经国务院证券监督管理机构核准已公开发行；

（2）公司股本总额不少于人民币3000万元；

（3）公开发行的股份达到公司股份总数的25%以上；公司股本总额超过人民币4亿元的，公开发行股份的比例为10%以上；

（4）公司最近3年无重大违法行为，财务会计报告无虚假记载。

证券交易所可以规定高于上述规定的上市条件，并报国务院证券监督管理机构批准。

2. 债券上市条件。《证券法》第57条规定，公司申请公司债券上市交易，应当符合下列条件：

（1）公司债券的期限为1年以上；

（2）公司债券实际发行额不少于人民币5000万元；

（3）公司申请债券上市时仍符合法定的公司债券发行条件。

3. 基金份额上市条件。封闭式基金的基金份额，经基金管理人申请，国务院证券监督管理机构核准，可以在证券交易所上市交易。国务院证券监督管理机构可以授权证券交易所依照法定条件和程序核准基金份额上市交易。《证券投资基金法》第63条规定，基金份额上市交易，应当符合下列条件：

（1）基金的募集符合证券法规定；

（2）基金合同期限为5年以上；

（3）基金募集金额不低于2亿元人民币；

（4）基金份额持有人不少于1000人；

（5）基金份额上市交易规则规定的其他条件。

（二）证券上市的程序

1. 上市申请。《证券法》规定，申请证券上市交易，应当向证券交易所提出申请，由证券交易所依法审核同意，并由双方签订上市协议。

证券交易所根据国务院授权的部门的决定安排政府债券上市交易。

2. 保荐人保荐。申请股票、可转换为股票的公司债券或者法律、行政法规规定实行保荐制度的其他证券上市交易，应当聘请具有保荐资格的机构担任保荐人。

3. 上市审核。根据《上海证券交易所证券上市审核实施细则》，上海证券交易所设立上市委员会，对上市申请等有关事项进行审核，该所根据上市委员会的审核意见作出审核决定。上市委员会审核时，可以采用召开审核会议、直接进行通讯表决或者其他方式进行。上市委员会委员以个人名义独立履行职责，不受任何单位和个人的干涉。

4. 签订上市协议。

5. 上市信息披露。《证券法》规定，股票上市交易申请经证券交易所审核同意后，签订上市协议的公司应当在规定的期限内公告股票上市的有关文件，并将该文件置备于指定场所供公众查阅。

公司债券上市交易申请经证券交易所审核同意后，签订上市协议的公司应当在规定的期限内公告公司债券上市文件及有关文件，并将其申请文件置备于指定场所供公众查阅。

6. 挂牌交易（详见证券交易）。

（三）暂停上市与终止上市

上市公司有下列情形之一的，由证券交易所决定暂停其股票上市交易：

1. 公司股本总额、股权分布等发生变化不再具备上市条件；

2. 公司不按照规定公开其财务状况，或者对财务会计报告作虚假记载，可能误导投资者；

3. 公司有重大违法行为；

4. 公司最近3年连续亏损；

5. 证券交易所上市规则规定的其他情形。

上市公司有下列情形之一的，由证券交易所决定终止其股票上市交易：

1. 公司股本总额、股权分布等发生变化不再具备上市条件，在证券交易所规定的期限内仍不能达到上市条件；

2. 公司不按照规定公开其财务状况，或者对财务会计报告作虚假记载，且拒绝纠正；

3. 公司最近3年连续亏损，在其后1个年度内未能恢复盈利；

4. 公司解散或者被宣告破产；

5. 证券交易所上市规则规定的其他情形。

公司债券上市交易后，公司有下列情形之一的，由证券交易所决定暂停其公司债券上市交易：

1. 公司有重大违法行为；

2. 公司情况发生重大变化不符合公司债券上市条件；

3. 发行公司债券所募集的资金不按照核准的用途使用；

4. 未按照公司债券募集办法履行义务；

5. 公司最近2年连续亏损。

公司有上述第1项、第4项所列情形之一经查实后果严重的，或者有上述第2项、第3项、第5项所列情形之一，在限期内未能消除的，由证券交易所决定终止其公司债券上市交易。

公司解散或者被宣告破产的，由证券交易所终止其公司债券上市交易。

对证券交易所作出的不予上市、暂停上市、终止上市决定不服的，可以向证券交易所设立的复核机构申请复核。

三、持续信息公开

持续信息公开原则是证券法规定的重要原则，可以说是证券法的基石。证券发行时的信息公开称为初次公开或发行公开，证券上市时及上市后的信息公开称为持续公开或继续公开，信息公开的义务人主要是上市公司。

（一）持续信息公开的原则

《证券法》规定，发行人、上市公司依法披露的信息，必须真实、准确、完整，不得有虚假记载、误导性陈述或者重大遗漏。

因此，持续信息公开的原则包括：

1. 真实性。真实性要求公开的信息内容必须符合上市公司的实际经营状况，不得有任何虚假记载。

2. 准确性。准确性要求公司在公开信息时必须确切表明其含义，其内容不得使人产生误解，不得有误导性陈述，使投资者难以通过其陈述获得准确的信息。

3. 完整性。完整性要求必须将能够影响证券市场价格的重大信息都予以公开，不能有重大遗漏，不能将法定事项部分或全部不予记载，或者未予公开。

（二）持续信息公开的内容

1. 定期报告。

（1）中期报告。上市公司和公司债券上市交易的公司，应当在每一会计年度的上半年结束之日起2个月内，向国务院证券监督管理机构和证券交易所报送记载以下内容的中期报告，并予以公告：①公司财务会计报告和经营情况；②涉及公司的重大诉讼事项；③已发行的股票、公司债券变动情况；④提交股东大会审议的重要事项；⑤国务院证券监督管理机构规定的其他事项。

（2）年度报告。上市公司和公司债券上市交易的公司，应当在每一会计年度结束之日起4个月内，向国务院证券监督管理机构和证券交易所报送记载以下内容的年度报告，并予以公告：①公司概况；②公司财务会计报告和经营情况；③董事、监事、高级管理人员简介及其持股情况；④已发行的股票、公司债券情况，包括持有公司股份最多的前10名股东的名单和持股数额；⑤公司的实际控制人；⑥国务院证券监督管理机构规定的其他事项。

上市公司董事、高级管理人员应当对公司的定期报告签署书面确认意见。上市公司监事会应当对董事会编制的公司定期报告进行审核并提出书面审核意见。上市公司董事、监事、高级管理人员应当保证上市公司所披露的信息真实、准确、完整。

2. 临时报告。发生可能对上市公司股票交易价格产生较大影响的重大事件，投资者尚未得知时，上市公司应当立即将有关该重大事件的情况向国务院证券监督管理机构和证券交易所报送临时报告，并予以公告，说明事件的起因、目前的状态和可能产生的法律后果。

下列情况为所称的“重大事件”：

（1）公司的经营方针和经营范围发生重大变化；

（2）公司对重大投资行为和重大的购置财产作出决定；

（3）公司订立重要合同，可能对公司的资产、负债、权益和经营成果产生重要影响；

（4）公司发生重大债务和未能清偿到期重大债务的违约情况；

（5）公司发生重大亏损或者重大损失；

（6）公司生产经营的外部条件发生重大变化；

（7）公司的董事、1/3以上监事或者经理发生变动；

（8）持有公司5%以上股份的股东或者实际控制人，其持有股份或者控制公司的情况发生较大变化；

（9）公司决定减资、合并、分立、解散及申请破产；

（10）涉及公司的重大诉讼，股东大会、董事会决议被依法撤销或者宣告无效；

（11）公司涉嫌犯罪被司法机关立案调查，公司董事、监事、高级管理人员涉嫌犯罪被司法机关采取强制措施；

（12）国务院证券监督管理机构规定的其他事项。

（三）信息披露的具体要求

1. 披露不合法的责任。发行人、上市公司公告的招股说明书、公司债券募集办法、财务会计报告、上市报告文件、年度报告、中期报告、临时报告以及其他信息披露资料，有虚假记载、误导性陈述或者重大遗漏，致使投资者在证券交易中遭受损失的，发行人、上市公司应当承担赔偿责任；发行人、上市公司的董事、监事、高级管理人员和其他直接责任人员以及保荐人、承销的证券公司，应当与发行人、上市公司承担连带赔偿责任，但是能够证明自己没有过错的除外；发行人、上市公司的控股股东、实际控制人有过错的，应当与发行人、上市公司承担连带赔偿责任。

2. 披露媒体及场所要求。依法必须披露的信息，应当在国务院证券监督管理机构指定的媒体发布，同时将其置备于公司住所、证券交易所，供社会公众查阅。

3. 监督管理机构的监督。国务院证券监督管理机构对上市公司年度报告、中期报告、临时报告以及公告的情况进行监督，对上市公司分派或者配售新股的情况进行监督，对上市公司控股股东和信息披露义务人的行为进行监督。

4. 保密要求。证券监督管理机构、证券交易所、保荐人、承销的证券公司及有关人员，对公司依照法律、行政法规规定必须作出的公告，在公告前不得泄露其内容。

证券交易所决定暂停或者终止证券上市交易的，应当及时公告，并报国务院证券监督管理机构备案。

四、禁止的交易行为

（一）内幕交易行为

证券内幕交易是指证券交易内幕信息的知情人和非法获取内幕信息的人利用内幕信息从事证券交易活动。

1. 内幕交易主体。内幕交易主体包括内幕信息的知情人和非法获取内幕信息的人及通过其他方式获取内幕信息的人员。证券交易内幕信息的知情人包括：

（1）发行人的董事、监事、高级管理人员；

（2）持有公司5%以上股份的股东及其董事、监事、高级管理人员，公司的实际控制人及其董事、监事、高级管理人员；

（3）发行人控股的公司及其董事、监事、高级管理人员；

（4）由于所任公司职务可以获取公司有关内幕信息的人员；

（5）证券监督管理机构工作人员以及由于法定职责对证券的发行、交易进行管理的其他人员；

（6）保荐人、承销的证券公司、证券交易所、证券登记结算机构、证券服务机构的有关人员；

（7）国务院证券监督管理机构规定的其他人。

2. 内幕信息的范围。证券交易活动中，涉及公司的经营、财务或者对该公司证券的市场价格有重大影响的尚未公开的信息，为内幕信息。下列信息皆属内幕信息：

（1）《证券法》第67条第2款所列的重大事件；

（2）公司分配股利或者增资的计划；

（3）公司股权结构的重大变化；

（4）公司债务担保的重大变更；

（5）公司营业用主要资产的抵押、出售或者报废一次超过该资产的30%；

（6）公司的董事、监事、高级管理人员的行为可能依法承担重大损害赔偿责任；

（7）上市公司收购的有关方案；

（8）国务院证券监督管理机构认定的对证券交易价格有显著影响的其他重要信息。

3. 内幕交易行为方式。《证券法》第76条规定，证券交易内幕信息的知情人和非法获取内幕信息的人，在内幕信息公开前，不得买卖该公司的证券，或者泄露该信息，或者建议他人买卖该证券。故内幕交易行为方式主要包括：①证券交易内幕信息的知情人和非法获取内幕信息的人，在内幕信息公开前，买卖该公司的证券；②证券交易内幕信息的知情人和非法获取内幕信息的人，在内幕信息公开前，故意泄露该信息，使得他人得以利用该信息进行内幕交易；③证券交易内幕信息的知情人和非法获取内幕信息的人，在内幕信息公开前，建议他人买卖该证券。

内幕交易行为给投资者造成损失的，行为人应当依法承担赔偿责任。

（二）操纵市场行为

1. 含义。操纵市场行为是指个人或机构背离市场自由竞争和供求关系原则，人为地操纵证券价格，以引诱他人参与证券交易，为自己牟取私利的行为。它是投资者利用信息优势、资金优势、人员优势或者持股优势，所进行的以获取收益或者减少损失为目的，扰乱正常交易秩序的行为。操纵市场主体既可以是机构投资者，也可以是个人投资者。

2. 表现方式。操纵市场行为表现方式包括：

（1）单独或者通过合谋，集中资金优势、持股优势或者利用信息优势联合或者连续买卖，操纵证券交易价格或者证券交易量；

（2）与他人串通，以事先约定的时间、价格和方式相互进行证券交易，影响证券交易价格或者证券交易量；

（3）在自己实际控制的账户之间进行证券交易，影响证券交易价格或者证券交易量；

（4）以其他手段操纵证券市场。

操纵证券市场行为给投资者造成损失的，行为人应当依法承担赔偿责任。

（三）欺诈投资者行为

1. 编造并传播虚假信息、虚假陈述和信息误导。《证券法》规定，禁止国家工作人员、传播媒介从业人员和有关人员编造、传播虚假信息，扰乱证券市场。禁止证券交易所、证券公司、证券登记结算机构、证券服务机构及其从业人员，证券业协会、证券监督管理机构及其工作人员，在证券交易活动中作出虚假陈述或者信息误导。各种传播媒介传播证券市场信息必须真实、客观，禁止误导。

2. 欺诈客户行为。欺诈客户行为是指证券公司及其从业人员违背客户的意愿，在交易中欺骗投资者并侵害其利益的行为。

《证券法》规定，禁止证券公司及其从业人员从事下列损害客户利益的欺诈行为：

（1）违背客户的委托为其买卖证券；

（2）不在规定时间内向客户提供交易的书面确认文件；

（3）挪用客户所委托买卖的证券或者客户账户上的资金；

（4）未经客户的委托，擅自为客户买卖证券，或者假借客户的名义买卖证券；

（5）为牟取佣金收入，诱使客户进行不必要的证券买卖；

（6）利用传播媒介或者通过其他方式提供、传播虚假或者误导投资者的信息；

（7）其他违背客户真实意思表示，损害客户利益的行为。

欺诈客户行为给客户造成损失的，行为人应当依法承担赔偿责任。

（四）其他禁止的交易行为

禁止法人非法利用他人账户从事证券交易；禁止法人出借自己或者他人的证券账户。

依法拓宽资金入市渠道，禁止资金违规流入股市。

禁止任何人挪用公款买卖证券。

国有企业和国有资产控股的企业买卖上市交易的股票，必须遵守国家有关规定。

证券交易所、证券公司、证券登记结算机构、证券服务机构及其从业人员对证券交易中发现的禁止从事的交易行为，应当及时向证券监督管理机构报告。

第四节　上市公司的收购

一、上市公司收购概述

（一）上市公司收购的概念

上市公司收购是指收购人拥有的股份达到或者超过一个上市公司股份的一定比例，其获得或可能获得对该公司实际控制权的行为。

（二）上市公司收购的分类

1. 根据所采用的形式，上市公司收购分为要约收购和协议收购。要约收购是指收购人通过公开向目标上市公司的所有股东发出要约，收购目标公司的全部或部分股份，以达到控制或兼并该公司的目的。在我国，通过证券交易所的买卖交易使收购者持有目标公司股份达到法定比例（《证券法》规定该比例为30%），若继续增持股份，必须依法向目标公司所有股东发出全面收购要约。协议收购是收购者在证券交易所之外以协商的方式与被收购公司的股东签订收购其股份的协议，从而达到控制该上市公司的目的。收购人可依照法律、行政法规的规定同被收购公司的股东以协议方式进行股权转让。

2. 根据收购人预定收购目标公司股份的数量，上市公司收购可分为全面收购和部分收购。部分收购是指收购人向目标公司所有股东发出收购其部分股份的要约。全面收购是指收购人向目标公司所有股东发出收购其全部股份的要约。

3. 直接收购和间接收购。直接收购是指收购人具有目标公司股东身份并以自己的名义进行收购。间接收购是指收购人不具有目标公司股东身份而通过受其支配的目标公司股东来实现自己的收购目的。

4. 现金收购、换股收购和混合收购。现金收购是指收购人以自己持有的现金来收购目标公司。换股收购是指收购人以自己持有的其他公司的股份作为收购对价，也称股权置换。混合收购是指收购人以现金、其他公司的股权等作为收购对价。

5. 友好收购和敌意收购。这种分类依据的是目标公司管理层与收购者的合作态度。友好收购指收购人与目标公司管理层在收购相关问题上达成共识的收购。敌意收购是指目标公司的管理层拒绝与收购人合作，对收购持反对态度的收购。

6. 善意收购与恶意收购。善意收购指收购人欲改善目标公司经营状况的收购。恶意收购是指收购人目的在于收购成功后将目标公司的资产变卖以获利的收购。

7. 自愿收购和强制收购。自愿收购是收购人根据自己的意愿来决定收购数量和收购方式。强制收购是指收购人持有目标公司股份达到一定比例时，法律强制其采取某种收购方式进行收购。

（三）上市公司收购的原则

1. 股东公平待遇原则。该原则要求：①要约收购中要约的条件适用于被收购公司的所有股东。②采取要约收购方式的，收购人在要约期限内，不得采取要约规定以外的形式买卖被收购公司的股票。也就是说，收购人在要约收购的同时，不得进行协议收购。③在收购要约的有效期限内，收购人不得撤回其收购要约，收购人需要变更其收购要约中的事项的，必须向证监会和交易所提出报告，经获准后予以公告。这与合同中的要约不同，收购人没有随意变更要约中事项的权利，也不允许随意发出新的要约，使新的要约先于旧要约到达受要约人。《证券法》这样规定的目的是为了维护证券市场的秩序，因为实施收购的过程中，经常会出现为了争夺对上市公司的控制权，在一个投资者发出要约后不久，又有一个投资者发出了要约，而后一个投资者要约的条件优于先发出要约的投资者。如果法律对要约的撤回不加限制，必然是轮番撤回要约，带来股市的震荡，损害投资者的利益。

2. 保护中小股东利益原则。中小股东利益时常受到侵害，因此《证券法》设计了相关规则对其进行保护。

3. 信息公开原则。投资者有持股披露义务。持股披露是要约收购的一个基本规则,《证券法》第86条规定，通过交易所的交易，投资者持有一个上市公司已发行股份的5%时，应当在该事实发生之日起3日内，向证监会、交易所作出书面报告，通知上市公司，并予以公告；在上述规定的期限内，不得再行买卖该上市公司的股票。投资者持有一个上市公司已发行股份的5%后，通过交易所的证券交易，其所持有该上市公司已发行的股份比例每增加或者减少5%，应当依照上述规定进行报告和公告。在报告期限内和作出报告、公告后2日内，不得再行买卖该上市公司的股票。

4. 阻挠不得滥用原则。[1]

二、要约收购制度

（一）持股情况披露义务

通过证券交易所的证券交易，投资者持有或者通过协议、其他安排与他人共同持有一个上市公司已发行的股份达到5%时，应当在该事实发生之日起3日内，向国务院证券监督管理机构、证券交易所作出书面报告，通知该上市公司，并予以公告；在上述期限内，不得再行买卖该上市公司的股票。此为权益披露规则，亦称“5%规则”。

投资者持有或者通过协议、其他安排与他人共同持有一个上市公司已发行的股份达到5%后，其所持该上市公司已发行的股份比例每增加或者减少5%，应当依照上述规定进行报告和公告。在报告期限内和作出报告、公告后2日内，不得再行买卖该上市公司的股票，此为“台阶规则”。

（二）强制要约收购的发出及豁免

通过证券交易所的证券交易，投资者持有或者通过协议、其他安排与他人共同持有一个上市公司已发行的股份达到30%时，继续进行收购的，应当依法向该上市公司所有股东发出收购上市公司全部或者部分股份的要约。

《上市公司收购管理办法》规定，符合一定条件的，投资者及其一致行动人可以向中国证监会申请下列豁免事项：

1. 免于以要约收购方式增持股份；

2. 存在主体资格、股份种类限制或者法律、行政法规、中国证监会规定的特殊情形的，可以申请免于向被收购公司的所有股东发出收购要约。有下列情形之一的，收购人可以向中国证监会提出免于以要约方式增持股份的申请：

（1）收购人与出让人能够证明本次转让未导致上市公司的实际控制人发生变化；

（2）上市公司面临严重财务困难，收购人提出的挽救公司的重组方案取得该公司股东大会批准，且收购人承诺3年内不转让其在该公司中所拥有的权益；

（3）经上市公司股东大会非关联股东批准，收购人取得上市公司向其发行的新股，导致其在该公司拥有权益的股份超过该公司已发行股份的30%，收购人承诺3

---

〔1〕 周友苏：《新证券法论》，法律出版社2007年版，第313页。

年内不转让其拥有权益的股份，且公司股东大会同意收购人免于发出要约；

（4）中国证监会为适应证券市场发展变化和保护投资者合法权益的需要而认定的其他情形。

收购上市公司部分股份的收购要约应当约定，被收购公司股东承诺出售的股份数额超过预定收购的股份数额的，收购人按比例进行收购。

依照上述规定发出收购要约，收购人必须事先向国务院证券监督管理机构报送上市公司收购报告书，并载明下列事项：①收购人的名称、住所；②收购人关于收购的决定；③被收购的上市公司名称；④收购目的；⑤收购股份的详细名称和预定收购的股份数额；⑥收购期限、收购价格；⑦收购所需资金额及资金保证；⑧报送上市公司收购报告书时持有被收购公司股份数占该公司已发行的股份总数的比例。

收购人还应当将上市公司收购报告书同时提交证券交易所。

收购人在依照上述规定报送上市公司收购报告书之日起15日后，公告其收购要约。在上述期限内，国务院证券监督管理机构发现上市公司收购报告书不符合法律、行政法规规定的，应当及时告知收购人，收购人不得公告其收购要约。

（三）收购期限及公告

1. 收购期限。收购要约约定的收购期限不得少于30日，并不得超过60日。采取要约收购方式的，收购人在收购期限内，不得卖出被收购公司的股票，也不得采取要约规定以外的形式和超出要约的条件买入被收购公司的股票。

2. 公告。在收购要约确定的承诺期限内，收购人不得撤销其收购要约。收购人需要变更收购要约的，必须事先向国务院证券监督管理机构及证券交易所提出报告，经批准后，予以公告。

收购要约提出的各项收购条件，适用于被收购公司的所有股东。

三、协议收购制度

（一）协议收购的公告

采取协议收购方式的，收购人可以依照法律、行政法规的规定同被收购公司的股东以协议方式进行股份转让。以协议方式收购上市公司时，达成协议后，收购人必须在3日内将该收购协议向国务院证券监督管理机构及证券交易所作出书面报告，并予以公告。在公告前不得履行收购协议。

采取协议收购方式的，协议双方可以临时委托证券登记结算机构保管协议转让的股票，并将资金存放于指定的银行。

（二）收购要约及豁免

采取协议收购方式的，收购人收购或者通过协议、其他安排与他人共同收购一个上市公司已发行的股份达到30%时，继续进行收购的，应当向该上市公司所有股东发出收购上市公司全部或者部分股份的要约。但是，经国务院证券监督管理机构免除发出要约的除外。

收购人依照上述规定以要约方式收购上市公司股份，应当遵守《证券法》第

89～93条的规定。

(三) 终止上市

终止上市是指股票不再符合上市条件，不再在证券交易所进行交易。

收购期限届满，被收购公司股权分布不符合上市条件的，该上市公司的股票应当由证券交易所依法终止上市交易；其余仍持有被收购公司股票的股东，有权向收购人以收购要约的同等条件出售其股票，收购人应当收购。

收购行为完成后，被收购公司不再具备股份有限公司条件的，应当依法变更企业形式。

在上市公司收购中，收购人持有的被收购的上市公司的股票，在收购行为完成后的12个月内不得转让。收购行为完成后，收购人与被收购公司合并，并将该公司解散的，被解散公司的原有股票由收购人依法更换。收购行为完成后，收购人应当在15日内将收购情况报告国务院证券监督管理机构和证券交易所，并予以公告。收购上市公司中由国家授权投资的机构持有的股份，应当按照国务院的规定，经有关主管部门批准。

第五节 证券交易所

一、证券交易所的含义及特征

(一) 概念

《证券法》规定，证券交易所是为证券集中交易提供场所和设施，组织和监督证券交易，实行自律管理的法人。

(二) 特征

1. 证券交易所是为证券交易提供场所和设施的交易场所；
2. 证券交易所是实行自律管理的法人；
3. 证券交易所以证券集中交易方式为主；
4. 证券交易所的设立和解散，由国务院决定。

二、证券交易所的设立

根据《证券法》，设立证券交易所必须制定章程。证券交易所章程的制定和修改，必须经国务院证券监督管理机构批准。证券交易所必须在其名称中标明“证券交易所”字样。其他任何单位或者个人不得使用证券交易所或者近似的名称。

三、证券交易所的组织机构

(一) 会员大会

1. 会员大会的职权。会员大会为证券交易所的最高权力机构。会员大会有以下职权：①制定和修改证券交易所章程；②选举和罢免会员理事；③审议和通过理事会、总经理的工作报告；④审议和通过证券交易所的财务预算、决算报告；⑤决定证券交易所的其他重大事项。

2. 会员大会章程。章程的制定和修改经会员大会通过后，报证监会批准。

3. 定期会议和临时会议。会员大会由理事会召集，每年召开1次。有下列情形之一的，应当召开临时会员大会：①理事人数不足规定的最低人数；②占会员总数1/3以上的会员请求；③理事会认为必要。

会员大会须有2/3以上会员出席，其决议须经出席会议的过半数以上会员表决通过后方为有效。

会员大会结束后10日内，证券交易所应当将大会全部文件及有关情况报证监会备案。

（二）理事会

理事会是证券交易所的决策机构，每届任期3年。理事会的职责是：①执行会员大会的决议；②制定、修改证券交易所的业务规则；③审定总经理提出的工作计划；④审定总经理提出的财务预算、决算方案；⑤审定对会员的接纳；⑥审定对会员的处分；⑦根据需要决定专门委员会的设置；⑧会员大会授予的其他职责。

证券交易所理事会由7～13人组成，其中非会员理事人数不少于理事会成员总数的1/3，不超过理事会成员总数的1/2。会员理事由会员大会选举产生。非会员理事由证监会委派。理事连续任职不得超过两届。理事会设理事长1人，副理事长1～2人。理事长、副理事长由证监会提名，由理事会选举产生。总经理应当是理事会成员。理事长负责召集和主持理事会会议。理事长因故临时不能履行职责时，由理事长指定的副理事长代其履行职责。理事长担任会员大会期间的会议主席。理事长不得兼任证券交易所总经理。

理事会会议至少每季度召开一次。会议须有2/3以上理事出席，其决议应当经出席会议的2/3以上理事表决同意方为有效。理事会决议应当在会议结束后2个工作日内报证监会备案。

（三）总经理

证券交易所设总经理1人，副总经理1～3人。总经理、副总经理由证监会任免。总经理、副总经理不得由国家公务员兼任。

总经理、副总经理任期3年。总经理连续任职不得超过两届。总经理在理事会领导下负责证券交易所的日常管理工作，为证券交易所的法定代表人。总经理因故临时不能履行职责时，由总经理指定的副总经理代其履行职责。

四、证券交易所的职责及交易规则

（一）证券交易所的职责

1. 证券交易所应当创造公开、公平、公正的市场环境，保证证券市场的正常运行。

2. 证券交易所的职能包括：①提供证券交易的场所和设施；②制定证券交易所的业务规则；③接受上市申请，安排证券上市；④组织、监督证券交易；⑤对会员进行监管；⑥对上市公司进行监管；⑦设立证券登记结算机构；⑧管理和公布市场信息；⑨证监会许可的其他职能。

3. 证券交易所不得直接或者间接从事：①以营利为目的的业务；②新闻出版业；③发布对证券价格进行预测的文字和资料；④为他人提供担保；⑤未经证监会批准的其他业务。

证券交易所上市新的证券交易品种，应当报证监会批准。

4. 证券交易所应当为组织公平的集中交易提供保障，公布证券交易即时行情，并按交易日制作证券市场行情表，予以公布。未经证券交易所许可，任何单位和个人不得发布证券交易即时行情。

5. 因突发性事件而影响证券交易的正常进行时，证券交易所可以采取技术性停牌的措施；因不可抗力的突发性事件或者为维护证券交易的正常秩序，证券交易所可以决定临时停市。证券交易所采取技术性停牌或者决定临时停市，必须及时报告国务院证券监督管理机构。证券交易所对证券交易实行实时监控，并按照国务院证券监督管理机构的要求，对异常的交易情况提出报告。

6. 证券交易所应当对上市公司及相关信息披露义务人披露信息进行监督，督促其依法及时、准确地披露信息。证券交易所根据需要，可以对出现重大异常交易情况的证券账户限制交易，并报国务院证券监督管理机构备案。

（二）交易规则

进入证券交易所参与集中交易的，必须是证券交易所的会员。

投资者应当与证券公司签订证券交易委托协议，并在证券公司开立证券交易账户，以书面、电话以及其他方式委托该证券公司代其买卖证券。

证券公司根据投资者的委托，按照证券交易规则提出交易申报，参与证券交易所场内的集中交易，并根据成交结果承担相应的清算交收责任；证券登记结算机构根据成交结果，按照清算交收规则，与证券公司进行证券和资金的清算交收，并为证券公司客户办理证券的登记过户手续。

第六节 证券公司

一、概念

证券公司是指依照《公司法》和《证券法》规定设立的经营证券业务的有限责任公司或者股份有限公司。

二、证券公司的设立

（一）设立条件

设立证券公司，应当具备下列条件：

1. 有符合法律、行政法规规定的公司章程；

2. 主要股东具有持续盈利能力，信誉良好，最近3年无重大违法违规记录，净资产不低于人民币2亿元；

3. 有符合证券法规定的注册资本；

4. 董事、监事、高级管理人员具备任职资格，从业人员具有证券从业资格；

5. 有完善的风险管理与内部控制制度；

6. 有合格的经营场所和业务设施；

7. 法律、行政法规规定的和经国务院批准的国务院证券监督管理机构规定的其他条件。

（二）证券公司的业务

经国务院证券监督管理机构批准，证券公司可以经营下列部分或者全部业务：

1. 证券经纪；

2. 证券投资咨询；

3. 与证券交易、证券投资活动有关的财务顾问；

4. 证券承销与保荐；

5. 证券自营；

6. 证券资产管理；

7. 其他证券业务。

证券公司必须在其名称中标明“证券有限责任公司”或者“证券股份有限公司”字样。

证券公司经营上述第1～3项业务的，注册资本最低限额为人民币5000万元；经营第4～7项业务之一的，注册资本最低限额为人民币1亿元；经营第4～7项业务中两项以上的，注册资本最低限额为人民币5亿元。证券公司的注册资本应当是实缴资本。

国务院证券监督管理机构根据审慎监管原则和各项业务的风险程度，可以调整注册资本最低限额，但不得少于上述规定的限额。

（三）监管部门的审核

国务院证券监督管理机构应当自受理证券公司设立申请之日起6个月内，依照法定条件和法定程序并根据审慎监管原则进行审查，作出批准或者不予批准的决定，并通知申请人；不予批准的，应当说明理由。

证券公司设立申请获得批准的，申请人应当在规定的期限内向公司登记机关申请设立登记，领取营业执照。

证券公司应当自领取营业执照之日起15日内，向国务院证券监督管理机构申请经营证券业务许可证。未取得经营证券业务许可证，证券公司不得经营证券业务。

证券公司设立、收购或者撤销分支机构，变更业务范围或者注册资本，变更持有5%以上股权的股东、实际控制人，变更公司章程中的重要条款，合并、分立、变更公司形式、停业、解散、破产，必须经国务院证券监督管理机构批准。

证券公司在境外设立、收购或者参股证券经营机构，必须经国务院证券监督管理机构批准。

三、其他规定

（一）相关人员的任职资格

证券公司的董事、监事、高级管理人员，应当正直诚实，品行良好，熟悉证券法律、行政法规，具有履行职责所需的经营管理能力，并在任职前取得国务院证券监督管理机构核准的任职资格。

（二）利润分配

证券公司从每年的税后利润中提取交易风险准备金，用于弥补证券交易的损失，其提取的具体比例由国务院证券监督管理机构规定。

（三）证券公司内部管理及财务制度

证券公司应当建立健全内部控制制度，采取有效隔离措施，防范公司与客户之间、不同客户之间的利益冲突。

证券公司必须将其证券经纪业务、证券承销业务、证券自营业务和证券资产管理业务分开办理，不得混合操作。

证券公司的自营业务必须以自己的名义进行，不得假借他人名义或者以个人名义进行。

证券公司的自营业务必须使用自有资金和依法筹集的资金。证券公司不得将其自营账户借给他人使用。证券公司依法享有自主经营的权利，其合法经营不受干涉。

证券公司客户的交易结算资金应当存放在商业银行，以每个客户的名义单独立户管理。具体办法和实施步骤由国务院规定。

（四）对客户关系的管理

证券公司不得将客户的交易结算资金和证券归入其自有财产。禁止任何单位或者个人以任何形式挪用客户的交易结算资金和证券。证券公司破产或者清算时，客户的交易结算资金和证券不属于其破产财产或者清算财产。非因客户本身的债务或者法律规定的其他情形，不得查封、冻结、扣划或者强制执行客户的交易结算资金和证券。证券公司办理经纪业务，应当置备统一制定的证券买卖委托书，供委托人使用。采取其他委托方式的，必须作出委托记录。客户的证券买卖委托，不论是否成交，其委托记录应当按照规定的期限，保存于证券公司。

证券公司接受证券买卖的委托，应当根据委托书载明的证券名称、买卖数量、出价方式、价格幅度等，按照交易规则代理买卖证券，如实进行交易记录；买卖成交后，应当按照规定制作买卖成交报告单交付客户。证券交易中确认交易行为及其交易结果的对账单必须真实，并由交易经办人员以外的审核人员逐笔审核，保证账面证券余额与实际持有的证券相一致。

证券公司为客户买卖证券提供融资融券服务，应当按照国务院的规定并经国务院证券监督管理机构批准。证券公司办理经纪业务，不得接受客户的全权委托而决定证券买卖、选择证券种类、决定买卖数量或者买卖价格。证券公司不得以任何方式对客户证券买卖的收益或者赔偿证券买卖的损失作出承诺。证券公司及其从业人员不得未经过其依法设立的营业场所私下接受客户委托买卖证券。证券公司的从业人员在证券交易活动中，执行所属的证券公司的指令或者利用职务违反交易规则的，由所属的证券公司承担全部责任。

证券公司应当妥善保存客户开户资料、委托记录、交易记录和与内部管理、业务经营有关的各项资料，任何人不得隐匿、伪造、篡改或者毁损。上述资料的保存期限不得少于20年。证券公司应当按照规定向国务院证券监督管理机构报送业务、财务等经营管理信息和资料。国务院证券监督管理机构有权要求证券公司及其股东、实际控制人在指定的期限内提供有关信息、资料。

证券公司及其股东、实际控制人向国务院证券监督管理机构报送或者提供的信息、资料，必须真实、准确、完整。

第七节 证券中介机构

一、证券登记结算机构

（一）概念

证券登记结算机构是为证券交易提供集中登记、存管与结算服务，不以营利为目的的法人。

（二）设立

设立证券登记结算机构必须经国务院证券监督管理机构批准。

设立证券登记结算机构，应当具备下列条件：

1. 自有资金不少于人民币2亿元；
2. 具有证券登记、存管和结算服务所必须的场所和设施；
3. 主要管理人员和从业人员必须具有证券从业资格；
4. 国务院证券监督管理机构规定的其他条件。

证券登记结算机构的名称中应当标明“证券登记结算”字样。

（三）职责

证券登记结算机构履行下列职能：①证券账户、结算账户的设立；②证券的存管和过户；③证券持有人名册登记；④证券交易所上市证券交易的清算和交收；⑤受发行人的委托派发证券权益；⑥办理与上述业务有关的查询；⑦国务院证券监督管理机构批准的其他业务。

（四）管理规定

1. 运营方式。证券登记结算采取全国集中统一的运营方式。证券登记结算机构章程、业务规则应当依法制定，并经国务院证券监督管理机构批准。证券持有人持有的证券，在上市交易时，应当全部存管在证券登记结算机构。证券登记结算机构不得挪用客户的证券。证券登记结算机构应当向证券发行人提供证券持有人名册及有关资料。证券登记结算机构应当根据证券登记结算的结果，确认证券持有人持有证券的事实，提供证券持有人登记资料。

2. 证券登记结算机构应当保证证券持有人名册和登记过户记录真实、准确、完整，不得隐匿、伪造、篡改或者毁损。

3. 证券登记结算机构应当采取下列措施保证业务的正常进行：①有必备的服务设备和完善的数据安全保护措施；②建立完善的业务、财务和安全防范等管理制度；③建立完善的风险管理系统。

4. 证券登记结算机构应当妥善保存登记、存管和结算的原始凭证及有关文件和资料，其保存期限不得少于20年。

5. 证券结算风险基金。证券登记结算机构应当设立证券结算风险基金，用于垫付或者弥补因违约交收、技术故障、操作失误、不可抗力造成的证券登记结算机构的损失。

6. 投资者委托证券公司进行证券交易，应当申请开立证券账户。证券登记结算机构应当按照规定以投资者本人的名义为投资者开立证券账户。投资者申请开立账户，必须持有证明中国公民身份或者中国法人资格的合法证件。国家另有规定的除外。

7. 证券登记结算机构为证券交易提供净额结算服务时，应当要求结算参与人按照货银对付的原则，足额交付证券和资金，并提供交收担保。

在交收完成之前，任何人不得动用用于交收的证券、资金和担保物。结算参与人未按时履行交收义务的，证券登记结算机构有权按照业务规则处理上述财产。证券登记结算机构按照业务规则收取的各类结算资金和证券，必须存放于专门的清算交收账户，只能按业务规则用于已成交的证券交易的清算交收，不得被强制执行。

二、证券服务机构

证券服务机构主要包括投资咨询机构、财务顾问机构、资信评级机构、资产评估机构、会计师事务所等。

（一）业务批准及从业人员资格

投资咨询机构、财务顾问机构、资信评级机构、资产评估机构、会计师事务所从事证券服务业务，必须经国务院证券监督管理机构和有关主管部门批准。

投资咨询机构、财务顾问机构、资信评级机构中从事证券服务业务的人员，必须具备证券专业知识和从事证券业务或者证券服务业务2年以上经验。认定其证券从业资格的标准和管理办法，由国务院证券监督管理机构制定。

（二）禁止的行为

投资咨询机构及其从业人员从事证券服务业务不得有下列行为：①代理委托人从事证券投资；②与委托人约定分享证券投资收益或者分担证券投资损失；③买卖

本咨询机构提供服务的上市公司股票；④利用传播媒介或者通过其他方式提供、传播虚假或者误导投资者的信息；⑤法律、行政法规禁止的其他行为。投资咨询机构及其从业人员有上述行为之一，给投资者造成损失的，依法承担赔偿责任。

（三）证券服务机构的义务及责任

证券服务机构为证券的发行、上市、交易等证券业务活动制作、出具审计报告、资产评估报告、财务顾问报告、资信评级报告或者法律意见书等文件，应当勤勉尽责，对所依据的文件资料内容的真实性、准确性、完整性进行核查和验证。其制作、出具的文件有虚假记载、误导性陈述或者重大遗漏，给他人造成损失的，应当与发行人、上市公司承担连带赔偿责任，但是能够证明自己没有过错的除外。

第八节　证券监督管理机构

国务院证券监督管理机构依法对证券市场实行监督管理，维护证券市场秩序，保障其合法运行。

一、证券监督管理机构的职责

国务院证券监督管理机构在对证券市场实施监督管理中履行下列职责：

1. 依法制定有关证券市场监督管理的规章、规则，并依法行使审批或者核准权；

2. 依法对证券的发行、上市、交易、登记、存管、结算进行监督管理；

3. 依法对证券发行人、上市公司、证券公司、证券投资基金管理公司、证券服务机构、证券交易所、证券登记结算机构的证券业务活动，进行监督管理；

4. 依法制定从事证券业务人员的资格标准和行为准则，并监督实施；

5. 依法监督检查证券发行、上市和交易的信息公开情况；

6. 依法对证券业协会的活动进行指导和监督；

7. 依法对违反证券市场监督管理法律、行政法规的行为进行查处；

8. 法律、行政法规规定的其他职责。

国务院证券监督管理机构可以和其他国家或者地区的证券监督管理机构建立监督管理合作机制，实施跨境监督管理。

二、证券监督管理机构有权采取的措施

国务院证券监督管理机构依法履行职责，有权采取下列措施：

1. 对证券发行人、上市公司、证券公司、证券投资基金管理公司、证券服务机构、证券交易所、证券登记结算机构进行现场检查；

2. 进入涉嫌违法行为发生场所调查取证；

3. 询问当事人和与被调查事件有关的单位和个人，要求其对与被调查事件有关的事项作出说明；

4. 查阅、复制与被调查事件有关的财产权登记、通信记录等资料；

5. 查阅、复制当事人和与被调查事件有关的单位和个人的证券交易记录、登记过户记录、财务会计资料及其他相关文件和资料；对可能被转移、隐匿或者毁损的文件和资料，可以予以封存；

6. 查询当事人和与被调查事件有关的单位和个人的资金账户、证券账户和银行账户；对有证据证明已经或者可能转移或者隐匿违法资金、证券等涉案财产或者隐匿、伪造、毁损重要证据的，经国务院证券监督管理机构主要负责人批准，可以冻结或者查封；

7. 在调查操纵证券市场、内幕交易等重大证券违法行为时，经国务院证券监督管理机构主要负责人批准，可以限制被调查事件当事人的证券买卖，但限制的期限不得超过15个交易日；案情复杂的，可以延长15个交易日。

三、证券监督管理机构及其工作人员的义务

国务院证券监督管理机构依法履行职责，进行监督检查或者调查，其监督检查、调查的人员不得少于2人，并应当出示合法证件和监督检查、调查通知书。监督检查、调查的人员少于2人或者未出示合法证件和监督检查、调查通知书的，被检查、调查的单位有权拒绝。

国务院证券监督管理机构工作人员必须忠于职守，依法办事，公正廉洁，不得利用职务便利牟取不正当利益，不得泄露所知悉的有关单位和个人的商业秘密。

国务院证券监督管理机构依法制定的规章、规则和监督管理工作制度应当公开。

国务院证券监督管理机构依据调查结果，对证券违法行为作出的处罚决定，应当公开。

案例讨论

一、基本案情

大丰股份有限公司在其股票上市交易期间，与泰达证券公司共同发布虚假财务会计报告，虚增利润，诱导投资者，同时借用他人账户买卖其股票，致使其股价在短期内非正常上涨；泰达证券公司也提供虚假信息诱导其客户购买大丰股份有限公司的股票，并向许多客户提供资金支持和自己持有的大丰股份有限公司的股票。大丰股份有限公司的董事长张某明知公司的造假行为，于是在证监会查处之前将自己持有的本公司的股票卖出，获利50万元。后证监会对以上违法行为依法查处。

问题：

1. 大丰股份有限公司的行为是虚假陈述行为，还是操纵市场行为？

2. 对泰达证券公司的行为应如何定性？如对投资者造成损失，应如何承担责任？

3. 大丰股份有限公司董事长张某的行为属于什么行为？

二、案例分析

1. 操纵市场的行为人可以通过虚假记载的方式诱导投资者买卖股票，进而操纵

证券交易量和交易价格，此时应将其行为定性为操纵市场行为。大丰股份有限公司正是通过虚假记载的方式诱导投资者买卖股票，而且同时借用他人账户买卖其股票，构成自买自卖，因此，应将其行为定性为操纵市场行为。

2. 泰达证券公司与大丰公司共同发布虚假财务会计报告，诱导投资者，并向许多客户提供资金支持和自己持有的大丰股份有限公司的股票，构成与大丰股份有限公司操纵市场行为的共同行为人，如对投资者造成损失，应当与大丰公司承担连带赔偿责任。

3. 张某作为大丰股份有限公司的董事长，其知道公司对财务会计作虚假记载，不仅违反了信息披露义务，而且在该虚假记载行为被证监会查处之前，即公司违法的内幕信息披露之前卖出其所持有的公司股票，因此，张某的行为属于内幕交易行为。

复习思考题

一、单项选择题

1. 我国现行《证券法》于（　　）起开始施行。

A. 2005 年 10 月 27 日　　B. 2006 年 1 月 1 日

C. 2005 年 12 月 31 日　　D. 2006 年 2 月 1 日

2. 某股份有限公司拟发行公司债券。该公司净资产额为 4 亿元人民币，以前未发行过公司债券。此次发行债券额最多不得超过（　　）。

A. 4 亿元　　B. 2 亿元

C. 1. 6 亿元　　D. 1 亿元

3. 某股份有限公司召开董事会，对公司通过发行公司债券筹集到的资金的用途进行讨论，董事们发表了以下意见，你认为正确的是（　　）。

A. 用于公司弥补亏损　　B. 用于买卖股票

C. 用于审批机关批准的用途　　D. 用于期货交易

4. 证券的代销、包销期限最长不得超过（　　）日。

A. 30　　B. 60

C. 90　　D. 120

5. 通过证券交易所的证券交易，投资者持有或者通过协议、其他安排与他人共同持有一个上市公司已发行的股份达到（　　）时，继续收购的，应当依法向该上市公司所有股东发出收购上市公司全部或者部分的要约。

A. 10%　　B. 20%

C. 30%　　D. 50%

6. 在上市公司收购中，收购人持有的被收购的上市公司的股票，在收购行为完成后的（　　）个月内不得转让。

A. 6　　B. 12

C. 3　　D. 24

7. 人民币普通股是指（　　）。

A. A股　　B. B股

C. N股　　D. H股

8. 股票发行采取溢价发行的，其发行价格由下列哪项所述之人协商确定并报国务院证券监督管理机构核准？（　　）

A. 发行人与代销的证券公司

B. 发行人与包销的证券公司

C. 发行人与证券交易所

D. 发行人与承销的证券公司

9. 证券在证券交易所上市交易，应当采用何种交易方式？（　　）

A. 集中竞价交易方式

B. 公开的交易方式

C. 做市商交易方式

D. 公开的集中交易方式或者国务院证券监督管理机构批准的其他方式

10. 关于证券交易所，下列说法错误的是（　　）。

A. 未经证券交易所许可，任何单位和个人不得发布证券交易即时行情

B. 证券交易所根据需要，可以对出现重大异常交易情况的证券账户限制交易，并报国务院证券监督管理机构备案

C. 证券交易所应当从其收取的交易费用和会员费、席位费中提取一定比例的金额设立风险基金。风险基金由证券交易所理事会管理

D. 证券交易所依照证券法律、行政法规制定上市规则、交易规则、会员管理规则和其他有关规则，并报国务院证券监督管理机构备案

二、多项选择题

1. 《证券法》关于发行人应当采用承销团方式发售证券的规定中，下列哪些项是正确的？（　　）

A. 适用于向不特定对象公开发行的证券

B. 发行证券的票面总值必须超过人民币1亿元

C. 由主承销和参与承销的证券公司组成

D. 承销团代销、包销期限最长不得超过60日

2. 下列属于证券内幕信息知情人的有（　　）。

A. 发行人的董事

B. 持有公司3%股份的股东

C. 发行人控股的公司及其董事、监事、高级管理人员

D. 公司的实际控制人

3. 上市公司有下列（　　）情形之一的，由证券交易所决定终止其股票上市交易。

A. 公司股本总额、股权分布等发生变化不再具备上市条件，在证券交易所规定的期限内仍不能达到上市条件

B. 公司不按照规定公开其财务状况，或者对财务会计报告作虚假记载，且拒绝纠正

C. 公司解散或被宣告破产

D. 公司最近3年连续亏损，在其后一个年度内未能恢复盈利

4. 根据投资主体的不同，可以将股票分为（　　）。

A. 国家股

B. 法人股

C. 社会公众股

D. 外资股

5. 下列关于上市公司收购的说法正确的有哪些？（　　）

A. 上市公司收购可以采取要约收购或者协议收购的方式

B. 投资者持有一个上市公司已发行的股份的5%时，应当在该事实发生之日起3日内，向国务院证券监督管理机构、证券交易所作出书面报告，通知该上市公司，并予以公告

C. 收购要约的期限不得少于20日，并不得超过1年

D. 在收购要约的有效期限内，收购人不得撤回其收购要约

6. 下列哪些是证券投资基金的特点？（　　）

A. 集合投资

B. 分散风险

C. 专家管理

D. 风险最大

7. 下列属于可能对上市公司股票交易价格产生较大影响的重大事件的是（　　）。

A. 公司的经营方针和经营范围的重大变化

B. 公司生产经营的外部条件发生的重大变化

C. 公司减资的决定

D. 公司的董事、1/10以上监事或者经理发生变动

8.《关于审理证券市场因虚假陈述引发的民事赔偿案件的若干规定》所界定的虚假陈述行为包括（　　）。

A. 虚假记载　　B. 误导性陈述

C. 重大遗漏　　D. 不正当披露

9. 证券公司可以经营的业务包括（　　）。

A. 证券经纪　　B. 投资咨询

C. 证券自营　　D. 证券资产管理

10. 关于国务院证券监督管理机构的说法正确的有（　　）。

A. 有权依法制定有关证券市场监督管理的规章、规则

B. 有权对证券业协会的活动进行监督

C. 有权任命证券交易所总经理

D. 可以进入涉嫌违法行为发生场所调查取证

三、判断题

1. 我国目前设立的证券投资基金均为契约型基金。（　　）

2. 所谓证券监管，是指国家证券监管机构对证券业的监管。（　　）

3. 证券登记结算机构能够提供融资融券服务。（　　）

4. 证券犯罪行为就是违反证券法的行为。（　　）

5. 可转换公司债券是一种附有转股权的债券。（　　）

6. 由于基金管理人负责基金的资金管理与应用，因此，基金投资发生的亏损应由基金管理人独立承担。（　　）

7. 设权证券与证权证券的区别在于证权证券所代表的权利本来并不存在，而是随着证券的制作而产生的。（　　）

8. 公募证券是向特定的投资者发行的证券。（　　）

9. 按照《证券投资基金法》的规定，依法募集基金是基金管理公司的一项法定权利，其他任何机构不得从事基金的募集活动。（　　）

10. 证券服务机构因误导性陈述给他人造成损失的，应当与发行人、上市公司承担连带赔偿责任，但是能够证明自己没有过错的除外。（　　）

四、简答题

1. 简述证券市场的基本功能。

2. 股票暂停上市的情形有哪些？

3. 简述证券交易的基本原则。

4. 设立中小企业板的意义有哪些？

5. 证券市场参与者有哪些？

五、案例分析题

1. 1999年3月2日，深圳市商贸投资控股公司（以下称深圳商贸控股）与广东亿安科技发展控股有限公司（以下称“亿安科技”）签订了《股权转让合同》，合同约定深圳商贸控股将其持有的深锦兴公司股份19 228 462股（占总股本26.11%）以每股约3.1元的价格转让给亿安科技。该股份转让完成后，亿安控股持有深锦兴公司股份19 228 456股，成为该公司第一大股东，深圳商贸控股不再持有该公司股份。同日，各方依法发布公告。公告同时说明，该公司是于1998年10月13日成立的有限责任公司，公司住所为江门市港口路22号12楼，法定代表人罗成，注册资本1.5亿元，公司1998年底总资产为3.45亿元，净资产1.59亿元，实现利润918万元。公司受让深锦兴股份成为其第一大股东后，将发挥本公司优势对深锦兴进行适当资产

重组，发展壮大深锦兴的主营业务，使深锦兴取得长足的、持续的发展。

同年8月深锦兴更名为亿安科技。2000年2月17日，在深圳证券交易所流通交易的亿安科技股价达到创纪录的126.31元，成为中国股价最高的第一股，其百元牛股行情仅仅维持了5天，此后该股票价格一路狂跌，到2003年3月该股票价仅为9元左右。

2001年9月3日，广州市公安局破获了亿安科技操纵股价案，抓获犯罪嫌疑人郑伟、何新祥、李鸿清、罗健梓等17人。查明广东欣盛投资顾问公司等4家公司自1998年10月5日起，利用627个个人股票账户和3个法人股票账户，联手操纵亿安科技股价，从中非法牟利4.49亿元。

2003年3月，亿安科技股价操纵案的主要犯罪嫌疑人、原亿安集团董事长罗成仍然在逃，警方正在全力展开追捕，不久，广州市人民检察院以操纵证券交易价格罪对郑伟等17人提起公诉，广州市中院对此案进行公开审理。9月25日广州市中级法院作出一审判决，原广东亿安集团副总裁、财务总监李鸿清等5人因犯有“操纵证券交易价格罪”，分别被判刑2年3个月至3年半不等。

问题：

(1) 要约收购方式与协议收购方式有何区别？

(2) 我国《证券法》对上市公司的收购行为有哪些一般规则？

(3) 什么是操纵市场行为？其构成要件是什么？本案中罗成等人是否构成操纵市场行为？

2. (2006年注会试题) 甲公司是由自然人乙和自然人丙于2002年8月共同投资设立的有限责任公司。2006年4月，甲公司经过必要的内部批准程序，决定公开发行公司债券，并向国务院授权的部门报送有关文件。报送文件中涉及有关公开发行公司债券并上市的方案要点如下：

(1) 截止到2005年12月31日，甲公司经过审计后的财务会计资料显示：注册资本为5000万元，资产总额为26 000万元，负债总额为8000万元；在负债总额中，没有既往发行债券的记录；2003年度～2005年度的可分配利润分别为1200万元、1600万元和2000万元。

(2) 甲公司拟发行公司债券8000万元，募集资金中的1000万元用于修建职工文体活动中心，其余部分用于生产经营；公司债券年利率为4%，期限为3年。

(3) 公司债券拟由丁承销商包销。根据甲公司与丁承销商签订的公司债券包销意向书，公司债券的承销期限为120天，丁承销商在所包销的公司债券中，可以预先购入并留存公司债券2000万元，其余部分向公众发行。

根据上述内容，分别回答下列问题：

(1) 甲公司是否具备发行公司债券的主体资格？

(2) 甲公司的净资产和可分配利润是否符合公司债券发行的条件？并分别说明理由。

(3) 甲公司发行的公司债券数额和募集资金用途是否符合有关规定？并分别说明理由。如果公司债券发行后上市交易，公司债券的期限是否符合规定？并说明理由。

(4) 甲公司拟发行的公司债券由丁承销商包销是否符合规定？并说明理由。公司债券的承销期限和包销方式是否符合规定？并分别说明理由。

3. 2006年11月，杭萧钢构与中国国际基金有限公司开始接触洽谈安哥拉公房项目由混凝土结构改成钢结构。至2007年2月17日，杭萧钢构公司与中基公司签订了安哥拉安居家园建设工程项目的产品销售合同和施工合同。此间，原杭萧钢构证券办主任陈玉兴获悉安哥拉项目情况，并指令王向东买入2 776 996股杭萧钢构。其后，杭萧钢构证券办副主任、证券事务代表罗高峰违反《证券法》有关规定，将其所知悉的安哥拉项目信息泄露给陈玉兴，王向东随后按照陈玉兴指令买入239.86万股、178.73万股杭萧钢构，陈并将罗高峰委托其管理的晁励春股票账户买入4.28万股杭萧钢构。至监管机构展开调查时，王向东依陈玉兴指令将杭萧钢构股票全部卖出，非法获利4037万元，陈玉兴将晁励春账户上的杭萧钢构股票全部卖出，非法获利36万余元。

问题：请依据证券法的有关规定分析，罗高峰等人的行为是否构成内幕交易行为？

第九章　票据法

学习提要与学习目标

本章主要介绍了票据的概念和特征、票据关系及与票据有关的法律关系、票据行为、票据权利、票据的伪造与变造、票据的丧失与补救、汇票、本票及支票法律制度等。重点是票据的概念和特征、票据行为、票据权利、票据的丧失的补救及汇票法律制度。通过学习，掌握票据的基本法律制度，正确使用票据。

第一节　票据法的一般理论

一、我国的票据立法

（一）票据的概念和法律特征

关于票据，有广义和狭义之分。广义上的票据包括各种有价证券和凭证，如股票、国库券、企业债券、发票、提单、仓单等；狭义上的票据则是指《票据法》上的票据。

我国《票据法》第2条第2款规定："本法所称票据，是指汇票、本票和支票。"鉴于此，我国票据法上的票据就是指出票人依法签发的，约定自己或委托付款人在见票时或指定的日期向收款人或持票人无条件支付一定金额并可转让的有价证券。据此我国票据法上的票据包含以下几层含义：

1. 票据是出票人依法签发的有价证券。法律依据不同的票据种类，规定了不同的形式，出票人必须依照法律规定的要求签发相关票据，否则即不受法律的保护。

2. 票据所表示的权利与票据不可分离，融为一体。票据权利的发生，必须作成票据；票据权利的转让，必须交付票据；票据权利的行使，必须提示票据。

3. 票据以支付一定金额为目的。票据的签发和转让以支付票据上的金额为最终目的，该金额得到全部支付，票据上的权利义务即告消灭。

4. 票据所记载的金额由出票人自行支付或委托他人支付。由出票人自行支付的是本票，由出票人委托他人支付的是汇票和支票。

5. 票据的持票人只要向付款人提示票据，付款人即应无条件向持票人或收款人支付票据金额。

票据具有以下法律特征：

1. 票据是完全有价证券。完全性，是指证券上权利之发生、移转及行使与证券本身不可分离。票据权利的产生以作成票据为必要；票据权利的转移以交付票据为必要；票据权利的行使以持有并提示票据为必要。

2. 票据是金钱债权证券。票据所表示的权利，是一种以给付一定的金额为标的的债权，因此票据是金钱债券证券。即票据权利所蕴含的是一种债法上的请求权，而且此项权利以给付一定数量的金钱为内容。

3. 票据是无因证券。所谓无因性，是指票据权利仅以票据法的规定发生，而不需要考虑票据权利发生的原因或基础，其原因是否存在、发生或有效，原则上都不影响票据权利的存在。

4. 票据是要式证券。票据是依票据法签发的有价证券，对于其制作、转让、承兑等方式，《票据法》都有明确的规定，票据行为只有严格按照票据法规定的要素和款式作成，才能产生票据法上的效力。

5. 票据是文义证券。文义性，是指票据上的一切权利义务，必须严格按照票据上记载的文义而定，文义之外的任何理由、事项都不得作为确定票据权利义务的根据。

6. 票据为流通证券。流通性是票据的重要特征，是现代票据存在的动因和基础，是票据法上一切制度的出发点。

（二）票据法的概念

票据法是指规定票据的种类、形式、内容以及各当事人之间权利义务关系的法律规范的总称。

票据法亦有广义和狭义之分。狭义上的票据法，也叫“形式票据法”，指由国家立法机关按照一定程序和体系编制颁行的以“票据法”命名的法律，如《中华人民共和国票据法》。广义上的票据法，又称“实质票据法”，指一切有关票据的法律规范，不仅包括狭义上的票据法，还包括其他法律中有关票据的规定。如《民事诉讼法》中有关票据诉讼、公示催告等规定；《刑法》中有关伪造有价证券罪的规定等。

（三）我国的票据立法概况

1995 年 5 月 10 日，第八届全国人民代表大会常务委员会第十三次会议通过了我国第一部《票据法》，自 1996 年 1 月 1 日起施行。2004 年 8 月 28 日，第十届全国人民代表大会常务委员会第十一次会议对《票据法》进行了修正。《票据法》出台之后，中国人民银行组织制定了《票据管理实施办法》和《支付结算办法》等有关票据方面的配套规定。为了正确适用《票据法》，公正、及时审理票据纠纷案件，最高人民法院于2000 年 11 月 14 日公布了《关于审理票据纠纷案件若干问题的规定》。可以说，我国已初步建立起了一套适应社会主义市场经济发展需要的票据法体系。

二、票据法律关系

票据法律关系是指票据当事人之间在票据的签发和转让等过程中发生的权利义

务关系。

票据法律关系可分为票据关系和票据法上的非票据关系。票据关系是指当事人之间基于票据行为而发生的债权债务关系，如出票人与收款人之间的关系、背书人与被背书人之间的关系等。票据法上的非票据关系则是指由《票据法》所规定的，与票据有密切关系，又不是基于票据行为直接发生的法律关系，如票据付款人付款后请求持票人交换票据的关系等。总的来说，票据关系是票据当事人之间的基本法律关系，为了保障该基本法律关系中权利义务的实现，法律另外作出了相应规定，当事人之间依照这类规定而发生的权利义务关系，即为票据法上的非票据关系。

票据关系与票据的基础关系不同。票据关系的发生是基于票据的授受行为，而当事人之间之所以会授受票据，则是基于一定的原因或前提，这种授受票据的原因或前提关系即票据的基础关系，如基于购买货物或返还资金而授受票据，该购货关系或返还资金关系即属于票据的基础关系。在法理上，票据的基础关系往往都是民法上的法律关系。票据关系与票据的基础关系具有密切的联系。一般来说，票据关系的发生总是以票据的基础关系为原因和前提的，正因为如此，《票据法》第10条第1款规定："票据的签发、取得和转让，应当遵循诚实信用的原则，具有真实的交易关系和债权债务关系。"这里的交易关系和债权债务关系就是基础关系的范畴。但是，票据关系一经形成，就与基础关系相分离，基础关系是否存在、是否有效，对票据关系都不起影响作用。此外，票据关系因一定原因失效，亦不影响基础关系的效力。《票据法》第18条明确规定："持票人因超过票据权利时效或者因票据记载事项欠缺而丧失票据权利的，仍享有民事权利，可以请求出票人或者承兑人返还其与未支付的票据金额相当的利益。"因此，票据关系和票据基础关系不容混淆。

三、票据行为

（一）票据行为的概念

票据行为是指票据关系的当事人之间以发生、变更或终止票据关系为目的而进行的法律行为。

1. 票据行为是票据关系当事人之间进行的行为。该当事人包括：①出票人，指依法定方式作成票据并在票据上签名盖章，并将票据交付给收款人的人。②收款人，指票据到期并经提示后收取票款的人。收款人有时又是持票人。③付款人，指根据出票人的命令支付票款的人。④持票人，指持有票据的人。占有票据的收款人、被背书人等都是票据的持票人。⑤承兑人，即汇票的主债务人，指接受汇票出票人的付款委托，同意承担支付票款义务的人。⑥背书人，指在转让票据时，在票据背面签字或盖章，并将该票据交付给受让人的票据收款人或持有人。⑦被背书人，指被记名受让票据或接受票据转让的人。⑧保证人，指为票据债务提供担保的人。⑨其他当事人。

2. 票据行为是以设立、变更或终止票据关系为目的的行为。这表明，票据行为是一种意思表示行为，即票据关系当事人进行票据行为时都是有目的地设立、变更或者终止某项票据权利或义务，并将该意思表现于外部。事实行为不具备意思表示的要素，因而其不属于票据行为。

（二）票据行为成立的有效要件

票据行为是一种民事法律行为，故其必须符合民事法律行为成立的一般条件。根据《民法通则》和《票据法》的有关规定，票据行为的成立必须符合以下基本条件：

1. 行为人必须具有从事票据行为的能力，即票据能力。票据能力可概括为权利能力和行为能力。所谓票据权利能力，是指行为人可以享有票据上的权利和承担票据上的义务的资格。所谓票据行为能力，是指行为人可以通过自己的票据行为取得票据上的权利和承担票据上的义务的资格。

根据一般民法理论，法人的权利能力与行为能力是一致的，即法人如果不能享有票据上的权利和承担票据上的义务，也就不能通过自己的行为取得该权利和承担该义务。至于法人是否具有从事某一票据行为的能力，则只能依法律的规定而定。从《票据法》及其他有关法律、法规的规定来看，法人的票据能力并无严格限制，法人可以依法从事各种票据行为。

自然人的权利能力和行为能力则不尽一致，即自然人可以享有票据上的权利和承担票据上的义务，却并不一定能通过自己的行为取得该权利和承担该义务。例如，《票据法》第6条规定：“无民事行为能力人或者限制民事行为能力人在票据上签章的，其签章无效，但是不影响其他签章的效力。”此外，法律、法规禁止自然人从事某项票据行为的，自然人即不具有从事该行为的能力。

2. 行为人的意思表示必须真实或无缺陷。票据行为作为一种意思表示行为，必须意思表示真实且无缺陷。鉴于票据行为的特殊性，更应该注重的是票据行为的外在表示形式，即形式上的合法性。但是，《票据法》第12条第1款规定：“以欺诈、偷盗或者胁迫等手段取得票据的，或者明知有前列情形，出于恶意取得票据的，不得享有票据权利。”这一规定表明，尽管票据的形式符合法定条件，但从事票据行为的意思表示不真实或存在缺陷，票据持有人亦不得享有票据上的权利，该等行为无效。

3. 票据行为的内容必须符合法律、法规的规定。《票据法》第3条规定：“票据活动应当遵守法律、行政法规，不得损害社会公共利益。”凡违背法律的规定而进行的行为，将不取得票据行为的法律效力。需要明确的是，这里所指的合法，主要是指票据行为本身必须合法，即票据行为的程序、记载的内容等合法，至于票据的基础关系涉及的行为是否合法，则与此无关。

4. 票据行为必须符合法定形式。票据行为是一种要式行为，即须采用法律规定的形式。

（三）票据行为的代理

1. 概述。票据行为是一种民事法律行为，故民法中的代理亦适用票据行为。

《票据法》对票据行为的代理作了相应规定。该法第 5 条第 1 款规定："票据当事人可以委托其代理人在票据上签章，并应当在票据上表明其代理关系。"根据这一规定，票据行为的代理必须具备以下条件：①票据当事人必须有委托代理的意思表示。基于票据代理的特殊性，该种授权委托一般以书面形式，即授权委托书的方式为宜。②代理人必须按被代理人的委托在票据上签章。代理人在行使代理权时，必须在票据上以自己的名字或名称作签章，否则不产生票据代理的效力。③代理人应在票据上表明代理关系，即注明"代理"字样或类似的文句。凡是符合上述条件的，该票据行为的代理即对被代理人发生法律效力，其后果由被代理人承担。

2. 无权代理。票据上的无权代理主要表现为行为人没有被代理人的授权而以代理人名义在票据上签章。根据《票据法》第 5 条第 2 款的规定，没有代理权而以代理人名义在票据上签章的，应当由签章人承担票据责任。签章人承担票据责任，必须存在三个条件：①必须是无权代理人在票据上以自己的名义签章。不论该票据记载的被代理人是何人，只要无权代理人在票据上以自己的名义签章，其就应对此行为承担责任。②必须是行为人没有代理权。如果行为人不能证明自己具有代理权，即使票据上记载为被代理人代理并以自己的名义签章，也应承担责任。③必须是该行为能产生票据上的效力。如果无权代理人的行为不能产生票据上的效力，则不承担无权代理的责任。

3. 越权代理。越权代理与无权代理相比，后者从一开始就没有代理权，而前者则有代理权，只是行为人超越了被代理人的授权范围而进行代理行为。在票据行为代理中，越权代理实际上表现为增加了被代理人的票据义务。根据《票据法》第 5 条第 2 款的规定，代理人超越代理权限的，应当就其超越权限的部分承担票据责任。

四、票据权利与抗辩

（一）票据权利

1. 票据权利的概念。票据权利，是指持票人向票据债务人请求支付票据金额的权利。根据《票据法》第 4 条第 4 款的规定，票据权利包括付款请求权和追索权。

2. 票据权利的内容。票据权利是以获得一定金钱为目的的债权。债权是一种请求权，即为请求他人为一定行为或不为一定行为的权利。票据权利作为一种金钱债权，表现为请求支付一定数额货币的权利。如前所述，《票据法》规定票据权利为付款请求权和追索权，这表明票据权利的内容与一般的金钱债权不同。一般的金钱债权是一种简单的一次性的请求权，而票据权利则体现为二次请求权。第一次请求权是付款请求权，这是票据上的主要权利。第二次请求权为追索权，是指第一次请求权（即付款请求权）得不到满足时，向付款人以外的票据债务人要求清偿票据金额及有关费用的权利，故该权利又称偿还请求权。由于追索权是一种附条件的权利，即有赖于第一次请求权不能实现才得以行使的权利，故又称从票据权利。

3. 票据权利的取得。票据权利的取得，亦称票据权利的发生。票据权利是以持有票据为依据的，因此，行为人合法取得票据，即取得了票据权利。根据一般情形，当事人取得票据主要有以下几种情况：①从出票人处取得。出票是创设票据权利的票据行为，从出票人处取得票据，即取得票据权利。②从持有票据的人处受让票据。票据通过背书或交付等方式可以转让他人，以此取得票据即获得票据权利。③依税收、继承、赠与、企业合并等方式获得票据。

根据《票据法》的有关规定，行为人合法取得票据，依法取得票据权利，必须注意以下几个问题：

（1）票据的取得，必须给付对价。《票据法》第10条第2款肯定了这一点："票据的取得，必须给付对价，即应当给付票据双方当事人认可的相对应的代价。"

（2）因税收、继承、赠与可以依法无偿取得票据的，不受给付对价的限制，这是一种例外的特殊情况。《票据法》第11条第1款规定："因税收、继承、赠与可以依法无偿取得票据的，不受给付对价的限制。但是，所享有的票据权利不得优于其前手的权利。"

（3）因欺诈、偷盗、胁迫、恶意或重大过失而取得票据的，不得享有票据权利。

4. 票据权利的消灭。票据权利的消灭，是指因发生一定的法律事实而使票据权利不复存在。票据权利消灭之后，票据上的债权债务关系也随之消灭。一般情况下，票据权利可因履行、免除、抵销等事由的发生而消灭。根据《票据法》第17条的规定，票据权利因在一定期限内不行使而消灭的情形包括四种：①持票人对票据的出票人和承兑人的权利，自票据到期日起2年。见票即付的汇票、本票，自出票日起2年。②持票人对支票出票人的权利，自出票日起6个月。③持票人对前手的追索权，自被拒绝承兑或者被拒绝付款之日起6个月。④持票人对前手的再追索权，自清偿日或者被提起诉讼之日起3个月。

5. 票据权利的行使与保全。票据权利的行使，是指票据权利人向票据债务人提示票据，请求实现票据权利的行为，如请求承兑、提示票据请求定期付款、行使追索权等。

票据权利的保全，是指票据权利人防止票据权利丧失的行为，如为防止付款请求权与追索权因时效而丧失，采取中断时效的行为；为防止追索权丧失而请求作成拒绝证明的行为等。

6. 票据权利的补救。票据权利与票据是紧密相连的。如果票据一旦丧失，票据权利的实现就会受到影响，为此，《票据法》第15条规定了票据丧失后的补救措施，包括挂失支付、公示催告和普通诉讼等三种。无论是采取哪一种补救措施，均必须符合以下几个条件：①必须有丧失票据的事实；②失票人必须是真正的票据权利人；③丧失的票据必须是未获付款的有效票据。

（1）挂失支付。这是指失票人将丧失票据的情况通知付款人并由接受通知的付款人暂停支付的一种方法。《票据法》第15条规定："票据丧失，失票人可以及时通知票据的付款人挂失止付，但是，未记载付款人或者无法确定付款人及其代理付款人的票据除外。收到挂失止付通知的付款人，应当暂停支付。失票人应当在通知挂失止付后3日内，也可以在票据丧失后，依法向人民法院申请公示催告，或者向人民法院提起诉讼。”根据这一规定，首先，挂失支付的票据应当是不属于未记载付款人的票据或者无法确定付款人及其代理付款人的票据。其次，挂失支付并不是票据丧失后票据权利补救的必经程序，仅仅是失票人在丧失票据后可以采取的一种暂时的预防措施，以防止票据被冒领或骗取。

(2) 公示催告。这是指在票据丧失后，由失票人向人民法院提出申请，请求人民法院以公告方法通知不确定的利害关系人限期申报权利，逾期未申报者，则权利失效，而由人民法院通过除权判决宣告所丧失的票据无效的一种制度或程序。

根据《民事诉讼法》的规定，票据丧失后的公示催告程序包括：①失票人向票据支付地的基层人民法院提出公示催告的申请。②人民法院决定受理申请后，应当同时向付款人及代理付款人发出止付通知，并自立案之日起3日内发出公告。③人民法院收到利害关系人的申报后，应当裁定终结公示催告程序。④公示催告期间届满以及在判决作出前，没有利害关系人申报权利的，公示催告申请人应当自申报权利期间届满的次日起1个月内申请法院作出判决。法院判决丧失票据无效的，判决应当公告并通知付款人。判决生效后，公示催告申请人有权依据判决向付款人请求付款或向其他票据债务人行使追索权。

(3) 普通诉讼。这是指失票人向人民法院提起民事诉讼，要求法院判定付款人向其支付票据金额的活动。应注意以下几点：①票据丧失后的诉讼被告一般是付款人，但在无法确定付款人时，也可将其他票据债务人作为被告。②诉讼请求的内容是要求付款人或者其他票据债务人在票据的到期日或判决生效后支付或清偿票据金额。③失票人在向法院起诉时，应提供所丧失的票据的有关书面证明。④失票人向法院起诉时，应提供数额相当于票据载明金额的担保。⑤在判决前，丧失的票据出现时，付款人应以该票据正处于诉讼阶段为由暂不付款，而将情况迅速通知失票人和人民法院。

(二) 票据抗辩

1. 票据抗辩的概念。票据抗辩是指票据债务人根据票据法的规定对票据债权人拒绝履行义务的行为。票据抗辩是票据债务人的一种权利，是债务人保护自己的一种手段。

2. 票据抗辩的种类。在票据法理论上，票据抗辩分为对物抗辩和对人抗辩。对物抗辩是指票据债务人可以对抗一切票据债权人的抗辩；对人抗辩是指票据债务人对抗特定票据债权人的抗辩。

(1) 对物抗辩，是指基于票据本身的内容瑕疵所进行的抗辩。其主要包括以下情形：①票据行为不成立而为的抗辩。如票据应记载的内容有欠缺；票据债务人无行为能力；背书不连续等。②依票据记载不能提出请求而为的抗辩。如票据未到期、付款地不符等。③票据载明的权利已消灭或已失效而为的抗辩。如票据债权因付款、抵销、提存、除权判决而消灭等。④因票据权利的保全手续欠缺而为的抗辩。如应作成拒绝证书而未作等。⑤因票据上有伪造、变造情形而为的抗辩。

（2）对人抗辩，是指特定的债务人对特定的债权人的抗辩。这种抗辩是基于当事人之间的特定关系而产生的，一旦持票人发生变更，就不得再进行抗辩。属于对人的抗辩包括：①票据原因关系不合法，比如为支付赌债而签发的支票；②原因关系不存在或消灭，比如为购货而签发票据但对方没有发货；③欠缺对价，比如持票人未按约提供与票款相当的商品或劳务等；④票据债务已经清偿、抵销或免除而未载于票据上，可对直接当事人抗辩；⑤票据交付前被盗或遗失，可对盗窃人或拾得人抗辩。

3. 票据抗辩的限制。票据的抗辩是为了防止不法行为，以保护债务人的合理权益。但对票据的抗辩如不加限制，有关票据债务人随意地抗辩就会影响票据的流通性。对此《票据法》第 13 条第 1、2 款规定："票据债务人不得以自己与出票人或者持票人的前手之间的抗辩事由，对抗持票人。但是，持票人明知存在抗辩事由而取得票据的除外。票据债务人可以对不履行约定义务的与自己有直接债权债务关系的持票人，进行抗辩。"根据这一规定，我国票据法中对票据抗辩的限制主要表现在以下几个方面：

（1）票据债务人不得以自己与出票人之间的抗辩事由对抗持票人。

（2）票据债务人不得以自己与持票人的前手之间的抗辩事由对抗持票人。

（3）凡是善意的、已付对价的正当持票人可以向票据上的一切债务人请求付款，不受前手权利瑕疵和前手相互间抗辩的影响。

（4）持票人取得的票据是无对价或不相当对价的，由于其享有的权利不能优于其前手的权利，故票据债务人可以对抗持票人前手的抗辩事由对抗该持票人。

五、票据的伪造和变造

伪造和变造的票据直接影响票据权利，因此，我国《票据法》第 14 条对票据的伪造和变造的责任和效力作了规定。

（一）*票据的伪造*

票据的伪造是指假冒他人名义或虚构他人的名义而进行的票据行为。一般认为，票据的伪造包括票据的伪造和票据上签章的伪造两种。

票据的伪造行为在法律上不具有任何票据行为的效力，故持票人即使是善意取得，对被伪造人也不能行使票据权利。对伪造人而言，由于票据上没有以自己名义所作的签章，因此也不应承担票据责任。但是，如果伪造人的行为给他人造成损害的，必须承担民事责任；构成犯罪的，还应承担刑事责任。

根据《票据法》第 14 条第 2 款的规定，票据上有伪造签章的，不影响票据上其他真实签章的效力。这就是说，在票据上真正签章的人，仍应对被伪造的票据的债权人承担票据责任，票据债权人按票据法的规定提示承兑、提示付款或行使追索权时，票据上的真实签章人不能以伪造为由进行抗辩。

（二）*票据的变造*

票据的变造是指无权变更票据内容的人，对票据上签章以外的记载事项加以变更的行为。构成票据的变造，必须符合以下条件：一是变造的票据是合法成立的有效票据；二是变造的内容是票据上所记载的除签章以外的事项；三是变造人无权变更票据的内容。

根据《票据法》第14条第3款的规定，票据的变造应依照签章是在变造之前或之后来承担责任。在变造之前签章的人，对原记载事项负责；在变造之后签章的人，对变造之后的记载事项负责；不能辨别是在票据被变造之前或者之后签章的，视同在变造之前签章。

尽管被变造的票据仍为有效，但是，票据的变造是一种违法行为，故变造人的变造行为给他人造成经济损失的，应对此承担赔偿责任；构成犯罪的，应承担刑事责任。

第二节 汇票

一、汇票的特点与种类

汇票是出票人签发的、委托付款人在见票时或者在指定日期无条件支付确定的金额给收款人或者持票人的票据。其特点包括：

1. 汇票有三个基本当事人，即出票人、付款人和收款人。由于这三个当事人在汇票发生时既已存在，故属基本当事人，缺一不可。但是随着汇票的背书转让、汇票上设立保证等，被背书人、保证人等也成为汇票上的当事人。

2. 汇票是由出票人委托他人支付的票据，是一种委付证券，而非自付证券。

3. 汇票是在指定到期日付款的票据。指定到期日包括见票即付、定日付款、出票后定期付款、见票后定期付款四种形式。

4. 汇票是付款人无条件支付票据金额给持票人的票据，此处的持票人包括收款人、被背书人和受让人。

我国《票据法》将汇票分为银行汇票和商业汇票，前者指银行签发的，由其在见票时按照实际结算金额无条件支付给收款人或者持票人的汇票。后者是指由出票人签发的，委托付款人在指定日期无条件支付确定的金额给收款人或者持票人的汇票。

二、出票

（一）出票的概念

出票亦称发票，《票据法》第20条规定：“出票是指出票人签发票据并将其交付给收款人的票据行为。”依此规定，出票实际包括两个行为：一是出票人依照票据法的规定作成票据，即在原始票据上记载法定事项并签单；二是交付票据，即将作成的票据交付给他人占有。这两者相辅相成，缺一不可。

（二）汇票的格式

汇票是一种要式证券，出票行为是一种要式行为，故汇票的作成必须符合法定格式。汇票的格式就是作成汇票后表现于汇票之上的内容。该内容可分为绝对必要记载事项、相对必要记载事项和非法定记载事项。

1. 汇票的绝对必要记载事项。汇票的绝对必要记载事项，是指票据法规定必须在票据上记载的事项，若欠缺记载，票据便为无效。根据《票据法》第22条的规定，汇票的绝对必要记载事项包括：①表明"汇票"的字样；②无条件支付的委托；③确定的金额；④付款人名称；⑤收款人名称；⑥出票日期；⑦出票人签章。

2. 汇票的相对必要记载事项。这也是汇票上必须记载的内容，但是，相对必要记载事项如果未在汇票上记载，并不影响汇票本身的效力，汇票仍然有效，相关事项可以通过法律的直接规定来补充确定。根据《票据法》第23条的规定，汇票的相对必要记载事项包括：①付款日期。汇票上未记载付款日期的，为见票即付。②付款地。汇票上未记载付款地的，付款人的营业场所、住所或者经常居住地为付款地。③出票地。汇票上未记载出票地的，出票人的营业场所、住所或者经常居住地为出票地。

3. 汇票的非法定记载事项。这是指法律规定以外的记载事项。根据《票据法》第24条的规定，汇票上可以记载本法规定事项以外的其他出票事项，但是该记载事项不具有汇票上的效力。这些事项主要是指与汇票的基础关系有关的事项，其尽管有利于当事人清算方便，但与票据本身关系不大，故其不具有票据上的效力。

（三）出票的效力

1. 对收款人的效力。收款人取得出票人发出的汇票后，即取得票据权利，一方面就票据金额享有付款请求权；另一方面，在该请求权不能满足时，即享有追索权。

2. 对付款人的效力。出票行为是单方行为，付款人并不因此而有付款义务，只有付款之权限。但出票人的付款委托使其具有承兑人的地位，在其对汇票进行承兑后，即成为汇票上的主债务人。

3. 对出票人的效力。出票人委托他人付款，一旦该行为成立，就必须保证该付款能得以实现。如果付款人不予付款，出票人就应该承担票据责任。因此，《票据法》第26条规定："出票人签发汇票后，即承担保证该汇票承兑和付款的责任。出票人在汇票得不到承兑或者付款时，应当向持票人清偿本法第70条、第71条规定的金额和费用。"

三、背书

（一）汇票转让与背书

汇票的转让是指汇票的持票人以背书或仅凭交付的方式将票据权利让与他人的一种票据行为。票据权利与票据是不可分的，因而票据的转让也就是票据权利的转让。

一般而言，票据转让主要有背书交付和单纯交付两种。《票据法》第27条第3款规定："持票人行使第1款规定的权利时，应当背书并交付汇票。"而该条第1款规定："持票人可以将汇票权利转让给他人或者将一定的汇票权利授予他人行使。"

这表明，我国《票据法》规定的汇票转让只能采用背书的方式，而不能仅凭单纯交付方式，否则就不产生票据转让的效力。同时，根据《票据法》第27条第3款的规定，出票人在汇票上记载“不得转让”字样的，汇票不得转让。

（二）背书的形式

背书是一种要式行为，故其必须符合法定形式，即必须作成背书并交付，才能有效成立。从背书的记载事项而言，根据《票据法》的有关规定，其应与出票一样，符合有关出票时应记载的事项内容。

1. 关于背书签章和背书日期的记载。《票据法》第29条规定：“背书由背书人签章并记载背书日期。背书未记载日期的，视为在汇票到期日前背书。”背书人背书时，必须在票据上签章，背书才能成立，否则背书行为无效，故此属绝对必要记载事项。背书日期属相对必要记载事项，背书未记载日期的，视为在汇票到期日前背书，这主要是为了保护善意持票人的权利不因背书未记载日期而无效。

2. 关于被背书人名称的记载。《票据法》第30条规定：“汇票以背书转让或者以背书将一定的汇票权利授予他人行使时，必须记载被背书人名称。”这一规定表明，我国票据法不承认不记名背书，即不记载被背书人名称的，汇票转让将不能成立，背书行为无效，因此，被背书人名称是背书的绝对必要记载事项。

3. 关于禁止背书的记载。背书人的禁止背书是背书行为的一项任意记载事项，如果背书人不愿意对其后手以后的当事人承担票据责任，即可在背书时记载禁止背书。《票据法》第34条规定：“背书人在汇票上记载‘不得转让’字样，其后手再背书转让的，原背书人对后手的被背书人不承担保证责任。”

4. 关于背书时粘单的使用。《票据法》第28条规定：“票据凭证不能满足背书人记载事项的需要，可以加附粘单，粘附于票据凭证上。粘单上的第一记载人，应当在汇票和粘单的粘接处签章。”为了保证粘单的有效性和真实性，第一位使用粘单的背书人必须将粘单粘贴在票据上，并且在粘接处签章，否则该粘单记载的内容即为无效。

5. 关于背书不得记载的内容。《票据法》第33条规定：“背书不得附有条件。背书时附有条件的，所附条件不具有汇票上的效力。将汇票金额的一部分转让的背书或者将汇票金额分别转让给2人以上的背书无效。”据此，背书不得记载的内容有两项：一是附有条件的背书；二是部分背书。

（三）背书连续

背书连续是指在票据转让中，转让汇票的背书人与受让汇票的被背书人在汇票上的签章依次前后衔接。也就是说，票据上记载的多次背书，从第一次到最后一次在形式上都应相连续而无间断。一般而言，连续背书的第一背书人应当是在票据上记载的收款人，最后的票据持有人应当是最后一次背书的被背书人。《票据法》第31条第1款规定：“以背书转让的汇票，背书应当连续……”这就是说，如果背书不连续，付款人可以拒绝向持票人付款，否则付款人必须自行承担责任。

(四) 非转让背书

委托收款背书和质押背书属于非转让背书，具有自己的特殊性。

1. 委托收款背书。这是指持票人以行使票据上的权利为目的，而授予被背书人以代理权的背书。《票据法》第35条第1款规定：“背书记载‘委托收款’字样的，被背书人有权代背书人行使被委托的汇票权利。但是，被背书人不得再以背书转让汇票权利。”由此可见，该背书方式不以转让票据权利为目的，而是以授予他人一定的代理权为目的，其确立的法律关系不属于票据上的权利转让与被转让关系，而是背书人（原持票人）与被背书人（代理人）之间在民法上的代理关系，该关系形成后，被背书人可以代理行使票据上的一切权利。在此情形下，被背书人只是代理人，而未取得票据权利，背书人仍是票据权利人。

2. 质押背书。这是指持票人以票据权利设定质权为目的而在票据上作成的背书。《票据法》第35条第2款规定：“汇票可以设定质押；质押时应当以背书记载‘质押’字样。被背书人依法实现其质权时，可以行使汇票权利。”背书人是原持票人，也是出质人，被背书人则是质权人。质押背书确立的是一种担保关系，即在背书人（原持票人）与被背书人之间产生的一种质押关系，而不是一种票据权利的转让与被转让关系。因此，质押背书成立后，即背书人作成背书并交付，背书人仍然是票据权利人，被背书人并不因此而取得票据权利。

(五) 法定禁止背书

法定禁止背书是指根据《票据法》的规定而禁止背书转让的情形。由于法律规定在某些情形下汇票不得背书转让，因此，如果背书人将此类汇票以背书方式转让的，应当承担汇票责任。《票据法》第36条规定：“汇票被拒绝承兑、被拒绝付款或者超过付款提示期限的，不得背书转让；背书转让的，背书人应当承担汇票责任。”

四、承兑

(一) 承兑的概念

承兑是指汇票付款人承诺在汇票到期日支付汇票金额的票据行为。承兑是汇票特有的制度。汇票是一种出票人委托他人付款的委付证券。但是出票人的出票行为完成之后，由于其是一种单方法律行为，故对付款人并不当然产生约束力，只有在付款人表示愿意向收款人或持票人支付汇票金额后，持票人才可于汇票到期日向付款人行使付款请求权，承兑就是这样一种明确付款人的付款责任，确定持票人票据权利的制度。

(二) 承兑的程序

1. 提示承兑。提示承兑是指持票人向付款人提示汇票，并要求付款人承诺付款的行为。根据我国《票据法》的有关规定，因汇票付款日期的形式不同，提示承兑的期限亦不一样。

(1) 定日付款和出票后定期付款的汇票。《票据法》第39条第1款规定：“定日付款或者出票后定期付款的汇票，持票人应当在汇票到期日前向付款人提示承兑。”

上述两类汇票的提示承兑期限实际是从出票人出票日起至汇票到期日止。在此期间，持票人应当向付款人提示承兑，否则，即丧失对其前手的追索权。

（2）见票后定期付款的汇票。《票据法》第40条第1款规定："见票后定期付款的汇票，持票人应当自出票日起1个月内向付款人提示承兑。"

（3）见票即付的汇票。《票据法》第40条第3款规定："见票即付的汇票无需提示承兑。"这就是票据法理论上所说的无需提示承兑汇票。该类汇票主要包括两种：一是汇票上明确记载有"见票即付"的汇票；二是汇票上没有记载付款日期，根据法律规定直接视为见票即付的汇票。我国的银行汇票未记载付款日期，故属于见票即付的汇票，该汇票无需提示承兑。

2. 承兑成立。

（1）承兑时间。持票人向付款人提示承兑后，付款人即应决定是否承兑，法律另规定了一个让付款人考虑的时间。《票据法》第41条第1款规定："付款人对向其提示承兑的汇票，应当自收到提示承兑的汇票之日起3日内承兑或者拒绝承兑。"一般来说，如果付款人在3日内不作承兑与否表示的，则应视为拒绝承兑，持票人可以请求其作出拒绝承兑证明，向其前手行使追索权。

（2）接受承兑。这是指持票人向付款人提示承兑时，付款人需要向持票人办理的收取汇票的手续。《票据法》第41条第2款规定："付款人收到持票人提示承兑的汇票时，应当向持票人签发收到汇票的回单。回单上应当记明汇票提示承兑日期并签章。"这里所说的回单实际上是指持票人收到的付款人向其出具的已收到请求承兑汇票的证明。这一手续办理完毕，即意味着接受承兑。

（3）承兑的格式。这是指付款人办理承兑手续时需要在汇票上记载的事项以及如何记载该等事项。《票据法》第42条规定："付款人承兑汇票的，应当在汇票正面记载'承兑'字样和承兑日期并签章；见票后定期付款的汇票，应当在承兑时记载付款日期。汇票上未记载承兑日期的，以前条第1款规定期限的最后一日为承兑日期。"根据这一规定，应在汇票上记载的承兑事项包括承兑文句、承兑日期和承兑人签章。其中，承兑文句和承兑人签章属于绝对必要记载事项，缺一不可，否则承兑行为无效。而承兑日期则属于相对必要记载事项，即使该项内容欠缺，承兑仍然有效，但应以法律的规定作为补充，即以付款人3天的承兑考虑时间的最后1天为承兑日期。

（4）退回已承兑的汇票。付款人依承兑格式填写完毕应记载事项后，并不意味着承兑生效，只有在其将已承兑的汇票退回持票人才产生承兑的效力。

（三）不单纯承兑

承兑有单纯承兑和不单纯承兑之分。前者是指付款人完全依汇票文义而不附加任何条件的限制或不改变原汇票文义所为的承兑；后者是指付款人对原汇票文义或附加限制或予以变更所为的承兑。我国《票据法》不允许不单纯承兑，该法第43条规定："付款人承兑汇票，不得附有条件；承兑附有条件的，视为拒绝承兑。"

（四）承兑的效力

承兑生效后，即对付款人产生相应的效力。《票据法》第 44 条规定："付款人承兑汇票后，应当承担到期付款的责任。"

五、保证

（一）保证的概念

这里所说的保证即票据保证，是指票据债务人以外的第三人，以担保特定债务人履行票据债务为目的，而在票据上所为的一种附属票据行为。保证的作用在于加强持票人票据权利的实现，确保票据付款义务的履行，促进票据流通。

（二）保证的当事人

保证的当事人为保证人和被保证人。就保证人而言，是指票据债务人以外，为票据债务的履行提供担保而参与票据关系中的第三人。已成为票据债务人的，不得再充当票据上的保证人。就被保证人而言，是指票据关系中已有的债务人，包括出票人、背书人、承兑人。票据债务人一旦由他人为其提供担保，其在保证关系中就成为被保证人。

（三）保证的格式

这是指在办理保证手续时需要在汇票上记载的事项和如何记载该等事项。根据《票据法》第 46 条的规定，保证人必须在汇票或者粘单上记载下列事项：①表明"保证"的字样；②保证人名称和住所；③被保证人的名称；④保证日期；⑤保证人签章。此外，《票据法》第 48 条强调："保证不得附有条件；附有条件的，不影响对汇票的保证责任。"这一规定表明，保证不得附加任何条件。

（四）保证的效力

保证一旦成立，即在保证人与被保证人之间产生法律效力，保证人必须对保证行为承担相应的责任。

1. 保证人的责任。《票据法》第 49 条规定："保证人对合法取得汇票的持票人所享有的汇票权利，承担保证责任。但是，被保证人的债务因汇票记载事项欠缺而无效的除外。"这是有关保证人责任的规定。根据这一规定，保证行为成立之后，保证人就成为票据上的债务人，必须向被保证人的一切后手承担票据责任，即满足被保证人票据权利的实现。但是，保证人承担保证责任是有一定的前提条件的，如果被保证人的债务因形式要件欠缺而无效，保证人的债务，即承担的保证责任也将归于无效。

保证具有从属性，即保证人的责任与被保证人的责任是同一的。《票据法》第 50 条亦肯定了这一点："被保证的汇票，保证人应当与被保证人对持票人承担连带责任。汇票到期后得不到付款的，持票人有权向保证人请求付款，保证人应当足额付款。"

2. 共同保证人的责任。共同保证是指保证人为 2 人以上的保证。《票据法》第 51 条规定："保证人为 2 人以上的，保证人之间承担连带责任。"这就是说，在共同保证的情况下，持票人可以不分先后地向保证人中的一人或数人或者全体就全部票据金额及有关费用行使票据权利，共同保证人不得拒绝。

3. 保证人的追索权。这是指保证人在向持票人清偿债务后，依照法律规定取得持票人对被保证人以及被保证人的前手的偿还请求权，这一偿还请求权不是从持票人处获得的，而是根据法律规定而获得。《票据法》第52条对此作了规定："保证人清偿汇票债务后，可以行使持票人对被保证人及其前手的追索权。"由此可见，保证人的这一偿还请求权是一种追索权，保证人行使这一权利时，被保证人及其前手不得以对抗持票人的事由对抗保证人。

六、付款

（一）付款的概念

付款是指付款人或代理付款人依据票据文义支付票据金额，以消灭票据关系的行为。其特征包括：①付款是付款人或代理付款人所为的行为；②付款是付款人或代理付款人依法支付票据金额的行为；③付款是能够产生消灭票据关系后果的行为。

（二）付款的程序

1. 付款提示。付款提示是指持票人向付款人或承兑人出示票据，请求付款的行为。持票人只有在法定期限内为付款提示的，才产生法律效力。该法律效力主要表现在两个方面：①付款人一经持票人提示，即应付款；②持票人得以保全对其前手的追索权，即在付款人拒绝付款的情况下，持票人可以请求付款人作成拒绝证明，向其前手行使追索权。

根据《票据法》第53条的规定，持票人提示付款的法定期限如下：①见票即付的汇票，自出票日起1个月内向付款人提示付款；②定日付款、出票后定期付款或者见票后定期付款的汇票，自到期日起10日内向承兑人提示付款。如果持票人未在上述法定期限内付款提示的，则丧失对其前手的追索权。

《票据法》第53条第2款规定："持票人未按照前款规定期限提示付款的，在作出说明后，承兑人或者付款人仍应当继续对持票人承担付款责任。"这是一种例外性规定。在实践中，持票人可能会因不可抗力等原因而不能在法定提示付款期间提示付款，如果持票人由此而丧失对其前手的追索权，则不尽合理，因此，法律便要求持票人在作出说明后，承兑人或者付款人仍应当继续对持票人承担付款责任。

2. 支付票款。这是指持票人向付款人或承兑人进行付款提示后，付款人无条件地在当日按票据金额足额支付给持票人的行为。《票据法》第54条规定："持票人依照前条规定提示付款的，付款人必须在当日足额付款。"如果付款人或承兑人不能当日足额付款的，应承担迟延付款的责任。

（三）付款的效力

根据《票据法》第60条的规定，付款人依法足额付款后，全体汇票债务人的责任解除。但是，如果付款人付款存在瑕疵，即未尽审查义务而对不符合法定形式的票据付款，或其存在恶意或重大过失而付款的，则不发生上述法律效力，付款人的义务不能免除，其他债务人也不能免除责任。

七、追索权

（一）追索权的概念

追索权是指持票人在票据到期不获付款或期前不获承兑或有其他法定原因，并在实施行使或保全票据上权利的行为后，可以向其前手请求偿还票据金额、利息及其他法定款项的一种票据权利。追索权是在票据权利人的付款请求权得不到满足之后，法律赋予持票人对票据债务人进行追偿的权利，它是用来弥补付款请求权对保护持票人票据权利的实现所带来的局限的一种制度。

（二）追索权发生的原因

追索权的发生须具备一定的条件，具体包括实质条件和形式条件。

1. 追索权发生的实质条件。《票据法》第 61 条规定了追索权发生的实质条件：“汇票到期被拒绝付款的，持票人可以对背书人、出票人以及汇票的其他债务人行使追索权。汇票到期日前，有下列情形之一的，持票人也可以行使追索权：①汇票被拒绝承兑的；②承兑人或者付款人死亡、逃匿的；③承兑人或者付款人被依法宣告破产的或者因违法被责令终止业务活动的。”在发生上述情形之一时，持票人可以行使追索权。

2. 追索权发生的形式条件。追索权发生的形式条件是指持票人行使追索权必须履行一定的保全手续而不致使追索权丧失。保全手续包括：①在法定提示期限提示承兑或提示付款；②在不获承兑或不获付款时，在法定期限内作成拒绝证明。

（三）追索权的行使

1. 发出追索通知。

（1）通知的当事人。通知的当事人包括通知人和被通知人。通知人是指持票人以及收到通知后再为通知的背书人及其保证人。被通知人是指向持票人承担担保承兑和付款的票据上的次债务人，可以泛指持票人的一切前手，包括出票人、背书人、保证人等。

（2）通知的期限。这是指持票人向其前手或者收到通知的被通知人向其前手发出追索通知的期间。《票据法》第 66 条第 1 款规定：“持票人应当自收到被拒绝承兑或者被拒绝付款的有关证明之日起 3 日内，将被拒绝事由书面通知其前手；其前手应当自收到通知之日起 3 日内书面通知其再前手。持票人也可以同时向各汇票债务人发出书面通知。”

（3）通知的方式和通知应记载的内容。通知应当以书面形式发出。根据《票据法》第 67 条的规定，书面通知应当记明汇票的主要记载事项，包括出票人、背书人、保证人以及付款人的名称和地址、汇票金额、出票日期、付款日期等，并说明该汇票已被退票。

（4）未在规定期限内发出追索通知的后果。如果持票人未按规定期限发出追索通知或其前手收到通知未按规定期限再通知其前手，持票人仍然可以行使追索权，因延期通知给其前手或者出票人造成损失的，由没有按照规定期限通知的汇票当事人，承担对该损失的赔偿责任，但是所赔偿的金额以汇票金额为限。

2. 确定追索对象。

（1）确定追索对象。这里所指的追索对象是指在追索关系中的被追索人，包括出票人、背书人、承兑人和保证人。持票人可以不按照汇票债务人的先后顺序，对其中任何一人、数人或者全体行使追索权。据此规定，持票人在确定追索权行使对象时，可以根据自己的意愿，自由选择其前手债务人或者承兑人，并请求其偿还。

（2）被追索人的责任承担。前述被追索人对持票人承担连带责任。在票据上存在着多个债务人的情况下，票据的追索并不以持票人完成追索而告结束。《票据法》第68条第3款规定："持票人对汇票债务人中的一人或者数人已经进行追索的，对其他汇票债务人仍可以行使追索权。被追索人清偿债务后，与持票人享有同一权利。"

3. 请求清偿金额和受领。

（1）请求清偿金额。这是指持票人行使追索权，可以请求被追索人支付的金额和费用。《票据法》第70条规定："持票人行使追索权，可以请求被追索人支付下列金额和费用：①被拒绝付款的汇票金额；②汇票金额自到期日或者提示付款日起至清偿日止，按照中国人民银行规定的利率计算的利息；③取得有关拒绝证明和发出通知书的费用。被追索人清偿债务时，持票人应当交出汇票和有关拒绝证明，并出具所收到利息和费用的收据。"由此可见，作为追索权标的的追索金额，通常要比作为付款请求权标的的票据金额要大。

（2）受领清偿金额。这是指持票人或行使再追索权的被追索人接受被追索人的清偿金额，与此同时，履行相应的义务，即交出汇票和有关拒绝证明，并出具所收到利息和费用的收据。

（3）被追索人清偿债务后的效力。被追索人清偿债务后，其责任解除。

第三节　本票

一、本票的特点

（一）本票的概念

本票是出票人签发的，承诺自己在见票时无条件支付确定的金额给收款人或者持票人的票据。与汇票相比，本票是由出票人约定自己付款的一种自付证券，其基本当事人有两个，即出票人和收款人，在出票人之外不存在独立的付款人。出票人完成出票行为之后，即承担了到期日无条件支付票据金额的责任，不需要在到期日之前进行承兑。

（二）本票的种类

依据不同的标准，可以对本票作不同分类，例如记名式本票、指定式本票和不记名本票；远期本票和即期本票；银行本票和商业本票等。根据《票据法》第 73 条和第 75 条的规定，在我国，本票仅限于银行本票，且为记名式本票和即期本票。

银行本票是银行签发的，承诺自己在见票时无条件支付确定的金额给收款人或者持票人的票据。单位和个人在同一票据交换区域需要支付各种款项，均可以使用银行本票。

二、出票

本票的出票与汇票一样，包括作成票据和交付票据。本票的出票行为是以自己负担支付本票金额的债务为目的的票据行为。因此，《票据法》第 74 条规定："本票的出票人必须具有支付本票金额的可靠资金来源，并保证支付。"由此可见，本票出票人是票据金额的直接支付人，与汇票的承兑人相同，这与汇票的出票人只承担担保责任是不同的。

本票出票人出票，必须按照一定的格式记载相关内容。与汇票一样，本票的记载事项也包括绝对必要记载事项和相对必要记载事项。

1. 本票的绝对必要记载事项。《票据法》第 75 条规定："本票必须记载下列事项：①表明'本票'的字样；②无条件支付的承诺；③确定的金额；④收款人名称；⑤出票日期；⑥出票人签章。本票上未记载前款规定事项之一的，本票无效。"上述事项中，除第①项、第②项以及未规定付款人名称外，其余 4 项与汇票的规定完全相同。

2. 本票的相对必要记载事项。根据《票据法》第 76 条的规定，本票的相对必要记载事项包括两项内容：①付款地。本票上未记载付款地的，出票人的营业场所为付款地。②出票地。本票上未记载出票地的，出票人的营业场所为出票地。

三、见票付款

根据《票据法》的规定，银行本票是见票付款的票据，收款人或持票人在取得银行本票后，随时可以向出票人请求付款。为了防止收款人或持票人久不提示票据而给出票人造成不利，《票据法》第 78 条规定了本票的付款提示期限，即"本票自出票日起，付款期限最长不得超过 2 个月"。如果本票的持票人未按照规定期限提示本票的，则丧失对出票人以外的前手的追索权。本票的出票人作为票据上的主债务人，则负有向持票人绝对付款的责任。

四、对汇票有关规定的引用

《票据法》第 80 条规定："本票的背书、保证、付款行为和追索权的行使，除本章规定外，适用本法第二章有关汇票的规定。本票的出票行为，除本章规定外，适用本法第 24 条关于汇票的规定。"

1. 出票。本票的当事人只有出票人与收款人两方，因此其在出票的记载事项上与汇票存在较大差异，对汇票的引用较少。《票据法》对于本票的绝对必要记载事项和相对必要记载事项作出了特别规定，并同时规定其他事项准用有关汇票的规定。

2. 背书。《票据法》中的本票与汇票均限于记名式票据，都必须以背书方式进行转让，因此，《票据法》对于本票的背书没有作出任何特殊规定，完全准用对于汇票背书的相关规定。

3. 保证。本票也可以由债务人以外的第三人充当保证人，因此，《票据法》对于本票的保证没有作出特殊规定，应当准用《票据法》第二章第四节第45～52条关于保证的规定。

4. 付款。本票作为自付证券，在付款人以及付款提示期限方面，与作为委付证券的汇票存在一定差异，《票据法》对于本票的提示付款期限作出了特殊规定，除此之外，本票的付款均准用汇票付款的有关规定。

5. 追索权。《票据法》对于本票的追索权没有作出任何特殊规定，完全准用对于汇票追索权的相关规定。

第四节　支票

一、支票的特点

（一）支票的概念

支票是出票人签发的，委托办理支票存款业务的银行或者其他金融机构在见票时无条件支付确定的金额给收款人或者持票人的票据。支票的基本当事人有三个：出票人、付款人和收款人。支票是一种委付证券，这一点与汇票相同，与本票不同。

支票与汇票、本票相比，有两个显著的特点：①以银行或者其他金融机构作为付款人；②见票即付。

（二）支票的种类

《票据法》根据支付方式的不同，将支票分为普通支票、现金支票和转账支票。

1. 普通支票。该种支票未印有“现金”或“转账”字样，其既可以用来支取现金，亦可用来转账。用于转账时，应当在支票正面注明。

2. 现金支票。支票中专门用于支取现金的，可以另行制作现金支票，现金支票只能用于支取现金。

3. 转账支票。支票中专门用于转账的，可以另行制作转账支票，转账支票只能用于转账，不得支取现金。

二、出票

（一）出票的概念

出票人签发支票并交付的行为即为出票。但是，出票人签发支票必须具备一定的条件，即为在经中国人民银行当地分支行批准办理支票业务的银行机构开立可以使用支票的存款账户的单位和个人。《票据法》第82条规定：“开立支票存款账户，申请人必须使用其本名，并提交证明其身份的合法证件。开立支票存款账户和领用支票，应当有可靠的资信，并存入一定的资金。开立支票存款账户，申请人应当预留其本名的签名式样和印鉴。"这些规定主要在于保证支付支票票款的安全，保护支票权利义务各方当事人的合法权益。

（二）支票的格式

与汇票一样，支票出票人作成有效的支票，必须按法定要求记载有关事项，该等事项亦可分为绝对必要记载事项和相对必要记载事项。

1. 绝对必要记载事项。《票据法》第 84 条规定了支票的 6 项绝对必要记载事项：①表明"支票"的字样；②无条件支付的委托；③确定的金额；④付款人名称；⑤出票日期；⑥出票人签章。

2. 相对必要记载事项。《票据法》第 86 条第 2 款、第 3 款规定了相对必要记载事项：①付款地。支票上未记载付款地的，付款人的营业场所为付款地。②出票地。支票上未记载出票地的，出票人的营业场所、住所或者经常居住地为出票地。

（三）出票的其他法定条件

支票的出票行为要取得法律上的效力，必须依法进行，除须按法定格式签发票据外，还须符合其他法定条件。根据《票据法》第 87 条和第 88 条的规定及有关规定，这些法定条件包括：①支票的出票人所签发的支票金额不得超过其付款时在付款人处实有的存款金额。出票人签发的支票金额超过其付款时在付款人处实有的存款金额的，为空头支票。禁止签发空头支票。②支票的出票人不得签发与其预留本名的签名式样或者印鉴不符的支票。

（四）出票的效力

出票人作成支票并交付之后，对出票人产生相应的法律效力，出票人必须按照签发的支票金额承担保证向该持票人付款的责任。这一责任包括两项：一是出票人必须在付款人处存有足够可处分的资金，以保证支票票款的支付；二是当付款人对支票拒绝付款或者超过支票付款提示期限的，出票人应向持票人承担付款责任。

三、付款

支票属于见票即付的票据，因而没有到期日的规定。支票的出票日实质上就是到期日。《票据法》第 90 条规定："支票限于见票即付，不得另行记载付款日期。另行记载付款日期的，该记载无效。"因此，出票人在付款人处的存款足以支付支票金额时，付款人应当在见票当日足额付款。

（一）提示期间

支票为见票即付的票据，但是，为了防止持票人久不提示支票，给出票人在管理上造成不便以及防止空头支票的出现，《票据法》第 91 条第 1 款规定了持票人的提示期间："支票的持票人应当自出票日起 10 日内提示付款；异地使用的支票，其提示付款的期限由中国人民银行另行规定。"

对于超过提示付款期限的，付款人可以不予付款；但是付款人不予付款的，出票人仍应当对持票人承担票据责任。

（二）付款

持票人在提示期间内向付款人提示票据，付款人在对支票进行审查之后，如未发现有不符规定之处，即应向持票人付款。《票据法》第 89 条第 2 款规定："出票人在付款人处的存款足以支付支票金额时，付款人应当在当日足额付款。"

（三）付款责任的解除

付款人依法支付支票金额的，对出票人不再承担受委托付款的责任，对持票人不再承担付款的责任。但是，付款人以恶意或者有重大过失付款的除外。

四、支票准用汇票的有关规定

《票据法》第 93 条规定："支票的背书、付款行为和追索权的行使，除本章规定外，适用本法第二章有关汇票的规定。支票的出票行为，除本章规定外，适用本法第 24 条、第 26 条关于汇票的规定。"

1. 出票。支票的出票对于汇票的准用内容有两条，即《票据法》第 24 条和第 26 条。

2. 背书。《票据法》规定的支票既包括记名支票，也包括无记名支票，因此其转让既可以通过背书方式进行，也可以通过直接交付的方式进行。凡是无记名支票的转让，适用交付转让的方式；凡是记名支票的转让，则适用与汇票转让完全相同的背书方式。

3. 付款。支票的付款，除了付款提示期限，付款人对出票人的印鉴、密码及是否为空头支票的审查，以及付款程序之外，均可准用汇票付款的相关法律规定。

4. 保证。我国《票据法》在"支票"一章中既没有就支票的保证作出单独规定，也没有准用条款，一般可理解为我国支票制度不适用保证制度。

5. 追索权。《票据法》对于支票的追索权并未作出具体规定，而是在第 93 条规定准用汇票追索权的有关规定。

第五节 涉外票据的法律适用

一、涉外票据的范围

涉外票据是指出票、背书、承兑、保证、付款等行为中，既有发生在中华人民共和国境内的票据行为又有发生在中华人民共和国境外的票据行为的票据。《票据法》对涉外票据涉外因素的规定，主要是从行为角度加以认定的，即出票、背书、承兑、保证、付款等行为中，只要有一项发生在境外，就被认定为涉外票据。

二、涉外票据的法律适用

1. 关于民事行为能力的法律适用。《票据法》第 96 条规定了两种情形：一是一般情况下，票据债务人的民事行为能力，适用其本国法律。二是票据债务人的民事行为能力，依照其本国法律为无民事行为能力或者为限制民事行为能力而依照行为地法律为完全民事行为能力的，适用行为地法律。

2. 关于出票时记载事项的法律适用。《票据法》第 97 条规定了两种情形：一是汇票、本票出票时的记载事项，适用出票地法律。二是支票出票时的记载事项，适用出票地法律，经当事人协议，也可以适用付款地法律。

3. 关于背书、承兑、保证、付款行为的法律适用。《票据法》第98条规定："票据的背书、承兑、付款和保证行为，适用行为地法律。"

4. 关于追索权行使期限的法律适用。根据《票据法》第99条的规定，票据追索权的行使期限，适用出票地法律。

5. 关于提示期限、拒绝证明的方式及出具期限的法律适用。依据《票据法》第100条的规定，上述问题适用付款地法律。

6. 关于票据丧失时保全票据权利程序的法律适用。《票据法》第101条规定："票据丧失时，失票人请求保全票据权利的程序，适用付款地法律。"

案例讨论

一、基本案情

2001年7月间，某工商银行A市分行某办事处（相当于县级支行）办公室主任李某与其妻弟密谋后，利用工作上的便利，盗用该银行已于1年前公告作废的旧业务印鉴和银行现行票据格式凭证，签署了金额为人民币100万元的银行承兑汇票一张，出票人和付款人及承兑人记载为该办事处，汇票到期日为同年12月底，收款人为某省建筑公司，该建筑公司系李某妻弟所承包经营的企业。李某将签署的汇票交给了该公司后，该公司请求某外贸公司在票据上签署了保证，之后持票向某城市合作银行申请贴现。该合作银行扣除利息和手续费后，把贴现款96万元支付给了该建筑公司。汇票到期，城市合作银行向A市分行某办事处提示付款遭拒绝。

请问：

1. 本案中有哪些票据行为？其效力如何？为什么？

2. 某市合作银行是否享有票据权利？如有，应如何行使？如没有，该如何处理？

3. 如果李某用已经作废的旧票据格式凭证（无出票人一栏）签署银行承兑汇票，在其他情节相同的情况下，对某市合作银行有何影响？

二、案例分析

1. 本案中的票据行为有：①李某伪造签章进行的出票和承兑行为。相对于A市分行某办事处的现行有效公章而言，李某使用的作废的公章应定为假公章。因此，出票和承兑行为属伪造，行为本身无效。②某外贸公司的票据保证行为，该行为有效。③建筑公司的贴现行为（背书转让），该行为有效。虽然该公司（代表人）恶意取得票据，不得享有票据权利，但其背书签章真实，符合形式要件，且有行为能力，故有效。

2. 合作银行不知情，且给付了相当对价，为善意持票人，故享有票据权利，可以向保证人或背书人行使追索权。

3. 该汇票将因形式要件欠缺而无效，保证人亦因此而不承担票据责任。合作银行不享有票据权利，只能依据普通民事关系进行追偿。

复习思考题

一、单项选择题

1. 根据我国票据法规定，下列关于涉外票据的法律适用的说法错误的是（　　）。

A. 票据承兑适用付款地法

B. 票据的提示期限、有关拒绝证明的方式、出具拒绝证明的期限，适用付款地法律

C. 背书、保证、承兑、付款行为适用行为地法

D. 票据丧失时，失票人请求保全票据权利的程序，适用付款地法律

2. 甲公司向乙公司签发一张银行承兑汇票，乙公司将汇票向丙银行贴现。丙银行工作人员不慎将汇票遗失，王某拾得后，伪造了丙银行的签章，将汇票背书转让给丁公司。下列关于票据权利的取得的说法正确的是（　　）。

A. 乙公司是继受取得

B. 丙银行是原始取得

C. 王某是继受取得

D. 丁公司是原始取得

3. 甲公司与乙公司签订货物买卖合同，同时双方约定甲公司以转账支票形式支付货款，乙公司向甲公司交付货物后，甲公司向乙公司签发了一张转账支票。上述案例中没有涉及的法律关系是（　　）。

A. 票据关系

B. 票据原因关系

C. 票据预约关系

D. 票据资金关系

4. 甲签发现金支票给乙，乙于到期日前丢失，遂立即通知付款银行止付。对此，下列说法错误的是（　　）。

A. 乙挂失止付时，付款行已向持票人丙付款的，乙可诉请法院判决付款行向乙支付票据金额

B. 乙于挂失止付后，第二天向法院申请公示催告，法院进行除权判决后，有善意持票人丙向付款行请求兑付支票的，付款行有权拒绝付款

C. 如果乙所丧失的现金支票尚未记载付款人，被请求银行对乙的挂失不予受理

D. 经除权判决后，乙可要求甲重新签发现金支票

5. 王某拾得一张汇票，伪造了汇票上的收款人甲公司的签章并将汇票背书转让给李某，李某向付款人提示付款被拒绝。对此，下列说法正确的是（　　）。

A. 李某有权向王某和甲公司行使追索权

B. 李某有权向甲公司行使追索权

C. 李某有权向王某行使追索权

D. 李某无权向王某和甲公司行使追索权

6. 甲公司开具一张金额50万元的汇票，收款人为乙公司，付款人为丙银行。乙公司收到后将该汇票背书转让给丁公司。对此，下列哪一说法是正确的？（ ）

A. 乙公司将票据背书转让给丁公司后即退出票据关系

B. 丁公司的票据债务人包括乙公司和丙银行，但不包括甲公司

C. 乙公司背书转让时不得附加任何条件

D. 如甲公司在出票时于汇票上记载有“不得转让”字样，则乙公司的背书转让行为依然有效，但持票人不得向甲行使追索权

7. 甲公司向乙公司签发了一张付款人为丙银行的承兑汇票。丁向乙公司出具了一份担保函，承诺甲公司不履行债务时其承担连带保证责任。乙公司持票向丙银行请求付款，银行以出票人甲公司严重丧失商业信誉为由拒绝付款。对此，下列哪一表述是正确的？（ ）

A. 乙公司只能要求丁承担保证责任

B. 丙银行拒绝付款不符合法律规定

C. 乙公司应先向甲公司行使追索权，在不能得到清偿时方能向丁追偿

D. 丁属于票据法律关系的非基本当事人

8. 甲公司购买乙公司电脑20台，向乙公司签发金额为10万元的商业承兑汇票一张，丁公司在汇票上签章承诺：“本汇票已经本单位承兑，到期日无条件付款”。当该汇票的持票人行使付款请求权时，下列哪一说法是正确的？（ ）

A. 如该汇票已背书转让给丙公司，丙公司恰好欠汇票付款人某银行10万元到期贷款，则银行可以提出抗辩而拒绝付款

B. 如该汇票已背书转让给丙公司，则甲公司可以乙公司交付的电脑质量存在瑕疵为抗辩理由拒绝向丙公司付款

C. 因该汇票已经丁公司无条件承兑，故丁公司不可能再以任何理由对持票人提出抗辩

D. 甲公司在签发汇票时可以签注“以收到货物为付款条件”

9. 汇票持票人甲公司在汇票到期后即请求承兑人乙公司付款，乙公司明知该汇票的出票人丙公司已被法院宣告破产仍予以付款。对此，下列哪一表述是错误的？（ ）

A. 乙公司付款后可以向丙公司行使追索权

B. 乙公司可以要求甲公司退回所付款项

C. 乙公司付款后可以向出票人丙公司的破产清算组申报破产债权

D. 在持票人请求付款时乙公司不能以丙公司被宣告破产为由而抗辩

10. 乙公司与丙公司交易时以汇票支付。丙公司见汇票出票人为甲公司，遂要求乙公司提供担保，乙公司请丁公司为该汇票作保证，丁公司在汇票背书栏签注“若甲公司出票真实，本公司愿意保证”。后经了解甲公司实际并不存在。丁公司对该汇票承担什么责任？（　　）

A. 应承担一定赔偿责任

B. 只承担一般保证责任，不承担票据保证责任

C. 应当承担票据保证责任

D. 不承担任何责任

二、多项选择题

1. 小王是限制行为能力的人，因和小李之间的债务关系，签发给小李一张支票，小李收到支票后背书转让给小孙，小孙又背书转让给小刘，小刘向银行请求付款时，银行以出票人印鉴不清拒付。小刘可向下列哪些人行使追索权？（　　）

A. 小王　　B. 小李　　C. 小孙　　D. 银行

2. 下列关于票据权利的表述，正确的是哪些？（　　）

A. 凡是无代价或不以相当代价取得的票据，不得享有优先于前手的权利

B. 票据权利是专指持票人向票据债务人请求支付票据金额的权利，包括付款请求权和追索权

C. 持票人对出票人和承兑人的票据权利自票据到期日起2年内不行使而消灭

D. 持票人对出票人的票据权利，自出票之日起6个月内不行使而消灭

3. 下面有关票据背书问题的叙述，哪些是正确的？（　　）

A. 出票人在汇票上记载“不得转让”字样的，汇票转让无效

B. 票据凭证不能满足背书人记载事项的需要，可以加附粘单，粘附于票据凭证上。粘单上的第一记载人应当在汇票和粘单的粘接处签章

C. 非经背书转让而取得的票据无效

D. 汇票以背书转让或者以背书将一定的汇票权利授予他人行使时，必须记载被背书人的名称

4. 支票上必须记载下列哪些事项？（　　）

A. 无条件支付的委托　　B. 付款人的名称、地点

C. 出票人的名称、地点　　D. 出票人签章

5. 某丙拾得一张某甲为出票人、某乙为从某甲处直接取得票据的票据权利人的汇票。票面金额为3万元，见票后2个月内付款。丙拾得票据后，立即伪造某乙签章，将汇票转让给自己，然后拿到A银行贴现。A银行审查了汇票背书的连续性后，给予贴现，这时某乙发现汇票丢失，立即向法院申请公示催告，并向付款人B银行提出挂失止付，则下列选项中正确的是哪些？（　　）

A. 丙除了承担票据责任之外，还应承担其他法律责任

B. 被伪造人乙可以追究丙的民事责任，但应承担票据责任

C. 付款人 B 银行不承担任何票据责任

D. A 银行因为善意取得而成为真正的票据权利人，某乙不得以某丙的伪造背书行为而主张 A 银行的票据权利无效

6. 甲、乙签订一份购销合同。甲以由银行承兑的汇票付款，在汇票的背书栏记载有“若乙不按期履行交货义务，则不享有票据权利”，乙又将此汇票背书转让给丙。下列对该票据有关问题的表述哪些是正确的？(　　)

A. 该票据的背书行为为附条件背书，效力待定

B. 乙在未履行交货义务时，不得主张票据权利

C. 无论乙是否履行交货义务，票据背书转让后，丙取得票据权利

D. 背书上所附条件不产生汇票上效力，乙无论交货与否均享有票据权利

7. 下列哪些票据行为无效？(　　)

A. 出票人出票时在票据上记载“款到付款”

B. 背书人背书时在票据上记载“款到背书生效”

C. 保证人保证时在票据上记载“主债务有效保证方有效”

D. 付款人承兑时在票据上记载“款到承兑生效”

8. 下列构成对人的抗辩的有（　　）。

A. 付款人以持票人提示的票据已过时效期间为由拒绝付款

B. 被追索人以自己的签章系伪造为由拒绝支付追索款项

C. 被追索人以自己与持票人之间的原因关系无效为由拒绝支付追索款项

D. 被追索人以持票人明知票据系其前手偷窃所得为由拒绝支付追索款项

9. 关于票据签章的规定，以下哪些叙述不符合我国《票据法》的规定？(　　)

A. 甲公司签发了一张银行支票，甲公司在支票上的签章可以是甲公司的公章或者财务专用章，或者是甲公司的法定代表人的签章

B. 王某签发了一张银行支票，王某的签章必须与在银行预留的签章一致

C. 陈某的笔名“风信子”广为人知，本名反而知道的人很少，陈某在票据上签章时可以使用“风信子”这一笔名

D. 乙公司签发了一张银行承兑汇票给丙公司，汇票上没有乙公司的签章，但是丙公司可以以与乙公司之间签订的买卖合同证明该汇票系乙公司签发，汇票有效

10. 下列有关汇票出票人的说法中错误的有（　　）。

A. 汇票出票人是票据债务人之一，他和其他票据债务人一样，对持票人承担连带责任

B. 汇票出票人的出票行为完成后，就表示他承担票据的承兑、付款义务，他始终是票据的第一债务人

C. 汇票的出票人和其后手之一存在票据法上的抗辩事由的，可以对抗持票人的追索权

D. 汇票的出票人是持票人时，汇票的其他债务人仍应在汇票遭到拒绝付款后对

出票人所持汇票权利承担连带责任

三、判断题

1. 保证不得附有条件；附有条件的，不影响对汇票的保证责任。(　　)

2. 汇票上不必记载“无条件支付的委托”的字样。(　　)

3. 无民事行为能力人在票据上签章的，其签章无效，并会影响其他签章的效力。(　　)

4. 支票就是出票人委托银行或其他法定金融机构于见票时无条件支付一定金额给收款人的票据。(　　)

5. 汇票在出票时有三个当事人：出票人、收款人、付款人。(　　)

6. 票据非基本当事人是在票据发出之后通过其他票据行为而加入到票据关系中的当事人。(　　)

7. 票据关系是指基于票据行为所产生的债权债务关系，或称权利义务关系。(　　)

8. 票据法上的非票据关系是由《票据法》直接规定的、与票据行为相联系但又不是由票据行为本身所发生的权利义务关系。(　　)

9. 汇票的保证是指票据债务人以外的人，为担保特定票据债务人票据债务的履行，以负担同一内容的票据债务为目的所为的一种具有独立性的附属票据行为。(　　)

10. 追索权是指汇票到期不获付款或期前不获承兑，或者有其他法定原因出现时，持票人在履行了保全手续后，向其前手请求偿还汇票金额、利息及费用的一种票据上的权利。(　　)

四、简答题

1. 简述票据的特点。

2. 简述票据关系与票据基础关系的联系。

3. 简述票据行为的成立要件。

4. 简述票据权利的内容。

5. 简述票据抗辩的种类。

五、案例分析题

1. 某进出口公司委派采购员刘某到某棉区采购棉花，签发支票一张，其金额和收款人处授权刘某根据棉区采购的实际情况填写，但明确告知支票的金额最多可以填写30万元，否则将超出公司目前在银行的存款额。支票的用途栏写明“采购棉花”。该公司并给刘某出具了明确的法定代表人授权委托书和公司营业执照副本。然而，刘某听信个体户叶某之言，企图利用短短的时间差，先做一笔彩电批发生意，赚取相当利润后再赴棉区采购棉花。于是，该二人将支票金额填写为183万元，收款人栏写上叶某的商号，再由叶某以商号名义背书给“某五金交电批发公司”。所购买的彩电转手成功后，全部款项被刘某和叶某卷逃。当“某五金交电批发公司”将叶某提交的支票送银行结算时，因进出口公司账户上存款额不足而被退票。

请问：

(1) 该支票是否有效？为什么？

(2) 刘某与叶某应当承担何种责任？为什么？

(3) 依该情形，银行能否对某进出口公司处以空头支票的罚款？

2. 1998年10月间，广州某（中外合资）鞋业有限公司（下称鞋业公司）与英国某公司（下称Y公司，该公司为鞋业公司的外国合营者）签订了补偿贸易合同，约定：鞋业公司向Y公司进口价值50万美元的意大利产鞋面真皮革，用于生产Y公司定作的某名牌皮鞋，成品全部返销。进口意大利鞋面真皮革的交易则先行通过托收方式结算，具体托收方式为D/A（承兑交单）。鞋业公司的中方上级主管公司某石化公司（下称石化公司）按要求在上述皮革的进出口合同上签署了保证，承诺鞋业公司若不能依约支付进口货款时，将承担付款保证责任。各方签订了适用于整个补偿贸易合同（包括进出口合同）的仲裁条款。同年11月18日，Y公司通过香港汇丰银行向鞋业公司的开户行中行某市分行传递了托收凭证。其中，托收凭证项下的承兑汇票的出票人及收款人均记载为Y公司，付款人记载为鞋业公司，到期日为1999年2月28日。经中行某分行传递和提示汇票后，鞋业公司承兑了汇票，并取得了有关装运提单。其后，因所进口真皮革的质量问题，双方发生纠纷而诉诸仲裁。仲裁期间，Y公司将前述已承兑汇票背书转让给了其子公司香港某商行。因汇票到期不获付款，香港某商行根据进出口合同、托收凭证副本及前述汇票等向内地中级法院起诉鞋业公司和石化公司，诉求前者支付票款，后者承担汇票的连带付款责任。被告方则立即以仲裁条款为依据，向法院提起管辖异议。

请问：

(1) 本案诉讼属于国内票据纠纷还是涉外票据纠纷？

(2) 鞋业公司提起管辖异议的理由是否成立？

(3) 石化公司能否成为本案诉讼的当事人？

(4) 假设票据纠纷的诉讼能够继续进行，而诉讼期间，仲裁机构作出了所进口意大利真皮革具有严重质量问题，Y公司应承担解除合同责任和赔偿鞋业公司所有损失的裁决。那么，香港某商行在诉讼中的胜诉机会如何？

第十章　税收法律制度

学习提要与学习目标

税法是调整税收关系的法律规范系统。税收与税法既有联系，又有区别。本章主要包括税法概述、流转税法、所得税法、财产税法和税收征收管理法五部分。首先从税收和税法的概念出发，重点阐释了税法的构成要素；接着以不同的税法要素为基点，阐述了不同税种的税收实体法律制度；最后在税收原则和税收实体法律制度的基础上，简要介绍了我国的税收征收管理法律制度。本章的重点是税法的构成要素、各主要税种的纳税主体、征税对象、税率、税额计算以及税款征收制度等。通过学习，使学生掌握我国的税收基本法律制度，增强纳税意识。

第一节　税法概述

一、税收概念

（一）税收的概念、特征及职能

1. 税收的概念。税收，又称税捐或租税，指国家或其他公法团体为实现公共职能，凭借其政治权力，按照国家法律规定的标准，强制地、无偿地取得财政收入的活动。税收的实质是国家与纳税人之间的经济利益分配关系。从法学的角度，税收是国家以及地方政府以财政收入为目的，依法对满足法定构成要件的人强制性课征的非对价金钱给付义务。

2. 税收的特征。税收有强制性、无偿性和固定性特征。“三性”是税收区别于其他财政收入的形式特征，不同时具备“三性”的财政收入就不成其为税收。

（1）税收的强制性，指税收是以国家政治权力为依托，依法强制征收的，不以纳税人的同意为前提。纳税人必须依照税法规定按时足额纳税。

（2）税收的无偿性，指在税收的征收代价方面，国家是无偿征收的。对具体纳税人而言，纳税后得不到任何报酬，征税过程中财产权的转移是单向的，就此意义讲，税收是无偿的。

（3）税收的固定性，指国家按照预先制定的税法进行征税，且税法对纳税人、征税对象和税率等基本课税要素均作了明确规定。不仅纳税人必须严格依法及时足额纳税，国家也只能按照这种预定的标准征税，而不得随意免征、少征或多征。

3. 税收的职能。

（1）财政职能，即组织财政收入的职能。自古而今，税收都是国家筹集财政收入的最主要、最有效的形式，其他财政收入形式无法取代。

（2）经济职能，即调节经济运行的职能。税收是国家管理经济不可缺少的经济杠杆。国家通过对税率的调整、税目的增减和税额的减免等所产生的影响来实现宏观调控，贯彻产业政策。

（3）监督职能，即经济监督职能。该职能贯穿于税收的财政职能、经济职能之中，通过税务部门的日常征管工作来实现，以督促纳税人遵纪守法，并及时发现问题，提供各种信息，为国家宏观决策提供参考。

（二）税收的分类

1. 流转税、所得税和财产税。这是一种以课税对象为标志进行的分类，是世界各国税制分类中最基本、最重要的方式。

2. 直接税与间接税。依据税负能否转嫁，税收可以分为直接税和间接税。凡税负不能转嫁于他人，需由纳税人直接承担税负的税种，即为直接税，如各类所得税和一般财产税。凡税负可以转嫁于他人，纳税人只是间接承担税负的税种，即为间接税，如各类流转税。

3. 从量税与从价税。这种划分以计税标准为依据。凡是按课税对象的一定计量单位（如数量、重量和容量等）为标准，规定固定税额的税为从量税，如资源税、车船税等。凡是以课税对象的价格为标准，按规定税率计算税额的税为从价税，如增值税、营业税等。

4. 价内税与价外税。以税收与价格的关系为标准，可将税收分为价内税和价外税。凡税金构成价格组成部分的，称为价内税，如消费税和营业税；凡税金作为价格之外附加的称为价外税，如增值税。

5. 中央税与地方税。依据税权归属不同，税收可分为中央税和地方税。凡税收立法权、税收权和收入权归属于中央政府的为中央税，或称国税；凡上述税权归属于地方政府的税收，为地方税，简称地税。此外，有时某些税种的收入由中央政府和地方政府按分成比例共同享有，这些税种便统称为中央与地方共享税，简称共享税。

6. 其他分类。除以上比较常见的分类外，税收还有许多分类方式。例如，以税收收入形式为标准，税收可分为实物税和货币税；以征税标准是否具有依附性，税收可分为独立税和附加税。

二、税法的概念与特征

（一）税法的概念

税法是调整在税收活动过程中国家、征税机关和纳税主体等各方当事人之间产生的税收关系的法律规范的总称。税法一般被认为属于经济法的宏观调控法分支，是经济法与行政法的交叉学科，具有较为明显的公法性质。

（二）税法的特征

1. 税法主体之间权利义务的不对等性。征税方代表国家强制征收，纳税人必须无偿尽纳税义务。这种关系体现了税法所具有的强制性特征，这与经济法的其他部门法不同。在其他部门法中，主体间的权利义务关系大多是互为前提的，处于平等地位。

2. 税收法规结构的规范性。税法的调整对象主要是税收征纳关系，而税收的固定性直接决定了税收法规结构的规范性或统一性。这一方面表现为税种与该税种法的相对应性，即一税一法，国家一般按税种立法。另一方面，税法的规范性还表现为税法要素的固定性，即每个税种法都对纳税人、征税对象、税率、纳税环节、期限、地点和税收优惠等作出具体规定，以保证税收的实现。

3. 税法的相对稳定性和适当灵活性。任何法律在一定时期内都具有一定的稳定性，税法亦然。税法和各项税收法规、条例一经法定程序颁布实施之后就必须严格执行，不得随意变更，特别是税法的立法宗旨、原则、税制结构和其他基本规范的框架，更不能轻易变动。税法同时还具有适当的灵活性。税收的经济职能要求根据国家不同时期的经济状况，对税种、税目和税率、减免税等作出相应的调整，以真正体现税法是税收政策的法律化，是国家重要的宏观调控手段。

三、税法的基本原则

税法基本原则是税法本质、内容和价值目标的集中体现，是税收立法的基础，是税法解释和适用的依据，是税法发挥作用的根本保证。税法原则在税收关系的调整中具有普遍价值，对税收立法、执法、守法和司法具有重要的指导作用。

（一）税收法定原则

税收法定原则是税法的最高原则，指征税必须有法律依据且必须依法征税和依法纳税。这一原则又可细分为：

1. 课税要素法定原则。该原则要求纳税人、征税客体、计税依据、税率、税收优惠等课税要素必须且只能由立法机关在法律中加以规定，即只能由狭义上的法律来规定税收的构成要件，并依此确定主体纳税义务的有无及大小。

2. 课税要素明确原则。课税要素、征税程序等不仅要由法律专门规定，而且还必须尽量明确，以避免出现漏洞和歧义，给权力的恣意滥用留下空间。

3. 征税合法原则。税收的程序应当由法律明确规定，税收应当由法定机关依照税法规定的程序进行。执法机关不能擅自修改课税要素、征税程序，即没有法律依据，税收稽征机关无权开征、停征、减免、退补税收，依法征税既是其职权也是其职责。

（二）税收公平原则

税收公平原则，也称税收公平主义，指纳税人的法律地位平等和纳税人之间的税收负担公平。纳税人地位平等亦称平等对待原则，即纳税人是公民和经济主体的普遍性义务，所有纳税人均须依法纳税，禁止歧视对待或例外对待。税收负担公平分配包括横向公平与纵向公平两个方面。横向公平是指经济情况相同、纳税能力相等的纳税人，其税收负担应当相同；纵向公平指经济情况不同、纳税能力不等的纳税人，在税收负担上应当区别对待。

（三）税收效率原则

所谓税收效率原则，指以最少的人力、物力、财力消耗取得尽可能多的税收，并通过税收分配活动促使资源更合理更有效地配置，最大限度地促进经济的发展。税收效率包括税收行政效率和税收经济效率两个方面。税收行政效率可以从征税费用和纳税费用两方面来考察。为了提高税收的行政效率，一方面应当采用先进的征收手段，另一方面，应该尽可能简化税制，使税法语言准确明白，减少纳税费用。税收经济效率主要指如何通过优化税制尽可能减少税收对社会经济的不良影响，或者最大程度地促进社会经济良性发展。

四、税法的构成要素

税法的构成要素，又称课税要素、税制要素，是指各种单行税种立法共有的基本构成要素的总称。税法的构成要素包括实体法上的构成要素和程序法上的构成要素，具体包括如下几个方面：

（一）纳税人

纳税人又称纳税义务人，是指税法规定负有纳税义务的社会组织和个人。每一种税都有它的纳税人，同一种税可以有不同的纳税人，某一纳税人也可以成为几种税的纳税人。

与纳税人相类似的一个概念是负税人。负税人是指实际或最终承担税款的单位和个人。在同一税种中，纳税人与负税人可以是一致的，也可以是不一致的。如果纳税人能够通过一定的途径把税款转嫁或转移出去，纳税人就不再是负税人；否则，纳税人同时也是负税人。

为防止偷税漏税，实现税源扣缴，税法还规定有扣缴义务人，即税法规定负有代扣代缴、代收代缴税款义务的社会组织和个人。代扣代缴义务人是指有义务从持有的纳税人收入中扣除纳税人的应纳税款并代为缴纳的单位和个人。代收代缴义务人是指有义务借助经济往来关系向纳税人收取应纳税款并代为缴纳的单位和个人。

（二）征税对象

征税对象又称征税客体或课税对象，是指征税主体、纳税主体共同指向的对象，它是各个税种间相互区别的根本标志。根据征税范围不相交叉的原则设计出来的各个税种都有其各自特定的征税对象，并通过税法予以明确确定，国家只能就各个税种在其各自特定的范围内征税。因此，征税对象决定了各税种法不同的特点和作用。征税对象按其性质不同，通常划分为以下几类：①流转额，包括商品流转额和非商品流转额；②所得额或收益额，包括总收益额和纯收益额；③财产，即法律规定的特定范围的财产，如房产、车船等。

还有两个从属于征税对象的概念：税基和税目。所谓税基，又称计税依据，是指税制中规定的据以计算各种应征税款的依据或标准。征税对象与税基的关系为：征税对象是指征税的目的物，计税依据则是在目的物已经确定的前提下，对目的物据以计算税款的依据或标准。如个人所得税，其课税对象是纳税人的全部所得额，而计税依据则是从中作了一定扣除后的余额。税目也是从属于征税对象的一个要素，是在征税对象总范围内规定的具体征税的类别或项目，是课税对象的具体化。例如，现行税制中的消费税、营业税、关税等就采取了规定税目的办法。

（三）税率

税率指应纳税额与征税对象或计税依据之间的数量关系或比率。税率是衡量税负高低的重要指标，它反映了征税的深度。税率可以分为比例税率、累进税率和定额税率三种基本形式。

1. 比例税率。所谓比例税率，是指对同一征税对象，无论数额大小皆适用同一比率征税。比例税率又可细分为单一比例税率和差别比例税率。通常，在所得税中采用单一比例税率，流转税则采用差别比例税率。差别比例税率又可分为以下几种表现形式：①产品差别比例税率。即按产品类别设计税率，既可按产品大类设计，也可按具体产品设计，如消费税。②行业差别比例税率。即按应税产品或经营项目所归属的行业设计税率，不同行业实行不同税率，如营业税。③地区差别比例税率。即对同一课税对象在不同的地区设计不同的税率，如我国曾经征收的农业税。

2. 累进税率。累进税率又称等级税率，指随着征税对象的数额由低到高逐级累进的税率。累进税率是一种多层次的税率，其具体形式是将课税对象按数额大小划分为若干等级，对不同等级规定由低到高的不同税率。累进税率是由若干个逐渐升高的一组税率构成，这种税率一般在所得课税中采用，特别是对个人所得征税时经常采用。

累进税率中表示征税对象数额形式的一般有绝对额和相对率两种，因此，累进税率的累进依据也分为绝对额和相对率两种形式。凡累进税率，无论是按绝对额累进还是按相对率累进，在累进方法上都可分为全累税率和超累税率。全累税率是指纳税人的全部征税对象都按照与之相应的那一级的税率计算应纳税额。全累税率按累进依据又可分为全额累进税率和全率累进税率。超累税率是指把纳税人的全部征税对象按规定划分为若干等级，每一等级分别采用不同的税率，分别计算税款。超累税率按累进依据又可分为超额累进税率和超率累进税率。

3. 定额税率。定额税率又称固定税额，是按征税对象的计量单位直接规定固定的征税数额。课税对象的计量单位可以是重量、数量、面积、体积等自然单位，也可以是专门规定的复合单位，如资源税中天然气的“万立方米”。我国现行税制中的定额税率有以下几种表现形式：①地区差别定额税率。即对同一课税对象按照不同地区分别规定不同的征税数额，如资源税、土地使用税、耕地占用税等。②分类分项定额税率。即首先按某种标志把课税对象分为几类，每一类再按一定标志分为若干项，然后对每一项分别规定不同的征税数额，如车船税。③单一（或统一）定额税率。即在一个税种中只规定一个统一的定额税率，或者对一个税种中的某些税目规定一个统一的定额税率。

（四）纳税环节、期限及地点

纳税环节，指税法规定的征税对象在从生产到消费的流转过程中应当缴纳税款的环节。期限指纳税人按照税法规定缴纳税款的期限。税法规定纳税人按日、月、季度、纳税年度缴纳税款。此外，税法还规定按次纳税，即以纳税人从事生产经营活动的次数作为纳税期限。纳税地点，是指缴纳税款的地方，即纳税人依据税法规定向征税机关申报纳税或者缴纳税款的具体地点，主要有机构所在地、经济活动发生地、财产所在地、报关地等。

（五）减免税

减税是对应纳税额的少征；免税是对应征税额全部免除。减免税是对纳税义务的减轻或免除。与此相关的有起征点和免征额两个概念。起征点是计税依据的数额达到开征的界限。未达到起征点的不征税；达到或超过起征点的，按其全额征税。免征额，是指在计税依据总额中免于征税的数额。它是按照一定标准从计税依据总额中预先减除的数额。免征额部分不征税，超过免征额的部分征税。

第二节　流转税法

一、流转税概述

（一）流转税的概念

流转税，也称为商品税或“商品与劳务税”，是以商品流转额和劳务收入作为征税对象的一类税。我国现行的流转税有增值税、消费税、营业税和关税。

（二）流转税的特点

流转税是间接税，具有税源稳定、征收及时、征收便利、税负隐蔽等优点。具体而言，流转税具有如下显著特点：

1. 流转税的征税对象是商品、劳务复杂多样的流转额。流转税的课征对象是商品和劳务的流转额，即商品（或劳务）的销售收入。一种商品从进入流通到最后消费，往往要经过无数次交易。每经过一次交易，商品就流转一次，于是也就发生了一次对卖者商品流转额课征流转税的问题。进一步来看，流通中的商品种类和商品流通渠道又是复杂多样的，即使是同一种商品，也可能要经过不同的阶段。在流通过程中，不同商品之间也可能发生分合的变化。

2. 流转税在负担上具有累退性。流转税一般采用比例（固定）税率，其税负是按消费商品的种类和数量的比例承担。从表面上看，对一般消费品课税，消费数量大者多负担税，消费数量少者少负担税；对进口商品和奢侈品课征的高额消费税，多由富者负担。但进一层分析，个人消费商品数量的多寡与个人收入并不成比例，因为个人消费总是有一定限制的，愈富有，消费性开支占其收入的比例越小；越贫困，消费性开支占其收入的比例就越大。显然，在这种情况下，商品课税就具有一定的累退性：收入愈少，税负相对愈重；反之愈轻。

3. 流转税收的负担普遍，课税隐蔽。流转税在形式上虽由商品的生产者或销售者缴纳，实际上所纳税款要附加于商品卖价之中，转嫁给消费者负担。由于人们要生存，就必须消费，所以对商品课税的最终结果是人人负担税收。同时，流转税也是较为隐蔽的一种课征，流转税扣除后，税款要加在价格之中。商品的购买者即消费者虽然负担了税款，但并不直接感受到税收负担的压力，因此，政府对商品课税的阻力较小。

二、增值税

（一）增值税概念、特点

增值税是以商品生产流通和劳务服务在各个流转环节的增值额为征税对象的一个税种，它以商品的销售额和应税劳务营业额为计税依据，运用税收抵扣原则进行征收。目前我国增值税的主要法律依据是《中华人民共和国增值税暂行条例》（2008年修订）、《中华人民共和国增值税暂行条例实施细则》（2011年修订）等。

增值税的主要特征包括：

1. 征税对象是法定的增值额。增值税以商品生产和流通中各个环节的新增价值额或商品附加值额为征税对象。所谓增值额，是指国家税法规定的，纳税人在我国境内销售货物或者提供加工、修理修配劳务以及进口货物过程中新增加的价值额，是纳税人在一定时期内销售产品或提供劳务所取得的收入，大于购进商品或取得劳务时所支付的金额的差额。

2. 税负公平合理。增值税按增值额征税，不管纳税环节多少，只要商品售价相同，则税负相同。增值税税率档次少，不同货物或劳务的税率基本一致，税负公平，利于平等竞争。

3. 消除重复征税。只对增值额征税，对流转额中已征部分不再征税。商品从生产、批发到零售，不论生产、流通环节有多少，每一个环节征一次税，但由于价外抵扣原则，以不含增值税税额的价格作为计税依据，就避免了以流转额总额征税产生的重复征税的现象。

（二）纳税主体

增值税的纳税主体是在中华人民共和国境内销售货物或者提供加工、修理修配劳务以及进口货物的单位和个人。增值税的纳税主体从税法地位和税款计算的角度可以分为两大类，即一般纳税人和小规模纳税人。

所谓小规模纳税人，是指年销售额在规定标准以下，并且会计核算不健全，不能按规定报送有关税务资料的增值税纳税人。小规模纳税人的年销售额标准为：①从事货物生产或者提供应税劳务的纳税人，以及以从事货物生产或提供应税劳务为主、兼营货物批发或零售的纳税人，年应税销售额在50万元（含本数，下同）以下的；②对上述规定之外的纳税人，年应税销售额在80万元以下的。

符合上述销售额标准的，即为经营规模较小，如果会计核算不健全，即为小规模纳税人。但是，个人、非企业性单位、不经常发生增值税应税行为的企业，即使年应税销售额超过小规模纳税人的标准，也视同小规模纳税人纳税。此外，年应税销售额未超过标准的小规模企业（未超过标准的企业和企业性单位，但商业企业除外），账簿和会计核算健全的，经企业申请，税务部门可以将其认定为一般纳税人。

所谓一般纳税人，就是指年应税销售额超过规定的小规模纳税人标准，会计核算健全的企业和企业性单位。

区分一般纳税人和小规模纳税人的重要意义在于，两者的税法地位、计税方法都是不同的，表现为：一般纳税人可以使用增值税专用发票，并可以用“扣税法”抵扣发票上注明的已纳增值税额。而小规模纳税人则不得使用增值税专用发票，也不能进行税款抵扣。正由于两者在税法地位上存在差异，因而在计税方法上也不同，如小规模纳税人就不能采用“扣税法”。

（三）征税范围

增值税的征税范围包括三个方面，即销售货物、提供应税劳务、进口货物。

1. 销售货物。作为增值税征税范围内的销售货物，包括一般的销售货物、视同销售货物和混合销售等几种情况。

所谓一般的销售货物，是指通常情况下的货物所有权的有偿转让。这里的“货物”是指有形动产，包括电力、热力和气体等。

所谓视同销售货物，是指某些行为虽然不同于有偿转让货物所有权的一般销售，但基于保障财政收入，防止规避税法，保持经济链条的连续性和课税的连续性等考虑，税法仍将其视同为销售货物的行为，征收增值税。视同销售货物的行为主要有：

（1）将货物交付他人代销，或者销售代销货物；

（2）设有两个以上机构并实行统一核算的纳税人，将货物从一个机构移送到其他机构用于销售，但相关机构在同一个县（市）的除外；

（3）将自产或委托加工的货物用于非应税项目，或者用于集体福利或个人消费；

（4）将自产、委托加工或购买的货物用作投资，或者分配给股东或投资者，或者无偿赠送他人。

所谓混合销售行为，是指一项销售行为既涉及货物又涉及非应税劳务的行为。这里的非应税劳务是指不应征收增值税但应征收营业税的劳务。凡从事货物的生产、批发或零售的企业、企业性单位及个体经营者的混合销售行为，视为销售货物，应当征收增值税；而其他单位和个人进行的混合销售行为，均视为销售非应税劳务，不征收增值税。

2. 提供应税劳务。由于现行增值税制度侧重于对销售货物征税，因此对应税劳务征税仅限于较小范围。目前属于增值税应税劳务的主要有两大类，即提供加工劳务和提供修理修配劳务。其中，“加工”是指由委托方提供原材料及主要材料，受托方按照委托方的要求制造货物并收取加工费的业务；“修理修配”是指受托对损伤和丧失功能的货物进行修复，使其恢复原状和功能的业务。

此外，如果纳税人兼营非应税劳务，则应分别核算货物或应税劳务和非应税劳务的销售额，未分别核算的，由主管税务机关核定货物或者应税劳务的销售额。

3. 进口货物。进口货物是指货物从境外进入我国境内。我国现行《增值税暂行条例》只将进口货物纳入征税范围，即进口货物应在报关进口时征收进口环节增值税，而未列举出口货物。这其实不够全面。出口货物从原理上说也应征收增值税，只不过一般均实行零税率。但对于法律有特殊规定的某些限制或禁止出口的货物，同样不适用零税率，而应依税率征税。

（四）税率和征收率

我国增值税的税率分为三档，即基本税率、低税率和零税率。

1. 基本税率为17%，适用于一般情况下的销售货物、提供应税劳务和进口货物。

2. 低税率为13%，适用于以下货物的销售和进口：①粮食、食用植物油、鲜奶；②自来水、暖气、冷气、热水、煤气、石油液化气、天然气、沼气、居民用煤炭制品；③图书、报纸、杂志；④饲料、化肥、农药、农机、农膜；⑤音像制品和电子出版物；⑥二甲醚；⑦国务院及有关部门规定的其他货物。

3. 零税率，即税率为零，仅适用于法律不限制或不禁止的报关出口的货物。国务院另有规定的某些货物，不适用零税率。

（五）应纳税额的计算

增值税应纳税额的计算较为复杂，需要分为三种情况：一般纳税人销售货物或提供应税劳务的应纳税额的计算；小规模纳税人销售货物或提供应税劳务的应纳税额的计算；一般纳税人、小规模纳税人进口货物应纳税额的计算。

1. 一般纳税人应纳增值税额的计算。一般纳税人销售货物或提供应税劳务，其应纳增值税额要运用“扣税法”来计算，其计算公式为：

应纳增值税额 = 当期销项税额 - 当期进项税额

可见，要确定应纳增值税额，必须先分别确定当期销项税额和当期进项税额。

（1）当期销项税额的确定。当期销项税额，是指当期销售货物或提供应税劳务的纳税人，依其销售额和法定税率计算并向购买方收取的增值税税款。其计算公式为：

当期销项税额 = 当期销售额 × 税率

可见，当期销售额的确定是计算整个应纳增值税额的关键。正因为如此，现行税法在这方面作出了许多具体规定，其主要方面包括：

第一，销售额是指纳税人向购买方收取的全部价款和价外费用。所谓价外费用，是指在价款之外向购买方收取的各种费用，包括手续费、补贴、基金、集资费、返还利润、奖励费、违约金、滞纳金、延期付款利息、包装费、运输装卸费、储备费、优质费、代收或代垫款项及其他各种性质的价外收费。但下列项目不包括在内：受托加工应征消费税的消费品所代收代缴的消费税；承运部门运输费用发票开具给购买方且纳税人将该项发票转交给购买方的代垫运输费用；销售货物的同时代办保险等而向购买方收取的保险费，以及向购买方收取的代购买方缴纳的车辆购置税、车辆牌照费；代为收取的政府性基金或者行政事业性收费，但必须是国务院或者财政部批准设立的政府基金及国务院或省级人民政府及其财政、价格部门批准设立的行政事业性收费，而且收取时要开具省级以上财政部门印制的财政票据并将收款全部上交财政。

第二，如果销售收入中包含了销项税额，则应将含税销售额换算成不含税销售额。这是因为增值税是价外税，在计税的销售额中不能含有任何税款。不含税销售额的计算公式为：

不含税销售额＝含税销售额÷（1＋增值税税率）

第三，应征增值税的混合销售行为，其税基为货物与非应税劳务的销售额之和。

第四，如果纳税人定价明显偏低又无正当理由，或者有销售行为而无销售额，则应由主管税务机关核定其销售额。根据现行规定，主管税务机关应按下列顺序核定增值税纳税人的销售额：①按纳税人最近时期同类货物平均销售价格确定；②按其他纳税人最近时期同类货物的平均销售价格确定；③按组成计税价格确定，其公式为：

组成计税价格＝成本×（1＋成本利润率）

若所销售的货物是应征收消费税的货物，组成计税价应包括消费税在内。其计算公式为：

组成计税价格＝成本×（1＋成本利润率）÷（1－消费税税率）

上述公式中的成本为实际生产成本或实际采购成本；而成本利润率则一般规定为10%，若是征收消费税的货物，则应按消费税的有关规定确定。

（2）当期进项税额的确定。当期进项税额是指纳税人当期购进货物或者应税劳务已交纳的增值税税额。依据税法规定，准许从销项税额中抵扣进项税额的情况主要包括以下几类：①从销售方取得的增值税专用发票上注明的增值税税额；②从海关取得的完税凭证上注明的增值税税额；③购进农产品，除取得增值税专用发票或者海关进口增值税专用缴款书外，按农业品收购发票或者销售发票上注明的农产品买价和13%的扣除率计算。

但是，下列项目的进项税额不得从销项税额中抵扣：①纳税人未按规定取得并保存增值税扣税凭证，或者未按规定在增值税扣税凭证上注明增值税税额及其他有关事项的；②国务院财政、税务主管部门规定的纳税人自用消费品；③用于非应税项目或免税项目的购进货物或应税劳务所支付的增值税税额；④用于集体福利或个人消费的购进货物或应税劳务所包含的增值税税额；⑤非正常损失的购进货物所包含的增值税税款，以及非正常损失的在产品、产成品所耗用的购进货物或应税劳务所包含的增值税税额。

2. 小规模纳税人应纳增值税额的计算。小规模纳税人应纳增值税额的计算不适用“扣税法”，而是适用简易的办法，即用不含税销售额乘以规定的征收率，但不得抵扣任何进项税额。其计算公式为：

应纳增值税额 = 销售额 × 征收率

上述公式中的征收率为3%。

3. 进口货物应纳增值税额的计算。进口货物的纳税人，无论是一般纳税人还是小规模纳税人，均应按照组成计税价格和规定的税率计算应纳税额，不得抵扣进项税额。其计算公式为：

应纳增值税税额 = 组成计税价格 × 税率

如果进口的货物不征消费税，则上述的组价公式为：

组成计税价格 = 关税完税价格 + 关税税额

如果进口的货物应征消费税，则上述的组价公式为：

组成计税价格 = 关税完税价格 + 关税 + 消费税

三、消费税

（一）消费税概述

消费税是以特定的消费品的流转额为征税对象的一种商品税。消费税征收范围有限，征收环节单一，税负容易转嫁给消费者。目前我国消费税的法律依据是《中华人民共和国消费税暂行条例》（2008 年修订）及其《实施细则》。

（二）纳税主体

凡在我国境内生产、委托加工和进口《消费税暂行条例》列举的消费品的单位和个人，为消费税的纳税主体。所谓“在中国境内”，是指应税消费品的起运地或所在地在中国境内。

（三）征税范围

消费税应税产品共分 5 类 13 个税目：

1. 过度消费会对人类健康、社会秩序、生态环境等方面有害的消费品。

2. 奢侈品和非生活必需品。

3. 高能耗及高档消费品。

4. 不可再生和不可替代的石油类消费品。

5. 税基宽广、消费普遍、征税后不影响居民基本生活并具有一定财政意义的消费品。

详细征税范围见“消费税税目和税率表”。

（四）税率

消费税的税率包括两类，即比例税率和定额税率。但按照我国的税法，第一类卷烟、第二类卷烟及粮食白酒和薯类白酒采用定额兼定率的组合税率。详细税率见“消费税税目和税率表”。

消费税税目和税率表（税额标准）

税　目	计税单位	税　率
一、烟		
1. 甲类卷烟（生产环节）	支	0.003元+销售额×56%
2. 乙类卷烟（生产环节）	支	0.003元+销售额×36%
3. 卷烟（批发环节）	支	0.005元+销售额×11%
4. 雪茄烟		36%
5. 烟丝		30%
二、酒		
1. 粮食白酒和薯类白酒	斤或500毫升	0.50元+出厂价格×20%
2. 黄酒	吨	240元
3. 甲类啤酒	吨	250元
4. 乙类啤酒	吨	220元
5. 其他酒		10%
三、化妆品		30%
四、贵重首饰和珠宝玉石		
1. 金、银首饰和钻石、钻石饰品		5%
2. 其他贵重首饰和珠宝玉石		10%
五、鞭炮、焰火		15%
六、成品油		
1. 汽油	升	1.52元
2. 柴油	升	1.2元
3. 石脑油	升	1.52元
4. 溶剂油	升	1.52元
5. 润滑油	升	1.52元
6. 燃料油	升	1.2元
7. 航空煤油	升	1.2元

续表

税　目	计税单位	税　率
七、摩托车		
1. 250 毫升		3%
2. 排气量超过 250 毫升的		10%
八、小汽车		
1. 乘用车		
（1）排气量不超过 1.0 升		1%
（2）排气量超过 1.0 不超过 1.5 升		3%
（3）排气量超过 1.5 升，不超过 2.0 升		5%
（4）排气量超过 2.0 升，不超过 2.5 升		9%
（5）排气量超过 2.5 升，不超过 3.0 升		12%
（6）排气量超过 3.0 升，不超过 4.0 升		25%
（7）排气量超过 4.0 升		40%
2. 中轻型商用客车		5%
九、高尔夫球及球具		10%
十、高档手表		20%
十一、游艇		10%
十二、木制一次性筷子		5%
十三、实木地板		5%

注：调拨价格 70 元/条（含）以上的为甲类卷烟，其余为乙类卷烟。

（五）应纳税额的计算

消费税的应纳税额的计算有三种方法：一是从价定率；二是从量定额；三是从价兼从率。

1. 从价定率。适用从价定率的消费品，其应纳消费税额计算公式为：

应纳税额 = 应税消费品的销售额 × 适用税率

2. 从量定额。适用定额税率的消费品，其应纳消费税额计算公式为：

应纳税额 = 应税消费品的销售额 × 适用税率

3. 从价兼从率。适用从价兼从率的组合税率的消费品应纳税额的计算公式为：

应纳税额 =（应税消费品的数量 × 定额税率）+（应税销售额 × 比例税率）

需指明的是，上述公式中的销售额，是纳税人销售应税消费品时向购买方收取的全部价款和价外费用，与作为增值税计税依据的销售额是相同的。

除此之外，在计税依据的确定方面，我国税法还有以下特殊规定：

1. 自产自用的应税消费品，用于连续生产应税消费品的不纳税；用于其他方面的，没有同类消费品销售价格的，按组成计税价格计算纳税，其公式为：

组成计税价格 =（成本 + 利润）÷（1 − 消费税税率）

公式中的“利润”根据国家税务总局规定的全国平均成本利润率确定。

2. 委托加工的应税消费品，以受托方同类消费品的销售价格为计税依据计算纳税。没有同类消费品销售价格的，按组成计税价格计算纳税，其公式为：

组成计税价格 =（材料成本 + 加工费）÷（1 − 消费税税率）

3. 进口应税消费品，一律以组成计税价格为计税依据计算纳税，其公式为：

组成计税价格 =（关税完税价格 + 关税税额）÷（1 − 消费税税率）

四、营业税

（一）营业税概述

营业税是对在我国境内提供应税劳务、转让无形资产或销售不动产的营业收入征收的一种税。它发生在生产、经营、消费、流通过程中，是对所获得的商品经营、非商品服务收入征收的一种流转税。营业税具有税源普遍、税负较轻和征收成本较低等特点。目前我国营业税适用的法律依据为《中华人民共和国营业税暂行条例》（2008 年修订）和《〈中华人民共和国营业税暂行条例〉实施细则》（2011 年修订）等。

（二）纳税主体

营业税的纳税主体是在我国境内提供应税劳务、转让无形资产或者销售不动产的单位和个人。除税法另有规定以外，负有营业税纳税义务的单位就是发生应税行为并向对方收取货币、货物或其他经济利益的单位，包括独立核算的单位和不独立的单位。此外，企业租赁或承包给他人经营的，以承租人或承包人为纳税人。

（三）征税范围

1. 提供应税劳务。提供应税劳务主要包括交通运输业、建筑业、金融保险业、邮电通信业、文化体育事业、娱乐业和服务行业等 7 个项目。

2. 转让无形资产。转让无形资产，指转让无形资产的所有权或使用权，包括转让土地使用权、商标权、专利权、非专利技术、著作权和商誉等。

3. 销售不动产。销售不动产指有偿转让不动产所有权。具体包括：销售建筑物其他土地附着物；单位将不动产无偿赠与他人的，视同销售不动产；以不动产投资入股，在转让该项股权时，也视同销售不动产。

（四）税率

营业税采用比例税率，共分 3%、5%、5% ~20% 三档九种。具体为：

1. 交通运输业、建筑业、邮电通信业、文化体育业的税率为3%。

2. 金融保险业、服务业、转让无形资产、销售不动产的税率为5%。

3. 娱乐业税率5%～20%。目前的适用的税率是，台球、保龄球为5%，其他娱乐项目均为20%。

我国目前营业税的税目及税率参见下面的“营业税税目、税率表”。

营业税税目、税率表

税　目	征收范围	税　率
一、交通运输业	陆路（包括铁路、公路、缆车、索道等）运输、水路（包括江、河、湖、海等）运输、航空运输、管道运输，装卸搬运	3%
二、建筑业	建筑、安装、修缮、装饰、代办电信工程、水利工程、道路修建、疏浚、钻井、拆除建筑物、平整土地、搭脚手架、爆破等	3%
三、金融保险业	1. 金融：包括贷款、融资租赁、金融商品转让、金融经纪业和其他金融业务 2. 保险	5%
四、邮电通信业	1. 邮政：包括传递函件和包件、邮汇、报刊发行、邮务物品销售、邮政储蓄等 2. 电信：包括电报、电传、电话、电话机安装、电信物品销售等 3. 快递	3%
五、文化体育业	1. 文化：包括表演、播映、展览、培训、讲座、图书（资料）借阅、经营游览场所等 2. 体育：包括举办体育比赛和为体育活动提供场所	3%
六、娱乐业	1. 歌厅、舞厅、卡拉OK歌舞厅（含夜总会、练歌房）、音乐茶座（含酒吧）、高尔夫球、游艺（如射击、狩猎、跑马、游戏机、蹦极、卡丁车、热气球、动力伞、射箭、飞镖等）、网吧 2. 台球、保龄球	20% 5%
七、服务业	代理业，旅店业，饮食业，旅游业，仓储业，租赁业，广告业，淋浴，理发，洗染，照相，美术，裱画，誊写，打字，镌刻，计算，测试，试验，化验，录音，录像，复印，晒图，设计，制图，测绘，勘探（不包括航空、钻井、打井、爆破勘探），打包，咨询等	5%

续表

税　目	征收范围	税　率
八、转让无形资产	转让土地使用权、专利权、非专利技术、商标权、著作权、商誉、电影拷贝播映权	5%
九、销售不动产	销售建筑物和其他土地附着物	5%

（五）计税依据与计税方法

营业税的计税依据，是纳税人提供应税劳务的营业额、转让无形资产的转让额和销售不动产的销售额，统一简称为营业额。营业税的计税方法较为简单，在确定了营业额以后，即可依照相应的法定税率，计算出应纳税额。其计算公式：

应纳营业税额＝营业额×税率

由上述公式可知，营业额的确定是计算应纳税额的关键，为此应了解如何确定营业额。

1. 确定营业额的一般原则。营业额是指纳税人提供应税劳务、转让无形资产或者销售不动产时，向对方收取的全部价款和价外费用。其中，价外费用包括向对方收取的手续费、基金、集资费、代收款项、代垫款项及其他各种性质的价外收费。

2. 确定营业额的特殊情况。营业税是对纳税人的全部营业额课税，但该营业额应是纳税人的实际营业收入额，这样征税才符合实质课税原则。对此，税法的特别规定有：

（1）建筑业的总承包人将工程分包或转包给他人的，以工程的全部承包额减去付给分包人或者转包人的价款后的余额为营业额。

（2）旅游业务以全部收费减去为旅游者支付给其他单位的食宿、交通等费用后的余额为营业额。若组团到境外旅游，在境外改由其他旅游企业接团，则以全程旅游费减去付给该接团企业的旅游费后的余额为营业额。

（3）转贷业务，以贷款利息减去借款利息后的余额为营业额；外汇、有价证券、期货买卖业务，以卖出价减去买入价后的余额为营业额。

（4）保险业实行分保险的，初保业务以全部保费收入减去付给分保险人的保费后的余额为营业额。

（5）单位或个人进行演出，以全部票价收入或者包场收入减去付给提供演出场所的单位、演出公司或者经纪人的费用后的余额为营业额。

（6）娱乐业的营业额为经营娱乐业向顾客收取的各项费用，包括门票收费、台位费、点歌费、烟酒和饮料收费及经营娱乐业的其他各项收费。

3. 营业额的核定。纳税人提供应税劳务、转让无形资产或销售不动产价格明显偏低而无正当理由的，主管税务机关有权按下列顺序核定其营业额：

（1）按纳税人最近时期发生同类应税行为的平均价格核定。

（2）按其他纳税人最近时期发生同类应税行为的平均价格核定。

（3）按下列公式核定计税价格：

组成计税价格 = 计税营业成本或工程成本 ×（1 + 成本利润率）÷（1 - 营业税税率）

（六）营业税改增值税试点

为进一步解决货物和劳务税制中的重复征税问题，完善税收制度，支持现代服务业的发展，国家从2012年1月1日开始，在上海地区的交通运输和部分现代服务业开展深化增值税制度改革试点，逐步将目前征收营业税的行业改为征收增值税。自2012年8月1日起到2012年年底，试点范围又分批扩大至北京市、天津市、江苏省、安徽省、浙江省（含宁波市）、福建省（含厦门市）、湖北省、广东省（含深圳市）。

2013年8月1日试点地区扩大到全国。自2014年6月1日起，试点行业已扩大到交通运输业、邮政业、电信业和部分现代服务业。根据国务院决定，力争"十二五"期间全面完成营改增工作。

依照改革试点方案以及相关实施办法，在现行增值税17%标准税率和13%低税率基础上，新增11%和6%两档低税率。其中租赁有形动产等适用17%税率，交通运输业、邮政业、基础电信服务等适用11%税率，其他如研发和技术服务、信息技术服务、文化创意服务、物流辅助服务、鉴证咨询服务、广播影视服务、增值税电信服务等部分现代服务业适用6%税率。原归属试点地区的营业税收入，改征增值税后仍归属试点地区。

第三节 所得税法

一、所得税法概述

（一）所得税的概念

所得税是以所得为征税对象并由获取所得的主体缴纳的一类税的总称，主要包括企业所得税和个人所得税。

（二）所得税的特点

所得税作为一个税类，主要具有以下特点：

1. 征税对象是所得，计税依据是纯所得额，这是所得税与商品税、财产税相区别的最主要的特点。作为所得税征税对象的所得主要有四类：经营所得，或称营业利润、事业所得；劳务所得；投资所得；资本利得，或称财产所得。

2. 计税依据的确定较为复杂。所得税的计税依据是纯所得额，即从总所得额中减去各种法定扣除项目后的余额。由于对法定扣除项目的规定较为复杂，因而其计税依据的确定也较为复杂，税收成本也会随之提高。

3. 比例税率与累进税率并用。商品税以适用比例税率为主，有利于提高效率；而所得税更强调保障公平，以量能纳税为原则，因而在适用比例税率的同时，尤其在个人所得税等领域亦适用累进税率。

4. 所得税是直接税。所得税作为典型的直接税，其税负由纳税人直接承担，税负不易转嫁。这使得所得税与商品税等间接税又有诸多不同。此外，正因为所得税是直接税，因而需以纳税人的实际负担能力为计税依据，无所得则不征税。这与商品税不管有无利润，只要有商品流转收入就要征税也是不同的。

5. 在税款缴纳上实行总分结合。所得税的应税所得额到年终才能最后确定，因而在理论上所得税在年终确定应税所得额后才能缴纳。但由于国家的财政收入必须均衡及时，因而在现实中所得税一般实行总分结合，即先分期预缴，到年终再清算，以满足国家财政收入的需要。

二、企业所得税法

（一）企业所得税法概述

企业所得税，是指以企业为纳税人，以企业一定期间的纯所得额为计税依据而征收的一种税。目前我国企业所得税适用的法律依据主要是《中华人民共和国企业所得税法》及《中华人民共和国企业所得税法实施条例》（2007 年颁布）。

（二）企业所得税的纳税人

1. 企业所得税纳税人的范围。《企业所得税法》规定，在中华人民共和国境内，企业和其他取得收入的组织（以下统称企业）为企业所得税的纳税人，依照该法的规定缴纳企业所得税。个人独资企业、合伙企业不适用该法。

2. 居民企业和非居民企业。我国采用注册地和实际管理机构的双重标准，将企业所得税的纳税主体分为居民企业和非居民企业两类。

《企业所得税法》所称的居民企业，是指依法在中国境内成立，或者依照外国（地区）法律成立但实际管理机构在中国境内的企业。非居民企业则是指依照外国（地区）法律成立且实际管理机构不在中国境内，但在中国境内设有机构、场所的，或者在中国境内未设立机构、场所，但有来源于中国境内的所得的企业。

居民企业应当就其来源于中国境内、境外的所得缴纳企业所得税。非居民企业在中国境内设立机构、场所的，应当就其所设机构、场所取得的来源于中国境内的所得以及发生在中国境外但与其所设机构、场所有实际联系的所得，缴纳企业所得税。非居民企业在中国境内未设立机构、场所的，或者虽设立机构、场所但取得的所得与其所设机构、场所没有实际联系的，应当就其来源于中国境内的所得缴纳企业所得税。

（三）税率

《企业所得税法》中规定的税率分为如下几种情况：

1. 一般情况下，企业的所得税率为 25%。

2. 非居民企业在中国境内未设立机构、场所或者虽设立机构场所但取得的所得与其所设立机构、场所没有实际联系的，应当就其来源于中国境内的所得缴纳企业所得税，其适用税率为20%。

3. 符合条件的小型微利企业，减按20%的税率征收企业所得税。所谓“符合条件的小型微利企业”，是指从事国家非限制和禁止行业，并符合下列条件的企业：

（1）工业企业，年度应纳税所得额不超过30万，从业人数不超过100人，资产总额不超过3000万元；

（2）其他企业，年度应纳税所得额不超过30万，从业人数不超过80人，资产总额不超过1000万元。

4. 国家需要重点扶持的高新技术企业，减按15%的税率征收企业所得税。

（三）征税范围

企业所得税按纳税年度计算。企业每一纳税年度的收入总额，减除不征税收入、免税收入、各项扣除以及允许弥补的以前年度亏损后的余额，为应纳税所得额。

1. 收入总额。企业以货币和非货币形式从各种来源取得的收入，为收入总额。具体的收入类型包括：

（1）销售货物收入，是指货物制造或者销售企业销售货物时从购货方所取得的全部收入，包括价款，也包括价外费用；

（2）提供劳务收入，是指从事银行、保险、交通运输、文化娱乐等劳务服务活动所取得的收入；

（3）转让财产收入，是指纳税人有偿转让各类财产取得的收入，包括转让固定资产、有价证券、股权以及其他财产而取得的收入；

（4）股息、红利等权益性投资收益，是指纳税人通过对股权投资所获得的收入；

（5）利息收入，是指纳税人购买各种债券等有价证券的利息、外单位欠款付给的利息、银行存款利息以及其他利息收入；

（6）租金收入，是指纳税人出租固定资产、包装物以及其他财产而取得的租金收入；

（7）特许权使用费收入，指纳税人提供或者转让专利权、非专利技术、商标权、著作权以及其他特许权的使用权而取得的收入；

（8）接受捐赠收入，是指纳税人取得的无须支付任何代价的收入；

（9）其他收入。

此外，《企业所得税法》还规定收入总额中下列收入为不征税收入：

（1）财政拨款，即政府向纳税人无偿拨付的资金；

（2）依法收取并纳入财政管理的行政事业性收费、政府性基金。

（3）国务院规定的其他不征税收入。

2. 企业所得税准予扣除的项目。

（1）成本。是指企业在生产经营活动中发生的销售成本、销货成本、业务支出以及其他耗费，即企业销售商品（产品、材料、下脚料、废料、废旧物资等）、提供劳务、转让固定资产、无形资产（包括技术转让）的成本。

（2）费用。即纳税人每一个纳税年度为生产、经营商品和提供劳务等所发生的销售（经营）费用、管理费用和财务费用。已计入成本的有关费用除外。

（3）税金。是指纳税人按规定缴纳的消费税、营业税、资源税、关税、土地增值税、城市维护建设费、教育费附加等产品销售税金及附加以及发生的房产税、车船使用税、土地使用税、印花税等。

（4）损失。是指企业在生产经营活动中发生的固定资产和存货的盘亏、毁损、报废损失，转让财产损失，呆账损失，坏账损失，自然灾害等不可抗力因素造成的损失，以及其他损失。

（5）扣除的其他支出。是指除成本、费用、税金、损失外，企业在生产经营活动中发生的与生产经营活动有关的、合理的支出。

3. 企业所得税的限制扣除项目。所谓限制扣除，是指只能按照《企业所得税法》规定的标准和方法扣除。其中主要涉及公益性捐赠、资本性支出以及亏损弥补。

（1）公益性捐赠。企业发生公益性捐赠支出，在年度利润总额的12%以内的部分，准予在计算应纳税所得额时扣除。

（2）固定资产支出。《企业所得税法》规定，除了列举的不得扣除的固定资产支出外，在计算应纳税所得额时，企业按照规定计算的固定资产折旧，准予扣除。

（3）无形资产支出。《企业所得税法》规定，除了列举的不得扣除的无形资产支出外，在计算应税所得额时，企业按照规定计算的无形资产摊销费用，准予扣除。

（4）长期待摊费用。在计算应纳税额时，企业发生的下列支出作为长期待摊费用，按照规定摊销的，准予扣除：已足额提取折旧的固定资产的改建支出；租入固定资产的改建支出；固定资产的大修理支出；其他应当作为长期待摊费用的支出。

4. 企业所得税禁止扣除的项目。

（1）与固定资产相关的扣除禁止。下列固定资产不得计算折旧扣除：①房屋、建筑物以外的未投入使用的固定资产；②以经营租赁方式租入的固定资产；③以融资租赁方式租出的固定资产；④已足额提取折旧仍继续使用的固定资产；⑤与经营活动无关的固定资产；⑥单独估价作为固定资产入账的土地；⑦其他不得计算折旧扣除的固定资产。

（2）与无形资产相关的扣除禁止。下列无形资产不得计算摊销费用扣除：①自行开发的支出已在计算应纳税所得额时扣除的无形资产；②自创商誉；③与经营活动无关的无形资产；④其他不得计算摊销费用扣除的无形资产。

（3）与对外投资有关的扣除禁止。

（4）与亏损弥补相关的扣除禁止。

（5）其他项目的扣除禁止。

（四）应纳税额计算

1. 应纳税额计算的一般方法。企业每一纳税年度的收入总额，减除不征税收入、免税收入、各项扣除以及允许弥补的以前年度的亏损后的余额，为应纳税所得额。企业应纳税所得额乘以适用税率，减除税收减免和税收抵免后的余额，即为应纳税额。具体的计算公式：

应纳税所得额＝收入总额－不征税收入－免税收入－准予扣除项目－以前年度的亏损

应纳税额＝应纳税所得额×适用税率－税收减免额－税收抵免额

2. 非居民企业应纳税额的计算。非居民企业在中国境内未设立机构、场所的，或者虽设立机构、场所但取得的所得与其所设机构、场所没有实际联系的，应当就其来源于中国境内的所得缴纳企业所得税。根据税法，非居民企业取得的此类所得，按照下列方法计算其应纳税所得额：

（1）股息、红利等权益性投资收益和利息、租金、特许权使用费所得，以收入全额为应纳税所得额；

（2）转让财产所得，以收入全额减除财产净值后的余额为应纳税所得额；

（3）其他所得，参照前两项规定的方法计算应纳税所得额。

3. 企业所得税的税收抵免。

（1）直接抵免。企业取得下列所得已在境外缴纳的所得税税额，可以从其当期应纳税额中抵免，抵免额为该项所得依照《企业所得税法》规定计算的应纳税额；超过抵免限额的部分，可以在以后的5个年度内，用每年度抵免限额抵免当年应抵税额后的余额进行抵补：①居民企业来源于中国境外的应税所得；②非居民企业在中国境内设立机构、场所，取得发生在中国境外但与该机构、场所有实际联系的应税所得。计算公式为：

抵免限额＝境外所得×本国税率

（2）间接抵免。居民企业从其直接或者间接控制的外国企业分得的来源于中国境外的股息、红利等权益性投资收益，外国企业在境外实际缴纳的所得税税额中属该项所得负担的部分，可以作为该居民企业的可抵免境外所得税税额，在上述第（1）点规定的抵免限额内抵免。

三、个人所得税法

（一）个人所得税概述

个人所得税，是对个人（自然人）在一定期间取得应税所得征收的一种所得税。个人所得税实行分类所得税制，征税面小，税负从轻，扣除从宽，在保障财政收入和实现社会政策方面具有重要作用。

目前，我国个人所得税适用的法律依据主要是《中华人民共和国个人所得税法》及《中华人民共和国个人所得税法实施条例》（2011年修订）等。

（二）纳税主体

按照住所和时间标准，我国个人所得税的纳税主体可以划分为居民纳税人和非居民纳税人。

1. 居民纳税人。凡在中国境内有住所，或者无住所而在境内居住满 1 年的个人即为居民纳税人，因而应就其源于中国境内、境外的所得，依法缴纳个人所得税。

上述的在中国境内有住所的个人，是指因户籍、家庭、经济利益关系而在中国境内习惯性居住的个人。习惯性居住，是判定纳税义务人是居民或非居民的一个法律意义上的标准，不是指实际居住或在某一个特定时期内的居住。如因学习、工作、探亲、旅游等在中国境外居住的，在其原因消除之后，必须回到中国境内居住的个人，则中国即为该纳税人的习惯性居住地。

上述的居住满 1 年，是指在一个纳税年度中在中国境内居住 365 日。如果临时离境，即在一个纳税年度中一次离境不超过 30 日或多次离境累计不超过 90 日的，亦视同在华居住，不扣减天数。此外，在中国境内，是指在中国大陆地区，不包括香港、澳门、台湾地区。

依据上述规定，符合住所标准和时间标准的即为个人所得税的居民纳税人，应该负有无限纳税义务。

2. 非居民纳税人。凡在中国境内无住所又不居住或者无住所而在境内居住不满 1 年的个人，是非居民纳税人，因而仅就其来源于中国境内的所得，缴纳个人所得税。

对于所得是否属于来源于中国境内，并不以款项的支付地为认定标准，也不以取得者是否居住在中国境内为认定标准，而是以受雇活动的所在地、提供个人劳务的所在地、财产坐落地以及资金、产权的实际运用地等标准来确定。

根据规定，下列所得，不论支付地点是否在中国境内，均为来源于中国境内的所得：

（1）因任职、受雇、履约等在中国境内提供劳务取得的所得；

（2）将财产出租给承租人在中国境内使用而取得的所得；

（3）转让中国境内的建筑物、土地使用权等财产或者在中国境内转让其他财产取得的所得；

（4）许可各种特许权在中国境内使用而取得的所得；

（5）从中国境内的公司、企业以及其他经济组织或者个人取得的利息、股息、红利所得。

（三）征税范围

我国的个人所得税法实行分类所得税制，分为 11 个税目：

1. 工资、薪金所得。即个人因任职或受雇而取得的工资、薪金、奖金、年终加薪、劳动分红、津贴、补贴以及与任职或者受雇有关的其他所得。

2. 个体工商户的生产、经营所得。包括个体工商户从事工业、商业、建筑业、服务业以及其他行业的生产、经营，或者从事办学、医疗、咨询等有偿服务活动取得的所得，以及与生产、经营有关的各项应税所得。

3. 对企事业单位的承包经营、承租经营所得。即个人承包经营、承租经营以及转包、转租取得的所得，包括个人按月或者按次取得的工资、薪金性质的所得。

4. 劳务报酬所得。包括个人从事设计、装潢、安装、制图、化验、测试、医疗、法律、会计、咨询、讲学、新闻、广播、翻译、审稿、书画、雕刻、影视、录音、录像、演出、表演、广告、展览、技术服务、介绍服务、经纪服务、代办服务以及其他劳务取得的所得。

5. 稿酬所得。即个人因其作品以图书、报刊形式出版、发表而取得的所得。

6. 特许权使用费所得。包括个人提供专利权、商标权、著作权、非专利技术以及其他特许权的使用权取得的所得。

7. 利息、股息、红利所得。即个人拥有债权、股权而取得的利息、股息、红利所得。

8. 财产租赁所得。包括个人出租建筑物、土地使用权、机器设备、车船以及其他财产取得的所得。

9. 财产转让所得。包括个人转让有价证券、股权、建筑物、土地使用权、机器设备、车船以及其他财产取得的所得。

10. 偶然所得。包括个人得奖、中奖、中彩以及其他偶然性质的所得。

11. 经国务院财政部门确定征税的其他所得。

（四）税率

个人所得税的税率可分为两类：一类是超额累进税率，适用于工薪所得、个体工商户的生产、经营所得以及对企事业单位的承包、承租经营所得；另一类是比例税率，其基本税率均为20%，适用于除上述三类所得以外的其他各类所得。

1. 工资、薪金所得，适用七级超额累进税率，具体见下表。

工资、薪金所得适用税率表

级数	全月应纳税所得额（含税）	税率（%）	速算扣除数
1	不超过1500元	3	0
2	超过1500元~4500元的部分	10	105
3	超过4500元~9000元的部分	20	555
4	超过9000元~35 000元的部分	20	1005
5	超过35 000元~55 000元的部分	25	2755
6	超过55 000元~80 000元的部分	30	5505
7	超过800 000元的部分	45	13 505

2. 个体工商户的生产、经营所得和对企事业单位的承包经营、承租经营所得，

适用五级超额累进税率，具体见下表。

个体工商户的生产、经营所得和对企事业单位的承包经营、承租经营所得适用税率表

级数	全月应纳税所得额	税率（%）	速算扣除数
1	不超过15 000元的	5	0
2	超过15 000元～30 000元的部分	10	750
3	超过30 000元～60 000元的部分	20	3750
4	超过60 000元～100 000元的部分	30	9750
5	超过100 000元的部分	35	14 750

3. 对上述所得以外的其他各类应税所得，适用20%的比例税率，但有以下特殊情况：

（1）稿酬所得，适用20%的比例税率，并按应纳税额减征30%。

（2）劳务报酬所得，适用20%的比例税率，但若一次收入畸高，即一次取得劳务报酬，应税所得额超过20 000元的，可以实行加成征收。其中，应纳税所得额超过20 000元至50 000元的部分，依照税法规定计算应纳税额后再按照应纳税额加征五成，超过50 000元的部分，加征十成。

（五）应纳税额的计算

个人所得税的应纳税额应根据应纳税所得额和税率计算，公式为：

应纳税额＝应纳税所得额×税率

同各类所得税一样，个人所得税应纳税额的计算，关键也是应纳税所得额的计算或确定。为此，下面主要介绍各类所得的应纳税所得额的计算。

1. 工资、薪金所得，以每月收入额减除费用3500元后的余额，为应纳税所得额。

2. 个体工商户的生产、经营所得，以每一纳税年度的收入总额，减除成本、费用以及损失后的余额，为应纳税所得额。如个体工商户业主、个人独资企业和合伙企业投资者的生产经营所得依法计征个人所得税时，个体工商户业主、个人独资企业和合伙企业的投资者本人的费用扣除标准统一确定为每月3500元。

3. 对企事业单位的承包经营、承租经营所得，以每一纳税年度的收入总额，减除必要费用后的余额，为应纳税所得额。每一纳税年度的收入总额，是指纳税人按照承包经营、承租经营合同规定分得的经营利润和工资、薪金性质的所得；上述的“减除必要费用”，是指按月减除3500元。

4. 劳务报酬所得、稿酬所得、特许权使用费所得、财产租赁所得，每次收入不超过4000元的，减除费用800元；超过4000元的，减除20%的费用，其余额为应纳税所得额。所谓每次收入是指：①劳务报酬所得，属于一次性收入的，以取得该项收入为一次；属于同一项目连续性收入的，以一个月内取得的收入为一次。②稿酬所得，以每次出版、发表取得的收入为一次。③特许权使用费所得，以一项特许权的一次许可使用所取得的收入为一次。④财产租赁所得，以1个月内取得的收入为一次。

5. 财产转让所得，以转让财产的收入额减除财产原值和合理费用后的余额，为应纳税所得额。

6. 利息、股息、红利所得、偶然所得和其他所得，以每次收入额为应纳税所得额。

第四节 财产税法

一、财产税的概念及特征

财产税，是以财产为征税对象，并由对财产进行占有、使用或收益的主体缴纳的一类税。财产税属于直接税和辅助税种，税负不易转嫁，且大多为地方性税种。我国目前的财产税主要包括土地税、房产税、契税、车船税、资源税等。

二、土地税法

土地税是以土地为征税对象，由对土地进行占有、使用、收益的主体缴纳的一类税的总称。我国目前的土地税法主要包括城镇土地使用税法、耕地占用税法及土地增值税法。

（一）城镇土地使用税法

城镇土地使用税，是对在我国境内使用城镇土地资源的单位和个人，就其实际占用的土地面积定额征收的一种财产税。目前，我国城镇土地使用税适用的法律依据主要为《中华人民共和国城镇土地使用税暂行条例》及其《实施细则》（2006年修订）等。

1. 纳税主体。城镇土地使用税的纳税主体是指在城市、县城、建制镇、工矿区范围内使用土地的单位和个人。

城镇土地使用税的纳税人按如下标准判断：①拥有土地使用权的单位和个人是纳税人；②如果拥有土地使用权的单位和个人不在土地所在地，则以土地的实际使用人和代管人为纳税人；③如果土地使用权未确定或有权属纠纷尚未解决，则以实际使用人为纳税人；④如果土地使用权为共有，则共有各方均为纳税人，由各方分别纳税。

2. 征税范围。城镇土地使用税的征税范围，包括在城市、县城、建制镇和工矿区内的国家所有和集体所有的土地。其中，城市的土地包括市区和郊区的土地；县城的土地是指县人民政府所在地的城镇的土地；建制镇的土地是指镇人民政府所在地的土地。

3. 计税依据。城镇土地使用税的计税依据，是纳税人实际占用的应税土地面积，土地面积计量标准为每平方米。

纳税人应税土地面积，按以下办法确定：

（1）凡由省级人民政府确定的单位组织来测定的，以测定的面积为准；

（2）尚未组织测定，但纳税人持有政府部门核发的土地使用证书的，以证书确认的土地面积为准；

（3）尚未核发土地使用证书的，以纳税人据实申报的土地面积据以纳税，待核发土地使用证以后再做调整。

4. 税率及应纳税额的计算。城镇土地使用税实行定额税率，且为幅度差别税额。不同地域每平方米土地的年税额分别为：①大城市 1.5 元～30 元；②中等城市 1.2 元～24 元；③小城市 0.9 元～18 元；④县城、建制镇、工矿区 0.6 元～12 元。

各省级人民政府应在上述的税额幅度内，根据市政建设状况和经济繁荣程度等，确定所辖地区的适用税额幅度；市、县人民政府在省级政府确定的税额幅度内再制定具体的适用税额标准，报省级政府批准执行。

在确定了计税依据和具体适用的税额的基础上，便可计算应纳税额，其公式为：

应纳税额＝实际占用的土地面积（平方米）×适用税额

（二）耕地占用税法

耕地占用税是对在我国境内占用耕地建房或者从事其他非农业建设的单位和个人，按其实际占用的耕地面积征收的一种财产税。目前我国耕地占用税的基本法律依据是《中华人民共和国耕地占用税暂行条例》（2007 年修订）及其《实施细则》（2008 年修订）。

1. 纳税主体。耕地占用税的纳税主体是在我国境内占用耕地建房或者从事其他非农业建设的单位和个人。

2. 征税范围。耕地占用税的征税对象是纳税人占用的耕地，其具体征税范围包括国家所有和集体所有的耕地。所谓耕地，是指用于种植农作物的耕地。此外，征用前三年内曾用于种植农作物的土地及菜地、园地和鱼塘，也视为耕地。

3. 计税依据和税率。耕地占用税的计税依据是纳税人实际占用的耕地面积，实行从量定额征收。现行的税率为地区差别定额税率，即以县为单位，按人均占有耕地面积的多少，参照经济发展情况，将全国划分为四类不同地区，各地区适用的具体税额分别为：

（1）人均耕地在 1 亩以下（含 1 亩）的地区，每平方米为 10 元～50 元；

（2）人均耕地在 1 亩～2 亩（含 2 亩）的地区，每平方米为 8 元～40 元；

（3）人均耕地在 2 亩～3 亩（含 3 亩）的地区，每平方米为 6 元～30 元；

（4）人均耕地面积在 3 亩以上的地区，每平方米为 5 元～25 元。

在上述的计税依据和税率确定以后，即可计算应纳税额，其计算公式为：

应纳税额＝实际占用耕地面积（平方米）×适用税额

（三）土地增值税法

土地增值税是对转让土地权利而获取收益的主体，就其土地的增值额征收一种财产税。目前我国土地增值税适用的基本法律依据是《中华人民共和国土地增值税暂行条例》（1993年颁布）及其《实施细则》（1995年颁布）。

1. 纳税主体。土地增值税的纳税主体是转让国有土地使用权、地上的建筑物及其附着物（以下简称转让房地产）并取得收入的单位和个人。具体包括各类企事业单位、国家机关和社会团体及其他组织、个体经营者等。

2. 征税范围。土地增值税的征税范围包括转让国有土地使用权、地上的建筑物及其附着物而取得的收入，即转让的房地产的收入。这里的转让房地产，是指以出售或者其他方式有偿转让房地产的行为，不包括以继承、赠与方式无偿转让房地产的行为；也不包括出租、抵押房地产以及转让非国有土地使用权、地上建筑物及其附着物的行为。上述的地上建筑物，是指建于土地上的一切建筑物，包括地上地下的各种附属设施；附着物是指附着于土地上的不能移动、经移动即遭损坏的物品。

3. 计税依据。土地增值税的计税依据是土地增值额，即纳税人转让房地产所取得的收入减除法定扣除项目金额后的余额。纳税人转让房地产的收入，是指转让房地产的全部价款及有关的经济收益，包括货币收入、实物收入和其他收入。

上述法定的扣除项目包括：①取得土地使用权所支付的金额；②房地产开发的成本、费用；③新建房及配套设施的成本、费用，或者旧房及建筑物的评估价格；④与转让房地产有关的税金；⑤财政部规定的其他扣除项目。

4. 税率和应纳税额的计算。土地增值税实行四级超额累进税率，具体规定为：

（1）增值额未超过扣除项目50%的部分，税率为30%；

（2）增值额超过扣除项目金额50%、未超过扣除项目金额100%的部分，税率为40%；

（3）增值额超过扣除项目金额100%、未超过扣除项目金额200%的部分，税率为50%；

（4）增值额超过扣除项目金额200%的部分，税率为60%。

上述每级“增值额未超过扣除项目金额”的比例，均包括本比例数。

在明确了计税依据和税率的基础上，即可计算土地增值税的应纳税额。应纳税额可按增值额乘以适用的税率减去扣除项目金额乘以速算扣除系数的简便方法计算，其基本公式是：

应纳税额＝增值额×税率－扣除项目金额×速算扣除系数

在上面公式中分别适用税率30%、40%、50%、60%的情况下，相应的速算扣除系数分别为0、5%、15%、35%。

三、房产税法

房产税是以房产为征税对象，依据房产价格或房产租金收入向房产所有人或经营人征收的一种税。目前我国房产税适用的法律依据主要是《房产税暂行条例》(1986年颁布)。

(一) 纳税主体

我国房产税的纳税主体是在我国境内拥有房屋产权的单位和个人。产权属于全民所有的,以经营管理人为纳税人;产权出典的,以承典人为纳税人;产权所有人、承典人不在房产所在地,或产权未确定的,以房产代管人或使用人为纳税人。

(二) 征税范围

房产税的征税范围包括建在城市、县城、建制镇和工矿区的房屋。

(三) 计税依据和税率

房产税的计税依据是房产余值或房产租金收入。其中,房产余值是依照房产原值一次减除10%~30%后的余值;没有房产原值作为依据的,由税务机关参考同类房产核定。房产租金收入是房产所有人出租房屋所获得的报酬,包括货币收入和实物收入。

房产税实行比例税率,其中,依照房产余值计税的,税率为1.2%;房产出租的,以房租收入为计税依据,税率为12%。

在明确了计税依据和适用税率之后,即可计算应纳税额,其计算公式为:

应纳税额=房产原值×(1-扣除比例)×1.2%

或者

应纳税额=房租收入×12%

(四) 房产税改革

由于房产税开征时,我国住房制度还没进行市场化改革,当时城镇个人拥有住房的情况极少,加之当时居民收入普遍较低,因此,《房产税暂行条例》规定对个人所有的非营业用房产(即个人自住住房)免税。2011年,国务院同意在部分城市进行对个人住房征房产税的改革试点,具体征收办法由试点省、自治区、直辖市自行制定,拉开了地方房产税改革的序幕。

四、契税法

契税是因土地、房屋权属发生移转变更而在当事人之间订立契约时,由产权承受人缴纳的一种财产税。我国目前契税适用的法律依据主要为《中华人民共和国契税暂行条例》(1997年颁布)。

(一) 纳税主体

契税的纳税主体,是在中国境内转移土地、房屋权属的过程中,承受土地使用权、房屋所有权的单位和个人。这里的单位是指企事业单位、国家机关、军事单位和社会团体以及其他组织;个人是指个体经营者和其他个人。

(二) 征税范围

契税的征税范围包括转移土地、房屋权属的下述行为:①国有土地使用权出让;②土地使用权转让,包括出售、赠与和交换,但不包括农村集体土地承包经营权的转移；③房屋买卖；④房屋赠与；⑤房屋交换。

上述的土地、房屋权属，是指土地使用权、房屋所有权。上述的房屋买卖，是指房屋所有者将其房屋出售，由承受者交付货币、实物、无形资产或者其他经济利益的行为。房屋赠与，是指房屋所有者将其房屋无偿转让给受赠者的行为。房屋交换，是指房屋所有者之间相互交换房屋的行为。

土地、房屋权属以下列方式转移的，视同土地使用权转让、房屋买卖或者房屋赠与征税：①以土地、房屋权属作价投资、入股；②以土地、房屋权属抵债；③以获奖方式承受土地、房屋权属；④以预购方式或者预付集资房款方式承受土地、房屋权属。

(三) 计税依据

契税的计税依据依不同情况可能是成交价格、核定价格或价格差额。具体如下：

1. 国有土地使用权出让、土地使用权出售、房屋买卖的，计税依据为成交价格。所谓成交价格，是指土地、房屋权属转移合同确定的价格，包括承受者应交付的货币、实物、无形资产或者其他经济利益。

2. 土地使用权赠与、房屋赠与的，其计税依据由征收机关参照土地使用权出售、房屋买卖的市场价格核定。

3. 土地使用权交换、房屋交换的，其计税依据为所交换的土地使用权、房屋的价格的差额。与交换价格差额不为零时，由多交付货币、实物、无形资产或者其他经济利益的一方缴纳税款。

此外，如果上述的成交价格明显低于市场价格且无正当理由，或者所交换土地使用权、房屋的价格差额明显不合理且无正当理由，则应由征收机关参照市场价格核定。

另外，以划拨方式取得土地使用权的，经批准转让房地产时，应由房地产转让者补缴契税，其计税依据为补缴的土地使用权出让费用或者土地收益。

(四) 税率和应纳税额的计算

契税实行幅度比例税率，税率为3% ~5%，具体由省级人民政府在幅度内按照本地区的实际情况确定，并报财政部和国家税务总局备案。

契税应纳税额的计算公式为：

应纳税额 = 计税依据 × 税率

五、车船税法

车船税，是对在我国境内的法定的车辆、船舶（以下简称“车船”）的所有人或管理人定额征收的一种税。目前车船税适用的法律依据主要为《中华人民共和国车船税法》及《中华人民共和国车船税实施细则》（2011 年颁布）等。

(一) 车船税的纳税义务人

在中华人民共和国境内，车船的所有人或者管理人为车船税的纳税人。从事机动车交通事故责任强制保险业务的保险机构为机动车车船税的扣缴义务人，应当依法代收代缴车船税。

这里所称的车船，既包括依法应当在车船管理部门登记的车船，亦包括依法不需要在车船登记部门登记的在单位内部场所行驶或者作业的机动车辆和船舶。

（二）税目、税率及税额计算

车船税主要以车船数量或吨位为计税依据，实行从量定额征收，其计算公式为：

应纳税额 = 车船税计税依据 × 适用税税额标准

车船税税目、税额标准表如下：

车船税税目、税额标准表

<table>
<tr><th colspan="2">税目</th><th>计税单位</th><th>年基准税额</th><th>备注</th></tr>
<tr><td rowspan="7">乘用车［按发动机汽缸容量（排气量）分档］</td><td>1.0升（含）以下</td><td rowspan="7">每辆</td><td>每年60元~360元</td><td rowspan="7">核定载客人数9人（含）以下</td></tr>
<tr><td>1.0升以上~1.6升（含）</td><td>每年300~540元</td></tr>
<tr><td>1.6升以上~2.0升（含）</td><td>每年360元~660元</td></tr>
<tr><td>2.0升以上~2.5升（含）</td><td>每年660元~1200元</td></tr>
<tr><td>2.5升以上~3.0升（含）</td><td>每年1200元~2400元</td></tr>
<tr><td>3.0升以上~4.0升（含）</td><td>每年2400元~3600元</td></tr>
<tr><td>4.0升以上</td><td>每年3600元~5400</td></tr>
<tr><td rowspan="2">商用车</td><td>客车</td><td>每辆</td><td>每年480元~1440元</td><td>核定载客人数9人以上，包括电车</td></tr>
<tr><td>货车</td><td>整备质量每吨</td><td>每年16元~120元</td><td>包括半挂牵引车、三轮汽车和低速载货汽车和客货两用车（多用途货车）等</td></tr>
</table>

续表

<table>
<tr><th colspan="2">税 目</th><th>计税单位</th><th>年基准税额</th><th>备 注</th></tr>
<tr><td>挂车</td><td></td><td>整备质量每吨</td><td>按货车税额标准的50%计算</td><td></td></tr>
<tr><td rowspan="2">其他车辆</td><td>专用作业车</td><td rowspan="2">整备质量每吨</td><td>每年16元~120元</td><td rowspan="2">不包括拖拉机</td></tr>
<tr><td>轮式专用机械车</td><td>每年16元~120元</td></tr>
<tr><td>摩托车</td><td></td><td>每辆</td><td>每年36元~180元</td><td></td></tr>
<tr><td rowspan="9">船舶</td><td rowspan="4">机动船舶</td><td>净吨位不超过200吨，每吨</td><td>每年3元</td><td rowspan="4">拖船、非机动驳船分别按照机动船舶税额的50%计算</td></tr>
<tr><td>净吨位200吨~2000吨，每吨</td><td>每年4元</td></tr>
<tr><td>净吨位2000吨~10 000吨，每吨</td><td>每年5元</td></tr>
<tr><td>净吨位超过10 000吨，每吨</td><td>每年6元</td></tr>
<tr><td rowspan="4">游 艇</td><td>不超过10米的，每米</td><td>每年600元</td><td rowspan="4">长度指游艇总长</td></tr>
<tr><td>长度超过10米~18米的，每米</td><td>每年900元</td></tr>
<tr><td>长度超过18米~30米的，每米</td><td>每年1300元</td></tr>
<tr><td>长度超过30米的，每米</td><td>每年2000元</td></tr>
<tr><td>辅助动力帆船</td><td>每米</td><td>每年600元</td><td></td></tr>
</table>

另外，现行税法还有下列规定，车辆整备质量尾数在0.5吨以下（含0.5吨）的，按照0.5吨计算；超过0.5吨的，按照1吨计算。船舶净吨位尾数在0.5吨以下（含0.5吨）的不予计算，超过0.5吨的按照1吨计算。1吨以下的小型车船，一律按照1吨计算。拖船按照发动机功率每1千瓦折合净吨位0.67吨计算。

六、资源税法

资源税是对在我国境内开发、利用自然资源的单位和个人，就其开发、利用资源的数量或价值征收的一种财产税。目前我国资源税适用的法律依据主要为《中华人民共和国资源税暂行条例》及其《实施细则》（2011 年修订）等。

（一）纳税主体

资源税的纳税主体是在中国领域及管辖海域开采《资源税暂行条例》规定的矿产品或者生产盐（以下简称开采或者生产应税产品）的单位和个人。进口矿产品和盐以及经营已税矿产品和盐的单位或个人，不属于资源税的纳税人。另外，《资源税暂行条例》还规定，收购未税矿产品的单位为资源税的扣缴义务人。

（二）资源税征税范围和税率

资源税包括 7 个税目，每个税目下又设有若干子目，其所对应的税率与单位税额也各不相同：

1. 原油。指开采的天然原油，不包括人造石油。税率为销售额的 5% ~10%。

2. 天然气。指专门开采或与原油同时开采的天然气，暂不包括煤矿生产的天然气。税率为销售额的 5% ~10%。

3. 煤炭。包括原煤和以未税原煤加工的洗选煤。税率为销售额的 2% ~10%。

4. 其他非金属矿原矿，指上述产品和井矿盐以外的非金属矿原矿。其中普通非金属矿原矿的单位税额为每吨或每立方米 0.5 ~20 元，贵重非金属矿原矿的单位税额为每千克或每克拉 0.5 ~20 元。

5. 黑色金属矿原矿，如铁、锰、铬等矿的原矿。单位税额为 2 ~30 元/吨。

6. 有色金属矿原矿，如稀土、金、银、铜、锡、锌矿的原矿。除稀土、钨、钼之外，其他有色金属矿原矿单位税额为 0.4 ~30 元/吨。自 2015 年 5 月 1 日起，稀土、钨、钼资源税由从量定额计征改为从价定率计征。稀土、钨、钼应税产品包括原矿和以自采原矿加工的精矿。轻稀土按地区执行不同的适用税率，其中，内蒙古为 11.5%、四川为 9.5%、山东为 7.5%；中重稀土资源税适用税率为 27%；钨资源税适用税率为 6.5%；钼资源税适用税率为 11%。

7. 盐，包括固体盐和液体盐，其中，固体盐指海盐原盐、湖盐原盐和井矿盐，液态盐是指卤水。固体盐的单位税额为 10 ~60 元/吨；液体盐的单位税额为 2 ~10 元/吨。

（三）应纳税额的计算

资源税的计税依据是应税资源产品的销售额或者课税数量。其中，纳税人将其开采的原煤自用于连续生产洗选煤的，在原煤移送使用环节不缴纳资源税；自用于其他方面的视同销售原煤；纳税人将其开采的原煤加工为洗选煤销售的，以洗选煤销售额乘以折算率作为应税煤炭销售额计算缴纳资源税。

在课税数量的确定上，应注意以下几点：

1. 纳税人开采或者生产应税产品销售的，以销售数量为课税数量；

2. 纳税人开采或者生产应税产品自用的，以自用数量为课税数量；

3. 纳税人不能准确提供应税产品销售数量或移送使用数量的，以应税产品的产量或主管税务机关确定的折算比核算成的数量为课税数量。

第五节　税收征收管理法

税收征收管理法，简称税收征管法，是调整在税收征纳及其管理过程中发生的社会关系的法律规范的总称。我国目前税收征收管理适用的法律依据主要为《中华人民共和国税收征收管理法》（简称《税收征管法》，2013 年修正）及其《实施细则》（2012 年修订）。

在《税收征管法》的适用范围方面，该法规定，凡依法由税务机关征收的各种税收的征收管理，均适用该法。关税及海关代征税收的征收管理，依照法律、行政法规的有关规定执行。可见，我国的《税收征管法》并非完全适用于各类税收的征管，尤其是在海关负责的各类税收的征管方面，往往有一些特殊的规定。此外，中华人民共和国同外国缔结的有关税收的条约、协定同本法有不同规定的，依照条约、协定的规定办理。

一、税务登记制度

（一）税务登记的内容

根据税法规定，凡有法律、行政法规规定的应税收入、应税财产或者应税行为的纳税人，应当向税务机关办理税务登记；凡法律、行政法规规定负有代扣代缴、代收代缴税款义务的扣缴义务人，应向税务机关办理扣缴税款登记。税务登记通常分为开业税务登记、变更税务登记和注销税务登记等几种类型，其登记内容和程序各有不同。

1. 开业税务登记。根据《税收征管法》的规定，企业、企业在外地设立的分支机构和从事生产、经营的场所，个体工商户和从事生产、经营的事业单位（以下统称从事生产、经营的纳税人），自领取营业执照之日起 30 日内，应持有关证件，向税务机关申报办理登记。从事生产、经营的纳税人所属的跨地区的非独立经济核算的分支机构，除由总机构申报办理税务登记外，也应当自设立之日起 30 日内，向分支机构所在地主管税务机关申报办理税务登记。纳税人到外县（市）从事经营活动的，应持其所在地税务机关填发的外出经营活动税收管理证明，向所到税务机关报验登记，接受税务管理。另外，对不从事生产、经营活动，但是依照法律、法规规定负有纳税义务的单位和个人（即非从事生产、经营的纳税人），除临时取得应税收入或发生应税行为以及只缴纳个人所得税、车船使用税外，都应当自有关部门批准之日起 30 日内，按照税收征管法规定的程序及要求，向税务机关申报办理税务登记。

对纳税人填报的税务登记表及提供的证件和资料，税务机关应当自收到之日起30日内审核完毕。符合规定的，予以登记，并发给税务登记证件；对不符合规定的，也应给予答复。

2. 变更税务登记。纳税人在办理税务登记之后，凡单位名称、法人代表、住所或经营地点、经营范围、经营方式、经济性质、开户银行账号以及其他税务登记内容发生变化的，都应申报办理变更税务登记。这里分两种情况：一是纳税人需在工商行政管理机关办理注册登记的，应当自有关工商行政管理机关办理变更登记之日起30日内，持有关证件到原税务机关申报办理变更税务登记；二是纳税人按照规定不需要在工商行政管理机关办理注册登记的，应当自有关机关批准或者宣布变更之日起30日内，持有关证件向原税务登记机关申报办理变更税务登记。

3. 注销税务登记。纳税人发生下列情形之一的，应当申报办理注销税务登记，并应在办理注销税务登记前，向税务机关结清应缴纳的税款、滞纳金、罚款，缴销所有的发票和发票领购簿及税务机关发给的其他证件：

(1) 纳税人发生解散、破产、撤销以及其他情形的；

(2) 纳税人由于住所、经营地点变动而涉及改变税务登记机关的；

(3) 纳税人被工商行政管理机关吊销营业执照的。

税务机关对纳税人提交的注销税务登记的申请报告及所附的材料应当及时予以审核，对符合条件并缴清应纳税款、滞纳金、罚款和交回发票的，予以办理注销税务登记，收回税务登记证件，开具清税证明。

(二) 税务登记证件的使用和管理

税务登记证件，是纳税人履行了税务登记义务的书面证明。纳税人持税务登记证件，依法办理下列税务事项：①申请办理减税、免税、退税和延期申报纳税；②领购发票；③申报办理外出经营活动税收管理证明；④在银行或者其他金融机构开立基本存款账户和其他存款账户，并将其全部账号向税务机关报告；⑤申报办理税务机关规定的其他有关事项。

银行和其他金融机构应当在从事生产、经营的纳税人的账户中登录税务登记证件号码，并在税务登记证件中登录从事生产、经营的纳税人的账户账号。税务机关依法查询从事生产、经营的纳税人开立账户的情况时，有关银行和其他金融机构应当予以协助。

税务登记证件，作为纳税人履行纳税义务的书面证明，应当在其生产、经营场所内明显、易见的地方张挂，亮证经营。对已核发的税务登记证件，税务机关应当实行定期验证和换证。

二、税款征收制度

(一) 税款征收方式

《税收征管法》规定，税务机关可以采取查账征收、查定征收、查验征收、定期定额征收、代扣代缴、代收代缴、委托代征等多种方式征收税款。

1. 查账征收。查账征收是指纳税人依法向税务机关申报应税收入或者应税所得及应纳税额，并报送有关账册各资料，税务机关依法对纳税人报送的纳税申报表和有关账册、资料进行审核，填写纳税缴款书，由纳税人自行到指定银行缴纳税款的一种征收方式。这种方式适用于财务会计制度较健全，能按期核算申报的纳税人，是目前我国实行的一种主要征收方式。

2. 查定征收。查定征收是指由税务机关对纳税人的生产经营情况予以查实，并据以核定其应纳税额的一种征收方式。这种征收方式适用于财务制度不够健全、账证不够完备的小型企业。

3. 查验征收。查验征收是指由税务机关对某些难以进行源泉控制的征收对象，通过查验证、照和实物，据以征税而采取的一种征收方式。这种征收方式适用于经营品种比较单一、经营地点、时间和商品来源不固定的纳税人。

4. 定期定额征收。定期定额征收是指税务机关根据纳税人的生产经营情况，按期核定应纳税额或征收率，分期缴纳的一种征收方式。这种方式适用于一些经营范围小、账证不健全或无条件进行正规记账、营业额和所得额难以准确计算的个体工商户，是目前个体税收征管中普遍采用的方式。

5. 代扣代缴、代收代缴。代扣代缴，是指按照税法规定，负有扣缴税款的法定义务人，负责对纳税人应纳的税款进行代扣代缴的方式。由支付人在向纳税人支付款项时，从所支付的款项中依法直接扣收税款并代为缴纳，其目的在于对零星分散、不易控管的税源实行源泉控制。

代收代缴，是指按照税法规定，负有收缴税款的法定义务人，负责对纳税人应纳的税款进行代收代缴的方式。与纳税人有经济业务往来的单位和个人在向纳税人收取款项时依法收取税款，并向税务机关解缴，其目的在于对税收网络覆盖不到或者难以征收的领域实行源泉控制。

6. 委托代征。委托代征是受委托的有关单位按照税务机关核发的代征证书的要求，以税务机关的名义向纳税人征收一些零散税款的方式。目前，各地对零散、不易控管的税源，大多是委托街道办事处、居委会、乡政府、村委会及交通管理部门等代征税款。

7. 自核自缴。由纳税人依法自行计算应纳税额，自行审核并填开税款交款书后，自己直接到指定的银行交款的一种征收方式。该方式适用于财务会计制度健全、纳税意识较强，且经县级以上税务机关批准可以采取该方式的大中型企业等。

（二）应纳税额的核定

应纳税额的核定，是指税务机关对纳税人当期或以前纳税期应纳税额的核实与确定。

1. 应纳税额核定的情形。《税收征管法》规定，纳税人有下列情形之一的，税务机关有权核定其应纳税额：①依照法律、行政法规的规定可以不设置账簿的；②依照法律、行政法规的规定应当设置账簿但未设置的；③擅自销毁账簿或者拒不提供纳税资料的；④虽设置账簿，但账目混乱或者成本资料、收入凭证、费用凭证残缺不全，难以查账的；⑤发生纳税义务，未按照规定的期限办理纳税申报，经税务机关责令限期申报，逾期仍不申报的；⑥纳税人申报的计税依据明显偏低，又无正当理由的；⑦未按照规定办理税务登记从事生产、经营以及临时从事经营的，包括到外县（市）从事生产、经营而未向营业地税务机关报验登记的。

2. 应纳税额核定的方式。对有上述任一情形的纳税人，税务机关有权采取以下任何一种或同时采用两种以上的方式核定其应纳税额：①参照当地同类行业或者类似行业中经营规模和收入水平相近的纳税人收入额和利润率核定；②按照营业收入或者成本加合理的费用和利润核定；③按照耗用的原材料、燃料、动力等推算或者测算核定；④按照其他合理的方法核定，例如，依照规定可以不设置账簿的纳税人，税务机关可以核定其下期应纳税额，即采取定期定额的方法征收税款。

3. 关联企业应纳税额的核定。企业或者外国企业在中国境内设立的从事生产、经营的机构、场所与其关联企业间的业务往来，应当按照独立企业之间的业务往来收取或者支付价款、费用。否则，因此而减少其应纳税的收入或者所得额的，税务机关有权进行合理调整。

（三）税收减免

减税、免税是国家根据经济发展的需要，对某些纳税人或征税对象给予的鼓励或照顾措施。

1. 减免税的种类。归纳起来，我国的减税、免税主要有以下三种情况：

（1）法定减税、免税，是指在税法中明确规定的减税、免税。

（2）特案减税、免税，是指由国务院或财政部、国家税务总局、海关总署专案规定的减税、免税。

（3）临时减税、免税，是指为了不影响纳税人的生产和生活，解决纳税人的特殊困难而临时批准的减税、免税。

2. 减免税的内容。从减免税的内容来看，我国的减免税主要包括以下几个方面：

（1）鼓励生产的减税、免税。它主要用来鼓励产品更新换代、促进出口等。

（2）社会保障减税、免税。其目的是扶持社会福利事业、保障残疾人员就业和生活以及照顾老区、少数民族地区、边境地区、贫困地区等。

（3）自然灾害减税、免税。

（四）税款的缴纳

纳税人、扣缴义务人应当按照法律、行政法规规定或者税务机关依照法律、行政法规规定确定的纳税期限缴纳或者解缴税款。纳税期限是根据纳税人的生产经营规模和各个税种的特点确定的，由税法规定的纳税人和扣缴义务人向国家缴纳税款或者解缴税款的时间界限。它由纳税计算期、税款缴库期决定。一般来说，纳税计算期满后，纳税人就应马上缴纳其应纳税款。但考虑到纳税人、扣缴义务人在纳税计算期内所取得的应税收入和应纳税款以及代扣、代收税款都需要一定的时间来进行结算和办理有关手续，因此，税法又根据各税种的特点和纳税计算期的长短，规定了不同的税款缴库期。

三、税务检查制度

（一）税务检查的概念与内容

税务检查，是税务机关以国家税收法律、法规和财务会计制度等为依据，对纳税人扣缴义务人履行纳税义务和代扣代缴、代收代缴税款义务情况进行的检验、核查活动。

《税收征管法》规定，税务机关及税务人员有权进行下列税务检查：

1. 查账权。检查纳税人的账簿、记账凭证、报表和有关资料，检查扣缴义务人代扣代缴、代收代缴税款账簿、记账凭证和有关资料。

2. 场地、经营情况检查权。有权到纳税人的生产、经营场所和货物存放地检查纳税人应纳税的商品、货物或者其他财产；有权检查扣缴义务人与代扣代缴、代收代缴税款有关的经营情况。

3. 责成提供资料权。有权责成纳税人、扣缴义务人提供与纳税或者代扣代缴、代收代缴税款有关的文件、证明材料和有关资料。

4. 询问权。有权询问纳税人、扣缴义务人与纳税或者代扣代缴、代收代缴税款有关的问题和情况。

5. 单证检查权。有权到车站、码头、机场、邮政企业及其分支机构检查纳税人托运、邮寄应纳税商品、货物或者其他财产的有关单据、凭证和有关资料。

6. 存款账户、储蓄存款查询权。经县以上税务局（分局）局长批准，凭全国统一格式的检查存款账户许可证明，查询从事生产、经营的纳税人、扣缴义务人在银行或者其他金融机构的存款账户。税务机关在调查税收违法案件时，经设区的市、自治州以上税务局（分局）局长批准，可以查询案件涉嫌人员的储蓄存款。税务机关查询所获得的资料，不得用于税收以外的用途。

7. 取证权。税务机关调查税务违法案件时，对与案件有关的情况和资料，可以记录、录音、录像、照相和复制。

8. 采取税收保全措施和税收强制执行措施权。税务机关对从事生产、经营的纳税人以前纳税期的纳税情况依法进行税务检查时，发现纳税人有逃避纳税义务行为，并有明显的转移、隐匿其应纳税的商品、货物以及其他财产或者应纳税的收入的迹象的，可以按照法定的批准权限采取税收保全措施或者税收强制执行措施。

（二）税务检查的实施和程序

根据我国《税收征管法》的规定，税务机关派出的人员进行税务检查时，应当出示税务检查证和税务检查通知书，并有责任为被检查人保守秘密；未出示税务检查证和税务检查通知书的，被检查人有权拒绝检查。同时，税务机关及税务人员依法进行税务检查时，纳税人、扣缴义务人必须接受，如实反映情况，提供有关资料，不得拒绝和隐瞒。

根据2009年国家税务总局修订的《税务稽查工作规程》，税务检查大体包括选案、检查、审理和执行四个步骤。

案例讨论

一、基本案情

晓燕公司是一家特种气体生产厂家，为增值税一般纳税人，该公司主要有以下业务：一类是生产销售特种气体，兼提供特种气体的运输业务（使用自有特种车辆交送）；另一类是提供特种气瓶的租赁业务；另外还提供特种气体安全监控设备的租赁服务。2013年2月，该公司发生如下业务：销售特种气取得收入586万元；取得有增值税专用发票的进项税额64.94万元；运输收入89万元；提供特种气瓶租赁服务和安全监控设备租赁服务共获得劳务费164.8万元。该公司的财务人员根据上述会计资料，向税务机关进行纳税申报，具体计算如下：

应纳增值税额：$586 \times 17\% - 64.94 = 34.68$（万元）

应纳营业税额：$89 \times 3\% + 164.8 \times 5\% = 10.91$（万元）

税务机关查账时将纳税计算调整为：

应纳增值税额：$(586 + 89 + 164.8) \times 17\% - 64.94 = 77.826$（万元）

问题：晓燕公司与税务机关两者哪个的计算方式准确，并说明原因。

二、案例分析

税务机关的计算方式正确。具体而言，首先，本案中晓燕公司在销售特种气时提供运输服务，且两种行为紧密相连，也即该项销售行为既涉及增值税应税货物，又涉及非应税劳务，因此属于混合销售行为，根据现行税法应一并征收增值税。其次，本案中晓燕公司在生产销售特种气体之外，又对外提供特种气体安全监控设备租赁服务，属于营改增范围的“有形动产租赁服务”，应当按17%的税率征收增值税。

复习思考题

一、单项选择题

1. 区分不同税种的主要标志为（　　）。

A. 税目　　B. 税率　　C. 纳税人　　D. 征税对象

2. 下列各项中，属于增值税混合销售行为的是（　　）。

A. 建材商店在销售建材的同时又为其他客户提供装饰服务

B. 汽车制造公司在生产销售汽车的同时又为客户提供修理服务

C. 塑钢门窗销售商店在销售产品的同时又为客户提供安装服务

D. 电信局为客户提供电话安装服务的同时又销售所安装的电话机

3. 下列各项中，属于目前我国增值税法定税率的是（　　）。

A. 3%　　B. 7%　　C. 4%　　D. 17%

4. 下列属于消费税应税项目的是（　　）。

A. 台球　　B. 保龄球　　C. 高尔夫球　　D. 棒球

5. 某汽车轮胎厂出厂一批轮胎，共取得含增值税销售收入77.22万元。汽车轮胎的消费税税率为3%，该企业该项业务应纳消费税额是（　　）。

A. 1.8万元　　B. 2.32万元　　C. 1.98万元　　D. 7.72万元

6. 下列不属于营业税扣缴义务人的是（　　）。

A. 受托发放贷款的金融机构

B. 实行分包或者转包建设业务的总承包人

C. 在中国境内未设立机构且没有代理人的境外单位在中国境内所售不动产的购买人

D. 支付给广告发布者广告发布费的广告代理人

7. 以下哪个是企业所得税纳税人？（　　）

A. 个人独资企业　　B. 合伙企业

C. 一人有限责任公司　　D. 居民个人

8.《企业所得税法》规定，企业发生的公益性捐赠支出，在年度利润总额（　　）以内的部分，准予在计算应纳税所得额时扣除。

A. 10%　　B. 3%

C. 全部　　D. 12%

9. 下列项目中，应计入工薪范围征收个人所得税的是（　　）。

A. 误餐补助

B. 独生子女补贴

C. 没有纳入公务员工资的食品补贴

D. 季度奖金

10. 下列所得中，哪项所得不属于稿酬所得？（　　）

A. 拍卖手稿所得　　B. 发表文学作品取得的所得

C. 发表书画作品取得的所得　　D. 发表摄影作品取得的所得

二、多项选择题

1. 下列采用累进税率的税种有（　　）。

A. 房产税　　B. 城镇土地使用税

C. 土地增值税　　D. 个人所得税

2. 某企业为增值税一般纳税人，在生产经营过程中发生如下进项税额，其中哪些可以从销项税额中进行抵扣？（　　）

A. 从农户处直接购买其自产农产品的进项税额

B. 从废旧物资经营单位购进废旧物资的进项税额

C. 购进原材料而取得承运部门开具的运输发票上注明的运费的进项税额
D. 购进原材料，但未按规定取得增值税扣税凭证
3. 下列属于消费税“成品油”应税项目的是（　　）。
A. 汽油　　B. 溶剂油
C. 润滑油　　D. 柴油
4. 下列属于营业税应税劳务的有（　　）。
A. 从事建筑安装工程作业　　B. 从事加工修理业务
C. 从事家政服务业务　　D. 从事商品零售业务
5. 下面哪些是《企业所得税法》规定的居民企业？（　　）
A. 在山东省工商局登记注册的企业
B. 在日本注册但实际管理机构在北京的企业
C. 在日本注册的企业设在北京的办事处
D. 在山东省注册但在中东开展工程承包的企业
6. 依照《企业所得税法》，下面哪些收入不是征税收入？（　　）
A. 依法收取并纳入财政管理的政府性基金
B. 依法收取并纳入财政管理的行政收费
C. 国债利息收入
D. 信用社存款利息收入
7. 下列各项中，属于个人所得税居民纳税人的有（　　）。
A. 在中国境内无住所但一个纳税年度中在中国境内居住满 1 年的个人
B. 在中国境内无住所且不居住的个人
C. 在中国境内无住所，而在境内居住超过 90 天（或 183 天）不满 1 年的个人
D. 在中国境内有住所的个人
8. 以下土地属于土地使用税征收范围的有（　　）。
A. 城市郊区的土地
B. 镇人民政府所在地的土地
C. 县人民政府所在地的城镇的土地
D. 在城市、县城、建制镇和工矿区以外的工矿企业占用的土地
9. 下列证照应当缴纳印花税的有（　　）。
A. 房屋产权证　　B. 工商营业执照
C. 商标注册证　　D. 土地使用证
10. 根据《税收征收管理法》的规定，应当办理纳税申报的有（　　）。
A. 负有纳税义务的单位和个人，发生纳税义务之后
B. 取得临时应税收入或发生应税行为的纳税人，发生纳税义务后
C. 享有减税、免税待遇的纳税人，在减税免税期间
D. 扣缴义务人

三、判断题

1. 企业纳税年度发生的亏损准予在以后年度结转，但结转年限最长不得超过5年。(　　)

2. 我国目前的个人所得税法规定，工资薪金所得适用7级全额累进税率。(　　)

3. 对企业厂区以内的绿化用地，免征城镇土地使用税。(　　)

4. 印花税的税率中加工承揽合同适用比例税率，税率为0.5%，营业账簿适用定额税率，税额为每件5元。(　　)

5. 在我国，根据《立法法》的规定，对税收基本制度方面的法律规范，其制定权和修改权属于全国人大或全国人大常委会行使。(　　)

6. 进口货物的增值税由海关代征。其增值税纳税义务发生时间为报关进口的当天。(　　)

7. 一般纳税人与小规模纳税人在进口货物时适用不同的增值税税率。(　　)

8. 企业遇到有风、火、水、震等严重自然灾害，经主管税务机关批准，可减征或者免征企业所得税2年。(　　)

9. 根据我国《个人所得税法》的规定，对劳务报酬所得可以实行加成征收。(　　)

10. 纳税人代销其他企业的货物不需要缴纳增值税。(　　)

四、简答题

1. 试述税收的基本特征及职能。

2. 依不同的标准，我们可以对税收做出哪些分类?

3. 增值税的一般纳税人与小规模纳税人有哪些区别?

4. 《企业所得税法》对不同企业的税率适用情况是如何规定的?

5. 我国《税收征管法》规定了哪些税收征收方式?

五、案例分析题

1. 某纺织公司下属三个独立核算分公司，皆属增值税一般纳税人，主要从事棉纱、棉布及针织内衣的生产。其中A公司和B公司为内资企业，C公司为中外合资企业。2014年10月，市国税局对该纺织公司下属两个内资公司进行税务审查，发现2013年B公司全年进项税额与销项税额差额仅0.49万元，税负率过低。又经审查其资产负债表，发现年底并无原材料或产品积压现象。于是，税务机关决定对B公司进行全面检查。检查发现，B公司的产品全部销售给C公司，销售价格平均低于成本价格20%左右，与市场销售价格相差悬殊。显然的是，该纺织公司故意在关联企业间压价出售产品，以达到少缴增值税的目的。税务机关最后调查得出，2013年度B公司销售给合资企业的产品销售额为797 660.75元，该批产品成本为10 221 122.60元。

请问:

B公司2007年度所交增值税合法吗? 如果不合法，它将补交多少税款?

2. 公民甲有私房一幢，2013年出租获得收入6万元，由承租人于2013年12月

31 日一次付清。甲获取资金后，未向当地税务部门办理纳税申报。税务机构得知此事后，于 2014 年 1 月 4 日要求甲在 30 日内到税务机构办理纳税申报。甲仍拒绝申报。

请问：

(1) 公民甲有什么违法之处？

(2) 按照税法相关规定，税务机关将如何处理此事？

第十一章 企业国有资产法律制度

学习提要与学习目标

国有资产法是调整企业国有资产的取得、使用、管理、处置过程中发生的社会关系的法律规范的总称。国有资产法包括多个部门法，本章主要介绍了我国企业国有资产监管方面的法律制度，尤其重点介绍了2009年5月1日起施行的《中华人民共和国企业国有资产法》。通过本章的学习，一方面，让学生掌握诸如企业国有资产、履行出资人职责的机构、国家出资企业、国有资本经营预算、国有资产产权的界定与登记、国有资产评估、企业国有产权转让以及国有企业清产核资等与企业国有资产监管相关的法律概念；另一方面，让学生初步了解我国国有资产监管的各项制度的原理、基本程序、相关法律责任等。

第一节 企业国有资产法律制度概述

一、国有资产的分类及企业国有资产的概念

(一) 国有资产的概念与分类

国有资产有广义和狭义之分。广义的国有资产是指属于国家所有的一切财产的总称。根据用途及性质的不同，国有资产又可分为经营性国有资产、行政事业性国有资产和资源性国有资产等。狭义的国有资产仅指企业国有资产，即国有资产中的经营性国有资产。它是指从事产品生产、流通、经营等服务活动，以营利为目的，依法经营和使用的，产权属于国家所有的一切财产。企业国有资产是国有资产中最重要、最活跃的部分，是国有资产收益不断增长的源泉，是国有资产增量不断扩大的基础，也是国有资产管理的重点对象。

(二) 企业国有资产的基本特征

概括而言，企业国有资产主要有以下特征：

1. 效益性。企业国有资产具有资本的一般属性，即逐利性，但国有资本的逐利性受社会主义国家职能的制约，不能唯利是图。

2. 流动性。资本的增值只能在资本的不断运动中实现。资本的流动性有两个层次：一个是企业内部流动，另一个是资本的社会性流动。

3. 经营方式的多样性。由于行业特点、技术基础、企业管理水平、生产规模、区域环境等方面的差别，企业性国有资产的经营方式不可能整齐划一，而是多样性的。

4. 主要通过市场来配置。企业性国有资产的配置机制以市场调节为主、政府配置为辅。国有资产投入生产经营后，就依照市场规律运营，政府只是根据调节经济的需要决定国有资产的进入或退出经营领域。

（三）我国法律中对企业国有资产的规定

我国《企业国有资产法》规定，企业国有资产是指国家对企业各种形式的出资所形成的权益。总之，应当从如下几个方面理解我国现行法律意义上的企业国有资产的概念：

1. 企业国有资产是国家对企业出资的结果。所谓国家对企业出资，是指各级政府或者政府授权投资的部门、机构投入到企业中的、作为企业资本金组成部分的资产。国家向企业出资的方式有多种，包括货币、实物、知识产权、土地使用权等。

2. 企业国有资产是国家作为出资人对由其出资的企业所享有的一系列权利。企业国有资产是指国家作为出资人对相关企业所享有的权益，而非国家出资企业的各项具体财产，后者属于企业法人财产。依照物权法和公司法等，企业法人的不动产和动产，由企业依照法律、行政法规和企业章程享有占有、使用、收益和处分的权利。出资人对企业法人财产不享有直接的所有权，其所拥有的是出资人的权利，具体体现为资产收益、参与重大决策和选择管理者等权利。

3. 对企业国有资产提供直接保障的法律是《企业国有资产法》。2008 年 10 月 28 日第十一届全国人民代表大会常务委员会第五次会议通过了《企业国有资产法》，自 2009 年 5 月 1 日起施行。该法的颁布施行，填补了对经营性国有资产监管的法律空白，较好地解决了《公司法》和《物权法》之间的法律缺失问题，对于巩固和发展国有经济，保障国有资产权益，发挥国有经济在国民经济中的主导作用，促进社会主义市场经济发展，具有重大的意义。除此之外，国有资产管理方面的行政法规主要包括《企业国有资产监督管理暂行条例》、《企业国有资产产权登记管理办法》、《企业国有资产产权登记管理办法实施细则》、《国有资产评估管理办法》、《国有资产评估管理办法施行细则》、《企业国有资产评估管理暂行办法》、《企业国有产权转让管理暂行办法》等。

（四）我国企业国有资产管理体制

根据《企业国有资产法》，企业国有资产实行“国家统一所有、政府分级代表、国有资产管理机构受托监管、企业自主经营”的管理体制。其基本内容包括：

1. 国家统一所有，是指企业国有资产属于国家、全民所有，出资人权利由国务院统一代表全国人民行使。但是，根据“统一所有、分级代表”的管理体制，国务院仅对“关系国民经济命脉和国家安全的大型国家出资企业、重要基础设施和重要自然资源等领域的国家出资企业”享有出资人的权利。

2. 政府分级代表，是指地方人民政府依照法律、行政法规的规定，代表国家对国家出资企业履行出资人职责，享有出资人权益。

3. 国有资产监督管理机构受托监管，是指国务院和地方人民政府并不具体行使出资人权利，而是分别设立国有资产监督管理机构，由国务院和地方人民政府分别授权履行出资人职责。

4. 企业自主经营，是指国家出资企业及其投资设立的企业享有有关法律、行政法规规定的企业经营自主权，对其动产、不动产和其他财产享有占有、使用、收益和处分的权利，国有资产监督管理机构除履行出资人职责以外不得干预企业的生产经营活动。

二、履行出资人职责的机构及其基本职责

(一) 履行出资人职责的机构的概念

履行出资人职责的机构，是指根据各级政府的授权，代表本级政府对国家出资企业履行出资人职责的机构、部门。根据《企业国有资产法》，各级人民政府履行出资人职责的机构包括：

1. 国务院国有资产监督管理机构根据国务院的授权，代表国务院对国家出资企业履行出资人职责。

2. 地方各级人民政府按照国务院的规定设立的国有资产监督管理机构根据各地方人民政府的授权，代表地方人民政府对国家出资企业履行出资人职责。

3. 国务院和各地方人民政府根据需要而授权的其他部门、机构。如根据国务院的有关规定，国务院授权财政部对金融行业的国有资产进行监管，授权财政部对中国邮政集团公司履行出资人职责等。

(二) 履行出资人职责的机构的基本职责

根据《企业国有资产法》的规定，履行出资人职责的机构的基本职责主要包括：

1. 代表本级人民政府对国家出资企业依法享有资产收益、参与重大决策和选择管理者等出资人权利。

2. 依照法律、行政法规的规定，制定或者参与制定国家出资企业的章程。

3. 对法律、行政法规和本级人民政府规定须经本级人民政府批准的履行出资人职责的重大事项，应当报请本级人民政府批准。

4. 履行出资人职责的机构委派的股东代表参加国有资本控股公司、国有资本参股公司召开的股东会会议、股东大会会议，应当按照委派机构的指示提出提案、发表意见、行使表决权，并将其履行职责的情况和结果及时报告委派机构。

三、国家出资企业的分类

国家出资企业，是指国家独立出资或者参与出资的企业，具体包括国有独资企业、国有独资公司、国有控股公司、国有参股公司。

(一) 国有独资企业

所谓国有独资企业，是指依照《中华人民共和国全民所有制工业企业法》设立

的全部注册资本均为国有资本的企业。按照《全民所有制工业企业法》，全民所有制企业财产归全民所有，国家按照所有权和经营权分离的原则授予企业经营管理，企业对国家授予其经营管理的财产享有占有、使用和依法处分的权利。这类企业不同于公司，其高级管理人员是由政府或者履行出资人职责的机构直接任命的。与之同时，政府通过向企业派出监事组成的监事会，对企业的财务活动及负责人的经营管理行为进行监督。

（二）国有独资公司

所谓国有独资公司，是指那些全部注册资本均为国有资本的公司。对这类公司的详细介绍见本书第三章"公司法"相关内容。

（三）国有控股公司

所谓国有控股公司，是指那些对国有资本具有控股地位的有限责任公司和股份有限公司。这里所称国有资本控股，是指国有资本的出资人在这类公司中处于控股股东的地位。所谓"控股股东"，是指出资额占有限责任公司资本总额50%以上或者持有的股份占股份有限公司股本总额50%以上的股东，以及出资额或者持有股份的比例虽然不足50%，但依其出资额或者持有的股份享有的表决权已足以对股东会、股东大会的决议产生重大影响的股东。

（四）国有参股公司

所谓国有参股公司，是指那些国有资本虽然占有一定股份，但国有资本出资人不处于控股地位的股份公司。

四、国家出资企业管理者

（一）国家出资企业管理者的任免

履行出资人职责的机构有权依法或者依照公司章程任免或者建议任免国家出资企业的管理者。具体包括：

1. 国有独资企业管理者的任免。履行出资人职责的机构有权直接任免国有独资企业的经理、副经理、财务负责人和其他高级管理人员。

2. 国有独资公司管理者的任免。国有独资公司不设股东会，由国有资产监督管理机构行使股东会职权。但国有独资公司必须设置董事会和监事会，履行出资人职责的机构有权任免董事长、副董事长、董事、监事会主席、监事。如果董事会成员兼任经理的，必须经履行出资人职责的机构同意。

3. 国有资本控股公司、国有资本参股公司管理者的任免。对于国有资本控股公司、国有资本参股公司管理者的任免，履行出资人职责的机构的权力为：①提出董事、监事人选，交股东大会讨论表决；②推荐董事长、副董事长和监事会主席人选，由董事会、监事会按照公司章程讨论表决。

（二）国家出资企业管理者的兼职限制

《企业国有资产法》规定，未经履行出资人职责的机构同意，国有独资企业及国有独资公司的董事、高级管理人员不得在其他企业兼职。未经股东会、股东大会同意，国有资本控股公司、国有资本参股公司的董事、高级管理人员不得在经营同类业务的其他企业兼职。未经履行出资人职责的机构同意，国有独资公司的董事长不得兼任经理。未经股东会、股东大会同意，国有资本控股公司的董事长不得兼任经理。董事、高级管理人员不得兼任监事。

（三）国家出资企业管理者的义务

国家出资企业的高级管理人员，应当遵守法律、法规以及企业章程，对企业负有忠实、勤勉义务，不得利用职务之便侵犯国家出资企业的利益。

五、国有资本经营预算

（一）国有资本经营预算的概念

国有资本经营预算是指对国家取得的国有资本和支出实行预算管理的制度。国有资本属于全民所有，收益归属于全民，收益的使用也应当由人民决定。实施国有资本经营预算制度，将国有资本的收入和支出纳入政府预算体系，而政府预算必须由人大审议和批准。这样，就实现了人民对国有资本收益的决定权。国有资本的预算与公共预算不同，前者是政府作为国有资本所有者的职能，以资本所有权为分配依据；后者是政府的社会管理职能，分配的主要形式是税收。

（二）国有资本经营预算的编制和执行

1. 国有资本经营预算的编制。作为各级政府预算的一部分，国有资本经营预算按年度单独编制，并由本级人民代表大会审议批准。国务院和地方各级政府财政部门负责本级国有资本经营预算草案的编制工作，履行出资人职责的机构向财政部门提出由其履行出资人职责的国有资本经营预算建议草案。

2. 国有资本经营预算的执行。国有资本经营预算收入由各级政府财政部门、履行出资人职责的机构收取、上缴。国有资本经营预算资金支出，由企业在经批准的预算范围内提出申请，报经财政部门审核后，按照财政国库管理制度的有关规定，直接拨付使用单位。使用单位应当按照预算规定的用途执行预算资金，并依法接受监督。国有资本经营预算执行过程中需要调整的，必须依法定程序报批。

第二节 国有资产产权界定及企业国有资产登记法律制度

一、国有资产产权的界定

（一）国有资产产权界定的概念

产权，是以法律形式存在的财产所有权，在社会再生产中表现为生产要素所有权，是所有制的核心和主要内容，包括物权、股权和知识产权等，是行为主体通过对财产的所有、占有、支配和使用而形成的人与人之间的权利关系。所谓产权界定，是指国家依法划分相关财产产权归属，明确各类产权主体行使权利的财产范围及管理权限的一种法律行为。国有资产产权界定，是指对国有资产产权的归属进行确认的一种法律行为。为规范这种行为，国家有关部门先后发布了《国有资产产权界定和产权纠纷处理暂行办法》、《集体企业国有资产产权界定暂行办法》和《企业国有产权纠纷调处工作规则》等制度，对国有资产产权界定以及产权纠纷处理作出了具体规定。

（二）国有资产产权界定的具体内容

1. 国家机关、事业单位、政党和人民团体的国有资产。依据上述法律文件，国家机关及所属事业单位占有、使用的资产以及政党及人民团体中由国家拨款和投入形成的资产属于国有资产。

2. 国有企业中的产权。国有企业的资产不论是国家直接投入的，还是企业通过生产经营活动取得的，均属国家所有。以下财产界定为国有资产：①有权代表国家投资的部门和机构以货币、实物和所有权属于国家的土地使用权、知识产权等无形资产向企业投资而形成的国家资本金。②国有企业运用国家资本金及在经营中借入的资金等所形成的税后利润，经国家批准留给企业作为增加投资的部分，以及从税后利润中提取的公积金、未分配利润等。③以国有企业和行政事业单位担保，完全用国内外借入资金投资创办的或完全由其他单位借款创办的国有企业，其收益积累的净资产。④国有企业接受馈赠形成的资产。⑤在实行《企业财务通则》、《企业会计准则》（简称“两则”）以前，国有企业从留利中提取的职工福利基金、职工奖励基金和“两则”实行后用公益金购建的集体福利设施而相应增加的所有者权益。⑥国有企业中的党、团、工会组织等占用企业的财产，但不包括个人缴纳党费、团费、会费以及按国家规定由企业拨付的活动经费等结余购建的资产。

3. 集体所有制企业的产权。集体所有制企业中国有资产产权界定依下列办法处理：①全民单位以货币、实物和所有权属于国家的土地使用权、知识产权等创办的以集体所有制名义注册登记的企业单位，其资产所有权应界定为国家所有。但法律、法规规定或协议约定属于集体企业并经国有资产管理部门认定的属于无偿资助的除外。②国有单位用国有资产在集体企业中的投资以及按照投资份额应取得的资产收益留给集体企业发展生产的资本金及其权益，界定为国有资产。③集体企业依据国家规定享有税前还贷形成的资产，其中国家税收应收未收的税款部分，界定为国有资产；集体企业依据国家规定享受减免税形成的资产，其中列为“国家扶持基金”等投资性的减免税部分界定为国有资产。④集体企业和合作社改组为股份制企业时，由土地折价部分形成的国家股份和其他所有者权益，界定为国有资产。⑤供销、手工业、信用等合作社中由国家拨入的资本金界定为国有资产，经国有资产管理部门会同有关部门核定数额后，继续留给合作社使用，由国家收取资产占用费。⑥其他按法律法规规定应属于国有资产。

4. 国有单位之间产权的界定。一方面，国有单位的财产所有权属于国家，与之同时，国有单位所有的财产又分别归由不同的主体占有、使用。划清并确定它们之间的产权关系有利于明确和界定各国有单位之间的权利义务以及责任。

各国有单位之间产权界定的原则：①不同单位占用的国有资产，应按分级分工管理的原则，分别明确其与中央、地方、部门之间的管理关系，非经有权管理其所有权的人民政府批准或双方约定并办理产权划转手续的，不得变更资产的管理关系。②作为平等竞争的法人实体，国有企业之间可以投资入股，企业法人的对外长期投资或入股属于该企业法人的权益，其他任何单位和个人不得非法干预或侵占。③国家机关不能投资创办企业或其他经济实体。

国有单位之间产权界定的具体办法包括：①国家机关创办的经济实体，应与该创办机关脱钩，其产权由国有资产监督管理机构会同有关部门委托有关机构管理，但国家机关所属事业单位经批准以其占用的国有资产出资创办的企业和其他经济实体，其产权归该单位拥有。②对国有单位由于历史原因或管理问题造成的有关房屋产权和土地使用权关系不清或有争议的处理办法为：首先，国有单位租用房产管理部门的房产，因各种历史原因由国有单位实际长期占用，并进行多次投入、改造或翻新，房产结构和面积发生较大变化的，可由双方协商共同拥有产权。其次，对数家国有单位共同出资或由上级主管部门集资修建的职工宿舍、办公楼等，应在核定各自出资份额的基础上，由出资单位按份额共有或共同拥有其产权。再次，对于国有单位已经办理征用手续的土地，但被另一些单位或个人占用，应由原征用土地一方进行产权登记，办理相应法律手续。已被其他单位或个人占用的，按规定实行有偿使用。最后，国有单位按国家规定以优惠价向职工个人出售住房，凡由于分期付款或者在产权限制期内，或者由于保留溢值分配权等原因，产权没有完全让渡到人之前，国有单位对这部分房产应视为共有财产。③对电力、邮电、铁路和城市市政公用事业等部门，按国家规定由行业统一经营管理。

5. 中外合资、合作经营企业中国有资产所有权界定。在中外合资、合作企业的资产中，必有一部分属于中方投资者。在属于中方投资者的资产中有一部分是属于国有资产的，应予界定。中外合资、合作企业中的国有资产包括：①中方投资者以国有资产出资投入形成的资产。②企业注册资本增加，按双方协议，中方投资者以分得利润向企业再投资，或优先购买另一方出资额所形成的资产。③可分配利润及从税后利润中提取的各项基金中，中方投资者按投资比例所占的相应份额（不包括已提取用于职工奖励、福利等分配给个人消费的基金）。④中方投资者职工的工资差额，界定为国有资产。⑤企业根据中国法律和有关规定按中方投资者工资总额的一定比例提取的中方职工的住房补贴基金。⑥企业清算或解散时，馈赠或无偿留给中方投资者继续使用的各项资产。

6. 股份制、联营企业国有资产所有权界定。在股份制、联营企业中，有国家机关或其授权部门的直接投资，也有国有企业的投资，这些投资所形成的权益属于国有资产。股份制企业中国有资产的范围包括：①国家机关或其授权单位向股份制企业投资形成的股份，包括现有已投入企业的国有资产折成的股份，构成股份制企业中的国家股。②国有企业向股份制企业投资形成的股份，构成国有法人股。③股份制企业公积金、公益金中，国有单位按照投资应占有的份额。④股份制企业分配利润中国有单位按照投资比例所占的相应份额。

联营企业中国有资产所有权界定参照上述办法办理。

二、企业国有资产的产权登记

（一）企业国有资产产权登记的概念和范围

1. 企业国有资产产权登记的概念。国有资产产权登记，是指国有资产管理部门代表国家和政府对行政事业资产和占有国有资产的企业进行登记，依法确认国家对国有资产的所有权和企业的经营权、行政事业单位的占有、使用权及其相关权利的法律行为。国有资产产权登记是国有资产管理的重要内容，也是国有资产产权界定的延伸和发展。产权界定是产权登记的前提，产权登记是对产权界定的法律确认。企业国有资产产权登记是国有资产产权登记的重要构成部分，指的是国有资产监督管理机构代表政府对占有国有资产的各类企业的资产、负债、所有者权益等产权状况进行登记，依法确认产权归属关系的行为。企业国有资产产权登记后，国有资产监督管理机构将向企业颁发《中华人民共和国企业国有资产产权登记证》，该登记证是依法确认企业产权归属关系的法律凭证，也是企业的资信证明文件。

为了加强企业国有资产产权登记管理，健全国有资产管理制度，防止国有资产流失，1992 年 5 月，国有资产管理局、财政部、国家工商局联合发布了《国有资产产权登记管理试行办法》（已失效），1995 年 2 月 15 日国家国有资产管理局和财政部联合发布了《行政事业单位国有资产管理办法》（已失效）。此后，在上述《试行办法》的基础上，国务院 1996 年 1 月下发了《企业国有资产产权登记管理办法》，之后，国务院国有资产监督管理委员会于 2012 年 4 月发布了《国家出资企业产权登记管理暂行办法》，这些法律制度对企业国有资产产权登记管理工作作出了具体的规范。

2. 企业国有资产产权登记的范围。下列已取得或申请取得法人资格的企业或国家授权投资的机构应当按规定申办企业国有资产产权登记：国有企业；国有独资公司；设置国有股权的有限责任公司和股份有限公司；国有企业和国有独资公司投资设立的企业以及其他形式占有国有资产的企业。

有限责任公司、股份有限公司、中外合资经营企业、中外合作经营企业和联营企业，应由国有股权持有单位或委托企业按规定申办企业国有资产产权登记。有关部门所属未脱钩企业和事业单位及社会团体所投资企业的产权登记工作，由同级国有资产监督管理机构组织实施。企业产权归属关系不清楚或者发生产权纠纷的，可以申请暂缓办理产权登记。被批准暂缓办理产权登记的企业应当在暂缓期内，将产权界定清楚，将产权纠纷处理完毕，然后及时办理产权登记。

（二）企业国有资产产权登记的内容和程序

1. 产权登记的内容。

（1）占有产权登记。主要内容包括：出资人名称、住所、出资金额及法定代表人；企业名称、住所及法定代表人；企业的资产、负债及所有者权益；企业实收资本、国有资本；企业投资情况；国务院国有资产监督管理机构规定的其他事项。

（2）变动产权登记。企业发生下列情形之一的，应当通过所出资企业向产权登记机关申办变动产权登记：企业名称改变的；企业组织形式、级次发生变动的；企业国有资本额发生增减变动的；企业国有资本出资人发生变动的；企业国有资产产权发生变动的其他情形。

（3）注销产权登记。企业发生下列情形之一的，应当申办注销产权登记：企业解散、被依法撤销或被依法宣告破产；企业转让全部国有资产产权或改制后不再设置国有股权的；其他需要注销国有资产产权的情形。

2. 产权登记的程序。

（1）企业申办产权登记，应当按规定填写相应的产权登记表，并向产权登记机关提交有关文件资料。

（2）产权登记机关对企业产权登记申报文件资料齐全的予以受理。

（3）产权登记机关对受理后的产权登记文件资料进行合规性审核。审核内容包括企业填报的产权登记表内容是否真实可靠以及企业提交的相关文件资料是否符合国家有关规定。

（4）产权登记机关应当在受理后10个工作日内对企业申报的产权登记作出准予登记或不予登记的决定。

（三）企业国有资产产权登记的管理

1. 产权登记的管理机关。企业国有资产产权登记应当按照统一政策、分级管理的原则，由县级以上政府负责国有资产管理的部门按产权归属关系组织实施。在企业国有资产产权登记工作中，国有资产监督管理机构依法履行下列职责：①依法确认企业产权归属，理顺企业集团内部产权关系；②掌握企业国有资产占有、使用的状况；③监管企业的国有产权变动；④检查企业国有资产经营状况；⑤监督国家授权投资机构、国有企业和国有独资公司的出资行为；⑥备案企业的担保或资产被司法冻结等产权或有变动事项；⑦在汇总、分析的基础上，编报并向同级政府和上级产权登记机关呈送产权登记与产权变动状况分析报告。

2. 产权登记的年度检查。企业国有资产产权登记实行年度检查制度。企业应当于每年2月1日~4月30日完成企业产权登记情况的年度检查工作，并向产权登记机关报送企业产权登记年度汇总表和年度汇总分析报告。各级产权登记机关应当于每年5月31日前对企业产权登记的情况进行抽查，并将本级政府所出资企业产权登记年度汇总表和年度汇总分析报告逐级上报，国务院国有资产监督管理机构应于每年6月30日前完成全国非金融类企业国有资产产权登记年度汇总检查工作。各级国有资产监管机构可以选择采用统一组织年检或企业自查、各级产权登记机关抽查相结合的年检方式。

第三节 国有资产评估法律制度

一、国有资产评估的概念和原则

（一）国有资产评估的概念

资产评估是指由法定的机构及其人员，为了特定的目的，依据国家法律、法规以及资产评估准则，遵循评估原则，依据相关程序，选择适当的价值类型，运用科学方法，对资产进行分析、估算并发表专业意见的行为和过程。为了正确体现国有资产的价值量，规范国有资产评估行为，维护国有资产出资人合法权益，防止国有资产流失，国务院和国务院国有资产监督管理机构、财政部先后发布了《国有资产评估管理办法》（国务院第91号令）、《企业国有资产评估管理暂行办法》（国务院国有资产监督管理委员会第12号令）、《国有资产评估违法行为处罚办法》（财政部第15号令）、《资产评估机构审批和监督管理办法》（财政部第64号令）等有关国有资产评估管理的法律制度，对国有资产评估管理工作作出了规范。

（二）国有资产评估的原则

国有资产评估应坚持下列三项基本原则：

1. 真实性原则。真实性原则要求国有资产占有单位必须全面提供评估资产及其资料，不能隐瞒被评估的资产及其所依据的资料；所提供的资产及其资料必须是真实的，不能伪造资料的内容；资产评估机构必须实事求是地对被评估资产及其所依据的资料进行分析评估，不能故意抬高或压低国有资产的价值。

2. 科学性原则。所谓科学性原则，即要求国有资产评估的规范、标准、程序、方法等，必须符合客观规律。与此同时，国家有关部门制定的评估规则必须反映资产价值表现的规律。此外，必须正确地运用这些科学的规则去分析、比较，得出科学的结论。

3. 有效性原则。有效性原则又可称为可行性原则，要求提出的评估结果必须被法律所承认，评估结果必须在法律上有效。具体而言，评估组织必须是合法的，其程序、方法、标准合乎法定程序。此外，在保证评估结果质量的前提下，还要尽可能地节约各方面资源，提高效率。

二、国有资产评估的范围

国有资产评估的范围包括：固定资产、流动资产、无形资产和其他资产。

国家出资企业及其各级子企业有下列行为之一的，应当对相关资产进行评估：①整体或者部分改建为有限责任公司或者股份有限公司；②以非货币资产对外投资；③合并、分立、破产、解散；④非上市公司国有股东股权比例变动；⑤产权转让；⑥资产转让、置换；⑦整体资产或者部分资产租赁给非国有单位；⑧以非货币资产偿还债务；⑨资产涉讼；⑩收购非国有单位的资产；⑪接受非国有单位以非货币资产出资；⑫接受非国有单位以非货币资产抵债；⑬法律、行政法规规定的其他需要进行资产评估的事项。

企业有下列行为之一的，可以不对相关国有资产进行评估：①经各级政府或其国有资产监督管理机构批准，对企业整体或者部分资产实施无偿划转；②国有独资企业与其下属独资企业（事业单位）之间或其下属独资企业（事业单位）之间的合并、资产（产权）置换和无偿划转。

三、国有资产评估的组织管理系统

国有资产评估是一项政策性强、技术要求复杂的工作，必须要有一套科学严密的组织管理系统。国有资产评估的组织管理系统由国有资产监督管理机构和资产评估机构两部分组成。

（一）国有资产监督管理机构

国有资产监督管理机构负责其所出资企业的国有资产评估监管工作。国务院国有资产监督管理机构负责对全国企业国有资产评估监管工作进行指导和监督。各级国有资产监督管理机构及其所出资企业，应当建立企业国有资产监督管理工作制度，完善资产评估项目的档案管理，作好项目统计分析报告工作。省级国有资产监督管理机构和中央企业应当于每年度终了30个工作日内将其资产评估项目情况的统计分析资料上报国务院国有资产监督管理机构。

（二）资产评估机构

资产评估机构，是指依法设立、取得资产评估资格，从事资产评估业务活动的社会中介机构，如资产评估公司、会计师事务所、审计事务所、财务咨询公司等。

资产评估机构的组织形式为合伙制或者有限责任公司制。资产评估机构应当依法取得资产评估资格，遵守有关法律、法规、执业准则和执业规范。资产评估机构依法从事评估业务，不受行政区域、行业限制。但是资产评估机构与被评估单位有直接经济利益关系的，不得对其进行评估。资产评估实行有偿服务，资产评估机构接受委托进行评估时，应依国家规定向委托单位收费，并与委托单位在评估合同中明确具体收费办法。

四、国有资产评估项目的核准与备案

企业国有资产评估项目实行核准制和备案制。

（一）核准制

经各级人民政府批准的经济行为的事项涉及的资产评估项目，分别由其国有资产监督管理机构负责核准。国务院批准的重大经济事项同时涉及中央和地方资产评估项目的，可由国有股最大股东依照其产权关系，逐级报送国务院国有资产监督管理机构进行核准。

资产评估项目的核准按照下列程序进行：企业收到资产评估机构出具的评估报告后应当逐级上报初审，经初审同意后，自评估基准日起8个月内向国有资产监督管理机构提出核准申请。国有资产监督管理机构收到核准申请后，对符合核准要求的，及时组织有关专家审核，在20个工作日内完成对评估报告的核准；对不符合核准要求的，予以退回。

国有资产监督管理机构应当对下列事项进行审核：资产评估项目所涉及的经济行为是否获得批准；资产评估机构是否具备相应评估资质；评估人员是否具备相应执业资格；评估基准日的选择是否适当，评估结果的使用有效期是否明示；资产评估范围与经济行为批准文件确定的资产范围是否一致；评估依据是否适当；企业是否就所提供的资产权属证明文件、财务会计资料及生产经营管理资料的真实性、合法性和完整性作出承诺；评估过程是否符合相关评估准则的规定；参与审核的专家是否达成一致意见。

（二）备案制

经国务院国有资产监督管理机构批准的经济行为的事项涉及的资产评估项目，由国务院国有资产监督管理机构负责备案；经国务院国有资产监督管理机构所出资企业及其各级子企业批准的经济行为的事项涉及的资产评估项目，由中央企业负责备案。

国有资产监督管理机构及所出资企业根据下列情况确定是否对资产评估项目予以备案：资产评估所涉及的经济行为是否获得批准；资产评估机构是否具备相应评估资质；评估人员是否具备相应执业资格；评估基准日的选择是否适当，评估结果的使用有效期是否明示；资产评估范围与经济行为批准文件确定的资产范围是否一致；企业是否就所提供的资产权属证明文件、财务会计资料及生产经营管理资料的真实性、合法性和完整性作出承诺；评估程序是否符合相关评估准则的规定。

资产评估项目的备案按照下列程序进行：企业收到资产评估机构出具的评估报告后，将备案材料逐级报送给国有资产监督管理机构或其所出资企业，自评估基准日起9个月内提出备案申请。国有资产监督管理机构或者所出资企业收到备案材料后，对材料齐全的，在20个工作日内办理备案手续，必要时可组织有关专家参与备案评审。

第四节　企业国有产权交易法律制度

一、企业国有产权交易的概念

企业国有产权交易又称国有产权转让或者国有资产转让，根据《企业国有资产法》，是指依法将国家对企业的出资所形成的权益转移给其他单位或者个人的行为。基于国有经济布局和结构的战略性调整的需要，国家投资要从某些领域或者区域退出、减少或者集中，在这种情况下就要进行企业国有资产的转让。

为了规范企业国有产权转让行为，加强企业国有产权交易的监督管理，防止企业国有资产流失，2003年12月31日国务院国有资产监督管理委员会、财政部联合发布了《企业国有产权转让管理暂行办法》，对除金融类企业国有产权转让和上市公司的国有股权转让以外的企业国有产权转让作出了规定。此后，国务院国有资产监督管理委员会、财政部于2006年12月31日联合发布了《关于企业国有产权转让有关事项的通知》等，这些法律制度对企业国有产权转让的有关问题又作出了具体的规范。

二、企业国有产权交易的程序

（一）企业审议

企业国有产权转让应当做好可行性研究，按照内部决策程序进行审议，并形成书面决议。国有独资公司的产权转让，由董事会审议，没有设立董事会的，由总经理办公会议审议。涉及职工合法权益的，应当听取转让标的企业职工代表大会的意见，对职工安置等事项应当经职工代表大会讨论通过。

（二）清产核资

企业国有产权转让事项经相关部门批准或者决定后，转让方应当组织转让标的企业按照有关规定开展清产核资、编制资产负债表和资产移交清册，并委托会计师事务所实施全面审计（包括按照国家有关规定对转让标的企业法定代表人的离任审计）。资产损失的认定与核销，应当按照国家有关规定办理。转让所出资企业国有产权导致转让方不再拥有控股地位的，由同级国有资产监督管理机构组织进行清产核资，并委托社会中介机构开展相关业务。在清产核资和审计的基础上，转让方应当委托具有相关资质的资产评估机构依照国家有关规定进行资产评估。评估报告经核准或者备案后，作为确定企业国有产权转让价格的参考依据。

（三）确定受让方

转让方应当将产权转让公告委托产权交易机构刊登在省级以上公开发行的经济类或者金融类报刊和产权交易机构的网站上，公开披露有关企业国有产权转让信息，广泛征集受让方。产权转让公告期为20个工作日。产权转让公告应由产权交易机构按照规定的渠道和时间公开披露，对于重大的产权转让项目或产权转让相关批准机构有特殊要求的，转让方可以与产权交易机构通过委托协议另行约定公告期限，但不得少于20个工作日。在征集受让方时，转让方可以对受让方的资质、商业信誉、经营情况、财务状况、管理能力、资产规模等提出必要的受让条件。

（四）确定转让价格

企业国有产权转让价格应当以资产评估结果为参考依据，在产权交易市场中公开竞价形成，产权交易机构应按照有利于竞争的原则积极探索新的竞价交易方式。

（五）转让成交

经公开征集只产生一个受让方或者经国有资产监督管理机构依据相关规定批准的，可以采取协议转让的方式。如果采取协议方式，双方应当充分协商，依法妥善处理转让中所涉及的相关事项后，草签转让合同，按照企业审议程序进行审议。经公开征集产生多个受让方时，应当根据转让标的的具体情况采取拍卖或者招投标方式组织实施产权交易。企业国有产权转让成交后，转让方与受让方应当签订产权转让合同，并应当取得产权交易机构出具的产权交易凭证。

（六）支付转让价款

企业国有产权转让的全部价款，受让方应当按照产权转让合同的约定支付。转让价款原则上应当一次付清。金额较大、一次付清确有困难的，亦可以采取分期付款的方式。

三、企业国有产权向管理层转让

（一）企业国有产权向管理层转让的概念

企业国有产权向管理层转让，是指企业国有产权向管理层转让或者向直接或间接出资设立的企业转让的行为。所谓管理层是指转让标的企业及标的企业国有产权直接或间接持有单位的负责人以及领导班子其他成员。

（二）企业国有产权向管理层转让的要求

1. 企业国有产权向管理层转让，应当严格执行企业国有产权转让的有关规定，并应当符合以下要求：①国有产权持有单位应当严格按照国家规定委托中介机构对转让标的企业进行审计，其中标的企业或者标的企业国有产权持有单位的法定代表人参与受让企业国有产权的，应当对其进行经济责任审计。②国有产权转让方案的制定以及与此相关的清产核资、财务审计、资产评估、底价确定、中介机构委托等重大事项应当由有管理职权的国有产权持有单位依照国家有关规定统一组织进行，管理层不得参与。③管理层应当与其他拟受让方平等竞买。④企业国有产权持有单位不得将职工安置费等有关费用从净资产中抵扣（国家另有规定的除外）；不得以各种名义压低国有产权转让价格。⑤管理层受让企业国有产权时，应当提供其受让资金来源的相关证明，不得向包括标的企业在内的国有及国有控股企业融资，不得以这些企业的国有产权或资产为管理层融资提供保证、抵押、质押、贴现等。

2. 管理层存在下列情形的，不得受让标的企业的国有产权：①经审计认定对企业经营业绩下降负有直接责任的；②故意转移、隐匿资产，或者在转让过程中通过关联交易影响标的企业净资产的；③向中介机构提供虚假资料，导致审计、评估结果失真，或者与有关方面串通，压低资产评估结果以及国有产权转让价格的；④违反有关规定，参与国有产权转让方案的制定以及与此相关的清产核资、财务审计、资产评估、底价确定、中介机构委托等重大事项的；⑤无法提供受让资金来源相关证明的。

第五节 国有企业清产核资法律制度

一、清产核资的概念

清产核资，是指国有资产监督管理机构按照规定的工作程序、方法和政策，组织企业进行账务清理、财产清查，并依法认定企业的各项资产损溢，从而真实反映企业的资产价值和重新核定企业国有资本金的活动。2003 年 9 月 9 日国务院国有资产监督管理委员发布了《国有企业清产核资办法》，对企业清产核资工作作出了具体规范。

二、清产核资的范围

对符合下列情形之一的，各级国有资产监督管理机构可以要求企业进行清产核资：①企业资产损失和资金挂账超过所有者权益，或者企业会计信息严重失真、账实严重不符的；②企业受重大自然灾害或者其他重大、紧急情况等不可抗力因素影响，造成严重资产损失的；③企业账务出现严重异常情况，或者国有资产出现重大流失的；④其他应当进行清产核资的情形。

符合下列情形之一，需要进行清产核资的，由企业提出申请，报同级国有资产监督管理机构批准：①企业分立、合并、重组、改制、撤销等经济行为涉及资产或产权结构重大变动情况的；②企业会计政策发生重大更改，涉及资产核算方法发生重要变化情况的；③国家有关法律法规规定企业特定经济行为必须开展清产核资工作的。

三、清产核资的内容和程序

（一）清产核资的内容

企业清产核资包括账务清理、资产清查、价值重估、损溢认定、资金核实和完善制度等内容。

1. 账务清理。账务清理是指对企业的各种银行账户、会计核算科目、各类库存现金和有价证券等基本财务情况进行全面核对和清理，以及对企业的各项内部资金往来进行全面核对和清理。

2. 资产清查。资产清查是指对企业的各项资产进行全面的清理、核对和查实。在资产清查中把实物盘点同核实账务结合起来，把清理资产同核查负债和所有者权益结合起来，重点做好各类应收及预付账款、各项对外投资、账外资产的清理，以及做好企业有关抵押、担保等事项的清理。

3. 价值重估。价值重估是对企业账面价值和实际价值背离较大的主要固定资产和流动资产按照国家规定方法、标准进行重新估价。

4. 损溢认定。损溢认定是指国有资产监督管理机构依据国家清产核资政策和有关财务会计制度规定，对企业申报的各项资产损溢和资金挂账进行认证。

5. 资金核实。资金核实是指国有资产监督管理机构根据企业上报的资产盘盈和资产损失、资金挂账等清产核资工作结果，依据国家清产核资政策和有关财务会计制度规定，组织进行审核并批复准予账务处理，重新核定企业实际占用的国有资本金数额。

6. 完善制度。完善制度是指企业在完成清产核资工作后，认真分析在资产及财务日常管理中存在的问题，提出相应整改措施和实施企业会计制度计划，逐步健全和完善各项规章制度，巩固清产核资成果，防止前清后乱。

（二）清产核资的程序

1. 企业提出清产核资申请。申请报告应当说明清产核资的原因、范围、组织和步骤及工作基准日。

2. 国有资产监督管理机构批复同意立项。对企业提出的清产核资申请，同级国有资产监督管理机构根据国家有关规定进行审核，经同意后批复企业开展产核资工作。

3. 企业制定工作实施方案，并组织账务清理、资产清查等工作。

4. 聘请社会中介机构对清产核资结果进行专项财务审计和对有关损溢提出鉴证证明。

5. 企业上报清产核资工作结果报告及社会中介机构专项审计报告。

6. 国有资产监督管理机构对资产损溢进行认定，对资金核实结果进行批复。国有资产监督管理机构收到企业报送的清产核资工作结果申报材料后，应当进行认真核实，在规定时限内出具清产核资资金核实的批复文件。

7. 企业根据清产核资资金核实结果批复调账。企业应当按照国有资产监督管理机构的清产核资批复文件，对企业进行账务处理，并将账务处理结果报国有资产监督管理机构备案。

8. 企业办理相关产权变更登记和工商变更登记。企业在接到清产核资的批复30个工作日内，应当到同级国有资产监督管理机构办理相应的产权变更登记手续，涉及企业注册资本变动的，应当在规定的时间内到工商行政管理部门办理工商变更登记手续。

9. 企业完善各项规章制度。所出资企业由于国有产权转让、出售等发生控权转移等产权重大变动需要开展清产核资的，由同级国有资产监督管理机构组织实施并负责委托社会中介机构。子企业由于国有产权转让、出售等发生控股权转移等重大产权变动的，可以由所出资企业自行组织开展清产核资工作。对有关资产损溢和资金挂账的处理，按规定程序申报批准。

案例讨论

一、基本案情

甲公司与某市经济技术开发区总公司（“乙公司”）系该市市政工程有限公司（“丙公司”）的股东，其中乙公司在丙公司中占有10%的股份，属国有法人股。后来，乙公司拟将其所持的10%的股份转让。丙公司召开全体股东会会议，代表公司80%股权的股东表示同意。因该股份属于国有资产，乙公司向该市国有资产管理办公室（“国资办”）出具请示报告，要求将其持有的法人股向社会公开转让。国资办作出批复，同意将该法人股向社会公开转让。甲公司不服，对该批复提起行政诉讼。

法院经过审理认为：乙公司在丙公司的10%法人股系国有资产，此类资产实行国家统一所有，政府分级监管，单位占有、使用的管理体制。对此类资产行使监管职能是基于资产所有权而产生的，而非行使行政法律法规所赋予的行政管理职权。因此，被告对乙公司股权转让的要求作出同意的批复，系履行企业国有资产出资人职责的行为，而不是基于行政管理职权而作出的具体行政行为。故原告甲公司起诉被告国资办所作出的批复行为，不属于人民法院行政诉讼的受案范围。依照《最高人民法院关于执行〈中华人民共和国行政诉讼法〉若干问题的解释》第44条第1款第1项之规定，裁定驳回原告的起诉。

问题：本案例反映出我国《企业国有资产法》存在哪些不足?

二、案例分析

现行《企业国有资产法》没有能够实现完全的政（行政权）资（国有资产所有权）分离。根据该法的规定，作为履行出资人职责机构的国资委具有双重身份：一是履行出资人职责的机构，二是国有资产的监督管理机构。这种矛盾与冲突可能会使国资委既无法履行好出资人的职责，又无法真正监督管理好国有资产。在实践中，当国家出资企业或者利害关系人认为国有资产监管机构的行为侵犯了其经营自主权或者其他合法权益并提起行政诉讼时，其结果多被法院以监管机构的此类行为不属于行政行为为由予以驳回，而只要监督机构的此类行为不撤销，当事人就无法提起民事诉讼，导致当事人对国有资产监管机构的侵权行为无法诉请救济。

复习思考题

一、单项选择题

1.《中华人民共和国企业国有资产法》自（　　）始开始实施。

A. 2008年10月28日　　B. 2009年1月1日

C. 2009年5月1日　　D. 2010年5月1日

2. 国有资本经营预算资金支出，由企业在经批准的预算范围内提出申请，报经（　　）审核后，按照财政国库管理制度的有关规定，直接拨付使用单位。

A. 财政部门　　B. 国有资产监督管理部门

C. 本级人民政府　　D. 董事会

3. 企业国有资产产权登记的内容不包括（　　）。

A. 占有产权登记　　B. 变动产权登记

C. 注销产权登记　　D. 债务登记

4. 产权登记机关应当在受理后（　　）个工作日内对企业申报的产权登记作出准予登记或不予登记的决定。

A. 10　　B. 15

C. 20　　D. 30

5. 国家出资企业及其各级子企业的下列哪一行为不需要对相关资产进行评估？( )

A. 整体或者部分改建为有限责任公司或者股份有限公司

B. 以货币对外投资

C. 整体资产或者部分资产租赁给非国有单位

D. 收购非国有单位的资产

6. 资产评估机构的组织形式为合伙制或者（　　）。

A. 个人独资制　　B. 有限责任公司制

C. 股份有限公司制　　D. 合作制

7. 企业国有资产评估项目实行核准制和（　　）。

A. 备案制　　B. 批准制

C. 审查制　　D. 特许制

8. 国有独资公司的产权转让，应当由董事会审议，没有设立董事会的，由（　　）审议。

A. 监事会　　B. 总经理办公会议

C. 国有资产监督管理部门　　D. 职工代表大会

9. 企业在接到清产核资的批复（　　）个工作日内，应当到同级国有资产监督管理机构办理相应的产权变更登记手续。

A. 20　　B. 30

C. 60　　D. 90

10. 全民所有制单位之间的产权纠纷，其最终裁定权在（　　）。

A. 国务院　　B. 有权管辖的人民政府

C. 同级国有资产管理部门　　D. 共同上一级国有资产管理部门

二、多项选择题

1. （　　）属于国有资产。

A. 国家投入企业、事业单位的经营性资产

B. 国家行政事业单位的经营性资产

C. 尚未开发的矿藏、土地、森林等资源性资产

D. 集体企业的财产

2. 我国企业国有资产管理体制是（　　）。

A. 国家统一所有

B. 政府分级代表

C. 国有资产管理机构受托监管企业

D. 自主经营

3. 国家出资企业包括（　　）。

A. 国有独资企业　　B. 国有独资公司

C. 国家控股公司　　　　　　C. 国家参股公司

4. 国有资本经营预算收入由（　　）收取、上缴。

A. 财政部门　　　　　　B. 履行出资人职责的机构

C. 税务部门　　　　　　D. 各国家出资企业

5. 国有企业中的党、团、工会组织等占用企业的财产应当界定为国有资产，但不包括（　　）。

A. 个人缴纳党费 、团费、会费

B. 按国家规定由企业拨付的活动经费

C. 税后利润中提取的公积金、未分配利润

D. 国有企业接受馈赠形成的资产

6. 国有资产评估应坚持下列（　　）基本原则。

A. 真实性原则　　　　　　B. 公正性原则

C. 科学性原则　　　　　　D. 有效性原则

7. 管理层存在下列哪些情形的，不得受让标的企业的国有产权？（　　）

A. 经审计认定对企业经营业绩下降负有直接责任的

B. 故意转移、隐匿资产的

C. 向中介机构提供虚假资料，导致审计、评估结果失真的

D. 无法提供受让资金来源相关证明的

8. 某国有独资公司的董事长王某因违反规定造成公司国有资产重大损失被免职。根据企业国有资产法律制度的规定，下列有关王某任职的表述中，错误的有（　　）。

A. 自免职之日 3 年内不得担任国有资本控股公司的董事、监事、高级管理人员

B. 自免职之日 5 年内不得担任国有资本控股公司的董事、监事、高级管理人员

C. 自免职之日 10 年内不得担任国有资本控股公司的董事、监事、高级管理人员

D. 自免职之日终生不得担任国有资本控股公司的董事、监事、高级管理人员

9. 根据企业国有资产法律制度的规定，下列各项中，代表国家对国家出资企业履行出资人职责的有（　　）。

A. 全国人民代表大会　　　　　　B. 全国人民代表大会常务委员会

C. 国务院　　　　　　D. 地方人民政府

10. 根据企业国有资产法律制度的规定，国有独资公司的下列人员中，除国务院和地方人民政府另有规定以外，由履行出资人职责的机构任免的有（　　）。

A. 董事长、副董事长　　　　　　B. 总经理

C. 监事会主席　　　　　　D. 财务负责人

三、判断题

1. 企业国有资产具有资本的一般属性，即逐利性，但国有资本的逐利性受社会主义国家职能的制约，不能唯利是图。（　　）

2. 企业性国有资产的配置机制以政府配置为主、市场调节为辅。（　　）

3. 国有独资公司不设股东会，由国有资产监督管理机构行使股东会职权。(　　)

4.《企业国有资产法》规定，未经履行出资人职责的机构同意，国有资本控股公司的董事、高级管理人员不得在经营同类业务的其他企业兼职。(　　)

5. 国有资本的预算与公共预算不同，是政府作为国有资本所有者的职能，以资本所有权为分配依据。(　　)

6. 各级国有资产监管机构可以选择采用统一组织年检或企业自查、各级产权登记机关抽查相结合的年检方式。(　　)

7. 国有独资企业与其下属独资企业之间或其下属独资企业之间的合并、资产置换和无偿划转时，必须经过资产评估。(　　)

8. 国有独资公司的产权转让涉及职工合法权益的，应当听取转让标的企业职工代表大会的意见，对职工安置等事项应当经职工代表大会讨论通过。(　　)

9. 企业国有产权转让价格应当以资产评估结果为参考依据，在产权交易市场中公开竞价形成。(　　)

10. 企业清产核资包括账务清理、资产清查、价值重估、损溢认定、资金核实和完善制度等内容。(　　)

四、简答题

1. 试述履行出资人职责的机构的基本职责。

2. 什么是国有资本经营预算?

3. 什么叫国有资产产权界定?

4. 试述企业国有资产产权登记的范围。

5. 相关法律文件对企业国有产权向管理层转让有哪些特殊的要求?

五、案例分析题

1. 某集体企业在改组为股份制企业时，经依法评估确认，其全部资产额为人民币5000万元。在该企业的资产中，2002年前用税前还贷形成的资产为人民币1000万元；由国有企业担保，通过银行贷款形成的资产为人民币1000万元，该贷款已由集体企业还清；集体企业无偿使用的国有土地使用权折价人民币3000万元。

问题：根据国有资产管理法律制度，该集体企业资产中应界定为国有资产的数额是多少?

2. 甲公司的注册资本为200 000万元，其中：国家授权投资的乙机构出资100 000万元；国有企业丙出资50 000万元；民营企业丁出资50 000万元。甲公司的年度财务报告显示，其有公积金6000万元，公益金3000万元，未分配利润9000万元。

问题：请根据上述数据资料界定甲公司国有资产的数额。

第十二章　知识产权法

学习提要与学习目标

本章主要介绍了知识产权的概念和特征；专利权和商标权的概念、主体、客体、内容，权利的取得和权利的保护等内容。通过本章学习，使学生能够了解知识产权的基本内涵及其相应的法律法规，运用所学知识判断常见的专利、商标侵权行为及其相应的法律责任，学会用法律知识分析和解决社会经领域中的相关知识产权问题。

第一节　知识产权法概述

一、知识产权的概念与特征

（一）知识产权的概念和范围

知识产权（Intellectual Property），亦称智力成果权，是指智力成果的创造人对所创造的智力成果和工商活动的行为人对所拥有的工商业标记依法所享有的权利的总称。其中，创造性智力成果即科学技术和文学艺术；工商业标记即特定商品或服务的标记。

知识产权的范围有广义和狭义之分。广义的知识产权，是指一切在保护期限之内的人类智力创造的成果。其范围在《建立世界知识产权组织公约》第2条中包括：有关文学、艺术和科学作品的权利；有关表演艺术家的演出、录音和广播的权利；有关人们在一切领域中的发明权利；有关科学发现的权利；有关工业品外观设计的权利；有关商标、服务标志、厂商名称和标记的权利；有关制止不正当竞争的权利；以及在工业、科学、文学和艺术中一切其他源自智力活动的权利。在世界贸易组织（WTO）的《与贸易有关的知识产权协议》中，规定的知识产权的范围是：著作权与邻接权、商标权、地理标记权、工业品外观设计权、专利权、集成电路布图设计权以及未披露过的信息专有权。目前世界上大多数国家都参加了《建立世界知识产权组织公约》，也是世界贸易组织的成员，上述规定为大多数国家所承认。狭义的和传统的知识产权，则是指工业产权和著作权两部分。其中，著作权又称为版权；工业产权主要是指专利权和商标权。

（二）知识产权的特征

知识产权作为一种民事权利，具有以下几方面的特征：

1. 无形性。知识产权的对象是人的智力创造，这种智力成果属于一种无形财产或无体财产。知识产权的这种非物质性，将它同一切有形财产以及人们就有形财产享有的权利（如物权）区分开来。

2. 法定性。知识产权的产生、种类、内容和取得方式由法律直接规定，不允许当事人自由创设。如，发明专利权必须按照法律的规定，向国家专利主管机关申请，经审查批准方可取得专利权。

3. 专有性。即独占性，知识产权为权利人所独占，权利人垄断这种专有权并受到严格保护，排除他人享有同等权利的可能性；没有法律规定或未经权利人许可，任何人不得使用权利人的知识产品，否则，权利人可以指控其侵权，请求排除侵害。

4. 地域性。知识产权作为专有权，在空间上的效力是有限的，具有地域性，其效力仅及于授予或者确定其权利的国家。按照一国法律获得的知识产权，只能在该国发生法律效力，一般不具有域外效力，除非负有国际公约或双边协定所约定的义务。

5. 时间性。知识产权作为一种民事权利，有时间上的限制。即知识产权只有在法律规定的期限内才受到保护，一旦超过法律规定的有效期限，这一权利就自行消灭，而其客体就会成为社会公共财富，任何人都可以无偿使用。

二、知识产权法的概念

知识产权法是指调整在创造、利用智力成果和工商业标记过程中所产生的社会关系的法律规范的总称。

我国没有专门就知识产权制定统一的法律，而是在《民法通则》规定的总的指导原则下，根据知识产权的不同类型制定有不同的单项法律、法规以及规章，这些法律、法规和规章共同构成了我国知识产权的法律体系。

三、我国知识产权立法概况

自改革开放以来，我国十分重视知识产权的立法工作。1986 年 4 月我国《民法通则》第五章第三节对知识产权作了专节规定。1982 年 8 月全国人大常委会审议通过了《中华人民共和国商标法》（以下简称《商标法》），该法曾分别于 1993 年 2 月和 2001 年 10 月两次修正。2013 年 8 月 30 日，十二届全国人大常委会第四次会议审议通过《关于修改〈中华人民共和国商标法〉的决定》，并于 2014 年 5 月 1 日起正式施行。1984 年 3 月全国人大常委会审议通过了《中华人民共和国专利法》（以下简称《专利法》），该法分别于 1992 年、2000 年和 2008 年三次修正。1990 年 9 月全国人大常务会审议通过了《中华人民共和国著作权法》（以下简称《著作权法》），该法分别于 2001 年和 2010 年修正。1993 年 9 月全国人大常委会审议通过了《中华人民共和国反不正当竞争法》（以下简称《反不正当竞争法》）。根据上述法律，国家有关立法部门分别制定并修改了相关的实施细则，并颁布了相关配套的条例，如

《计算机软件保护条例》（2001 年 12 月发布，2011 年、2013 年两次修订）等。

此外，我国还加入了一系列有关知识产权保护的国际公约，如《建立世界知识产权组织公约》、《保护工业产权巴黎公约》、《保护文学艺术作品伯尔尼公约》、《商标国际注册马德里协定》、《录音制品公约》、《专利合作条约》、《世界版权公约》等。另外我国已加入 WTO，也将遵守 WTO 有关知识产权保护的协议。迄今为止，我国已经建立起了一套完整的知识产权法律制度。

第二节　商标法

一、商标概述

（一）商标的概念

商标是商品和商业服务的标记，即商品生产者和经营者或者服务者，用以标明自己所生产经营的商品或者提供的服务与其他人的商品或者服务相区别的标记。一般包括文字、图形、字母、数字、三维标志、颜色组合和声音等，以及上述要素的组合。

（二）商标的功能

1. 识别功能。商标最基本的作用在于标示或识别商品的生产者、销售者或服务项目的提供者，向消费者表明商品或服务的来源或出处，这是商标的基本功能、首要功能。

2. 品质保证功能。商标代表了不同的商品生产者和服务提供者。商标的使用可以使生产经营者体会到市场竞争的压力，而关注商品质量，保持质量的稳定，从而起到了保证商品品质的作用。

3. 广告宣传功能。现代的商业宣传往往以商标为中心，通过商标发布商品信息，推介商品，消费者通过商标这种特定标记加深了对商品和服务的印象，从而对特定的商品或服务产生认同，做出购买选择，因此，商标被誉为“商品无声的推销员”。

（三）商标的分类

根据不同的标准，商标可以分为不同的种类。

1. 平面商标与立体商标。按照商标形态，商标可分为平面商标与立体商标。根据商标的构成要素不同，平面商标又可分为文字商标、图形商标、组合商标等。

文字商标，是指由文字构成的商标。我国的文字商标以汉字为主，也可使用少数民族文字，甚至还可以用汉语拼音、阿拉伯数字、外国文字等。可采用一种文字为主，附以其他文字；可是单词，也可是词组，且字体不限。

图形商标，是指无任何文字，仅由各种形象图案所构成的商标。

组合商标，是由文字和图形组合而成的商标。组合商标注册后作为一个完整的整体对待，不可随意更动其组合或排列，也不可改动某一个部分。

立体商标即三维标志，是指由商品形状或者其容器、包装的形状构成的，以及由其他立体造型构成的三维标志。如在美国注册的“可口可乐”玻璃瓶的瓶形商标，麦当劳餐饮服务的小丑形象等。我国《商标法》规定，三维标志可以作为商标申请注册。

2. 商品商标、服务商标和集体商标。根据商标使用者不同，商标分为商品商标、服务商标和集体商标。

商品商标，指商品的经营者在其生产、制造、加工、拣选或者经销的商品上使用的商标。根据商品的经营者是生产者或销售者，商品商标又分为制造商标和销售商标。

服务商标，指提供服务的经营者使用的商标，如金融、运输、广播、建筑、旅馆等服务行业标记。这种商标必须依附于经营者提供的有关服务项目。

集体商标，指以团体、协会或其他组织名义注册，供该组织成员在商事活动中使用，以表明使用者在该组织中成员资格的标志。如铁路、邮政的标志就属于集体商标。《商标法实施条例》第6条规定，地理标志可以作为集体商标申请注册。以地理标志作为集体商标注册的，其商品符合使用该地理标志条件的自然人、法人或者其他组织，可以要求参加以该地理标志作为集体商标注册的团体、协会或者其他组织，该团体、协会或者其他组织应当依据其章程接纳其为会员；不要求参加以该地理标志作为集体商标注册的团体、协会或者其他组织的，也可以正当使用该地理标志，该团体、协会或者其他组织无权禁止。

3. 证明商标、防御商标与联合商标。根据商标的作用不同，商标分为证明商标、防御商标和联合商标。

证明商标，指由对某种商品或者服务具有监督能力的组织所控制，而由该组织以外的单位或者个人使用于其商品或者服务，用以证明该商品或者服务的原产地、原料、制造方法、质量或者其他特定品质的标志。如国际驰名的纯羊毛标志和我国的绿色食品标志、真皮标志都是证明商标。

防御商标，是同一商标所有人在不同类别的商品上注册一个相同的商标。最先创设的商标为正商标，后在不同类别商品上使用的同一商标为防御商标。例如，某厂生产“白玉”牌牙膏，又在化妆品、香皂、洗涤剂上注册使用该商标，后者即构成防御商标。

联合商标，是同一商标所有人在相同或类似商品上注册的一系列近似商标。其中，首先注册或主要使用的商标为正商标，其余商标为该商标的联合商标。例如，某一企业的正商标是“牡丹”商标，又以“白牡丹”、“红牡丹”、“黑牡丹”为联合商标。

4. 可视性商标与非可视性商标。根据是否具有可视性，商标分为可视性商标与非可视性商标。可视性商标是指以人的视觉可以感知的文字、图形、字母、数字、三维标志、颜色组合，以及它们的组合而形成的商标。非可视性商标，如声音商标或气味商标。声音商标，又叫音响商标、听觉商标，是生产经营者使用在商品或服务上以音乐或以某种特殊声音构成的能够识别商品或服务来源的标记。依据《商标法》第 8 条的规定，能够将自然人、法人或者其他组织的商品与他人的商品区别开的声音标志可以作为商标申请注册。可以作为商标的声音须是已经为大众所熟知的，有特定的指向性的声音，如公众熟悉的中央电视台"新闻联播"开始曲，微软公司"Windows"开关机音效等。声音商标在 2006 年世界知识产权组织缔结的《商标法新加坡条约》中得到了明确的认可，目前，全球有 38 个国家的商标主管机关表示接受音乐声音作为商标。

二、商标法律关系

商标法律关系是指根据商标法的规定，在商标权主体之间所形成的权利和义务关系。商标法律关系包括商标权主体、内容和客体三个方面。

（一）商标法律关系主体

商标法律关系主体又叫商标权主体，是指依法申请商标注册，并享有商标权的自然人、法人或者其他组织。《商标法》第 4 条第 1 款规定："自然人、法人或者其他组织在生产经营活动中，对其商品或者服务需要取得商标专用权的，应当向商标局申请商标注册。"

两个以上的自然人、法人或者其他组织可以共同向商标局申请注册同一商标，共同享有和行使该商标专用权。申请商标注册或者办理其他商标事宜，可以自行办理，也可以委托依法设立的商标代理机构办理。

申请人不限国籍。外国人或者外国企业在中国申请商标注册的，应当按其所属国和中华人民共和国签订的协议或者共同参加的国际条约办理，或者按对等原则办理。外国人或者外国企业在中国申请商标注册和办理其他商标事宜的，应当委托依法设立的商标代理机构办理。

（二）商标法律关系内容

商标法律关系内容是指在商标法律关系中，商标权人依法享有的权利和应当承担的义务。

1. 商标权。商标权，有广义和狭义两种涵义。广义的商标权泛指商标使用人对其使用的商标享有的专有性的权利。狭义的商标权，又称注册商标专用权，是指商标注册人对经商标局核准注册的商标依法享有的权利。商标专用权主要包括独占权、许可使用权、转让权和续展权。

（1）独占权。注册商标的独占权是指注册商标所有权人对其注册商标享有的独家使用权，是商标权的核心。任何人未经商标权人的许可，擅自使用注册商标权的行为，将构成对其商标权的侵犯。

（2）许可使用权。注册商标的许可使用权是指注册商标所有人通过合同许可他人使用其注册商标的权利。注册商标的使用许可有三种方式：①排他许可。即在一定地域内许可方许可对方享有商标使用权，但许可方仍可保留自己在该地域内使用该注册商标的权利。②独占许可。即许可方许可对方在一定地域内使用其注册商标后，许可方自己和任何第三方在该地域内都无使用权的使用许可。③一般许可，也称普通许可，即许可人可以允许不同的人同时使用其同一注册商标，即该商标可以允许多人共同使用。我国目前主要采取这种许可方式。

《商标法》规定，商标注册人可以通过签订商标使用许可合同，许可他人使用其注册商标。许可人应当监督被许可人使用其注册商标的商品质量。被许可人应当保证使用该注册商标的商品质量。经许可使用他人注册商标的，必须在使用该注册商标的商品上标明被许可人的名称和商品产地。许可他人使用其注册商标的，许可人应当将其商标使用许可报商标局备案，由商标局公告。商标使用许可未经备案不得对抗善意第三人。

（3）转让权。注册商标的转让权是指注册商标所有权人通过合同将自己所有的注册商标出让给他人所有的权利。注册商标的转让有两种具体形式：一是注册商标连同企业一起转让；二是注册商标单独转让。但是，商标注册人对其在同一种或者类似商品上注册的相同或者近似的商标，应当一并转让。

《商标法》规定，转让注册商标的，转让人和受让人应当签订转让协议，并共同向商标局提出申请。受让人应当保证使用该注册商标的商品质量。转让注册商标的，商标注册人对其在同一种商品上注册的近似的商标，或者在类似商品上注册的相同或者近似的商标，应当一并转让。对容易导致混淆或者有其他不良影响的转让，商标局不予核准，书面通知申请人并说明理由。转让注册商标经核准后，予以公告。受让人自公告之日起享有商标专用权。

（4）续展权。续展权是指商标专用权人依法申请延长注册商标有效期限的权利。根据我国《商标法》，注册商标的有效期限为10年，自核准注册之日起计算。注册商标有效期届满，需要继续使用该注册商标的，可以申请续展。续展商标注册应当在期满前12个月内申请；在此期间未能提出申请的，可以给予6个月的宽展期。宽展期满仍未提出申请的，注销其注册商标。每次续展注册的有效期为10年，自该商标上一届有效期满次日起计算。

2. 商标权人依法应当履行的义务。

（1）标明注册标记。商标被核准注册后，商标权人应当在商品上标明“注册商标”字样或者标注注册标记®，不便在商品上标明的，应当在商品包装或者说明书及其他附着物上标明。

（2）依法使用注册商标。注册商标必须使用，对连续3年停止使用的，由商标局责令限期改正或者撤销其注册商标；商标权人必须依法使用注册商标，不得擅自改变、转让，否则商标局可撤销其注册商标。

（3）保证商品和服务项目的质量。无论是商标权人自己使用还是许可他人使用注册商标，商标权人都负有保证商品或服务项目质量的义务。

（4）缴纳有关费用。商标权人在申请、转让、续展注册商标时，应依照国家法律规定缴纳申请费、商标注册费、转让费和续展费等费用。

（三）商标法律关系的客体

商标法律关系的客体是指在商标法律关系中，商标专用权人的权利和义务所指向的对象，即注册商标。

1. 申请注册商标的条件。

（1）商标应当符合可视或可听性要求。我国《商标法》规定，任何能够将自然人、法人或者其他组织的商品与他人的商品区别开的标志，包括文字、图形、字母、数字、三维标志、颜色组合和声音等，以及上述要素的组合，均可以作为商标申请注册。

（2）注册商标应当具备显著性。《商标法》规定，申请注册的商标，应当有显著特征，便于识别，并不得与他人在先取得的合法权利相冲突。商标具备的这种显著性，可以通过两种方式产生：一是商标本身具有显著性；二是通过长期的使用获得商标的显著性。

2. 商标禁用条件。

（1）禁止商标使用的标志。《商标法》第10条规定，下列标志不得作为商标使用：

第一，同中华人民共和国的国家名称、国旗、国徽、国歌、军旗、军徽、军歌、勋章等相同或者近似的，以及同中央国家机关的名称、标志、所在地特定地点的名称或者标志性建筑物的名称、图形相同的；

第二，同外国的国家名称、国旗、国徽、军旗等相同或者近似的，但经该国政府同意的除外；

第三，同政府间国际组织的名称、旗帜、徽记等相同或者近似的，但经该组织同意或者不易误导公众的除外；

第四，与表明实施控制、予以保证的官方标志、检验印记相同或者近似的，但经授权的除外；

第五，同“红十字”、“红新月”的名称、标志相同或者近似的；

第六，带有民族歧视性的；

第七，带有欺骗性，容易使公众对商品的质量等特点或者产地产生误认的；

第八，有害于社会主义道德风尚或者有其他不良影响的。

县级以上行政区划的地名或者公众知晓的外国地名，不得作为商标。但是，地名具有其他含义或者作为集体商标、证明商标组成部分的除外；已经注册的使用地名的商标继续有效。

（2）禁止商标注册的标志。《商标法》第11条规定，下列标志不得作为商标注册：①仅有本商品的通用名称、图形、型号的；②仅直接表示商品的质量、主要原料、功能、用途、重量、数量及其他特点的；③其他缺乏显著特征的。

上述所列标志经过使用取得显著特征，并便于识别的，可以作为商标注册。

(3) 其他商标禁用条件。

第一，以三维标志申请注册商标的，仅由商品自身的性质产生的形状、为获得技术效果而需有的商品形状或者使商品具有实质性价值的形状，不得注册。

第二，就相同或者类似商品申请注册的商标是复制、摹仿或者翻译他人未在中国注册的驰名商标，容易导致混淆的，不予注册并禁止使用。就不相同或者不相类似商品申请注册的商标是复制、摹仿或者翻译他人已经在中国注册的驰名商标，误导公众，致使该驰名商标注册人的利益可能受到损害的，不予注册并禁止使用。

第三，未经授权，代理人或者代表人以自己的名义将被代理人或者被代表人的商标进行注册，被代理人或者被代表人提出异议的，不予注册并禁止使用。

第四，就同一种商品或者类似商品申请注册的商标与他人在先使用的未注册商标相同或者近似，申请人与该他人具有上述规定以外的合同、业务往来关系或者其他关系而明知该他人商标存在，该他人提出异议的，不予注册。

第五，商标中有商品的地理标志，而该商品并非来源于该标志所标示的地区，误导公众的，不予注册并禁止使用；但是，已经善意取得注册的继续有效。

三、商标注册

商标注册是指商标使用人将其商标依法向商标管理机关提出注册申请，经商标局审核批准，授予注册人以商标专用权的法律活动。《商标法》第3条规定，经商标局核准注册的商标为注册商标，商标注册人享有商标专用权，受法律保护。

(一) 商标注册的原则

1. 自愿注册与强制注册结合原则。自愿注册是指商标使用人是否申请商标注册取决于自己的意愿。自愿注册是相对于强制注册而言的，强制注册是自愿注册的补充。法律、行政法规规定必须使用注册商标的商品，必须申请商标注册，未经核准注册的，不得在市场销售。

2. 申请在先与使用在先结合原则。申请在先原则又称注册在先原则，指两个或两个以上的申请人，在同一种或类似的商品上以相同或者近似的商标申请注册时，申请在先的商标申请人可获得商标专用权，在后的商标注册申请予以驳回。

使用在先原则是指两个或者两个以上的商标注册申请人，在同一种商品或者类似商品上，以相同或者近似的商标在同一天申请注册的，初步审定并公告使用在先的商标，驳回其他人的申请，不予公告。

两个或者两个以上的申请人，在同一种商品或者类似商品上，分别以相同或者近似的商标在同一天申请注册的，各申请人应当自收到商标局通知之日起30日内提交其申请注册前在先使用该商标的证据。同日使用或者均未使用的，各申请人可以自收到商标局通知之日起30日内自行协商，并将书面协议报送商标局；不愿协商或者协商不成的，商标局通知各申请人以抽签的方式确定一个申请人，驳回其他人的注册申请。商标局已经通知但申请人未参加抽签的，视为放弃申请，商标局应当书面通知未参加抽签的申请人。

3. 优先权原则。优先权原则是指商标局对商标注册申请日的确定，不以商标局收到申请的日期为准，而是按照法律规定的标准以先前的日期为申请日。《商标法》规定了两种优先权。

（1）国际优先权。《商标法》第25条规定，商标注册申请人自其商标在外国第一次提出商标注册申请之日起6个月内，又在中国就相同商品以同一商标提出商标注册申请的，依照该外国同中国签订的协议或者共同参加的国际条约，或者按照相互承认优先权的原则，可以享有优先权。

要求优先权的，应当在申请的时候提出书面声明，并且在3个月内提交第一次提出的商标注册申请文件的副本；未提出书面声明或者逾期未提交商标注册申请文件副本的，视为未要求优先权。

（2）展览优先权。《商标法》第26条规定，商标在中国政府主办的或者承认的国际展览会展出的商品上首次使用的，自该商品展出之日起6个月内，该商标的注册申请人可以享有优先权。

要求优先权的，应当在提出商标注册申请的时候提出书面声明，并且在3个月内提交展出其商品的展览会名称、在展出商品上使用该商标的证据、展出日期等证明文件；未提出书面声明或者逾期未提交证明文件的，视为未要求优先权。

（二）商标注册的程序

1. 商标注册的申请。

（1）商标注册申请人应当按规定的商品分类表填报使用商标的商品类别和商品名称。商品分类表是划分商品或服务类别和进行商标注册管理的重要依据。我国1988年11月1日开始采用《尼斯协定》的商品分类表申请商标注册，1994年加入尼斯同盟。该协定将商品和服务分为45类，其中有34类商品、11类服务项目，覆盖了1万多个商品和服务项目。

（2）商标注册申请人可以通过一份申请就多个类别的商品申请注册同一商标。商标注册申请等有关文件，可以以书面方式或者数据电文方式提出。

（3）注册商标需要在核定使用范围之外的商品上取得商标专用权的，应当另行提出注册申请。

（4）注册商标需要改变其标志的，应当重新提出注册申请。

2. 商标注册的审核。商标注册的审核是商标局对商标注册申请进行审查、核准注册的统称，是商标获得注册、享有专用权并受到法律保护的关键。

（1）形式审查。形式审查是对商标注册申请人的资格、申请文件、申请手续等是否符合法律规定的审查。

（2）实质审查。实质审查是对商标是否具备注册条件的审查。实质审查包括以下几个方面：商标是否违背《商标法》规定的禁用条款；商标是否具备法定的构成要素，是否具有显著特征；商标是否与他人在同一种或类似商品上注册的商标相混同，是否与他人的在先权利相冲突等。

(3) 公告、异议与核准。对申请注册的商标，商标局应当自收到商标注册申请文件之日起9个月内审查完毕，符合《商标法》有关规定的，予以初步审定公告。在审查过程中，商标局认为商标注册申请内容需要说明或者修正的，可以要求申请人作出说明或者修正。申请人未作出说明或者修正的，不影响商标局作出审查决定。

申请注册的商标，凡不符合《商标法》有关规定或者同他人在同一种商品或者类似商品上已经注册的或者初步审定的商标相同或者近似的，由商标局驳回申请，不予公告。

对初步审定公告的商标，自公告之日起3个月内，在先权利人、利害关系人认为违反《商标法》第13条第2款和第3款、第15条、第16条第1款、第30条、第31条、第32条规定的，或者任何人认为违反《商标法》第10条、第11条、第12条规定的，可以向商标局提出异议。公告期满无异议的，予以核准注册，发给商标注册证，并予以公告。

(4) 复审与裁定。对驳回申请、不予公告的商标，商标局应当书面通知商标注册申请人。商标注册申请人不服的，可以自收到通知之日起15日内向商标评审委员会申请复审。商标评审委员会应当自收到申请之日起9个月内作出决定，并书面通知申请人。有特殊情况需要延长的，经国务院工商行政管理部门批准，可以延长3个月。当事人对商标评审委员会的决定不服的，可以自收到通知之日起30日内向人民法院起诉。

对初步审定公告的商标提出异议的，商标局应当听取异议人和被异议人陈述事实和理由，经调查核实后，自公告期满之日起12个月内作出是否准予注册的决定，并书面通知异议人和被异议人。有特殊情况需要延长的，经国务院工商行政管理部门批准，可以延长6个月。

商标局作出准予注册决定的，发给商标注册证，并予以公告。异议人不服的，可以依照《商标法》第44条、第45条的规定向商标评审委员会请求宣告该注册商标无效。

商标局作出不予注册决定，被异议人不服的，可以自收到通知之日起15日内向商标评审委员会申请复审。商标评审委员会应当自收到申请之日起12个月内作出复审决定，并书面通知异议人和被异议人。有特殊情况需要延长的，经国务院工商行政管理部门批准，可以延长6个月。被异议人对商标评审委员会的决定不服的，可以自收到通知之日起30日内向人民法院起诉。人民法院应当通知异议人作为第三人参加诉讼。

商标评审委员会在依照上述规定进行复审的过程中，所涉及的在先权利的确定必须以人民法院正在审理或者行政机关正在处理的另一案件的结果为依据的，可以中止审查。中止原因消除后，应当恢复审查程序。

法定期限届满，当事人对商标局作出的驳回申请决定、不予注册决定不申请复审或者对商标评审委员会作出的复审决定不向人民法院起诉的，驳回申请决定、不予注册决定或者复审决定生效。

经审查，异议不成立而准予注册的商标，商标注册申请人取得商标专用权的时间自初步审定公告3个月期满之日起计算。自该商标公告期满之日起至准予注册决定作出前，对他人在同一种或者类似商品上使用与该商标相同或者近似的标志的行为不具有追溯力；但是，因该使用人的恶意给商标注册人造成的损失，应当给予赔偿。

四、商标使用的管理

商标使用的管理是指商标局对注册商标、未注册商标的使用进行监督管理，并对违反《商标法》规定的侵权行为予以制裁的活动。

（一）注册商标使用的管理

商标的使用，是指将商标用于商品、商品包装或者容器以及商品交易文书上，或者将商标用于广告宣传、展览以及其他商业活动中，用于识别商品来源的行为。注册商标的使用，包括商标注册人、商标受让人、商标继受人和被许可使用人的使用。根据《商标法》的规定，商标行政管理部门对注册商标的使用依法实行管理。具体管理工作包括以下内容：

1. 我国《商标法实施条例》规定，使用注册商标的，应当标明“注册商标”字样或注册标记®，而未注册商标则绝对不能标明“注册商标”或注册标记；使用注册商标应当规范，不能把注册商标标成“注”或者标成“R”；标示位置应该适当，商品能够标明注册标识的首先应在商品上标明，只有在商品上不便标明的，才要求在商品包装上或说明书上及其他附着物上标明。

2. 商标注册人在使用注册商标的过程中，自行改变注册商标、注册人名义、地址或者其他注册事项的，由地方工商行政管理部门责令限期改正；期满不改正的，由商标局撤销其注册商标。

3. 注册商标成为其核定使用的商品的通用名称或者没有正当理由连续3年不使用的，任何单位或者个人可以向商标局申请撤销该注册商标。商标局应当自收到申请之日起9个月内作出决定。有特殊情况需要延长的，经国务院工商行政管理部门批准，可以延长3个月。

4. 注册商标被撤销、被宣告无效或者期满不再续展的，自撤销、宣告无效或者注销之日起1年内，商标局对与该商标相同或者近似的商标注册申请，不予核准。

5. 对必须使用注册商标的商品的管理。对按照法律、行政法规规定必须使用注册商标的商品，未申请注册而在市场销售的，由地方工商行政管理部门责令限期申请注册，违法经营额5万元以上的，可以处违法经营额20%以下的罚款，没有违法经营额或者违法经营额不足5万元的，可以处1万元以下的罚款。

（二）未注册商标使用的管理

未注册商标是指未经商标局核准注册而在市场上使用的商标。未注册商标所有人不享有商标专用权，但其使用应受到法律约束，因而商标管理工作包括对未注册商标使用的管理。

根据《商标法》的规定，将未注册商标冒充注册商标使用的，或者使用未注册商标违反《商标法》第10条规定的，由地方工商行政管理部门予以制止，限期改正，并可以予以通报，违法经营额5万元以上的，可以处违法经营额20%以下的罚款，没有违法经营额或者违法经营额不足5万元的，可以处1万元以下的罚款。

五、注册商标专用权的保护

（一）注册商标专用权的保护范围

注册商标专用权，以核准注册的商标和核定使用的商品为限。商标专用权的效力范围，限于商标注册人对其注册商标所享有的“使用权”，即商标注册人有权在核定的商品上独占地使用其注册商标，并不涉及近似商标和类似商品。商标注册人无权任意加以改变或扩大使用范围。如果擅自改变注册商标的构成要素，或者将注册商标使用于核定商品以外的其他商品上，便超出了商标专用权的保护范围，不仅得不到法律的保护，甚至有可能受到法律制裁。

商标专用权的保护范围大于商标专用权的效力范围，即商标权保护范围除核准注册的商标和核定使用的商品外，还包括与注册商标相近似的商标和与该注册商标核定使用的商品相类似的商品。

（二）侵犯注册商标专用权的行为

根据《商标法》的规定，侵犯注册商标专用权的行为有下列几种：

1. 未经商标注册人的许可，在同一种商品上使用与其注册商标相同的商标的。

2. 未经商标注册人的许可，在同一种商品上使用与其注册商标近似的商标，或者在类似商品上使用与其注册商标相同或者近似的商标，容易导致混淆的。类似商品，是指在功能、用途、生产部门、销售渠道、消费对象等方面相同，或者相关公众一般认为其存在特定联系、容易造成混淆的商品。

3. 销售侵犯注册商标专用权的商品的。不论销售者是否出于故意，只要其销售了侵犯注册商标专用权的商品，就认定为商标侵权行为。如果销售者主观上存在着非故意，又能证明该商品是自己合法取得并说明提供者的，其销售行为虽属于侵权行为，但不承担赔偿责任。

4. 伪造、擅自制造他人注册商标标识或者销售伪造、擅自制造的注册商标标识的。

5. 未经商标注册人同意，更换其注册商标并将该更换商标的商品又投入市场的。学理上称这种行为为商标反向假冒，具体是指在商品销售活动中将他人在商品上的商标消除、变动或者更换，冒充为自己的商品予以展示或者销售的行为。这种行为在消费者中间造成混淆，不仅损害了商标注册人的合法权益，同时也损害了消费者的利益。

6. 故意为侵犯他人商标专用权行为提供便利条件，帮助他人实施侵犯商标专用权行为的。

7. 给他人的注册商标专用权造成其他损害的。根据《商标法实施条例》和最高人民法院《关于审理商标民事纠纷案件适用法律若干问题的解释》的有关规定，给他人注册商标专用权造成其他损害的行为包括以下方面：①在同一种或者类似商品上，将与他人注册商标相同或者近似的标志作为商品名称或者商品装潢使用，误导公众的；②故意为侵犯他人注册商标专用权行为提供仓储运输、邮寄、隐匿等便利条件的；③将与他人注册商标相同或者相近似的文字作为企业的字号在相同或者类似商品上作为商标使用，误导公众，致使该驰名商标注册人的利益可能受到损害的；④复制、摹仿、翻译他人注册的驰名商标或其主要部分在不相同或者不相类似商品上作为商标使用，误导公众，致使该驰名商标注册人的利益可能受到损害的；⑤将与他人注册商标相同或者相近似的文字注册为域名，并且通过该域名进行相关商品交易的电子商务，容易使相关公众产生误认的。

（三）注册商标专用权的保护方式

我国对注册商标专用权的保护采用行政保护和司法保护并重的方式

1. 行政保护。工商行政管理部门可以依其职权主动查处商标侵权行为，也可以应商标注册人或者利害关系人的请求处理商标侵权行为。

工商行政管理部门认定商标侵权行为成立，可以采取以下措施制止侵犯商标权的行为：责令立即停止侵权行为，没收、销毁侵权商品和专门用于制造、伪造注册商标标识的工具，并可处以罚款。工商行政管理部门依法查处侵犯注册商标专用权的行为时，发现该行为涉嫌商标犯罪，则应当及时移送司法机关依法处理，不得以罚代刑。

2. 司法保护。

（1）民事诉讼。对于侵犯商标专用权的行为，商标注册人或者利害关系人既可以向工商行政管理部门提出控告，也可以直接向人民法院提起民事诉讼。如果商标注册人或者利害关系人已请求工商行政管理部门处理，并且工商行政管理部门应当事人的请求就赔偿数额进行调解未成时，那么商标注册人或者利害关系人也可以向人民法院提起民事诉讼。人民法院依法判令侵权人停止侵害、消除影响、赔偿损失。此外，人民法院还可以对侵权人予以训诫，责令具结悔过，收缴进行非法活动的财物和非法所得，并可依法处以罚款、拘留。

关于民事诉讼所涉及的侵犯商标专用权的赔偿数额问题，《商标法》第63条规定，侵犯商标专用权的赔偿数额，按照权利人因被侵权所受到的实际损失确定；实际损失难以确定的，可以按照侵权人因侵权所获得的利益确定；权利人的损失或者侵权人获得的利益难以确定的，参照该商标许可使用费的倍数合理确定。对恶意侵犯商标专用权，情节严重的，可以在按照上述方法确定数额的1倍以上3倍以下确定赔偿数额。赔偿数额应当包括权利人为制止侵权行为所支付的合理开支。

人民法院为确定赔偿数额，在权利人已经尽力举证，而与侵权行为相关的账簿、资料主要由侵权人掌握的情况下，可以责令侵权人提供与侵权行为相关的账簿、资料；侵权人不提供或者提供虚假的账簿、资料的，人民法院可以参考权利人的主张和提供的证据判定赔偿数额。权利人因被侵权所受到的实际损失、侵权人因侵权所获得的利益、注册商标许可使用费难以确定的，由人民法院根据侵权行为的情节判决给予300万元以下的赔偿。但是，注册商标专用权人请求赔偿，被控侵权人以注册商标专用权人未使用注册商标提出抗辩的，人民法院可以要求注册商标专用权人提供此前3年内实际使用该注册商标的证据。注册商标专用权人不能证明此前3年内实际使用过该注册商标，也不能证明因侵权行为受到其他损失的，被控侵权人不承担赔偿责任。另外，销售不知道是侵犯注册商标专用权的商品，能证明该商品是自己合法取得的并说明提供者的侵权人，不承担赔偿责任。

侵犯注册商标专用权的诉讼时效为2年，自商标注册人或者利害关系人知道或者应当知道侵权行为之日起计算。商标注册人或者利害关系人超过2年起诉的，如果侵权行为在起诉时仍在持续，在该注册商标专用权有效期限内，人民法院应当判决被告停止侵权行为，侵权损害赔偿数额应当自权利人向人民法院起诉之日起向前推算2年计算。

（2）行政诉讼。工商行政管理部门认定商标侵权行为成立的，则作出行政处理决定。当事人对处理决定不服的，可以自收到处理通知之日起15日内依法向人民法院提起行政诉讼。

（3）刑事诉讼。侵犯注册商标专用权的行为已构成犯罪的，人民法院则依照《刑事诉讼法》追究侵权人的刑事责任。

六、驰名商标

（一）驰名商标的概念

驰名商标是在中国为相关公众所熟知的商标。相关公众包括与使用商标所标示的某类商品或者服务有关的消费者、生产前述商品或者提供服务的其他经营者以及经销渠道中所涉及的销售者和相关人员等。

认定驰名商标应当考虑下列因素：①相关公众对该商标的知晓程度；②该商标使用的持续时间；③该商标的任何宣传工作的持续时间、程度和地理范围；④该商标作为驰名商标受保护的记录；⑤该商标驰名的其他因素。

（二）驰名商标认定遵循个案认定、被动保护的原则

驰名商标应当根据当事人的请求，作为处理涉及商标案件需要认定的事实进行认定。在商标注册审查、工商行政管理部门查处商标违法案件过程中，当事人依照《商标法》第13条规定主张权利的，商标局根据审查、处理案件的需要，可以对商标驰名情况作出认定。在商标争议处理过程中，当事人依照《商标法》第13条规定主张权利的，商标评审委员会根据处理案件的需要，可以对商标驰名情况作出认定。在商标民事、行政案件审理过程中，当事人依照《商标法》第13条规定主张权利的，最高人民法院指定的人民法院根据审理案件的需要，可以对商标驰名情况作出认定。除上述情形外，任何组织和个人不得认定或者采取其他变相方式认定驰名

商标。

生产者、经营者不得将“驰名商标”字样用于商品、商品包装或者容器上，或者用于广告宣传、展览以及其他商业活动中。

第三节　专利法

一、专利和专利权

（一）专利

“专利”一词是从英文Patent翻译过来的，而Patent来源于拉丁文Patens，它可以理解成一份公开的文件。现代意义上的“专利”一词，从不同的角度讲，具有不同的含义。首先，从法律意义来说，专利就是专利权的简称，是指专利权人对其发明创造依法享有的垄断性的权利。其次，从技术发明来说，专利是取得专利权的发明创造本身，即通常所讲的专利技术。最后，从保护的内容上看，专利是指记载着授予专利权的发明创造的说明书及其摘要、权利要求书、外观设计的图形或照片等公开的专利文献的总和。

（二）专利权

专利权是指法律赋予人们对其拥有的发明创造在法定期间内依法享有的专有权利。专利权具有以下特征：

1. 垄断性。亦独占性、排他性。对专利权来说，两个以上的人在同一时期或不同时期完成了相同的发明创造，专利权只能授予最先申请之人；发明创造一旦被授予专利权，除法律另有规定外，专利权人以外的其他任何单位和个人未经专利权人许可，都不得实施其专利。

2. 公开性。专利权客体的公开是专利申请人取得专利权的前提条件和代价。专利权要想得到社会的承认，必须向社会明示权利客体的具体范围。专利权的这一特征和技术秘密是不同的。

3. 法定授予性。专利权的取得，须通过法定程序，即专利申请人的申请和专利主管部门的审查、批准、授权、公告。

4. 限制性。专利权的效力受到地域、时间、推广应用、强制许可等限制。

二、专利权的主体

专利权的主体即专利权人，是指依法可以申请并获得专利权的单位和个人。专利权人可以是法人，也可以是自然人；可以是本国人，也可以是法律允许的外国人。根据我国专利法的规定，专利权人主要有以下几种情况：

（一）发明人或者设计人

《专利法》所称发明人或设计人，是指对发明创造的实质性特点作出创造性贡献的人。在完成发明创造过程中，只负责组织工作的人、为物质技术条件的利用提供方便的人或者从事其他辅助工作的人，不是发明人或者设计人。

（二）职务发明创造的单位

所谓职务发明创造，是指执行本单位的任务或者主要利用本单位的物质技术条件所完成的发明创造。

执行本单位的任务所完成的职务发明创造包括以下几种：①在本职工作中作出的发明创造；②履行本单位交付的本职工作之外的任务所作出的发明创造；③退职、退休或者调动工作后1年内作出的，与其在原单位承担的本职工作或者原单位分配的任务有关的发明创造；④主要利用了本单位的物质条件所作出的发明创造。所谓本单位的物质技术条件，是指本单位的资金、设备、零部件、原材料或者不对外公开的技术资料等。

《专利法》规定，职务发明创造申请专利的权利属于该单位；申请被批准后，该单位为专利权人。利用本单位的物质技术条件所完成的发明创造，单位与发明人或者设计人订有合同，对申请专利的权利和专利权的归属作出约定的，从其约定。

（三）共同发明人或共同设计人

由两个或两个以上的单位或个人共同完成的发明创造，称为共同发明创造。完成该项发明创造的人，称为共同发明人或者共同设计人。共同发明人或设计人，必须是对某项发明创造实质上参与共同构思、研制，并都作出创造性贡献的人。如果在研制、设计一项发明、实用新型、外观设计过程中，只负责组织工作，或为物质条件的利用提供方便的人或者从事其他辅助工作的人，都不能认为是共同发明人或设计人。共同发明创造申请专利的权利归共同发明人或共同设计人。

（四）合作发明与委托发明人

两个以上单位或者个人合作完成的发明创造，为合作发明创造。一个单位或者个人接受其他单位或者个人委托所完成的发明创造，为委托发明创造。《专利法》第8条规定："两个以上单位或者个人合作完成的发明创造、一个单位或者个人接受其他单位或者个人委托所完成的发明创造，除另有协议的以外，申请专利的权利属于完成或者共同完成的单位或者个人；申请被批准后，申请的单位或者个人为专利权人。"

（五）外国人、外国企业或者外国其他组织

在中国有经常居所或营业所的外国人、外国企业或者外国其他组织，都可以向中国专利局申请专利。他们可以自己办理或者委托代理人办理申请事宜，在专利申请方面享有的权利与中国公民、法人是相同的；在中国没有经常居所或者营业所的外国人、外国企业或者外国其他组织，在中国申请专利的，依其所属国同中国签订的协议或者共同参加的国际条约，或者依照互惠原则办理。

同时，《专利法》还对中国单位或者个人到国外申请专利作出了规定。任何单位或者个人将在中国完成的发明或者实用新型向外国申请专利的，应当事先报经国务院专利行政部门进行保密审查。中国单位或者个人可以根据我国参加的有关国际条约提出专利国际申请。提出国际申请的，也应事先报经国务院专利行政部门进行保密审查。对违反规定向外国申请专利的发明或者实用新型，在中国申请专利的，不授予专利权。

三、专利权的客体

专利权的客体是指专利法保护的对象，即依法可以取得专利权的发明创造。我国专利法所称的发明创造，是指发明、实用新型和外观设计。

（一）发明

我国专利法所称发明，是指对产品、方法或者其改进所提出的新的技术方案。根据我国《专利法》的有关规定，发明分为产品发明和方法发明。

产品发明是指人们通过智力劳动创造出来的各种产品或物质的发明。产品发明中的产品，可以是完整的产品，也可以是一件产品的某部分。根据发明创造对象的不同，产品发明可分为制造品的发明、材料物品的发明和物品新用途的发明。根据我国专利法的规定，产品发明专利权仅及于其产品本身。

方法发明是指将一种物品或者物质改变成另一种状态或另一种物品或物质所采用的手段和步骤的发明。它可以分为制造方法的发明、化学方法的发明、生物方法的发明和其他方法的发明。

（二）实用新型

实用新型也称小发明或小专利。实用新型是指对产品的形状、构造或者其结合所提出的适于实用的新的技术方案。实用新型不同于发明，二者的区别如下：

1. 发明既包括产品发明也包括方法发明，而实用新型仅指具有一定形状的物品发明，方法发明及没有固定形状和构造的产品，如液体、粉末等方面的产品发明，不属于实用新型的范畴。

2. 二者对创造性的要求不同。发明专利的创造性要求比实用新型要高。

3. 二者的审查程序不同。发明专利不仅要求进行形式审查，还要进行实质审查；而实用新型仅要求进行形式审查。

4. 二者的保护期不同。发明专利的保护期是 20 年，而实用新型的保护期是 10 年。

（三）外观设计

外观设计是指对产品的形状、图案或者其结合以及色彩与形状、图案的结合所作出的富有美感并适于工业应用的新设计。

（四）专利法不予保护的对象

《专利法》第 25 条规定，下列各项不授予专利权：①科学发现；②智力活动的规则和方法；③疾病诊断和治疗方法；④动物和植物品种；⑤用原子核变换方法获得的物质；⑥对平面印刷品的图案、色彩或者二者的结合作出的主要起标识作用的设计。但是，动物和植物的生产方法可以根据法律规定授予专利权。

此外，《专利法》第 5 条规定，对违反国家法律、社会公德或者妨害公共利益的发明创造和对违反法律、行政法规的规定获取或者利用遗传资源，并依赖该遗传资源完成的发明创造，均不授予专利权。

四、授予专利权的条件

（一）授予发明和实用新型专利权的条件

根据我国专利法规定，授予专利权的发明和实用新型，应当具备新颖性、创造性和实用性。

1. 新颖性。新颖性是指该发明或者实用新型不属于现有技术，也没有任何单位或者个人就同样的发明或者实用新型在申请日以前向国务院专利行政部门提出过申请，并记载在申请日以后公布的专利申请文件或者公告的专利文件中。现有技术，是指申请日以前在国内外为公众所知的技术。这就是说，一项发明创造未曾向社会公开过，不构成公众能够得知的现有技术的一部分，才算具有新颖性。即是否公开是判断一项发明创造是不是丧失了新颖性的标准。

在具体认定新颖性时，必须把握以下标准：

（1）地域标准。地域标准，即确定新颖性的空间范围，是指发明或者实用新型在什么地域内公开才使其丧失新颖性而成为现有技术的一部分。综观各国专利法，地域标准主要有三个：①相对地域标准。它是只把本国领域内公开的技术作为现有技术。如果在本国内没有公开过，就具有了新颖性。②绝对地域标准。它要求该发明或实用新型必须在全世界任何一个地方都没有在出版物上公开发表过，也没有使用过，即该发明或实用新型不构成全世界范围内的现有技术。③混合地域标准。它一般是指在出版物方面以世界范围内的出版物上是否公开为标准，在实际活动方面则以是否在一国范围公开使用过或以其他方式为公众所知为标准。根据我国专利法的规定，我国判断新颖性时采用绝对地域标准。

（2）时间标准。以什么时间作为判断一项技术是否公开，也是新颖性审查中的一个重要问题。目前世界各国判断新颖性有两种时间标准：一是发明标准或称发明完成日标准。即只要发明创造的实质内容在发明完成日之前未被公知公用，则该发明创造具有新颖性。二是申请标准。它可以分为申请时标准和申请日标准两种。根据前者，只有在申请专利的具体时刻以前未公开的发明创造才具有新颖性，如日本等极少数国家采用这种标准。根据后者，凡是发明创造的实质内容在申请日前未被公知公用，就认为其具备新颖性。该标准强调的是申请日以前是新的，并不包含申请日在内。

我国《专利法》把提出专利申请的日期作为确定新颖性的时间界限，即要求在申请日前没有同样的发明创造公开过，这样，发明创造才具备新颖性。但是，我国《专利法》同时规定，申请专利的发明创造在申请日以前 6 个月内有下列情形之一的，不丧失新颖性：①在中国政府主办或者承认的国际展览会上首次展出的；②在规定的学术会议或者技术会议上首次发表的；③他人未经申请人同意而泄露其内容的。

2. 创造性。我国《专利法》对不同专利的创造性要求不同。对于发明专利，要求其同申请日以前已有的技术相比，该发明具备突出的实质性特点和显著的进步。这里的“已有的技术”是指专利申请日以前公开的技术；“实质性特点”是指申请专利保护的发明或实用新型与原来技术相比有本质性的突破，不是原来技术中的类似或推导的东西，而是创造性构思的结果；“进步”则是指在技术上前进了一步，与原有技术相比，技术的应用能产生新的更好的效果，如降低原材料消耗、降低成本或者提高了劳动生产率等。

对于实用新型专利，《专利法》只要求其有实质性特点和进步，其创造性标准比发明要低，只要与现有技术相比有所区别并具有进步即可认为具备创造性。

3. 实用性。实用性，是指该发明或者实用新型能够制造或者使用，并且能够产生积极效果。具体地讲，要申请专利的发明或者实用新型，不能是仅仅停留在抽象思维阶段上的理论、原理，而是应当能够在产业上实施使用的技术方案，即能够在产业上制造、生产或者使用。

（二）授予外观设计专利权的条件

《专利法》第23条规定，授予专利权的外观设计，应当不属于现有设计；也没有任何单位或者个人就同样的外观设计在申请日以前向国务院专利行政部门提出过申请，并记载在申请日以后公告的专利文件中。

授予专利权的外观设计与现有设计或者现有设计特征的组合相比，应当具有明显区别。同时，授予专利权的外观设计不得与他人在申请日以前已经取得的合法权利相冲突。《专利法》所称现有设计，是指申请日以前在国内外为公众所知的设计。

五、专利的申请与审批

一件发明创造完成后，并不能自动获得专利权，需要履行一定的申请程序并经过严格的审查，才能授予专利权。

（一）专利申请原则

1. “一发明一申请”原则，是指一件专利申请只限于一项发明，或一件实用新型，或一件外观设计。我国专利法规定：一件发明或者实用新型专利申请应当限于一项发明或者实用新型；一件外观设计专利申请应当限于一项外观设计。但对于属于同一构造的两项以上的发明和实用新型，或者同一产品两项以上的相似外观设计，或者用于同一类别并且成套出售或者使用的产品的两项以上外观设计，可以作为一件申请提出。

2. 先申请原则。先申请原则，是指两个以上的专利申请人分别就同一内容的发明创造申请专利时，国家只对最先提出申请的专利申请人授予专利权。这一原则只承认申请的先后，而不管发明的先后。

我国专利法以申请日作为判断申请先后的标准。专利法规定，以专利局收到专利申请文件之日为申请日，如果文件是邮寄的，以寄出的邮戳日为申请日。专利法实施细则规定，如果邮戳日期不清楚，以收到邮件之日为申请日。如果是在同一天申请的，申请人应当在收到专利局通知后自行协商确定申请人。

3. 优先权原则。优先权源于《保护工业产权巴黎公约》，是该公约成员国的工业产权所有人依照公约所享有的一项权利。优先权可以分国外优先权（也称国际优先权）和国内优先权（也称本国优先权）。

《专利法》第29条规定，申请人自发明或者实用新型在外国第一次提出专利申请之日起12月内，或者自外观设计在外国第一次提出专利申请之日起6个月内，又在中国就相同主题提出专利申请的，依照该外国同中国签订的协议或者共同参加的国际条约，或者依照相互承认优先权的原则，可以享有优先权。

申请人自发明或者实用新型在中国第一次提出专利申请之日起12个月内，又向国务院专利行政部门就相同主题提出专利申请的，可以享有优先权。

我国《专利法》同时规定，申请人要求优先权，应当在申请时提出书面声明，并且在3个月内提交第一次提出的专利申请文件的副本；未提出书面声明或者逾期未提交专利申请文件副本的，视为未要求优先权。

（二）专利申请文件

1. 申请发明或实用新型专利应提交的文件。申请发明或实用新型专利应提交的文件如下：①请求书。请求书是申请人向国务院专利行政部门表达请求授予专利权愿望的一种书面文件。②说明书。说明书是指阐明发明或者实用新型技术实质的文件，是申请案件的主要和关键的组成部分。③说明书摘要。摘要是说明公开内容的概要。它仅是一种技术情报，不具有法律效力。④权利要求书。权利要求书是申请人请求给予专利保护范围的书面表达。

2. 申请外观设计专利应提交的文件。申请外观设计专利提交的申请文件如下：①请求书。请求书应当写明使用外观设计的产品名称及外观设计的产品所属类别。②图片或者照片。请求保护色彩的外观设计专利申请，应当提交彩色图片或者照片一式两份。③简要说明。申请外观设计专利的，必要时应当写明对外观设计的简要说明。

（三）专利申请的审批程序

我国《专利法》对发明和实用新型、外观设计的专利申请规定了不同的审批程序。发明专利申请采用“早期公开、延迟审查”制度；实用新型和外观设计专利申请采用“形式审查”制度。具体如下：

1. 发明专利申请的审批。

（1）初步审查，又称形式审查，是指国务院专利行政部门对发明专利申请是否具备形式条件进行的审查。初步审查的对象主要是专利的申请文件是否齐全，是否符合规定的格式，申请的范围和条件是否符合专利法的要求等。

《专利法》第34条规定，国家知识产权局（专利局）收到发明专利申请后，经初步审查认为符合法律要求的，自申请日起满18个月，即行公布，也可以根据申请人的请求早日公布其申请。

《专利法》第40条规定，实用新型和外观设计专利申请经初步审查没有发现驳回理由的，由国务院专利行政部门作出授予实用新型专利权或者外观设计专利权的决定，发给相应的专利证书，同时予以登记和公告。实用新型专利权和外观设计专利权自公告之日起生效。

（2）实质审查。实质审查是审查发明是否具有新颖性、创造性和实用性。根据我国《专利法》规定，发明专利申请自申请日起3年内，国务院专利行政部门可以根据申请人随时提出的请求，对其申请进行实质审查；申请人无正当理由逾期不请求实质审查的，该申请被视为撤回。国务院专利行政部门认为必要的，可以自行对发明专利申请进行实质审查，但应当通知申请人。

《专利法》对于申请人请求实质审查的规定是一种任意规范，它给予申请人以充分自由和时间判断申请专利的技术价值和经济价值，以决定是否以及何时通过实质审查，最终取得专利权。

（3）授权公告。发明专利申请经实质审查没有发现驳回理由的，由国务院专利行政部门作出授予发明专利权的决定，发给发明专利证书，同时予以登记和公告。发明专利权自公告之日起生效。

2. 实用新型和外观设计专利申请的审批。《专利法》规定，实用新型和外观设计专利申请经初步审查没有发现驳回理由的，由国务院专利行政部门作出授予专利权的决定，同时予以登记和公告。实用新型专利权和外观设计专利权自公告之日起生效。

3. 专利复审。复审是专利复审委员会对专利申请人不服国务院专利行政部门驳回其专利申请决定的请求依法进行的审查。

国务院专利行政部门设立专利复审委员会。专利复审委员会由国务院专利行政部门指定的技术专家和法律专家组成。专利申请人对国务院专利行政部门驳回申请的决定不服的，可以自收到通知之日起3个月内，向专利复审委员会请求复审。专利申请人向专利复审委员会请求复审的，应当提交复审请求书，说明理由，必要时还应当附具有关证据。专利复审委员会作出复审决定后，应当以书面方式通知复审请求人。专利申请人对专利复审委员会的复审决定不服的，可以自收到通知之日起3个月内向人民法院起诉。

六、专利权的期限、终止和无效

（一）专利权的期限

专利权只是在法定的期限内有效，并受到法律保护，超过法律规定的有效期限，专利权就自行终止。我国《专利法》规定："发明专利权的期限为20年，实用新型专利权和外观设计专利权的期限为10年，均自申请日起计算。"

（二）专利权的终止

专利权终止也称专利权消灭，是指专利权因保护期届满或者其他原因在保护期届满前失去法律效力。

我国《专利法》规定，专利权终止的原因如下：①保护期届满；②没有按规定缴纳年费；③专利权人以书面声明放弃其专利权；④专利权被宣告无效；⑤专利权人死亡，无继承人或受遗赠人。

专利权在期限届满前终止的，由国务院专利行政部门登记和公告。

（三）专利权的无效

专利权无效是指已经取得的专利权因不符合专利法的规定，根据有关单位或个人的请求，经专利复审委员会审核后被宣告无效。

1. 宣告无效的程序。自国务院专利行政部门公告授予专利权之日起，任何单位或者个人认为该专利权的授予不符合《专利法》有关规定的，可以请求专利复审委员会宣告该专利权无效。专利复审委员会对宣告专利权无效的请求应当及时审查和作出决定，并通知请求人和专利权人。宣告专利权无效的决定，由国务院专利行政部门登记和公告。对专利复审委员会宣告专利权无效或者维持专利权的决定不服的，可以自收到通知之日起3个月内向人民法院起诉。

2. 专利权宣告无效的法律效力。宣告无效的专利权视为自始即不存在。

宣告专利权无效的决定，对在宣告专利权无效前人民法院作出并已执行的专利侵权的判决、调解书，已经履行或者强制执行的专利侵权纠纷处理决定，以及已经履行的专利实施许可合同和专利权转让合同，不具有追溯力。但是因专利权人的恶意给他人造成的损失，应当给予赔偿。

七、专利的实施

专利实施，是指专利权人或者他人在中国境内为了生产经营的目的制造、使用和销售专利产品或使用其专利方法的全部实践活动。专利的实施有以下几种情况：

（一）专利权人实施

即专利权人取得专利后，依照专利的性能，制造其产品，使用其方法，以取得最大的经济效益。专利权人实施分为两种情况：一是专利权人自己单独实施；二是专利权人将其专利作为投资，与他人合资经营或者合作经营进行合作实施。

（二）许可他人实施

即专利权人通过订立许可合同的方式，许可他人实施其专利。任何单位或者个人实施他人专利的，应当与专利权人订立实施许可合同，向专利权人支付专利使用费。被许可人无权允许合同规定以外的任何单位或者个人实施该专利。

（三）强制许可实施

强制许可实施，是指国务院专利行政部门在一定条件下，不需要经过专利权人的同意，而准许其他单位和个人实施专利权人的专利的一种强制性法律措施。

根据我国《专利法》的规定，强制许可实施有以下几种：

1. 具备实施条件的单位或个人请求实施的强制许可。《专利法》第48条规定，有下列情形之一的，国务院专利行政部门根据具备实施条件的单位或者个人的申请，可以给予实施发明专利或者实用新型专利的强制许可：①专利权人自专利权被授予之日起满3年，且自提出专利申请之日起满4年，无正当理由未实施或者未充分实施其专利的；②专利权人行使专利权的行为被依法认定为垄断行为，为消除或者减少该行为对竞争产生的不利影响的。

2. 根据国家和社会公共利益的需要给予实施的强制许可。《专利法》第49条规定："在国家出现紧急状态或者非常情况时，或者为了公共利益的目的，国务院专利行政部门可以给予实施发明专利或者实用新型专利的强制许可。"

3. 为了公共健康目的，对取得专利权药品实施的强制许可。《专利法》第50条规定："为了公共健康目的，对取得专利权的药品，国务院专利行政部门可以给予制造并将其出口到符合中华人民共和国参加的有关国际条约规定的国家或者地区的强制许可。"

4. 从属专利的强制许可。《专利法》第51条第1款规定："一项取得专利权的发明或者实用新型比前已经取得专利权的发明或者实用新型具有显著经济意义的重大技术进步，其实施又有赖于前一发明或者实用新型的实施的，国务院专利行政部门根据后一专利权人的申请，可以给予实施前一发明或者实用新型的强制许可。"此外，在依照上述规定给予实施强制许可的情形下，国务院专利行政部门根据前一专利权人的申请，也可以给予实施后一发明或者实用新型的强制许可。

八、专利权的保护与限制

（一）专利权的保护范围

专利权是一种具有排他性的专有权，非经专利权人同意，任何单位或者个人均不得利用专利，否则将构成侵权行为。《专利法》规定了专利权的保护范围，主要包括两方面的内容：①发明或者实用新型专利权的保护范围以其权利要求的内容为准，说明书及附图可以用于解释权利要求的内容；②外观设计专利权的保护范围以表示在图片或者照片中的该产品的外观设计为准，简要说明可以用于解释图片或者照片所表示的该产品的外观设计。

（二）专利侵权行为及其法律责任

1. 未经专利权人的许可，实施其专利的行为。包括两个方面：①未经专利权人许可，为生产经营目的制造、使用、许诺销售、销售、进口其专利产品，或者使用其专利方法以及使用、许诺销售、销售、进口依照该专利方法直接获得的产品；②未经专利权人许可，为生产经营目的制造、许诺销售、销售、进口其外观设计专利产品。

未经专利权人许可，实施其专利，引起纠纷的，由当事人协商解决；不愿协商或者协商不成的，专利权人或者利害关系人可以向人民法院起诉，也可以请求管理专利工作的部门处理。

2. 假冒他人专利的行为。下列行为属于假冒他人专利的行为：①未经许可，在其制造或者销售的产品、产品的包装上标注他人的专利号；②未经许可，在广告或者其他宣传材料中使用他人的专利号，使人将所涉及的技术误认为是他人的专利技术；③未经许可，在合同中使用他人的专利号，使人将合同涉及的技术误认为是他人的专利技术；④伪造或者变造他人的专利证书、专利文件或者专利申请文件。

假冒专利的，除依法承担民事责任外，由管理专利工作的部门责令改正并予以公告，没收违法所得，可以并处违法所得4倍以下的罚款；没有违法所得的，可以处20万元以下的罚款；构成犯罪的，依法追究刑事责任。

3. 侵夺发明人或者设计人的非职务发明创造专利申请权和其他权益的，该侵夺行为由所在单位或者上级主管机关给予行政处分。

上述专利侵权行为给权利人造成损失的，应当赔偿损失。赔偿数额按照权利人因被侵权所受到的实际损失确定；实际损失难以确定的，可以按照侵权人因侵权所获得的利益确定。权利人的损失或者侵权人获得的利益难以确定的，参照该专利许可使用费的倍数合理确定。赔偿数额还应当包括权利人为制止侵权行为所支付的合理开支。

权利人的损失、侵权人获得的利益和专利许可使用费均难以确定的，人民法院可以根据专利权的类型、侵权行为的性质和情节等因素，确定给予1万元以上100万元以下的赔偿。但是，为生产经营目的使用、许诺销售或者销售不知道是未经专利权人许可而制造并售出的专利侵权产品，能证明该产品合法来源的，不承担赔偿责任。

（三）专利权的限制

为了维护国家和社会整体利益，维护技术市场秩序，促进科学技术研究，我国《专利法》对专利权直接设定了一些限制，规定下列几种情形，不视为侵犯专利权的行为：

1. 专利产品或者依照专利方法直接获得的产品，由专利权人或者经其许可的单位、个人售出后，使用、许诺销售、销售、进口该产品的；

2. 在专利申请日前已经制造相同产品、使用相同方法或者已经做好制造、使用的必要准备，并且仅在原有范围内继续制造、使用的；

3. 临时通过中国领陆、领水、领空的外国运输工具，依照其所属国同中国签订的协议或者共同参加的国际条约，或者依照互惠原则，为运输工具自身需要而在其装置和设备中使用有关专利的；

4. 专为科学研究和实验而使用有关专利的。

5. 为提供行政审批所需要的信息，制造、使用、进口专利药品或者专利医疗器械的，以及专门为其制造、进口专利药品或者专利医疗器械的。

另外，为生产经营目的使用、许诺销售或者销售不知道是未经专利权人许可而制造并售出的专利侵权产品，能证明该产品合法来源的，不承担赔偿责任。

案例讨论

一、基本案情[1]

法院经审理查明：1997年12月12日，河南省粮食厅粮油食品公司（以下简称粮油食品公司）向国家工商行政管理总局商标局申请注册“白象”商标，于2001年1月14日获得核准注册。该商标为“白”和“象”两个汉字组成的文字商标，两个汉字的组合方式是上下排列，字体属行楷、舒体；商标注册证为第1506193号，核定使用商品为第30类方便面、挂面、豆沙、谷类制品、面粉、面条等。类似群组为3007、3008、3009、3011。

河南省正龙食品有限公司（以下简称正龙公司）成立于1997年11月4日，经营范围为白象牌系列方便面、调味料、面粉、挂面的研究、生产与销售等。粮油食品公司出具证明认可正龙公司成立时即许可其使用涉案“白象”商标。2004年5月7日，粮油食品公司将核准注册的“白象”商标转让给正龙公司。正龙公司白象系列方便面产品销售量、宣传费用及纳税额均逐年递增。截至2006年底，正龙公司在全国设立了9个从事方便面生产的分子公司，上述生产企业均被授权使用第1506193号“白象”商标。销售市场遍布全国各省、自治区、直辖市（港、澳、台除外）。至2006年销售收入已达人民币2 351 550 376.01元，广告费支出达43 316 983.25元。白象牌方便面在2004年、2005年、2006年连续3年在全国方便面行业中规模效益、生产能力及市场占有率排名第三。2006年10月，正龙公司的“白象”注册商标被国家工商行政管理总局商标局认定为驰名商标。

四川雅士投资管理有限公司于2005年7月29日向国家工商总局商标局申请注册“白家”文字商标，“白家”商标为“白”和“家”两个汉字组成的文字商标，两个汉字的组合方式是上下排列，字体属行楷、手写体。申请号为：4805951，申请类别为30类：粉丝（条）；调味品等。类似群组为3012、3016。国家工商总局商标局于2005年10月25日向四川雅士投资管理有限公司核发注册申请受理通知书，同意受理该申请。白家公司成立于2001年5月29日，诉讼中，白家公司认可其经四川雅士投资管理有限公司许可于2005年底开始在方便粉丝产品上使用涉案“白家”商标。

2007年10月26日正龙公司代理人在河南省四邻百货有限公司（以下简称四邻公司）郑州市顺河路2号四邻便利商店购买到白家公司生产的“白家”方便粉丝，该种产品使用的为“白家”商标。河南省郑州市黄河公证处对正龙公司的上述购买行为进行了公证并出具（2007）郑黄证经字第4573号公证书。此后正龙公司还在郑州市正道花园负一层超市、紫荆山百货大楼一层金水快捷超市、左右间东风路店等

---

〔1〕 河南省高级人民法院审理四川白家食品有限公司与河南省正龙食品有限公司、河南省四邻百货有限公司商标侵权纠纷案民事判决书（2008）豫法民三终字第37号。

处购买到白家公司使用上述“白家”商标的方便粉丝产品。正龙公司认为白家公司生产的方便粉丝产品上所使用的“白家”商标，侵犯了正龙公司“白象”商标的注册商标专用权，遂向法院提起诉讼。

诉讼中，正龙公司于2008年1月8日委托上海联恒市场研究有限公司北京分公司对“白家”和“白象”商标的认知度及混淆误认比例进行调查，该公司在对100个普通消费者随机抽样调查后出具的《商标识别研究报告》显示：“白象”商标的认知率很高，而且其中有68%的受访者将“白家”商标误认为“白象”商标；有78%的受访者认为“白家”商标与“白象”1506193号商标有关联性。上述随机抽样调查过程经郑州市黄河公证处公证，并出具（2008）郑黄证经字第60号公证书。

问题：白家公司是否存在对正龙公司所享有的“白象”注册商标专用权的侵权行为。

二、案例分析

判断白家公司是否存在对正龙公司所享有的“白象”注册商标专用权的侵权行为，需要解决以下两个问题：白家公司生产的方便粉丝与正龙公司生产的方便面是否为类似商品及白家公司使用的“白家”商标与正龙公司第1506193号“白象”注册商标是否构成近似商标。

关于方便粉丝与方便面是否为类似商品的问题。根据最高人民法院《关于审理商标民事纠纷案件适用法律若干问题的解释》第11条、第12条规定，《商标法》第52条第1项规定的类似商品，是指在功能、用途、生产部门、销售渠道、消费对象等方面相同，或者相关公众一般认为其存在特定联系、容易造成混淆的商品。人民法院依据《商标法》第52条第1项的规定，认定商品或者服务是否类似，应当以相关公众对商品或者服务的一般认识综合判断。《商标注册用商品和服务国际分类表》（以下简称《国际分类表》）、《类似商品和服务区分表》（以下简称《区分表》）可以作为判断类似商品或者服务的参考。对比方便粉丝和方便面两种产品可以看出：方便粉丝和方便面均系方便食品，其食用、包装、储藏的方法与要求、保质期等基本相同，其功能和用途均在于为消费者提供方便、快捷的饮食，且均为食品加工企业通过机械加工生产，并通过超市、商场等市场经营主体进行销售，在销售场所中多为在同一区域或货架上摆放；二者属于食品，消费对象相同，多为普通大众消费者。因此方便粉丝与方便面在功能、用途、生产部门、销售渠道、消费对象等方面相同，可以认定二者为类似商品。白家公司称因方便粉丝和方便面不属于相同类似群，不属于类似商品的抗辩意见不能成立。

关于白家公司使用的“白家”文字商标和正龙公司第1506193号“白象”文字商标是否近似的问题，根据最高人民法院《关于审理商标民事纠纷案件适用法律若干问题的解释》第9条和第10条的规定，在商标侵权纠纷案件中，认定被控侵权商标与主张权利的注册商标是否近似，应当视所涉商标或其构成要素的显著程度、市场知名度等具体情况，在考虑和对比文字的字形、读音和含义，图形的构图和颜色，或者各构成要素的组合结构等基础上，对其整体或者主要部分是否具有市场混淆的可能性进行综合分析判断。其整体或主要部分具有市场混淆可能性的，可以认定构成近似；否则，不认定构成近似。“白象”注册商标因其注册时间长、使用产品销售量大、销售区域广、广告宣传力度大、市场信誉好等而具有较高的市场知名度，故“白象”文字具有较强的识别正龙公司方便面产品的显著性。

白家公司使用的“白家”文字商标和正龙公司第1506193号“白象”文字商标均是两个汉字组合而成的文字商标；商标中汉字的组合方式均是上下排列；文字字体均属行楷，白家的“白家”属于手写体，正龙公司的“白象”字体属于舒体，可以从电脑上直接打印出来；两个商标第一个字均是“白”字，字音、字形、字意完全相同；“家”和“象”均是上下结构，下半部相同，均是“豕”字底，上半部由于白家公司使用的商标“家”字的上半部书写时将家的宝盖头上的一点下穿宝盖，与“豕”字底相连，加上宝盖的右边一勾过长，导致“家”和“象”的上半部相似，从而导致“家”和“象”相似；进行整体对比时“白家”和“白象”字形整体相似。加之二者产品在市场销售渠道、消费群体等方面的共同性，导致相关的消费公众将“白家”商标与“白象”注册商标相混淆。故未经正龙公司许可，白家公司在类似商品上使用与正龙公司第1506193号“白象”注册商标近似的“白家”商标，构成对正龙公司第1506193号“白象”注册商标专用权的侵犯，四邻公司销售白家公司生产的侵犯正龙公司商标专用权的商品，亦构成对正龙公司第1506193号“白象”注册商标专用权的侵犯，白家公司与四邻公司应当承担停止侵权的民事责任。正龙公司的诉讼请求，应予以支持。白家公司辩称其使用的“白家”文字商标系合法使用，并不构成侵权，本案中涉案“白家”商标虽已向国家工商行政管理总局商标局申请注册并被受理，但尚未获得核准注册，白家公司并不享有商标专用权。白家公司该项答辩理由不能成立，不予支持。法院判决：白家公司立即停止在其生产的方便粉丝产品包装上使用侵犯正龙公司第1506193号“白象”注册商标专用权的“白家”商标。

复习思考题

一、单项选择题

1. 专利局收到的专利申请文件如果是邮寄的，以（　　）为申请日。

A. 文件收到日　　B. 寄出邮戳日

C. 专利局所确定的日期　　D. 专利申请文件不得以邮寄的方式递交

2. 甲、乙二人分别于同一天上午就同样的发明创造提出专利申请，依专利法，（　　）。

A. 甲为较早申请人，乙的申请将被驳回

B. 甲、乙二人申请都被驳回

C. 甲、乙二人的申请视为同时申请，均授予专利权

D. 甲、乙二人自行协商确定申请人

3. 工程师张某原在某研究所从事微波通信机的研究，2006 年 3 月张某辞职，同年 11 月张受雇于某公司，两个月后该公司在张的指导下开发出 64 路微波通信机，依我国专利法，该项成果的专利申请权归（　　）。

A. 张某　　　　　　　　　　　　B. 某研究所

C. 某公司　　　　　　　　　　　D. 某研究所与某公司共有

4. 下列不属于认定驰名商标应当考虑的因素的是（　　）。

A. 相关公众对该商标的知晓程度 B. 该商标使用的持续时间

C. 该商标的使用企业的经营规模 D. 该商标作为驰名商标受保护的记录

5. 甲于 1999 年 3 月 1 日开始使用“建华”牌商标，乙于同年 4 月 1 日开始使用相同的商标。甲、乙均于 2000 年 5 月 1 日向商标局寄出注册“建华”商标的申请文件，但甲的申请文件于 5 月 8 日寄至，乙的文件于 5 月 5 日寄至。商标局应初步审定公告（　　）申请。

A. 同时公告，因甲、乙申请日期相同

B. 公告乙的申请，因乙申请在先

C. 公告甲的申请，虽然甲、乙同时申请，但甲使用在先

D. 由商标局自由裁定

6. 关于专利实施强制许可制度的以下表述中，（　　）是不正确的。

A. 强制许可制度只适用于发明专利和实用新型专利

B. 取得强制许可的单位或个人享有独占的实施权，并且有权允许他人实施

C. 取得强制许可的单位或个人应当付给专利权人合理的使用费

D. 专利权人对专利局关于强制许可的决定不服的，可以自接到通知之日起 3 个月内向人民法院提起诉讼

7. 甲、乙、丙三方合作研发一项新技术，合作开发合同中未约定该技术成果的权利归属。新技术研发成功后，乙、丙提出申请专利，甲不同意。下列关于专利申请的表述中，正确的是（　　）。

A. 乙、丙不得去申请专利

B. 甲应当把专利申请权转让给乙、丙

C. 乙、丙可以去申请专利，取得专利权后，归乙、丙共同享有

D. 乙、丙可以去申请专利，取得专利权后，归甲、乙、丙共同享有

8. 日本某公司于 2003 年 7 月 3 日向我国提交一彩电显像管技术的发明专利申请。在此之前，该公司已就此技术在 2003 年 3 月 20 日在日本首次提出了专利申请，并且还在同年 2 月 20 日将采用了该技术的产品送来中国参加了由我国科委和机电部主办的国际展览会参展。该申请案的优先权起算日为（　　）。

A. 已失去优先权　　　　　　　　B. 2003 年 3 月 20 日

C. 2003年2月20日 D. 2003年7月3日

9. 对于（ ）可授予专利权。

A. 智力活动规则 B. 疾病治疗方法

C. 用原子核变换方法获得的物质 D. 饮料的生产方法

10. 下列商标可以核准注册的为（ ）。

A. 黑又亮（鞋油） B. 穿不烂（鞋）

C. 跑得快（自行车） D. 飞花（手表）

二、多项选择题

1. 根据我国《商标法》的规定，可以申请注册的商标有（ ）。

A. 商品商标 B. 服务商标

C. 集体商标 D. 证明商标

2. 商标局接受了一批商标注册的申请，经审查，应依法驳回（ ）商标注册申请。

A.“蚕丝”牌丝袜 B.“中华”牌冰箱

C.“锋利”牌菜刀 D.“幸福”牌奶糖

3. 实用新型专利的创造性，是指同申请日以前已有的技术相比，该实用新型有（ ）。

A. 突出的实质性特点 B. 实质性特点

C. 显著的进步 D. 进步

4. 商标获得注册后，下列事项发生变化时，当事人应当提出变更申请的有（ ）。

A. 商标图形 B. 商标文字

C. 注册人名义 D. 注册人地址

5. 我国《专利法》规定：申请人的发明或者实用新型在外国第一次提出专利申请之日起（ ）内，又在中国就相同主题提出专利申请的，依照该外国同中国签订的协议或者共同参加的国际条约，或者依照相互承认优先权的原则，可以享有优先权。

A. 3个月 B. 6个月

C. 12个月 D. 2年

6. 下列哪些是不能进行商标注册的标记？（ ）

A. 本商品通用名称和图形

B. 直接表示商品的主要原料、数量、质量、用途的标记

C. 阿拉伯数字

D. 英文字母

7. 工程师何某利用本单位的物质技术条件，编制计算机软件一个，该单位决定销售该软件，并承担全部责任，依照法律，（ ）。

A. 该软件著作权全部归本单位享有

B. 单位可对何某予以奖励

C. 何某仅享有软件的署名权

D. 该软件发表权归何某享有

8. 商标注册人许可他人使用其注册商标时，必须实施（　　）行为。

A. 签订书面商标使用许可合同

B. 将许可合同提交公证机关公证

C. 自许可合同签订之日起3个月内将副本交送工商行政管理机关存查

D. 将许可合同报商标局备案

9. 下列选项所列行为中，（　　）构成侵犯注册商标专用权。

A. 擅自制造他人注册商标标识

B. 在同类商品上，将与他人注册商标相近似的文字作为商品名称

C. 以模仿方式将他人已为公众熟知的商标进行注册

D. 明知他人托运的货物是假冒注册商标的商品仍予以运送

10. H市的甲公司生产啤酒，申请注册的“向阳花”文字商标被国家有关部门认定为驰名商标。下列（　　）行为属于商标侵权行为。

A. 乙公司在自己生产的葡萄酒上使用“葵花”商标

B. 设在G市的丙公司将“向阳花”作为自己的商号登记使用

C. 丁公司将“向阳花”注册为域名，用于宣传、销售书籍等文化用品

D. 戊公司自己生产的农药产品上使用“向阳花”商标

三、判断题

1. 证明商标的注册人可以在自己提供的商品上使用该证明商标。(　　)

2. 商标评审委员会的裁定不具有终局裁决效力，当事人对商标评审委员会的决定不服的，可以向人民法院起诉。(　　)

3. 我国法律对驰名商标的保护力度大于一般注册商标，其有效期为20年。(　　)

4. 河南省洛阳市东罗县龙香乡欲注册“龙香牌”啤酒商标，依照我国商标法的相关规定，该商标不能获得注册。(　　)

5. 两个以上的自然人、法人或者其他组织可以共同向商标局申请同一注册商标，共同享有和行使商标专用权。(　　)

6. 个人接受单位的委托所完成的发明创造，申请专利的权利属于委托的单位。(　　)

7. 甲公司将其设计开发的一项产品申请外观设计专利，并且获得授权，则在该专利权的有效保护期限内甲公司即获得了独占实施的专有权，其可以在任何国家和地区行使该专利权。(　　)

8. 实用新型专利是一种技术方案，是指对产品、方法或者其改进所提出的新的技术方案。(　　)

9. 发明和实用新型专利的保护期限为20年，外观设计专利的保护期限为10年。(　　)

10. 职务发明创造取得的专利权归单位所有，设计人只是履行了其本职工作，因此如果单位在被授予专利权时给予了设计人一定的奖励，则不论专利实施后是否取得经济效益，设计人都不得再要求获得报酬。(　　)

四、简答题

1. 知识产权的法律特征有哪些？

2. 根据我国《商标法》的规定，哪些行为属于商标侵权行为？

3. 我国专利申请的原则有哪些？

4. 什么是专利侵权？根据我国《专利法》的规定，哪些情形不视为侵犯专利权？

5. 商标构成的要件包括哪些？商标禁止使用的标志有哪些？

五、案例分析题

1. 2006 年甲研究所研究员乙某利用业余时间和本研究所的物质条件，研制成功了一种新型玉米种子。甲、乙双方因对该发明的专利申请权归属有争议，便于 2007 年 8 月在同日内分别向专利局就该玉米品种及其生产方法申请发明专利。不料同年 10 月，美国公民丙也通过专利代理机构就相同的玉米品种和生产方法向我国专利局提出发明专利申请，并且丙已经于 2006 年 6 月向美国专利部门先行提出了同样的申请。

问题：

(1) 据我国发明专利初步审查的要求，对甲、乙、丙三方申请的发明是否可授予专利权？

(2) 如果本案所涉的发明符合专利权的授予条件，专利局依法应将专利权授予何方？为什么？

(3) 本案中，甲、乙双方的争议应如何解决？

2. 甲厂自 2004 年起在其生产的衬衫上使用“明月”商标。2006 年，乙服装厂也开始使用“明月”商标。2008 年 3 月，乙厂的“明月”商标经国家商标局核准注册，其核定使用的商品为服装等。2009 年 1 月，乙厂发现甲厂在衬衫上使用“明月”商标，很容易引起消费者误认。因此甲、乙双方发生侵权纠纷。

根据案情请分析：

(1) 甲、乙两个厂谁构成侵权？为什么？

(2) 侵权行为始于何时？请说明理由。

(3) 侵权方能否继续使用“明月”商标？请你提出可行性建议。

参考文献

1. 李昌麒、刘瑞复主编:《经济法》,法律出版社2004年版。

2. 王保树主编:《经济法原理》,社会科学文献出版社2004年版。

3. 中国注册会计师协会编:《经济法》,中国财政经济出版社2008年版。

4. 王利明:《合同法研究》,中国人民大学出版社2003年版。

5. [日] 金泽良雄:《经济法概论》,满达人译,中国法制出版社2005年版。

6. 叶明:《经济法实质化研究》,法律出版社2005年版。

7. 刘天善、张力主编:《经济法教程》,清华大学出版社、北京交通大学出版社2004年版。

8. 刘大洪主编:《反不正当竞争法》,中国政法大学出版社2005年版。

9. 孔祥俊:《反不正当竞争法的适用与完善》,法律出版社1998年版。

10. 孔祥俊:《反垄断法原理》,中国法制出版社2001年版。

11. 李昌麒、许明月编著:《消费者保护法》,法律出版社2005年版。

12. 张严方:《消费者保护法研究》,法律出版社2003年版。

13. 刘益灯:《国际消费者保护法律制度研究》,中国方正出版社2005年版。

14. 吕忠梅、陈虹:《经济法原论》,法律出版社2007年版。

15. 杨紫烜主编:《经济法》,北京大学出版社、高等教育出版社1999年版。

16. 李昌麒主编:《经济法学》,法律出版社2007年版。

17. 朱大旗:《金融法》,中国人民大学出版社2007年版。

18. 李昌麒:《经济法——国家干预经济的基本法律形式》,四川人民出版社1995年版。

19. 李昌麒:《寻求经济法真谛之路》,法律出版社2003年版。

20. 徐士英主编:《公平竞争法简论——自由经济的"大宪章"》,上海人民出版社1997年版。

21. 王晓晔:《竞争法研究》,中国法制出版社1999年版。

22. 邱本:《自由竞争与秩序调控——经济法的基础构建与原理阐析》,中国政法大学出版社2001年版。

23. 刘静:《产品责任论》,中国政法大学出版社2000年版。

24. 文学国:《滥用与规制——反垄断法对企业滥用市场优势地位行为之规制》,法律出版社2003年版。

25. 徐士英等:《竞争法新论》,北京大学出版社2006年版。

26. 蔡立东:《公司自治论》,北京大学出版社2006年版。

27. 张守文主编:《经济法学》,北京大学出版社2006年版。

28. 王全兴:《经济法基础理论专题研究》,中国检察出版社2002年版。

29. 黎江虹主编:《经济法通论》,北京大学出版社2008年版。

30. 江平、李国光主编:《最新公司法理解与适用》,人民法院出版社2006年版。